"十二五"普通高等教育本科国家级规划教材

普通高等教育"十一五"国家级规划教材

21世纪经济管理新形态教材·管理学系列

企业伦理学
（第四版）

周祖城 ◎ 编著

清华大学出版社
北京

内 容 简 介

在企业经营活动中，伦理问题客观存在。发现、分析并解决经营中的伦理问题，是企业及管理者的责任所在。

本书由三部分构成：第一部分主要讨论为什么企业有道德责任以及如何评判行为是否合乎伦理的问题；第二部分旨在揭示和分析企业经营中的典型伦理问题，包括市场营销中的伦理问题、人力资源管理中的伦理问题、会计中的伦理问题、环境保护中的伦理问题、国际经营中的伦理问题；第三部分从社会、组织、个人三个层次阐述影响企业合乎伦理行为的因素及促进方法。

本书是一部为 MBA 和本科生撰写的教材，也可供相关的理论工作者和实际工作者参考。

本书封面贴有清华大学出版社防伪标签，无标签者不得销售。
版权所有，侵权必究。举报：010-62782989，beiqinquan@tup.tsinghua.edu.cn。

图书在版编目（CIP）数据

企业伦理学/周祖城编著. —4 版 —北京：清华大学出版社，2020.6（2024.1重印）
21 世纪经济管理新形态教材·管理学系列
ISBN 978-7-302-56032-6

Ⅰ．①企… Ⅱ．①周… Ⅲ．①企业伦理－高等学校－教材 Ⅳ．①F270-05

中国版本图书馆 CIP 数据核字(2020)第 127054 号

责任编辑：刘志彬
封面设计：李伯骥
责任校对：王凤芝
责任印制：宋　林

出版发行：清华大学出版社
网　　址：https://www.tup.com.cn，https://www.wqxuetang.com
地　　址：北京清华大学学研大厦 A 座　　　邮　　编：100084
社 总 机：010-83470000　　　　　　　　　邮　　购：010-62786544
投稿与读者服务：010-62776969，c-service@tup.tsinghua.edu.cn
质 量 反 馈：010-62772015，zhiliang@tup.tsinghua.edu.cn
课 件 下 载：https://www.tup.com.cn，010-83470332

印 装 者：小森印刷霸州有限公司
经　　销：全国新华书店
开　　本：185mm×260mm　　　印　张：22.25　　　字　数：437 千字
版　　次：2005 年 7 月第 1 版　　2020 年 6 月第 4 版　　印　次：2024 年 1 月第 9 次印刷
定　　价：59.00 元

产品编号：084919-01

第四版前言

企业伦理学教学越来越受到国内外的重视。国际上，联合国全球契约组织发起的负责任管理教育原则（Principles for Responsible Management Education，PRME），以及美国国际商学院联合会（The Association to Advance Collegiate Schools of Business，AACSB）、欧洲质量发展认证体系（European Quality Improvement System，EQUIS）、英国工商管理硕士协会（The Association of MBAs，AMBA）等国际认证组织对商学院开展企业伦理教学持续产生影响。2017年，联合国毒品和犯罪问题办公室（the United Nations Office on Drugs and Crime, UNODC）启动了大学层次"正直与伦理"（integrity and ethics）主题（企业伦理是其中的一个模块）教学指南的开发工作，2018年正式发布，这是该组织发起的"教育促进正义"计划（Education for Justice，E4J）的一部分，旨在通过教学指南的开发和推广，促进"正直与伦理"教学在世界范围更加广泛有效地开展。在国内，越来越多的高校面向本科生、MBA和博士生开设企业伦理相关课程。尤其值得一提的是，2018年，全国工商管理专业学位教育指导委员把"企业伦理"列为MBA教学的核心课程之一。

教材是有效开展企业伦理教学的重要一环。企业伦理学是一门年轻的、学科跨度极大的交叉学科，对企业伦理学科体系及基本知识的认识尚处在不断加深的过程之中，而新的问题、新的经验、新的技术如互联网技术应用于教材，在不断涌现，所有这些都要求对企业伦理学教材不断进行修订和完善。本书自第一版问世以来，一直受到同行和读者的厚爱，本书第二版、第三版分别被列入"十一五""十二五"普通高等教育本科国家级规划教材。2017年，根据华章公司对我国MBA培养单位教材使用情况的调查，本书作为商业伦理与企业社会责任课程中使用最多的教材，名列所有MBA课程教学中本土教材前10名。受到同行、读者认可让我倍感荣幸，同时，也时刻不忘提醒自己，要不断修订完善以回报同行和读者。

第四版的修订工作正是在这样的背景下进行的。

第四版的结构、内容和形式

第四版的结构

全书由三大部分——企业伦理学基础、企业经营中的伦理问题、促进企业道德行为的途径构成。贯穿三大部分的是"为什么""什么""如何"三大问题——为什么说企业有道德责任？或者说，企业为什么应当讲伦理？什么是合乎伦理的？如何促进企业从事合乎伦理的行为？以及五类研究——定义性研究、描述性研究、规范性研究、解释性研究和对策性研究。

第四版的内容

第一部分是企业伦理学基础，由第1、第2、第3章构成。

第1章主要回答伦理与道德，道德与法律，利益相关者，企业道德行为主体，企业伦理与企业道德，企业伦理学的任务，以及为什么要学习企业伦理学等问题。

第2章从企业社会责任的讨论引出企业道德责任，包括企业社会责任的代表性观点，企业社会责任的四个基本问题，企业社会责任与可持续发展、企业慈善、企业公民、社会创业、企业社会响应、企业社会绩效等概念的关系，企业社会责任的核心是企业伦理责任，企业履行伦理责任的必要性和可能性等。

第3章着重介绍伦理学理论。既然企业应该履行道德责任，那么，如何评价企业的目标、政策、决策、行为是否符合伦理要求，如何知道企业是否履行了道德责任，就变得很重要。该章首先讨论了道德推理的必要性，然后介绍了功利主义、权利论、公正论、关怀论、美德论和企业伦理原则与规范，借助于这些理论、原则、规范和方法，可以对企业的目标、政策、决策、行为进行伦理评价，最后还讨论了道德责任问题。

第二部分是企业经营中的伦理问题，包括第4、第5、第6、第7章。

这一部分分别讨论市场营销、人力资源管理、会计、环境保护、国际经营中的伦理问题。通过对这些问题的讨论，可以进一步识别企业经营中的具体伦理问题，增强伦理问题意识，并可以运用第一部分中介绍的企业伦理学概念、理论、原则、规范和方法，对这些问题进行伦理分析和评价。

第三部分是促进企业道德行为的途径，含第9、第10、第11章。

我们关心企业伦理，不仅仅是因为我们想了解企业为什么有道德责任，也不仅仅是为了掌握评价企业伦理问题的理论与方法，还因为我们希望促进企业从事合乎伦理的行为。而促进企业道德行为，需要社会、企业、个人共同努力。社会、企业、个人三个层次对企业的不道德行为负有或多或少的责任，对减少企业不道德行为，促进道德行为，也都可以做出独特的不可替代的贡献。这一部分分别讨论社会层次、企业层次、个人层次促进企业道德行为的途径。

第四版的形式

全书采用了多种旨在便利教师讲授和学生自学的形式，每章都有"本章学习目的"、"实践中的伦理""前车之鉴""本章提要""重要概念""思考题""案例"和"互联网+"。

"本章学习目的"指出了通过该章学习要达到的目标。

"实践中的伦理"展示的是值得赞赏的行为。

"前车之鉴"描述的是曾经发生的有影响的、值得汲取的经验教训。

"本章提要"概括了该章的关键知识点。

"重要概念"列出了该章涉及的主要概念。

"思考题"分为两类：一类属于复习性的题目；另一类属于探讨性题目，主要供个人深入思考或课堂讨论所用。

"案例"反映了管理者在现实中可能面临的多种多样的伦理问题，所有案例都来自现实，且都是中国本土的或与中国相关的，绝大多数案例是适合课堂讨论的短案例。

"互联网+"包括自测题、情景题、扩展阅读，便于学生自学和及时更新相关内容。

本版所做的修订

与第三版相比，本版在结构、内容和形式方面都有变化。

结构方面改动相对较少。除了部分节有变化（第1章、第3章、第4章、第6章、第9章、第10章各增加了1节，第3章各节的设置做了调整）外，其他与第三版一致。

内容方面是本次修订着力最多的地方。修订时遵循了以下原则：（1）注重企业伦理学基础；（2）注重面向企业实践；（3）注重与管理的联系；（4）注重反映中国伦理思想；（5）注重体现国际视野。

各章的主要修改如下：

第1章：补充了伦理与道德的关系；新增了道德与法律的关系；从定义性研究、规范性研究、描述性研究、解释性研究和对策性研究等五类研究角度重新阐述了企业伦理学的任务等。

第2章：补充了ISO26000的社会责任定义及原则；新增了显性与隐性企业社会责任观点；阐述了企业社会责任与可持续发展的关系；修改了企业公民；新增了对企业的目的是追求利润最大化的四种解读等。

第3章：把"伦理相关行为与伦理无关行为"和"伦理底线与伦理理想"从第1章移到了本章；新增了伦理利己主义；新增了伦理问题和伦理两难；补充了主要伦理学理论之间的关系；补充了罗斯显见义务的特点及分析步骤；补充了对康德义务论的阐述；补充了对美德的阐述；新增了道德责任；更新了附录考克斯圆桌委员会商务原则等。

第4章：新增了营销与伦理；修改了直销中的伦理问题等。

第5章：修改了就业歧视；补充了义务论对歧视的不道德性的论证；修改了高管薪酬；修改了劳资关系；新增了商业贿赂；在电子监控和个人隐私中补充了一个实例；删除了附录SA8000等。

第6章：更新了国际会计师职业道德准则理事会发布的国际会计师职业道德守则；

新增了中国注册会计师职业道德守则；删除了我国会计人员职业道德准则；新增了解决会计中道德冲突的思路和方法等。

第7章：更新了环境问题；删除了国际环境保护的发展；删除了微观环境保护工作；修改了企业的环境保护工作等。

第8章：新增了习近平关于人类命运共同体的思想；新增了《联合国千年宣言》倡导的价值和原则；补充了综合社会契约论；补充了附录《2030年可持续发展议程》等。

第9章：新增了有限道德意识、自我损耗理论、自我服务偏见及其对道德决策的影响；新增了企业负责任行为的爱泼斯坦的观点、范图尔德的观点、利益相关者观点等。

第10章：修改了合规管理策略和道德管理策略；压缩了企业伦理守则的内容；新增了伦理型领导；新增了6问题伦理核查；新增了弗里曼等人的利益相关者管理框架；精简了道德与利益相结合等。

第11章：补充了终极性价值和工具性价值；充实了我国传统的道德修养方法等。

除了以上主要修改外，还做了大量小的修改，使得表述更加清晰、准确，前后观点更为一致。同时，对"学习目标""本章提要""重要概念""思考题"做了相应的修改。

形式方面，在原有基础上，新设了"互联网+"。另外，案例和实例方面的变化较大，"案例"从原来的每章1则改为每章2则，保留了第三版的6则案例，删除了5则，新增了14则；更换了4则"实践中的伦理"和1则"前车之鉴"；更换了3则"情景题"，并把情景题归入"互联网+"之中。

在完成第四版修订之际，感谢罗绮婷、包翠菊、魏弘捷、李慧敏、李紫平、曾浩、周运、张丽、葛畅、张晓东、韩涛、应元兴等提供了生动的案例和情景题素材！感谢所有修过我主讲的企业伦理相关课程的本科生、MBA学生和博士生！你们所分享的观点让我受益匪浅，你们对知识的渴望，你们的困惑和疑问，鞭策着我不断学习和探究。

感谢所有曾经和将要使用该教材的同行和读者！你们的期望和信任是我持续完善教材的责任和动力所在。

感谢所有关心、支持、从事企业伦理、企业社会责任领域的师长、同道！你们的关心、支持给了我执着于这一领域的信心和力量。

感谢清华大学出版社刘志彬老师对我始终如一的信任、鼓励与支持！

对于书中的不当之处，敬请批评指正。

周祖城

2020年4月16日于上海交通大学安泰经济与管理学院

目 录

第一部分 企业伦理学基础

第1章 概论 ……………………………………………………………………… 3

1.1 企业伦理学的产生 ………………………………………………………… 3
1.2 伦理与道德 ………………………………………………………………… 5
1.3 道德与法律 ………………………………………………………………… 7
  1.3.1 道德与法律的区别 …………………………………………………… 8
  1.3.2 道德与法律的联系 …………………………………………………… 9
实践中的伦理 eBay 的选择 …………………………………………………… 10
1.4 企业伦理与企业道德 ……………………………………………………… 11
  1.4.1 利益相关者 …………………………………………………………… 11
  1.4.2 企业道德行为主体 …………………………………………………… 12
  1.4.3 企业伦理 ……………………………………………………………… 15
  1.4.4 企业道德 ……………………………………………………………… 16
1.5 企业伦理学的任务 ………………………………………………………… 17
前车之鉴 "齐二药"事件 …………………………………………………… 18
1.6 学习企业伦理学的意义 …………………………………………………… 21
案例 1 林女士的遭遇 ………………………………………………………… 28
案例 2 陈馅月饼 ……………………………………………………………… 28
互联网+ ………………………………………………………………………… 33
  自测题 …………………………………………………………………… 33
  情景题 …………………………………………………………………… 33
  扩展阅读 ………………………………………………………………… 33

第2章 企业社会责任 ……………………………………………………… 34

2.1 企业社会责任的代表性观点 ……………………………………………… 34

  2.1.1 弗里德曼的企业社会责任观 ······ 35
  2.1.2 卡罗的企业社会责任观 ······ 36
  2.1.3 社会责任国际标准 ISO26000 的定义 ······ 38
  2.1.4 其他代表性观点 ······ 39
 实践中的伦理 溢达的理念 ······ 40
 2.2 企业社会责任的四个基本问题 ······ 42
  2.2.1 谁负责 ······ 43
  2.2.2 对谁负责 ······ 43
  2.2.3 负责什么 ······ 45
  2.2.4 负责到什么程度 ······ 45
 2.3 企业社会责任的相关概念 ······ 46
  2.3.1 可持续发展 ······ 46
  2.3.2 企业慈善 ······ 48
  2.3.3 企业公民 ······ 48
  2.3.4 社会创业 ······ 49
  2.3.5 企业社会响应 ······ 51
  2.3.6 企业社会业绩 ······ 51
 前车之鉴 博帕尔大劫 ······ 52
 2.4 企业伦理责任 ······ 56
  2.4.1 企业社会责任的核心是企业伦理责任 ······ 56
  2.4.2 什么是企业伦理责任 ······ 57
  2.4.3 企业履行伦理责任的必要性和可能性 ······ 57
 案例 1 空调安装难题 ······ 70
 案例 2 归真堂活熊取胆事件 ······ 70
 互联网+ ······ 76
  自测题 ······ 76
  情景题 ······ 76
  扩展阅读 ······ 76

第 3 章 企业道德推理 ······ 77
 3.1 道德推理的必要性 ······ 77
  3.1.1 伦理相关行为与伦理无关行为 ······ 77

3.1.2　底线伦理与理想伦理 78
　　　3.1.3　道德评价 79
　　　3.1.4　个人道德发展阶段 80
　　　3.1.5　伦理利己主义 81
　　　3.1.6　学习伦理学理论的必要性 82
　3.2　伦理学理论 83
　　　3.2.1　功利主义 83
　　　3.2.2　义务论 85
　　　3.2.3　权利论 88
　　　3.2.4　公正论 89
实践中的伦理　松下的企业伦理观 95
　　　3.2.5　关怀论 98
　　　3.2.6　美德论 100
　3.3　企业伦理规范 102
　　　3.3.1　以人为本原则 102
　　　3.3.2　企业伦理准则 103
前车之鉴　大众尾气排放门事件 105
　3.4　伦理分析的步骤 107
　3.5　道德责任 108
案例1　王总的决策 113
案例2　Y公司的损耗管理制度 114
附录A　联合国全球契约 115
附录B　考克斯圆桌委员会（The Caux Round Table）商务原则 116
互联网+ 117
　　自测题 117
　　情景题 118
　　扩展阅读 118

第二部分　企业经营中的伦理问题

第4章　市场营销中的伦理问题 121
　4.1　营销与伦理 121

4.2 市场调研中的伦理问题 122
4.2.1 与被调查者相关的伦理问题 123
4.2.2 与委托人相关的伦理问题 124
4.2.3 与竞争者相关的伦理问题 125
4.2.4 与公众相关的伦理问题 125

4.3 产品中的伦理问题 126
4.3.1 产品设计中的伦理问题 126
4.3.2 产品包装中的伦理问题 127
4.3.3 产品安全 128
4.3.4 强制性产品淘汰 129
4.3.5 产品召回 130

实践中的伦理 强生公司应对危机 130

4.4 定价中的伦理问题 132
4.4.1 歧视性定价 132
4.4.2 串谋定价 133
4.4.3 掠夺性定价 134
4.4.4 价格欺诈与误导性定价 135
4.4.5 暴利价格 136

4.5 分销中的伦理问题 136
4.5.1 渠道管理中的伦理问题 136
4.5.2 直销中的伦理问题 137

4.6 促销中的伦理问题 139
4.6.1 广告中的伦理问题 139

前车之鉴 欧典地板 142

4.6.2 人员推销中的伦理问题 144

案例 1 不利因素告知 148

案例 2 广告代理公司的责任 149

互联网+ 150

自测题 150

情景题 150

　　　扩展阅读 151

第5章　人力资源管理中的伦理问题 152

5.1 招聘选拔中的伦理问题 152

5.1.1 就业权 152

5.1.2 聘用自由的伦理问题 153

5.1.3 就业歧视 154

5.2 薪酬设计中的伦理问题 156

5.2.1 高管薪酬 156

5.2.2 同工同酬 157

5.3 劳资关系中的伦理问题 158

5.3.1 劳资关系 158

实践中的伦理　苏州固铻创建幸福企业 159

5.3.2 利益冲突 161

5.3.3 商业贿赂 161

5.3.4 人员流动 162

5.3.5 商业秘密与竞业限制 163

5.3.6 电子监控和个人隐私 164

5.4 工作安全中的伦理问题 166

5.4.1 工作安全 166

前车之鉴　昆山中荣粉尘爆炸事故 168

5.4.2 工作压力 169

5.4.3 性骚扰 170

案例1　接受礼物规定 172

案例2　解雇老员工 173

互联网+ 174

　　　自测题 174

　　　情景题 174

　　　扩展阅读 174

第6章 会计中的伦理问题 175

6.1 会计与伦理 175
6.2 会计人员职业道德 176
    6.2.1 国外会计人员职业道德准则 177
    6.2.2 《中国注册会计师职业道德守则》 180
实践中的伦理 1.6万人进行诚信宣誓 182
6.3 会计活动中的伦理问题 183
    6.3.1 企业财务中的伦理问题 183
    6.3.2 审计中的伦理问题 184
前车之鉴 银广夏事件 188
    6.3.3 咨询中的伦理问题 189
6.4 威胁和冲突的处理 191
    6.4.1 威胁的识别、评估和处理 191
    6.4.2 应对道德冲突问题的思路和方法 192
案例1 马丽的困惑 195
案例2 独立财务顾问的独立性 196
互联网+ 197
    自测题 197
    情景题 197
    扩展阅读 197

第7章 环境保护中的伦理问题 198

7.1 人类与环境的关系 198
7.2 环境公平 200
    7.2.1 代际的公平 200
    7.2.2 国内的公平 201
    7.2.3 国际的公平 202
实践中的伦理 蚂蚁森林 203
7.3 环境问题 204
    7.3.1 大气污染 205

7.3.2 温室效应与臭氧层破坏 205

7.3.3 酸雨 206

7.3.4 水体污染 207

7.3.5 海洋污染 208

7.3.6 "绿色屏障"锐减 208

7.3.7 "三废"问题 209

7.3.8 生物多样性下降 209

7.3.9 资源短缺 210

7.3.10 环境承载压力大 210

前车之鉴 吉化"11·13"特大爆炸事故 211

7.4 企业的环境保护责任 212

7.4.1 为什么说企业有环境保护责任 212

7.4.2 企业的环境保护工作 213

案例 1 难以达到的标准 215

案例 2 S 厂的困境 216

附录 A 《联合国人类环境宣言》 217

互联网+ 220

自测题 220

情景题 220

扩展阅读 221

第 8 章 国际经营中的伦理问题 222

8.1 国际经营中的伦理准则 222

8.1.1 对共同伦理规范的需要 222

8.1.2 人类命运共同体思想 223

8.1.3 《联合国千年宣言》倡导的价值和原则 224

实践中的伦理 默克公司的义举 225

8.1.4 跨国公司的责任 226

8.1.5 理查德·T.迪乔治的国际经营七准则 227

8.1.6 经济合作与发展组织的跨国公司准则 229

8.1.7 综合社会契约论 230

8.1.8　国际经营中的伦理评价 ·············· 232

8.2　国际经营中的典型伦理问题 ·············· 232

8.2.1　市场歧视问题 ·············· 233

8.2.2　转移价格 ·············· 233

8.2.3　有害产业转移 ·············· 234

8.2.4　品牌控制 ·············· 235

前车之鉴　雀巢公司推销婴儿奶粉 ·············· 235

8.3　中外伦理文化差异 ·············· 239

8.3.1　文化差异与对伦理问题的敏感度 ·············· 239

8.3.2　中西伦理文化比较 ·············· 241

案例 1　耐克广告 ·············· 245

案例 2　美国工厂 ·············· 247

附录 A　《2030 年可持续发展议程》 ·············· 247

互联网+ ·············· 248

　　自测题 ·············· 248

　　情景题 ·············· 248

　　扩展阅读 ·············· 248

第三部分　促进企业道德行为的途径

第 9 章　社会与企业道德 ·············· 251

9.1　道德决策模型 ·············· 251

9.1.1　莱斯特的道德决策过程模型 ·············· 251

9.1.2　曲维诺的个人与情境交互作用模型 ·············· 252

9.1.3　琼斯的道德问题权变模型 ·············· 253

9.2　为什么"好"人会做出不道德决策 ·············· 255

9.2.1　有限道德意识 ·············· 255

9.2.2　自我损耗理论 ·············· 256

9.2.3　自我服务偏差 ·············· 257

9.2.4　道德推脱 ·············· 258

9.3　促进企业道德行为的体系 ·············· 259

  9.3.1 影响企业负责任行为的因素 ……………………………………… 259

  9.3.2 个人、企业、社会三层次体系 …………………………………… 261

实践中的伦理 稻盛和夫进军通信领域 ………………………………………… 262

 9.4 社会层次促进企业道德行为的措施 ………………………………………… 263

  9.4.1 加大对违法及严重不道德行为的打击力度 …………………… 263

前车之鉴 葛兰素斯克（中国）投资有限公司 …………………………………… 265

  9.4.2 加大对道德行为的支持力度 ……………………………………… 267

案例1 怀孕员工与公司之间的冲突 ………………………………………………… 272

案例2 信息化项目失败谁之过？ …………………………………………………… 273

互联网+ ……………………………………………………………………………………… 274

 自测题 …………………………………………………………………………………… 274

 情景题 …………………………………………………………………………………… 274

 扩展阅读 ………………………………………………………………………………… 274

第10章 企业道德管理 …………………………………………………………… 275

 10.1 合规管理策略与道德管理策略 …………………………………………… 275

 10.2 企业道德管理过程 …………………………………………………………… 276

  10.2.1 计划工作 …………………………………………………………… 277

  10.2.2 组织工作 …………………………………………………………… 279

  10.2.3 领导工作 …………………………………………………………… 281

  10.2.4 控制工作 …………………………………………………………… 283

 10.3 利益相关者管理 ……………………………………………………………… 283

  10.3.1 利益相关者类型 …………………………………………………… 283

  10.3.2 利益相关者管理原则 ……………………………………………… 284

  10.3.3 利益相关者管理框架 ……………………………………………… 285

实践中的伦理 方太的儒道经营 ………………………………………………………… 287

 10.4 企业道德文化建设 …………………………………………………………… 290

  10.4.1 道德观念形成 ……………………………………………………… 290

  10.4.2 道德观念传播 ……………………………………………………… 292

  10.4.3 道德观念强化 ……………………………………………………… 294

前车之鉴 安然公司的文化 ……………………………………………………………… 295

10.5 道德与利益相结合 ·································· 297
  10.5.1 企业道德对管理的促进作用 ··············· 298
  10.5.2 基于卓越道德的竞争优势 ·················· 301
  10.5.3 战略性企业社会责任与创造共享价值 ········ 305
案例 1 房地产销售示范区的得失 ······················ 311
案例 2 三鹿奶粉事件 ································· 313
互联网+ ··· 317
  自测题 ·· 317
  情景题 ·· 318
  扩展阅读 ·· 318

第 11 章　个人与企业道德 ······························· 319

11.1 什么样的生活是人值得过的 ······················ 319
实践中的伦理　王石不行贿 ·························· 324
11.2 我国传统的道德修养方法 ························ 325
前车之鉴　黄光裕的浮沉 ···························· 329
11.3 提升能力 ··· 330
  11.3.1 学会思考 ································· 330
  11.3.2 表达价值观 ······························· 331
案例 1 "996 工作"的是与非 ························ 336
案例 2 发生在翻译部的事情 ·························· 337
互联网+ ··· 338
  自测题 ·· 338
  情景题 ·· 338
  扩展阅读 ·· 338

第一部分 企业伦理学基础

第 1 章

概 论

【本章学习目的】

通过本章学习，您应该能够：
- 了解企业伦理学的产生背景
- 理解伦理、道德的含义
- 理解道德与法律的区别与联系
- 了解利益相关者的定义
- 理解企业是道德行为主体的依据
- 理解企业伦理、企业道德的内涵
- 了解企业伦理学的任务
- 理解学习企业伦理学的意义

1.1 企业伦理学的产生

在 20 世纪 60 年代的美国，由美国陷入越南战争泥潭而引发的反战运动波及美国社会各阶层，同时产生了对企业特别是军火企业的不满情绪，现代工业进一步发展，城市中心开始衰落，生态破坏、环境污染、有毒有害物质排放变得严重起来，消费者主义开始兴起，在这种背景下，各种社会群体都对企业提出期望，要求企业对社会负责。商学院开设了"企业与社会"方面的课程，学者们出版了企业社会责任方面的著作、文章，但这些著作、文章大多只是对现实的回应，突出强调的是法律，没有系统地关注伦理学理论。

到了 20 世纪 70 年代，要求企业对社会负责的呼声进一步增强。然而，社会群体对企业提出的期望并不总是一致的，如何应对不同的社会期望对企业来说是不小的挑战，企业究竟应当负什么社会责任，什么是合理的社会期望，什么是负责任的行为，仅凭一腔热情无法有说服力地回答这些问题，伦理学者开始介入。这个时期，有关企业的社会责任和企业经营中的伦理问题的研讨会接踵而至。关注企业伦理问题的研究中心开始出现。各种来自不同学科的学者参加的研讨会吸引了媒体的目光。虽然，一开始人们对哲学家能在其中发挥什么作用持有怀疑态度，毕竟他们对企业经营不了解，有些人对企业甚至是有成见的，但到 70 年代末，一些核心问题逐渐明朗，不少哲学家开始对这些问题进行系统的探讨，理查德·T.迪乔治（Richard T. De George）是其中的代表性人物，是企业伦理学科的开拓者和引领者。①

进入 20 世纪 80 年代，企业伦理学科发展快速，按照理查德·T.迪乔治的说法，到了 1985 年，企业伦理学科已经形成。②1980 年，美国企业伦理学会（Society for Business Ethics）成立，1981 年、1982 年，《企业与应用伦理学报》（Business and Professional Ethics Journal）和《企业伦理学报》（Journal of Business Ethics）先后创刊。到 1985 年，至少出版了 20 本教科书、10 本案例集。代表性的有：W. 拉克鲁瓦（W. Lacroix）的《企业伦理原则》（1976）；理查德·T. 迪乔治和约瑟夫·皮希勒（Joseph Pichler）编著的《伦理、自由企业和公共政策》（1978）；爱德华·斯蒂文斯（Edward Stevens）的《企业伦理学》（1979）；马歇尔·米斯纳（Marshall Missner）的《企业制度的伦理》（1980）；威廉姆·A. 埃文斯（William A. Evans）的《管理伦理：跨文化的视角》（1981）；诺曼·鲍伊的《企业伦理学》（1982）；理查德·T.迪乔治的《企业伦理学》（1982）；曼纽·G.维拉斯奎（Manuel G. Velasquez）的《企业伦理学》（1982）；汤姆·比彻姆（Tom Beauchamp）和诺曼·鲍伊（Norman Bowie）的《伦理学理论与企业》（第 2 版）（1983）；托马斯·唐纳森（Thomas Donaldson）的《企业与道德》（1982）；戴维·布雷布鲁克（David Braybrooke）的《企业世界中的伦理》（1983）；理查德·C.丘宁（Richard C. Chewning）的《文化变革中的企业伦理》（1983）；托马斯·唐纳森和帕特丽夏·沃海恩（Patricia Werhane）的《企业中的伦理问题》（第 2 版）（1983）；米尔顿·斯诺伊伯斯（Milton Snoeyenbos）、罗伯特·阿尔莫德（Robert Almeder）和詹姆斯·亨伯（James Humber）的《企业伦理学：企业价值观和社会》（1983）；罗伯特·C.所罗门（Robert C. Solomon）和克里斯汀·R.汉森（Kristine R. Hanson）的《超越底线：企业伦理学导论》（1983）；汤姆·里根（Tom Regan）的《正当经营：企业伦理论文集》（1984）；W.迈克尔·霍夫曼（W. Michael Hoffman）和珍妮弗·米尔斯·穆尔（Jennifer Mills Moore）的《企业伦理学》（1984）；约瑟夫·德斯贾丁斯（Joseph Des Jardins）的《当代企业伦理问题》（1985）；文森特·巴里（Vincent Barry）的《企业中的伦理问题》（第 3 版）（1986）。

20 世纪 80 年代末出现了一批企业伦理与管理结合方面有影响的著作，如拉鲁·托尼·霍斯曼（LaRue Tone Hosmer）的《管理伦理》（1987）；R.爱德华·弗里曼（R. Edward Freeman）和丹尼尔·R. 小吉尔伯特（Daniel R. Gilbert, Jr.）的《公司战略与企业伦理》（1988）；肯尼斯·布兰查德（Kenneth Blanchard）和诺曼·V. 皮尔（Norman V. Peale）

---

① Donaldson, T. Where the Facts End: Richard De George and the Rise of Business Ethics[J]. Journal of Business Ethics, 2015, 127(4): 783-787.
② De George, R. T. The Status of Business Ethics: Past and Future[J]. Journal of Business Ethics, 1987, 6(3): 201-211.

的《道德管理的力量》(1988);克莱伦斯·C.沃顿(Clarence C. Walton)的《道德管理者》(1988);肯尼斯·R.安德鲁(Kennth R. Andrews)的《实践中的伦理:管理道德企业》(1989);阿基·B.卡罗(Archie B. Carroll)的《企业与社会:伦理和利益相关者管理》(1989)。

20世纪90年代以后,企业伦理学领域的著作更是层出不穷,如劳拉·L.纳(Laura L. Nash)的《仅仅有良好愿望是不够的》(1990);理查德·T.迪乔治的《国际商务中的诚信竞争》(1993);约瑟夫·A.佩特里克(Joseph A. Petrick)和约翰·F.奎因(John F. Quinn)的《管理伦理》(1997);缪尔·卡普塔(Muel Kaptein)的《道德管理:组织的道德审计和发展》(1998)等。

企业引入了道德管理机制,包括设立伦理委员会,设置伦理主管,制定伦理守则,开展伦理培训,建立伦理热线,进行道德审计等。

商学院纷纷开设企业伦理方面的课程,企业伦理还向管理学原理、市场营销学、战略管理学、组织行为学、国际企业学、会计学、谈判学等课程渗透。自20世纪80年代末以来,几乎所有的西方管理学(Management)教科书都辟专章讨论"企业社会责任和企业伦理"。

美国一流商学院纷纷成立企业伦理研究中心(所)。沃顿商学院于1997年成立了企业伦理研究中心(Carol and Lawrence Zicklin Center for Business Ethics Research),圣母大学门多萨商学院于2001年成立了"全球道德经营研究所"(The Institute for Ethical Business Worldwide),卡内基·梅隆大学商学院于2002年成立了"国际企业责任研究中心"(Center for International Corporate Responsibility),哥伦比亚大学商学院于2003年成立了"领导与伦理研究中心"(The Sanford C. Bernstein & Co. Center for Leadership and Ethics)。

目前,除了前面提到的2本学术刊物外,还有1991年创刊的美国企业伦理学会的会刊《企业伦理季刊》(Business Ethics Quarterly),1992年创刊的《企业伦理:欧洲评论》(Business Ethics: A European Review),2004年创刊的《企业伦理教育学报》(Journal of Business Ethics Education)等。

企业伦理研究和教学越来越受到国际社会的关注。国际企业、经济、伦理学会(the International Society of Business, Economics and Ethics, ISBEE)是企业伦理领域的全球性学术组织。该学会由理查德·T.迪乔治于1988年提议建立,每四年举行一次大会。1996年、2000年、2004年、2008年、2012年、2016年分别在日本千叶、巴西圣保罗、澳大利亚墨尔本、南非开普敦、波兰华沙、中国上海举行。

1.2 伦理与道德

企业伦理学以企业道德为研究对象。要认识企业道德,有必要首先了解两个更为基础的概念——伦理、道德。

什么是伦理？"伦，从人从仑"。仑者，辈也。故"伦"指人与人之间的关系。引申开来，"伦"是指人、组织、社会、自然之间的关系，包括人与他人的关系，人与组织的关系，人与社会的关系，人与自然的关系，组织与组织的关系，组织与社会的关系，组织与自然的关系，社会与社会的关系，社会与自然的关系等。"理"即道理、规则和原则。"伦"与"理"合起来就是处理人、组织、社会、自然之间利益关系的行为规范。

什么是道德？关于"道"，有不同的用法：（1）道路。许慎《说文解字》："道，所行道也。"（2）法则、规则。韩非《解老》："道者，万物之所然也，万理之所稽也。"（3）世界的本源。《老子》："有物混成，先天地生，可以为天下母。吾不知其名，字之曰'道'"。虽然有不同的用法，但主要意思是一致的，即规律、道理之意。"德"是指人们内心的情感和信念，指人们坚持行为准则的道所形成的品质或境界。"道者，人之所共由；德者，人之所自得。"[①]朱熹："德者，得其道于心而不失之谓也。"[②]东汉学者许慎在《说文解字》中写道："德，外得于人，内得于己也。"所谓"外得于人"就是"以善德施之他人，使众人得其益"。所谓"内得于己"，就是"以善念存诸心中，使身心互得其益"。可见，"道"是指规范，"德"则是对该种规范的认识、情感、意志、信仰以及在此基础上形成的稳定的和一贯的行为。

"道"是"德"的前提，没有"人所共由"的规范，就不可能有对规范的内心感悟；而"德"则是"道"的归宿，规范只有通过"内得于心"才能接受并发挥作用，即只有认识了道，内得于心，又外施于人，才能称为"有德之人"。[③]而要把外部的规范转化成自觉要求的、体现在行动中的规范，需要包括社会舆论、内心信念、道德教育和自身修养等活动在内的长期努力。所以，道德包含三方面的内容：道——（道德）规范；德——对规范有所得，表现为（道德）认识、情感、意志、信仰和习惯等；以及由"道"转化为"德"的途径与方法，即（道德）评价、教育、修养等。

我们通常把 ethics 译为伦理或伦理学，morality 译为道德。那么，ethics 和 morality 各是指什么呢？

"ethics"一词，来自古希腊文"ethikos"，而"ethikos"源于"ethos"（风俗、习惯）一词。后来古罗马思想家西塞罗创造了一个词"moralis"（指国家生活的道德风俗和人们的道德个性），并用 moralis 来翻译 ethikos，morality 一词沿袭此义。可见，从词源上来看，morality 与 ethics 的内涵是一致的。因此，有人把 ethics 当作 morality 的同义词，也就不足为奇了。然而，在同一种语言中，如果含义完全相同，有何必要存在两个词呢？因此，ethics 与 morality 区分使用便是自然的。实际使用中存在多种区分，

---

① 焦竑. 老子翼·卷七引.
② 四书集注·论语注.
③ 张应杭. 伦理学[M]. 杭州：浙江大学出版社，1991：2.

但下面的区分是比较多见的。

Ethics 有两层含义，一是指指导人的行为的标准；二是指学科即伦理学。作为行为标准，ethics 与 morality 的区别是，ethics 是指规范性的行为标准，即在给定条件下，所有理性人都会同意的行为标准；而 morality 是指描述性的行为标准，即一个社会或群体实际倡导的，或个人接受的行为标准。理查德·T.迪乔治认为，morality 有三个方面的内涵：具有是非、善恶含义的行为；指导这些行为的标准；体现在这些行为之中并通过行为得以强化的价值观。①曼纽·G.维拉斯奎（Manuel G. Velasquez）把 morality 定义为个人或群体持有的行为标准。②理查德·T.迪乔治和曼纽·G.维拉斯奎对 morality 的定义的相同之处是，都是描述性的"应当"，即实际倡导的或接受的行为标准，而不是规范性的"应当"，即伦理上应当倡导的或接受的行为标准。

作为学科，ethics 是指伦理学，morality 是 ethics（伦理学）的研究对象。伦理学要评价相关行为，提出值得从事的行为和应该反对的行为；评价实践中指导与约束人的行为的标准，提出值得遵守的标准；评价现实中的价值观，提出值得倡导的价值观，包括什么样的生活是值得过的，什么样的美德是值得拥有的。

概括起来说，"道德"与"伦理"这两个概念，一般并不做很严格的区分，它们经常可以互换使用，特别是作为"规范"讲时，更是如此，如"道德标准"与"伦理标准"，"道德规范"与"伦理规范"，"合乎道德"与"合乎伦理"，"讲道德"与"讲伦理"，都是同一个意思。但是，无论在日常用法中，"伦理"与"道德"还是有一些细微差别的。罗国杰等人认为，"不论在中国还是外国，'伦理'和'道德'这两个概念，在一定的词源含义上，可以视为同义异词，指的是社会道德现象。但它们又有所不同，道德较多的是指人们之间的实际道德关系，伦理则较多的是指有关这种关系的道理。"③何怀宏对"伦理""道德"的日常使用差异有这样的描述："在我们日常生活中对'伦理'、'道德'的使用中，我们会说某个人'有道德'，或者说是'有道德的人'，但一般习惯不会说这个人'有伦理'，是'有伦理的人'。""在日常用法中，如果我们细细体会，会发现'道德'更多地或更有可能用于人，更含主观、主体、个人、个体意味；而"伦理"更具客观、客体、社会、团体的意味。④

1.3 道德与法律

道德与法律都是规范行为的标准，它们之间既有联系又有区别。

---

① De George, R. T. Business Ethics[M]. 7th ed. Upper Saddle River, NJ: Prentice Hall, 2010: 12.
② Velasquez, M. G. Business Ethics: Concepts and Cases[M]. 4th ed. Upper Saddle River, NJ: Prentice-Hall, 1998: 8.
③ 罗国杰，马博宣，余进. 伦理学教程[M]. 北京：中国人民大学出版社，1985：4.
④ 何怀宏. 伦理学是什么[M]. 北京：北京大学出版社，2002：9.

这里所说的道德是社会道德，而不是群体（组织）道德和个人道德。另外，一些法律规定与道德无关，例如，中国法律规定，汽车靠右行，而英国法律规定，汽车靠左行，但绝大多数法律与道德有关，下面讨论的法律是指与道德有关的法律。

1.3.1 道德与法律的区别

道德与法律是两种不同的行为规范，它们在产生条件、调整对象、调整范围、表现形式、调整机制等方面存在差异。

第一，道德与法律产生条件不同。

道德出于人们社会生活的日积月累、约定俗成，它的建立和改变不是通过行政命令或法定程序来制定或修改的，道德标准的有效性取决于它的合理性。法律是国家制定或认可的、以国家强制力为后盾的行为规范，法律的产生是以国家的形成为前提条件的。

第二，道德与法律调整的对象不同。

道德既包括维系社会所必不可少的"最低限度的道德"，如不得伤害他人、不得用欺诈手段谋取利益、不得危害公共安全等，也包括有助于促进社会进步、人类幸福的原则，如仁爱、无私等。换句话说，道德既指出什么是恶的、不应该的，又指出什么是善的、应该的。道德除了对不道德同时也是违法的行为予以谴责外，对虽不违法但仍属不道德的行为也予以批评、谴责，而对道德的行为，尤其是高尚的行为则予以鼓励、褒奖。而法律虽然也鼓励良善行为，但着重规范的是违法犯罪行为。

第三，道德与法律调整的范围不同。

不论法律还是道德，其调整的范围既包括行为也包括行为人的内在活动，两者的区别在于，道德不仅可以调整外在活动，还可以调整单纯的内在活动。而法律不能离开行为过问动机，单纯的思想而没有付诸行动不是法律调整的范围。

第四，道德与法律的表现形式不同。

道德表现为一种抽象的规范与信念。法律虽然也有原则性的规定，如我国的《公司法》第五条规定："公司从事经营活动，必须遵守法律、行政法规，遵守社会公德、商业道德，诚实守信，接受政府和社会公众的监督，承担社会责任"，但作为以国家强制力为后盾的行为规范，法律通常包含明确、具体的规定。另外，法律作为一种国家评价，对于提倡什么、反对什么，有统一的标准，而一个社会虽然也会倡导某种道德，但不同群体和个人理解和接受的行为标准未必相同。

第五，道德与法律的调节机制不同。

道德对行为的调节作用，主要是依靠道德评价来实现的。道德评价分为社会评价和自我评价两种形式。社会评价的主要形式是社会舆论。自我评价主要通过行为者本人的义务感、荣誉感、尊严感和良心等内心信念反映出来。"社会舆论之所以对个人是一种强大的约束力，其原因是通过普遍存在于社会成员内心的一种特殊心理机制——荣辱心而起作用的。荣辱心根源于人的社会性，任何人都不能离开社会而生存，每个正常的人都需要人群，需要交往，需要他人的赞誉和尊重。因此，凡是有人群的地方，任何人都会有这种精神需要，都要程度不同地受社会舆论的支配和制约。除了荣辱心外，良心和义务则是使社会舆论这种外部控制力量实现其作用的个人自我控制的道德心理机制。"[1]道德评价不需要得到官方批准，每个人都可以评价周围人的行为和自身的行为。违反道德的后果是行为者会受到社会舆论的谴责，以及行为者自身的自责、内疚、悔恨。违反法律，则由相应的国家机关追究行为者的法律责任。

1.3.2 道德与法律的联系

第一，道德与法律在内容上相互渗透。

法律和道德都具有规范社会行为，调节社会关系，维护社会秩序的作用。国家制定的法律往往反映了社会的道德。有些道德原则，如公平、诚实守信等，不仅仅是道德原则，同样也是我国法律确立的法律原则。"在正常的社会里，法律与道德维护的价值基本相同，法律与道德的实现离不开民众的认同与社会的认可，任何社会的法律都必须顺应社会流行的道德观念的要求，否则，它就难以发挥作用。因此，立法者在创制法律时，必须以道德的基本原则与基本精神为指导，努力反映道德的基本要求。"[2]在我国的法律中，法律鼓励、培养的行为，也是社会道德规范要求的行为，法律所禁止的行为，也是社会道德所反对的行为。

道德原则约束力的增强，是通过将它们转化为法律规则而实现的。

道德是法律制定、修改、废止的依据。随着社会的进步和环境的变化，道德也会发生变化。法律需要顺应道德的发展要求而制定、修改和废止。

第二，道德与法律在作用上相互补充。

《孟子·离娄上》曰："徒善不足以为政，徒法不足以自行"。道德与法律是两种重要的社会调控手段，两者是相辅相成、相互促进、相互推动的。

用立法手段推进一定的道德的普及以及通过刑法惩治不道德行为，以弘扬社会倡导的道德。法律的实施，本身就是一个惩恶扬善的过程，不但有助于人们法律意识的形成，还有助于人们道德的培养。而道德可以引导人们尊重和信守法律。《论语·为政》说："道之以政，齐之以刑，民免而无耻；道之以德，齐之以礼，有耻且格。"意思是说，用法律来引导百姓，用刑法来约束他们，这样他们虽然能够苟免犯罪，却不知道犯罪是可耻的；用道德来引导他们，用礼仪来规范他们，这样他们不但知廉耻，而且

---

[1] 魏英敏. 新伦理学教程[M]. 北京：北京大学出版社，1993：253.
[2] 石文龙. 法伦理学[M]. 北京：中国法制出版社，2006：95.

心甘情愿归服。

法律可以用来制止已经发生的违法和严重不道德行为，而道德可以用来防范尚未发生的违法行为。道德与法律的关系，就像保健与治疗，平时注意保健就不容易得病，得了病在治疗的同时注意保健的话，病情好转就快，当然如果一个人已病入膏肓，保健和治疗都无能为力了。

相反，如果缺乏道德支持，法律的作用必然会被削弱，而没有法律的保证，道德的作用也一定会降低，这样就会进入一个恶性循环。

当出现道德和法律不一致的情形，包括法律本该禁止但没有禁止，而道德反对的情形，以及法律本不该禁止而禁止了，而道德允许、鼓励的情形时，道德能对行为者的行为选择起到指导作用。

eBay 的选择

在《价值观的力量》一书中，eBay 的 CEO 梅格·惠特曼讲了这样一个故事：

在 1999 年年初，我和几家有类似情况的公司的 CEO 一起参加一个会议。在会上，美国艺电有限公司（Electronic Arts）的 CEO 拉里·普罗布斯特告诉我一些令人不安的信息。艺电公司内部有几个捣蛋的研发人员开发了一款名叫《警察杀手》的暴力视频游戏。拉里知道此事后大为光火，他撤销了该项目，并下令销毁游戏编码。然而，他随后得知这款游戏的盗版在 eBay 上出现。拉里希望得到我的帮助，从源头上阻止非法盗版商品的刊列出售，他说道："梅格，你需要先发制人，主动撤下这些商品。"

我向他解释了自己的难处，我说："拉里，这确实很糟糕，我深表同情。但是根据律师的意见，如果我们开始主动审查网站上的类似商品，那么依照 DMCA①，我们可能会失去整个公司。"

拉里直视着我说："梅格，那么正确的做法应该是什么？"

我一时语塞，但觉得我刚才的回答是不正确的。

我回 eBay 后不久刚好要开董事会。于是，在董事会上我说："小伙子们，"——在当时他们都还是小伙子——"我们一直按照 DMCA 的片面理解经营业务，但现在我认为我们必须改变这一想法了。"

我清楚地记得第一个做出回应的是霍华德·舒尔茨，他当时是星巴克的 CEO。他看着我说："梅格，这完全取决于你希望将公司经营成什么样子。你希望公司拥有怎样

---

① 1998 年美国国会通过的《数字千年版权法》（Digital Millennium Copyright Act，DMCA）规定，只要公司经营活动不涉及内容审查，则无须承担任何与该网站内容相关的责任。反过来说，一旦涉及内容审查，则就有可能要对网站内的违法和欺诈活动负法律责任。所以 eBay 选择不对列示物品事先进行审查。

的品格？"

我们决定改变我们对于 DMCA 的态度，不再将其作为我们坐视不理的借口。当时在 eBay 工作的员工大概有 150 人，我向他们宣布我们改变了处事立场，因为我们不能袖手旁观，不能对我们是否促成了一款名叫《警察杀手》游戏的销售不闻不问，我们不能成为那种逃避责任的公司。我们需要齐心协力，清除掉网站中的仿冒品和其他有问题的商品，尽管在法律上我们并无此义务。

〔资料来源：梅格·惠特曼，琼·汉密尔顿. 价值观的力量[M]. 吴振阳，麻勇爱，等，译. 北京：机械工业出版社，2010：80-81.〕

1.4　企业伦理与企业道德

1.4.1　利益相关者

利益相关者是 stakeholder，要理解利益相关者，首先需要理解 stake 的含义。

阿基·B.卡罗（Archie B. Carroll）和安妮·K.布契霍茨（Ann K. Buchholtz）认为，Stake 这个词，一端是指单纯的利益；另一端是指依法拥有的所有权，两端之间则是某种权利。这种权利可能是法律的权利，也可能是道德的权利。

因此，stake 有三层含义：

一是利益（interest）。当一个人或一个群体会受到某项决策的影响，则这个人或这个群体在该决策中存在利益。

二是权利（right）。包括法律权利和道德权利。法律权利是指一个人或一个群体依法应该受到某种对待或拥有应该得到法律保护的某种权利。道德权利是指一个人或一个群体认为，应该受到合乎道德的对待，或者拥有按照道德应该享有的某种权利。

三是所有权（ownership）。当一个人或一个群体依法拥有某种资产或财产，则这个人拥有所有权。

所以，企业的利益相关者（stakeholder）是指在企业经营中拥有一种或一种以上利益（stake）的个人或群体。[1]

更为常见的定义是，利益相关者是指可能对组织的决策和活动施加影响或可能受组织的决策和活动影响的所有个人、群体和组织。[2]

投资者、员工、顾客、供应商、政府、社区、公众、竞争者都是企业的利益相关者。企业是一个利益相关体，企业经营是一种合作活动。企业要有所有者，没有所有者的初始投入，就不可能有企业。企业要有顾客，产品或服务得有足够数量的人按足

---

[1] Carroll, A. B., Buchholtz, A. K. Business and Society: Ethics and Stakeholder Management[M]. 4th ed. Cincinnati, Ohio: South- Western Publishing Co., 2000: 65-66.
[2] Freeman, R. E. Strategic Management: A Stakeholder Approach[M]. Boston: Pitman, 1984: 25.

够高的价格购买才行，购买的人越多，愿意出的价格越高，企业获得的利润越多。企业要有员工，员工的素质越高，员工与员工之间，员工与企业之间的合作程度越高，越能生产出具有竞争力的产品或服务。企业要有供应者，企业不可能所有原材料、零部件都自己生产，不可能所有技术都自己开发，不可能自备所有的资金，故需要原材料、零部件、技术、资金供应者。原材料、技术、资金的供应越是稳定可靠，企业经营就越顺利。企业要有竞争者。企业通常不喜欢有竞争，不喜欢竞争者，但没有了竞争者，就成了垄断，而垄断是法律所不容的。企业还要有政府、社区、公众的理解、合作、支持。反过来说，所有者、顾客、员工、供应者、竞争者、政府、社区、公众也能从与企业的合作中获得好处，他们也离不开企业。可见，企业有许多利益相关者，而且与他们关系十分密切。可以说，企业的任何决策、任何行为都会对利益相关者产生或多或少的影响。换句话说，怎样处理与利益相关者的关系是企业不可避免的、每时每刻都面临的问题。

1.4.2 企业道德行为主体

个人毫无疑问是道德行为主体。问题是，可不可以对企业进行道德评价，要不要让它承担道德责任，一句话，企业是不是道德行为主体？对这个问题存在着不同的看法。彼得·弗兰切（Peter French）认为，企业是道德行为主体。[①]也有学者认为企业不是道德行为主体，较具代表性的是曼纽·G.维拉斯奎的观点。

1. 维拉斯奎的观点及评述

曼纽·G.维拉斯奎认为，把道德责任归之于某个主体，须具备两个条件：（1）该主体制订了计划或形成了意愿；（2）该主体通过能受自身直接控制的行为实施了计划或意愿。[②]

维拉斯奎指出，公司不具备这两个条件。首先，公司没有行为而是其成员有行为。企业成员是自主的，其行为直接受个人而不是公司控制的，因而公司成员应该对公司行为负责。其次，只有当行为者按自身的意愿行动时，才能说这种行为是故意的，由于公司没有行为，就算有意愿，也不能说公司从事某一行为是故意的。

他还指出，如果把公司看作是人群集合体，那么说"公司对错误行为负有道德责任"实际上意味着构成公司的所有成员对公司的错误行为负有道德责任。而公司中有些人可能根本不知道这一行为，可能什么也没有做，或可能无法制止它，他们是无辜的，让他们承担道德责任、谴责他们、惩罚他们是不应该的。

[①] French, P. Corporate Moral Agency[A]. In W. Michael Hoffman and Jennifer Mills Moore (eds). Business Ethics: Readings and Cases in Corporate Morality[C]. New York: McGraw-Hill, 1984: 163.

[②] Velasquez, M. G. Why Corporations are Not Morally Responsible for Anything They Do?[J]. Business And Professional Ethics Journal, 1983, 2(3): 1-18.

最后，他认为，把公司视为道德行为主体有两个危险：第一，我们会倾向于满足于仅仅谴责或惩罚公司，而不去谴责或惩罚从事那些不道德行为的人；第二，把公司看作像一个巨人一样思考和行动会诱使我们把企业的目的和利益看得比其成员的还重要。

维拉斯奎的观点值得商榷，因为企业从事的许多行为只能归之于企业，而不能归之于任何一个成员。企业在提供产品或服务的过程中，研究开发、采购、生产、营销、财务、人事、后勤等部门无不参与其中。许多企业行为是整体行为而不是个人行为。这样的行为受企业的控制，而不是受某个成员的控制。正如理查德·T.迪乔治所说："在与其他企业、顾客、政府打交道时，企业总是以整体面目出现的……在大多数情况下，我们既不知道也不关心公司里的个人。"①

W.迈克尔·霍夫曼（W. Michael Hoffman）指出："说只有个人才有道德责任，就否认了像企业、军队、学校委员会所做的一些事情的确无法分解到个人或由单个人的行为总和来解释。集体超越个体之和，是因为个体是根据集体的目标、战略、使命、政策、章程等组织起来的，这些东西使一个集体与另一个集体区分开来，人们根据集体的指示、为了实现集体的目的而行事。"②

企业从事那些行为是有意的，而这种意愿很多时候也只能归之于企业，而不能归之于企业中任何一个人。企业的一般意愿反映在企业的宗旨、使命、企业价值观、企业文化、企业战略、企业目标之中。企业具体意愿（一项决策或一个计划）既受制于一般意愿，又往往是集体参与而形成的。以企业决定生产某个新产品为例，可能首先由营销部门提供了市场信息，计划部门会同技术部门、财务部门做了可行性分析，而在决策时高层管理者可能都参与了讨论、表决。在整个酝酿过程中，对方案进行了不断的修改，最终选定的方案可能与每一个人原先的意愿都不完全相同了，这样的意愿怎么可能归之于某个或某几个成员呢？

个人扮演企业成员角色时，受到企业意愿的限制，受到所在岗位的任务、责任、权力的限制，因而不可能拥有与独立的个人一样多的自由。换句话说，其意愿的自主性已受到一定的限制。尽管是否采取行动的最终决定权仍在个人手中，但不采取行动，意味着不履行企业赋予的职责，意味着可能失去工作，这样高的代价对意愿的选择增加了难度。

从公司外部看，是谁制定和执行了公司的决策并不重要，重要的是证实某些行为是不道德的，从而引起公众的注意，把人们团结起来形成对公司的巨大道德压力，促使它们停止那种行为。

---

① De George, R. T. Can Corporations Have Moral Responsibility?[A]. In Tom L. Beauchamp and Norman E. Bowie (eds.). Ethical Theory and Business[C]. 3rd ed. Englewood Cliffs, NJ: Prentice-Hall, 1988: 62-68.
② Pratley, P. Business Ethics[M]. China Renming University Press, Prentice Hall, 1998: 81.

既然我们可以要求公司承担法律责任，我们也可以要求公司承担道德责任。

让企业承担道德责任，确实可能使一些无辜的人也承担了责任，但这不能成为企业不需要承担道德责任的理由。企业作为法人，承担法律责任时，如环境污染而被处罚，不也使企业内一些并没有参与的所谓无辜的人也承担责任了吗？法律责任可以由企业承担，道德责任为什么不能？至于说，有些人应对企业的错误行为负主要责任，有时甚至是全部责任，这是完全可以的。理查德·T.迪乔治把具体承担责任的方式划分成五种：企业中每个成员对某一企业行为承担全部责任，企业不承担责任；企业中每个成员对某一企业行为承担部分责任，企业不承担责任；企业及企业中每个成员对某一企业行为承担全部责任；企业对某一企业行为承担全部责任，企业中每个成员承担部分责任；企业对某一企业行为承担全部责任，企业成员不承担责任。[①]

一般而言，企业和企业成员都应负责任。企业成员也应加以区分，决策者和执行者应负主要责任。高层管理者不管是否直接参与决策和执行，都应承担主要责任。一般参与者负次要责任。与该行为毫无关系的人可以不负责任。

认为把企业视为道德行为主体会产生危害的说法缺乏说服力。第一，我们在视企业为道德行为主体的同时，丝毫也不否认企业成员应负的道德责任。维拉斯奎担心"会倾向于满足于仅仅谴责或惩罚公司，而不去谴责或惩罚那些从事不道德行为的人"是多余的。第二，视公司为道德主体，恰恰是要企业审视自己的行为对利益相关者的可能影响，而不把自身的目的、利益看作是最重要的。相反，视企业为道德行为主体有两个优点：第一，迫使企业认真对待自己的行为，注意自身的整体形象；第二，由于谴责或惩罚企业时，企业内每个成员也会受到不同程度的触动，促使他们站出来与不良经营行为做斗争，包括检举、抵制不道德行为，批评不适合于企业道德行为产生的企业政策、制度、结构等，从而逐渐形成良好的企业道德风尚。

2. 企业是道德行为主体

所谓企业是道德行为主体，是指企业能够而且应该讲求伦理，能够而且应该承担道德责任。

讲求伦理就是在行为过程中遵守道德规范。企业有没有能力这样做呢？完全有能力。企业可以通过多种途径，把基本道德规范融合到企业目的、企业文化、企业战略、企业结构、企业制度中，融合到计划、控制系统中，融合到日常活动中。

关于企业是否应该承担道德责任已在对维拉斯奎观点的批评中作了回答。下面就是否能够承担道德责任作一探讨。事实上，任何有意识的人类行为，不管是个体的还是群体的，都可以而且应该进行道德评价，企业行为是人群集合体有意识的行为，当然也不例外。我们承认，企业与普通人还是有些区别的，"公司不是一个有感情、有良

---

① De George, R. T. Can Corporations Have Moral Responsibility?[A]. In Tom L. Beauchamp and Norman E. Bowie (eds.). Ethical Theory and Business[C]. 3rd ed. Englewood Cliffs, NJ: Prentice-Hall, 1988: 62-68.

心的道德主体。"[①]尽管，企业本身不会有耻辱感或良心的谴责，但是，道德处罚对企业仍然起作用。社会舆论谴责的直接后果是企业形象受损，而企业形象受损必然导致企业绩效下降。舆论监督与经营业绩有如此密切的关系，企业不会对此等闲视之。而说到经济赔偿，则企业比个人往往更有能力，可见，企业能够承担道德责任。

当然，也要避免另一个极端，只看到企业的道德责任，而看不到企业内部人员的道德责任。

1.4.3 企业伦理

企业伦理具有以下特点：

第一，企业伦理是关于企业及其成员行为的规范。虽然企业是由个人组成的，但企业的行为却不能简单地表述为单个成员的行为之和，企业具有自己的目标、利益和行为方式。当一个人问企业应该做什么，企业的道德责任是什么，就意味着企业本身被看成一个"道德角色"或"道德个人"。然而，具体工作毕竟是由企业成员来做的，在讨论企业应该遵守的行为规范时，实际上也提出了单个成员所应遵守的行为规范，如管理者、技术人员、生产人员、营销人员、财务人员、后勤人员等的行为规范。

第二，企业伦理是关于企业经营活动的善与恶、应该与不应该的规范。指导企业及其成员行为的规范有许多，有技术规范，如不准戴手套操作车床，有礼仪规范，如对来访者以礼相待。企业伦理是关于善恶的规范。企业伦理告诉人们哪些经营活动是善的、应该的，哪些活动是恶的，不应该的。究竟什么是善的经营行为，什么是恶的经营行为，正是企业伦理学所要讨论的。一般而言，"人们总是把那些有利于自己、他人及社会群体的行为和事件当成是善，而把那些有害于自己、他人及社会群体的行为和事件当成是恶。"[②]

第三，企业伦理是关于怎样正确处理企业及其成员与社会、利益相关者、自然环境关系的规范。"道德的基础是利益，其核心内容即是调整利益关系。"[③]那么，在企业经营中存在哪些利益关系呢？首先，企业从事经营活动，需要内部各层次、各部门员工的共同努力。同时，企业是个开放系统，它与外界存在着各种联系，因此，企业中的关系就大的方面讲，可分为内部关系和外部关系两类。其次，人们生活在世界上必然地产生两种关系：一是人与人之间的关系，二是人与自然的关系，通常说的伦理关系是指前者，可后者也可以进行善恶评价，因而也应该包含在伦理关系中。

具体地说，企业在经营中存在着以下主要利益关系：企业与顾客的关系，企业与

---

① De George, R. T. Can Corporations Have Moral Responsibility?[A]. In Tom L. Beauchamp and Norman E. Bowie (eds.). Ethical Theory and Business[C]. 3rd ed. Englewood Cliffs, NJ: Prentice-Hall, 1988: 62-68.
② 魏英敏. 新伦理学教程[M]. 北京：北京大学出版社，1993：432.
③ 同上书：259.

供应者的关系，企业与竞争者的关系，企业与社区的关系，企业与政府的关系，企业与自然环境的关系，企业与所有者的关系，企业与管理者的关系，企业与员工的关系，管理者与员工的关系，员工与员工的关系，员工与事、物的关系等。

上述关系一般企业都可能面临，在实际经营活动中，尚会产生一些别的关系，如企业利用专利来开发新产品，就产生了企业与专利发明人之间的关系，企业与其他企业、高校、科研机构合作开发研究，就形成了企业与合作者的关系。与企业经营活动有关、与企业及其成员有利害关系的所有个人和组织都是企业及其成员的利益相关者。企业伦理就是调节企业及其成员与利益相关者关系的规范。

第四，企业伦理是通过社会舆论、内心信念和内部规范来起作用的。企业伦理与法律都是调节企业及其成员行为的重要手段，但两者在调节方式上有重大的差别：法律是统治阶级依靠国家机器等强制力量执行的，体现了强制性和外在性，而道德则依靠社会评价和自我评价而起作用，体现了自觉性和内在性。企业内部可以制定出具体的行为守则，对模范遵守守则者，予以表扬、加薪、评先进、晋升等，而对违反守则者予以批评、减薪、降级乃至除名。

1.4.4 企业道德

如同道德与伦理的关系一样，作为规范，企业道德与企业伦理是相通的，但是企业道德还有"内得于心，又外施于人"的一层含义，这里着重讨论一下企业道德的这层含义。

企业是由人组成的，企业道德应该包含其成员的道德，但企业是一个有共同目标，责、权、利明确的人群集合体，企业中的成员并不是各自孤立的，因此，企业道德不是个体成员的道德的简单之和或个体成员道德的平均水平。企业道德主要由两部分组成：员工的道德品质和企业整体的道德，后者主要通过企业道德文化表现出来。

道德品质包含道德意识和道德习惯，而道德意识又包含道德认识、道德情感、道德意志、道德信念。

道德认识。正确的道德认识要求员工能在纷繁复杂的现实中做出正确的道德判断、评价和选择。如果一个员工能背诵企业道德准则，甚至能理解其必要性和合理性，但在现实中却一筹莫展，不懂得怎样正确地进行判断、评价和选择，那么也不能认为这个人已具有了完备的道德认识。

道德情感。人们从理论上认识了一定的道德义务后，并不一定能按其行动。当道德认识转化为内在的情感时，才会对人们的行为和举止产生深刻的影响，推动人们主动趋善避恶，追求自己情感上尊崇向往的美德，反对情感上无法接受的恶行。

道德意志。员工在履行企业道德所规定的各种义务时，往往会遇到来自多方面的困难和阻力。在客观方面，需要克服来自外部的社会条件的制约，错误舆论的非难，亲友的责备和埋怨，等等。在主观方面，由于履行道德义务，往往需要或多或少地牺牲眼前利益。在这些情况出现时，如果没有坚定的道德意志，就可能在行为选择时放弃初衷，在行为过程中知难而退，甚至屈服于外部压力和眼前利益，做出不道德的事情。

道德信念。道德信念是深刻的道德认识、强烈的道德感情和坚强的道德意志的有机统一，是促使人们把道德认识转化为道德行为的内在动力。当一个人对某种道德产生信念后，就能自我调动、自我命令，长期地、自觉地、全面地根据自己的信念选择行为。

道德习惯。一个员工若养成了企业道德习惯，那么，其行为无须外来监督就能符合企业所推崇的道德原则和规范。

企业文化是企业员工在较长时期的生产经营实践中逐步形成的共享价值观、行为准则、行为方式的总和。企业文化可分为三个层次，分别是观念层次、制度层次和行为层次，其核心是共享价值观。企业必然要回答如何处理与社会、利益相关者、自然环境的关系等问题，一旦企业对这些问题达成了共识，并以此来指导行为，则会逐渐形成独特的企业道德文化。

1.5 企业伦理学的任务

企业伦理学是研究企业道德的学科。企业道德是一种社会现象，针对一个社会现象，通常可以提出五类问题，分别是：定义性问题（定义是什么的问题）；规范性问题（应当是什么的问题）；描述性问题（事实是什么的问题）；解释性问题（有何影响关系的问题）；对策性问题（如何采取行动的问题）。[①]针对企业道德同样可以提出上述五类问题，每类问题都需要研究，相应地，就有定义性研究、规范性研究、描述性研究、解释性研究和对策性研究，这些研究构成了企业伦理学的任务，其中，规范性研究是核心。

企业伦理学的定义性研究是关于"如何界定"的研究，包括什么是企业道德等的研究。

企业伦理学的规范性研究是关于"应当如何"的研究，包括什么是伦理上不可接受、可以接受、值得赞赏的行为等的研究。

企业伦理学的描述性研究是关于"事实如何"的研究，包括对企业道德状况、典型的企业伦理问题、管理者及普通员工的道德观念、道德素质等的研究。

企业伦理学的解释性研究是关于"关系如何"的研究，包括什么个人、组织、环境层面的因素会影响企业道德，企业道德水平会对社会、利益相关者和企业绩效产生什么影响，影响机理如何等的研究。

---

① 周祖城. 企业社会责任研究的五种取向[J]. 管理学报，2016，（2）：1045-1050.

企业伦理学的对策性研究是关于"如何应对"的研究,包括个人、组织、环境应当如何采取措施以提升企业道德等的研究。

影响企业道德的因素涉及国际层次、国家层次、行业/职业层次、企业层次、个人(这里说的个人是指作为企业一员的个人)层次等五个层次,所以,企业伦理学研究相应地可以在这五个层次上展开。

"齐二药"事件

一、事件始末

2006年4月29日和30日,广州市中山大学附属第三医院传染病科,连续发生群体重症肝炎病人突然出现急性肾功能衰竭症状的情况。

5月1日,院方一面停止使用"亮菌甲素注射液",一面紧急组织专家会诊,并向广东省食品药品监管局药品监测不良反应中心和中山大学医管处进行了报告。5月2日,院方基本认定,这起事件确是"亮菌甲素注射液"引起的。而这种注射液是由齐齐哈尔第二制药有限公司生产的。

2006年5月14日下午,齐齐哈尔市召开新闻发布会,宣布了这一事件的最新处理情况:齐齐哈尔市食品药品监管局已对齐齐哈尔第二制药有限公司进行了全面查封,并立案调查,警方正在对药品采购、保管、检验等有关人员进行调查;江苏省食品药品监管局已采取措施对假丙二醇的源头进行了有效控制,贩卖假丙二醇的嫌疑人王桂平已被江苏省公安部门采取行政强制措施。

国家食品药品监督管理局于5月3日接到广东省食品药品监管局有关"亮菌甲素注射液"引起严重不良反应的报告后,立即进入紧急状态,责成黑龙江省食品药品监督管理局暂停齐齐哈尔第二制药有限公司"亮菌甲素注射液"的生产,封存全部药品,同时派出调查组分赴黑龙江、广东等地进行调查,随后又派员赴江苏追踪调查有关生产原料问题。

5月11日,在初步认定齐齐哈尔第二制药有限公司生产的"亮菌甲素注射液"为假药的情况下,为保证公众用药安全,国家食品药品监督管理局断然决定,在全国范围内停止销售和使用齐齐哈尔第二制药有限公司生产的所有药品,同时要求各地药监部门在本辖区范围内就地查封、扣押。"由于生产一种假药而被叫查封全部100多种产品,如此严厉的监管措施前所未有。"国家食品药品监督管理局有关负责人表示,为了最大限度地减少假药事件带来的人员和财产损失,必须采取最为严厉的措施。

共有64名患者在中山三院注射过"亮菌甲素注射液",其中13人死亡,多人重伤。

据中央电视台《东方时空》栏目记者了解,齐齐哈尔第二制药有限公司的前身是一家国营制药企业,在2005年年底的改制中,原本是国有企业的制药厂转手卖给了一个私人老板。

改制后,新老板投入了3000万元扩建厂房,但是在质检方面却没有增加一分钱的投入,管理上也不尽如人意。

据了解,齐齐哈尔第二制药有限公司生产"亮菌甲素注射液"已有多年历史,从2006年3月开始,公司即采用新购进的假"丙二醇"作为辅料生产10毫升的注射液。

在药厂改制近一半职工下岗之后,这位私人老板开始大量地招聘临时工参与药厂的工作和管理。

在厂门口,偌大的一块标语牌上,蓝底红字赫然写着几个大字:拼搏、创新、务实。

二、假药出笼经过

调查表明,这批注射液使用了二甘醇而非丙二醇。丙二醇属于一种惰性药用辅料。所谓惰性辅料,是指不参与治疗、没有活性的物质,在制药中一般起增强溶解性的作用。

二甘醇又名二乙二醇(DEG),主要用作合成纤维的软化剂、烟草的湿润剂、化工产品的中间体和溶剂等,且只能作为工业用途。它与医用丙二醇从外观到品性看去极为相似,但性质和用途截然不同。二甘醇对人体具有很大的毒性。权威资料显示,人约摄入 1mlDEG/kg(相当于 1.116 g/kg)即可发生严重中毒,其中大多数病例在服用后24小时出现胃肠道刺激症状和肾损害的表现,严重者因肾衰竭而死亡。

按照国家的药品管理规定,原料进厂要经过采购、初检和复检三道关口才能进入生产,而且每道关口都有严格细致的程序,这样一批假冒的原料怎么会进入一家正规的药厂呢?

齐二药厂负责采购药品原料、辅料的只有初中毕业的钮忠仁一人。这就意味着,齐二药厂如果要出5个品种的药,就要购买上百种原料,这上百种原料都需要钮忠仁一个人迅速采购到位。

在这种"根本忙不过来"的情况下,钮忠仁采购"丙二醇"的方式是这样的:2005年1月份之前,齐二药厂都是在天津采购进口的丙二醇,后来厂里领导要求在国内找一家有资质的生产企业进货,他便四处寻找"丙二醇"的国内生产商。一天,他收到王桂平的推销信,遂按照信上的电话联系到王桂平。他特意请示领导郭兴华要不要去实地看看,但郭兴华一口回绝说"现在通信这么发达,电话联系就行了"。

2005年9月,钮忠仁没有对供货方进行考察也没有要求供货方提供样品进行检验,在采购辅料"丙二醇"时,在未确切核实供应商王桂平的供货资质的情况下,即通过电话联系向其购买"丙二醇"。2005年10月,王桂平将1吨"二甘醇"冒充"丙二醇"卖给了齐二药厂。

其间，钮忠仁也曾担心上当受骗从而影响生产和销售，但对于产品质量他却"从来没担心过"，因为他认为，药品质量是检验部门的事情，跟采购没什么关系，不是他负责的范围，他也自称"完全看不懂供货商提供给他的质量检验报告"。

郭兴平是齐二药厂主管采购、仓储、运输的副总经理，在没有实地考察、没有对样品进行检验的情况下，同意钮忠仁的采购计划，致使公司购入假冒的"丙二醇"。公诉机关在法庭上质疑郭兴平为何没有按照《药品生产质量管理规范》（Good Manufacturing Practice，GMP）认证的规定，在没有实地考察、没有对样品进行检验的情况下批准采购药品辅料。对此，郭兴平打了个比方，"这就好比买猪肉，你去买两斤猪肉，怀疑里面有猪肉精，难道你能去养猪场实地考察吗？"郭兴平声称，这个由省药监部门发放并上报国家药品监督管理局备案的权威认证是厂里"花钱买的"，"就是一个光碟材料，是厂里花10万元买来的！实践中完全不具备可操作性"。

陈桂芬作为齐二药厂化验室主任，负责对原料、辅料进行化验，她在对假冒"丙二醇"进行化验时，发现了该批假冒"丙二醇"的"相对密度"不合格，但她没有作进一步的鉴别，并违反药品生产质量管理规定，按朱传华的授意开具了虚假的合格检验报告书，致使该批假冒"丙二醇"被投入药品生产。

陈桂芬说："我们科11个化验人员没有几个懂相关的化学知识，大部分人都没有经过培训，有些人还没有上岗证。"而初中毕业、不懂化学的她没参加过培训，却轻而易举地拿到了黑龙江省药监局颁发的上岗证。至于她为何能当上化验室主任，她直言"我的文化资历、能力，根本就不具备这个资格，但我们单位领导看我常年工作认真，就让我当了。其实我根本什么都不懂，只知道跟领导汇报，怕出事"。

这位"齐二药事件"的直接责任人却"年年都是质量标兵"。陈桂芬交代，厂里曾对两批购入的"丙二醇"进行了相对密度检验，发现这两批购入的"丙二醇"都比正常的"丙二醇"相比密度高。陈桂芬马上将结果报告给主管领导朱传华，称这批原料"可能有问题"，但朱传华仍授意她开出检验合格的报告书，将原料送达生产车间使用。

陈桂芬和朱传华都认识到原料有问题，但以为只是纯度不高、含有杂质，万万没有想到是致人死命的"二甘醇"，甚至对于"二甘醇"这个名词，他们都是出事后才知道有这种化学物质，以前"根本没有听说过'二甘醇'"。

朱传华是齐二药厂主管生产、质量的副总经理，明知该批假冒"丙二醇"的"相对密度"不合格，并且公司检验设施不齐全，检验人员检验资质不全，依旧授意陈桂芬开具虚假的合格检验报告书，致使该批假冒"丙二醇"被投入生产药品。

对检方指控其授意陈桂芬开具虚假的合格检验报告书，致使该批假冒"丙二醇"被投入生产药品，朱传华在法庭上的回答是"因为生产急着用"。在公诉机关的一再追问下，他又称，"公司一直有惯例，如果（原料）有不合格的，也按合格的（报告书）开出来"，并称"历来都是这样"。

尹家德作为齐二药公司总经理，主管公司的全面工作，未严格按药品生产质量管理规范组织和管理企业的生产经营活动，在明知本公司绝大多数检验人员检验资质不全的情况下，对公司的物料采购、药品生产等生产活动的管理严重不负责任，致使上述假冒"丙二醇"被投入生产亮菌甲素注射液等药品。他说："原料在进厂的时候，具体的部分由具体的人员负责，我并不清楚。"该原料用于生产和销售时，他也已经辞职。他还说："每年药厂都要进上千批药，不可能每批药都要向我报告，也不可能每次有质检问题都向我报告，这些都是主管副经理的事。"对于人事安排的问题，尹家德推说质检人员的任命都是副总的事情，他并没有人事任免权。

三、处理结果

2006年5月20日，黑龙江省食品药品监督管理局作出拟吊销齐二药《药品生产许可证》的决定。

6月30日，黑龙江省食品药品监管局向"齐二药"送达了《行政处罚事先告知书》和《听证告知书》，拟对后者进行如下处罚：没收查封扣押的假药；没收其违法所得238万元，并处货值金额5倍的罚款1682万元，罚没款合计1920万元。

2008年4月29日，齐二药假药案刑事部分在广州市中院进行一审宣判，齐齐哈尔第二制药有限公司副总经理朱传化被判处有期徒刑七年（这是重大责任事故罪的最高刑期），齐二药检验室主任陈桂芬被判处有期徒刑六年，齐二药物料采购员钮忠仁被判处有期徒刑五年六个月，齐二药主管采购、仓储、运输的副总经理郭兴平被判有期徒刑四年六个月，齐二药总经理尹家德被判处有期徒刑四年。

2008年12月10日，齐二药案民事索赔部分在广州市中级人民法院终审宣判，假药生产商齐二药应当赔偿11名受害人经济损失合计人民币350余万元，而用药的中山三院和两家药品销售商则要承担连带赔偿责任。

1.6 学习企业伦理学的意义

之所以要学习企业伦理学，一个根本的原因是，企业成员，无论是管理者还是普通员工都无法回避伦理问题。正如弗兰克·梯利（Frank Thilly）所说："我们为什么要学习伦理学？就像我们为什么要学习其他科学一样，道德是一种客观事实，同样值得研究。"[①]

学习企业伦理学，有以下五个方面的意义：

第一，学习企业伦理学有助于更客观地理解企业及其成员的责任。

社会中的每个人、每个组织都负有某种责任，所不同的是向谁负责，负责什么，

---

① 弗兰克·梯利. 伦理学导论[M]. 何意, 译. 桂林：广西师范大学出版社，2002：15-16.

负责到什么程度。

从环境乃至社会与经济的角度来说，目前的全球发展模式是不可持续的。现有经济、企业发展模式既不能解决当今世界的现实问题，也不能衡量真正对人类有意义的事物。凯特琳·穆夫（Katrin Muff）等人呼吁，企业组织需要在观念上来一场转变，从现行的股东利益导向的短期利润最大化范式转变为为社会和世界创造可持续的价值范式。[①]

企业伦理学关注的是企业及其成员的责任。企业伦理学不是简单地宣称企业应该履行什么责任，更重要的，要论证为什么单纯追求利润最大化作为企业社会责任是不合适的，尤其要论证为什么企业社会责任应该包含道德责任。通过说理，使人们对企业履行道德责任的必要性有更深刻的理解。

企业活动归根到底是人的活动，企业社会责任最终需要通过人来履行的。因此，企业成员，特别是管理者有讲道德的责任。美国前证券交易委员会主席约翰·沙德在1989年7月27日的《华尔街日报》（The Wall Street Journal）上撰文指出："商学院必须增强自身能力，以确保其毕业生拥有运用知识做有益于社会而不是有害于社会的事情的品德。"

当然不仅仅商学院毕业生应具有良好的品德，所有企业实际工作者都应该努力去做对的事情，管理者更是责任重大。因为研究表明，在影响员工道德选择的因素中，上司的行为是影响最大的因素。因此，管理者除了负有自身从事合乎道德的行为的责任外，还负有采取道德管理措施，营造道德氛围，促使下属从事合乎道德的行为的责任。

第二，学习企业伦理学有助于纠正对企业伦理（学）的片面认识。

围绕企业伦理，有种种看法：

伦理是说教；

伦理是主观的；

伦理是相对的；

伦理观念产生于孩提时期，成人以后，要想施加影响为时已晚；

人们并非不知道什么是道德的、什么是不道德的；

对企业有利的就是合乎伦理的；

只有先人后己、无私奉献才是合乎伦理的；

讲道德就是要按自己认为是正确的去做；

讲道德就是要按社会倡导的规范去做；

大多数人认同的规范就是伦理上应当遵守的规范；

企业的责任就是在守法条件下追求利润最大化；

[①] 凯特琳·穆夫，托马斯·迪利克，马克·德雷韦尔，等. 造福世界的管理教育——商学院变革的愿景[M]. 周祖城，徐淑英，译. 北京：北京大学出版社，2014：99.

一个企业生存下去就达到了企业社会责任的基本要求；

企业经营只要不违法就无可指责；

企业经营决策与伦理无关；

我国目前还不具备讲企业伦理的条件；

谁讲伦理谁吃亏；

只有当企业赢利了，才能要求其讲道德；

大企业才需要讲企业伦理；

讲不讲道德是自愿的，别人无权说三道四；

伦理是个人的事，与管理无关；

对改变企业道德状况，个体企业无能为力；

对改变企业道德状况，个人无能为力；

企业即使讲道德，目的也还是为了谋利，讲道德只是一种伪装而已；

没有一个企业能严格按照伦理准则去做，因而讨论企业伦理是空洞的；

让一个追求自我利益的人自觉地讲道德是不可能的；

促进企业道德，要靠完善法律和市场机制，而不能靠企业道德自律。

诸如此类的问题，乍看上去都有一定道理，实际上，却存在片面性。通过学习企业伦理学，这些问题可以得到明确的科学的回答。

第三，学习企业伦理学有助于提高决策质量。

企业的几乎所有决策都是伦理决策（即对他人或社会有或多或少的利益或损失），正因为如此，在做决策时有必要做伦理分析。

通常人们在做决策分析时，会考虑经济上是否合理，技术上是否可行，但是，大量的实践证明，决策是否可行，不仅取决于经济上是否合理，技术上是否可行，而且还取决于其他因素。

应该从五个方面衡量决策的可行性：

经济标准：是否能获利（含短期和长期的利益）？

技术标准：技术上是否可行？

政治标准：是否符合国家的方针政策？

法律标准：是否合法？

伦理标准：是否合乎伦理？

决策的伦理分析的提出有其内在的逻辑。企业的所有决策，大到建新厂、开发新产品、开拓新市场等战略决策，小到选择促销方案、制定用工政策、处理消费者投诉等日常决策，不仅会给企业本身带来利益或者损失，而且还会对利益相关者产生正面或负面的影响。因此，决策是否可行，不仅取决于企业自身能否得到利益，技术上是否行得通，而且还取决于能否得到利益相关者的支持。如果决策损害了利益相关者的利益，而且这种损害是违背伦理的，利益相关者能支持吗？如果利益相关者不支持甚至反对，决策的可行性就要受到影响，甚至可以使决策完全不可行。

正因为如此，几乎所有西方学者都把伦理决策作为企业伦理与管理结合中的主要问题来对待。奥托·A.布兰默（Otto A. Bremer）等人指出："伦理学模型和理论在管理决策分析中的应用，使得企业伦理与管理者教育发生了联系。"[1]弗雷德里克·B.伯德（Frederick B. Bird）和杰弗里·甘兹（Jeffrey Gandz）认为，"企业伦理学是关于制订和实施涉及道德判断的决策的。"[2]可见，企业伦理的切入，对管理的最直接影响便是把伦理分析引入决策过程中。

也就是说，伦理上不可行也会导致决策失误。对于这类决策失误，人们了解得不多。有时失误已经造成，还不知问题出在哪里。通过学习企业伦理，掌握分析方法，就能进行方案的伦理评价，避免因伦理上不可行而导致决策失误。从这个意义上讲，即使对于那些以追求利润最大化目的的企业和个人，了解企业伦理学也是有必要的。

第四，学习企业伦理学有助于成为有效的管理者。

管理者日常直接要面对的往往是对策性问题——本企业、本部门该怎么做？但要有效地回答对策性问题，需要首先回答定义性问题、规范性问题、描述性问题和解释性问题。例如，本企业应当如何做才能促进企业可持续发展？这是一个对策性问题，但是，在提出对策之前，需要知道什么是企业可持续发展（定义性问题），哪些促进企业可持续发展的举措在伦理是不可以接受、可以接受、值得赞赏（规范性问题），目前本企业及其他企业在促进企业可持续发展方面做得如何（描述性问题），什么因素会影响企业可持续发展（解释性问题），也就是说，为了提出有效的对策，需要掌握相关的定义性、规范性、描述性、解释性、对策性知识，并且具有定义性分析、规范性分析、描述性分析、解释性分析和对策性分析能力。

所有学科都包含定义性知识，大多数学科如管理学、经济学、心理学、社会学提供的是描述性、解释性知识，而伦理学的核心任务是提供规范性知识，因此，对管理者来说，学习企业伦理学的独特价值在于可以增强规范性问题意识，了解规范性知识，提升规范性分析能力。

《中庸》倡导"博学之，审问之，慎思之，明辨之，笃行之"。[3]在切实行动之前，要"博学、审问、慎思、明辨"，做出正确的选择。仅仅懂得描述性知识与仅仅懂得规范性知识一样难言博学。

管理者经常需要向外部利益相关者（如顾客、供应商、公众等）和内部利益相关者（包括员工和所有者）解释为什么其所做的决策是正当的。如果管理者无法判断什

---

[1] Bremer, O. A., Logan, J. E., Wokutch, R. E. Ethics and Values in Management Thought[A]. In Karen Paul (ed.), Business Environment and Business Ethics[C]. Cambridge, Ma: Ballinger, 1987: 79.
[2] Bird, F. B., Gandz, J. Good Management: Business Ethics in Actions[M]. Scarborough, Ontario: Prentice-Hall Canada Inc., 1991: 1.
[3] 中庸·第二十章.

么是道德的，什么是不道德的，就不可能有说服力地向人们解释决策的正当性。

管理工作的特点是通过他人来完成工作。因此，管理者通过施加影响力使员工能心甘情愿地努力工作便变得十分重要。概括地说，影响力的来源有五个：法定权、奖励权、惩罚权、专长、表率力。前面三个属于权力性影响力，这种影响力与特定的个人没有必然联系，它是同职务相联系的。后两个是非权力性影响力，专长主要指经营的知识、能力、经验等，表率力则来自品德、作风。法定权、奖励权和惩罚权固然也能起作用，然而，仅仅凭这些权力是无法使员工心悦诚服地、长久地追随管理者努力工作的。而管理者出色的才能和高尚的品德则能产生吸引员工的个人魅力，在员工中树立较高的威望，从而激发起员工的工作热情。

企业家经营企业并非对所有企业经营知识都要精通，他可以聘请具有精深知识的专业人才来协助自己。但是，一定存在着某种东西是必须具备的，是不可能请人来代替的。企业的存在理由是什么？为什么要经营企业？用什么原则来指导企业经营？怎么处理与利益相关者的关系？诸如此类的问题必须由经营者自己作出回答。

第五，学习企业伦理学有助于成就卓越的企业。

当然，对于追求卓越的企业来说，避免因伦理上的不可行而导致的决策失误只是做到了第一步，还应该努力使卓越道德与卓越业绩相互促进，追求基于卓越道德的竞争优势。

有人可能认为，讲道德能给企业带来好处吗？这个问题当然不是简单地用"能"或者"不能"就回答得了的。但是，有一点是肯定的，那就是企业伦理渗透在旨在追求卓越业绩的现代管理理论之中，人本管理、团队管理、战略管理、全面质量管理、企业文化、企业形象、企业识别、卓越领导、学习型组织等理论都是旨在改善经营业绩的现代管理理论，但是，无一认为不道德经营行为是可取的，是有利于取得卓越业绩的。相反，它们无不体现出诚实、公正、尊重人、为利益相关者着想的思想。这些理论虽然形形色色，但注重企业伦理却是其共同的特征。[1]良好的道德有助于正确的决策，吸引、留住人才，充分调动员工的积极性，人、部门、组织之间的协调，不断创新与变革，即有助于提升管理水平，进而促进企业发展。卓越道德符合成为可持续竞争优势来源的三个条件——有价值、稀缺性和难以模仿性，因而是可持续竞争优势的一个来源。[2]

【本章提要】

1. 企业伦理学产生于 20 世纪七八十年代的美国，是学术界回应社会对企业的期

---

[1] 周祖城. 管理与伦理[M]. 北京：清华大学出版社，2000：76-84.
[2] 周祖城. 基于卓越伦理的竞争优势[J]. 南开管理评论，2002，（2）：59-62，66.

望的产物。

2. 伦理是处理人、组织、社会、自然之间利益关系的行为规范。

3. 道德包含三方面的内容：道——（道德）规范；德——对规范有所得，表现为（道德）认识、情感、意志、信仰和习惯等；以及由"道"转化为"德"的途径与方法，即（道德）评价、教育、修养等。

4. 伦理与道德作为规范，常常互换使用，如果要区分，那么，伦理是指在给定条件下，所有理性人都会同意的行为标准；而道德是指一个社会或群体实际倡导的，或个人接受的行为标准。

5. 一方面，道德与法律是两种不同的行为规范，它们在产生条件、调整对象、调整范围、表现形式、调整机制等方面存在差异；另一方面，道德与法律是两种重要的社会调控手段，两者在内容相互渗透，在作用上相互补充。

6. 利益相关者是指可能对组织的决策和活动施加影响或可能受组织的决策和活动影响的所有个人、群体和组织。企业是一个利益关系体，企业经营是一种合作活动。怎样处理与利益相关者的关系是企业不可避免的、每时每刻都面临的问题。

7. 不仅企业从业人员是道德行为主体，企业也是道德行为主体。

8. 企业伦理是关于企业及其成员行为的规范，是关于企业经营活动的善与恶、应该与不应该的规范，是关于怎样正确处理企业及其成员与社会、利益相关者和自然环境关系的规范，是通过社会舆论、内心信念和内部规范来起作用的。

9. 企业是由人组成的，企业道德应该包含其成员的道德。但企业是一个有共同目标、责、权、利明确的人群集合体，企业中的成员并不是各自孤立的，因此，企业道德不是个体成员的道德的简单之和或个体成员道德的平均水平。

10. 企业伦理学的研究对象是企业道德，对企业道德的研究包括定义性研究、规范性研究、描述性研究、解释性研究和对策性研究，这些研究可以在国际、国家、行业/职业、企业、个人等五个层次上展开。

11. 学习企业伦理学有助于理解企业及管理者的责任，纠正片面认识，提高决策质量，成为有效的管理者，成就卓越的企业。

【重要概念】

伦理

道德

法律

利益相关者

企业伦理

企业道德

道德品质
道德认识
道德情感
道德意志
道德信念
道德习惯
定义性问题
规范性问题
描述性问题
解释性问题
对策性问题

1. 企业伦理学产生于何时？产生的背景是什么？
2. 什么是伦理？
3. 什么是道德？
4. 什么是规范性的行为标准？
5. 什么是描述性的行为标准？
6. 道德与法律有何区别与联系？
7. 有人说，"高于法律要求的部分才是道德要求"，你同意吗？
8. 为什么说单纯按照不违法作为经营企业的原则，并不能保证企业经营无可指责？
9. 何谓利益相关者？
10. 谁是企业的利益相关者？
11. 为什么说企业是道德行为主体？
12. 什么是企业伦理？
13. 什么是企业道德？
14. 企业伦理学的研究对象是什么？
15. 企业伦理学的任务是什么？
16. 什么是定义性研究？
17. 什么是规范性研究？
18. 什么是描述性研究？
19. 什么是解释性研究？
20. 什么是对策性研究？

21. 为什么说学习企业伦理学有助于成为有效的管理者？
22. 为什么说学习企业伦理学有助于成就卓越的企业？
23. 什么是决策的伦理分析？伦理分析与经济分析、法律分析、技术分析、政治分析有何不同？
24. 为什么需要做决策的伦理分析？
25. 从分析解决现实问题角度看，企业伦理学有何独特价值？
26. 有人说，"现实中没有企业能完全按照伦理要求来经营，因而学习企业伦理学没有意义"，你对此有何评价？

案例 1 林女士的遭遇

林女士已经加入某公司 8 年有余，并从开始的医学部底层做起，由于其丰富的专业背景和工作能力，两年中带领团队高质量完成了数个临床研究项目，顺利升任医学部高级经理，之后，由于家庭原因，她辞职去加拿大和家人团聚。自她离开后，公司的医学部团队绩效明显下滑，医学总监也是频频换人。中国总裁不得已又想起了林女士，并专门邀请她回来为公司出力。林女士不负总裁所托，辞别家人，一个人回到上海，担当起医学部总监的重任。每天最早上班，最晚下班，中午吃饭也几乎从不离开办公室，每天都只看到她忙忙碌碌的身影，三年一直如此，医学部也在她的领导下重新恢复了效率，她们取得的工作成果给市场部、销售部及管理层的决策带来了极大的支持。此时，总裁退休，新任总裁走马上任，对公司架构做了大幅度的调整，林女士也属于被解雇之列。

在新总裁的授意下，人事部用各种办法解雇了绝大多数中高层管理人员，却没有一个员工得到赔偿。林女士是其中一个。

解雇林女士的过程是这样的：为了公司整体战略发展需要，紧急宣布医学部结构调整，任命林女士为初级医学经理，并向高级医学经理杰瑞汇报；杰瑞原是初级经理，是医学部的淘汰对象，工作态度差，业绩差，人品也很差，同事关系紧张，新总裁却提升他为高级经理，还要原来的医学总监直接向他汇报，待遇根据职位也做了相应调整。公告一贴出来，公司上下都深感疑惑，林女士也如大家所料，不久便自动离开公司另谋他就，杰瑞在林女士离开后不久合同到期也被公司解雇。

讨论题

新总裁的做法合乎伦理吗？为什么？

案例 2 陈馅月饼

2001 年 9 月 3 日，中央电视台《新闻 30 分》播出了南京冠生园旧月饼翻新"再利用"的新闻。

央视记者的第一次拍摄从 2000 年 8 月开始，断断续续一直到 10 月份才拍完，回收再加工的整个过程都拍到了。2001 年 6 月底再赴南京，就在附近租了间房，两部摄像机还有望远镜等设备全都用上了，每天从南京冠生园上班开始盯，一直盯到他们收工，拍了 10 多盘素材，后来，光是整理、剪辑、做特技就用了一个月。另外还通过一些渠道进入过冠生园厂区偷拍。

经过央视记者一年多的努力，公众得以知道鲜为人知的一幕：

2000 年中秋节过后的第 9 天，南京冠生园食品厂当年没有卖完的价值几百万元的月饼被陆续从各地回收回来，并运进了一间蒙着窗户纸的车间。被回收的月饼主要有豆沙、凤梨和莲蓉三大类，它们都将在经历几道工序后，被重新加以利用。

去皮取馅是第一道工序，被剥出来的月饼芯接着重新搅拌、炒制，它们由一个个独立的月饼芯融成了一个整体，完成第二道工序。最后一步：入库冷藏。在 2001 年的 7 月 2 日，南京冠生园就正式开工做新月饼了，这些保存了近一年的馅料也被悄悄派上了用场。

对于用陈馅做月饼，南京冠生园的老板吴震中自有一番他的说法："全国范围这是一种普遍现象。月饼是季节性很强的产品，每一个厂家都想抢月饼这块市场。月饼这个市场很难估量，没有一个厂家，除非你是个体户，做几个卖几个的。"

记者："用陈馅做新馅，您认为合不合法，合不合情？"

吴震中："去年我曾经拿着这个题目，跟卫生防疫站的人就坐在这个地方讨论过这个事情，他们自己讲政府现在在卫生防疫法里都没有一个明确的规定。但是从消费者来讲，从消费意识来讲，为什么厂家它不能公开地这样讲，或者说承认这个事情，是因为消费者的心理状态。"

记者："那实际上生产日期和保质期只是对厂家有效，对老百姓来说看看而已。"

吴震中："今天它法令规定说，个别产品或者分装的时候作为它的生产日期，这就给整个食品行业有了一个，我们不说它是漏洞，应该是有一个模糊的空间。"

卫生部食品化妆品监督管理处处长黄建生认为，"月饼加工企业使用回收的过期月饼加工食品的问题，属于违反《食品卫生法》第 9 条禁止生产经营的食品中'超过保质期限的食品'的规定，对于使用已经腐败变质或超过保质期限的食品重新加工食品，卫生部门应当依据食品卫生法严格查处。"

但是，在国家《食品标签通用标准》里，对保质期的解释中有这样一句话："超过此期限，在一定时间内食品仍然是可以食用的"，但这"一定时间"是多长，法律并没有继而做出明确规定，由此一些厂家认为，即使是超出保质期的月饼，只要它没长毛，就是干净的、可以利用的；另外一些厂家认为，被回收加工后的月饼馅料已经属于半成品，而国家并没有对各种半成品保存期限的详细规定；甚至还有一些卫生专家认为，只要是处于保质期内的月饼，就还是可以回收的。如此看来，消费者即使吃到的是几年前的月饼馅料也属于正常。就此种种问题，卫生部有关官员及专家表示，他们会进行讨论。

南京冠生园用霉变的冷藏馅做来年的月饼，据知情人讲，此举始于1993年。而南京冠生园的经理吴震中则称，他们是遭到了"知情的同行暗算"，用陈馅当新馅在月饼行业是一种普遍现象，看来这回捅破的是"整个行业的窗户纸"。

"南京冠生园"事件发生后，南京一位不愿在媒体上透露姓名的月饼厂老总告诉记者，使用去年陈馅的厂家在南京虽然不是普遍的情况，但也确实存在。他透露，月饼馅料的成本一般要占到月饼市场零售价的20%~30%，如果使用去年的陈馅，等于省下了今年投入的成本，所以一些厂家不惜铤而走险。而据了解，一些大的月饼生产厂家由于促销时间紧，战线铺得长而宽，中秋节一过退货也多，厂家面对如此大量的退货也舍不得扔，取出馅料冷藏后明年再用，也就减小了损失。从月饼厂的上游供货商——馅料厂来说，同样存在出售过期馅料的问题。一般而言，馅料厂的数量要比月饼厂的数量少得多，馅料厂一下面对巨大的供应量压力是很大的，可以说，短时间内它根本生产不出足够的量供应月饼厂。一个"好办法"就是把提前生产的馅料更改生产日期，伪装成新近生产的馅料欺骗月饼厂。更黑的馅料厂家直接从上年没有销完的月饼厂那儿收购陈馅，改头换面后作为当年新馅再出售给不明就里的月饼厂。

南京冠生园月饼旧馅再利用被曝光后，南京商家第二天一早紧急将其生产的月饼作撤柜处理。苏果超市早晨8点半前已将南京冠生园月饼全部撤出。人们在对月饼生产混乱无序和少数企业视百姓健康安全为儿戏深感愤恨的同时，也对南京人很有感情的"老字号"南京冠生园"落马"扼腕叹息。

南京冠生园事件还使国内其他冠生园企业蒙受了损失。当时上海冠生园集团的月饼已经运到北京、武汉、福州等地，南京冠生园月饼事件发生后，运到外地的月饼又纷纷退了回来。而实际上，上海的冠生园（集团）有限公司与南京冠生园食品有限公司没有任何资产关系。成都一家冠生园月饼厂因大量的退货、取消订单而被迫停产。

南京多家地产企业厂长都对2001年月饼销售前景感到心里没底。

国家卫生部、江苏省卫生厅先后发出紧急通知，要求严厉查处用超过保质期的食品原料生产月饼的违法行为。发现严重违法企业，要予以取缔、吊销营业执照，直至移交司法机关处理。

2001年9月10日，南京冠生园就"旧馅月饼"事件发表了公开信，内容如下：

某媒体9月3日播出的"南京冠生园大量使用霉变及退回馅料生产月饼"的报道，不但歪曲而且完全失实！但事发一周以来，我公司全体干部员工和许多的民众都为南京冠生园蒙受的不白之冤愤愤不平。

1. 新闻报道的背景原因

去年中秋节前，我公司某些因故离职的员工以一些不实的信息提供给南京某广播频道的记者，在广播中恶意中伤我公司，企图在中秋月饼旺销时损毁我公司未能得逞。随后不久，又有来自北京的记者，对我公司总经理进行了不友善的访谈，并采取掐头去尾、断章取义的方法。

2. 报道内容完全失实

我公司绝无在月饼生产中使用发霉或退回的馅料生产月饼。记者利用隐藏式摄像机将本公司所谓各"生产过程"片段拍下，经拼接后，再配以旁白陈述以及所谓"目击证人"提供的信息，就作为"事实"的陈述。

报道中竟只凭远拍的模糊画面，加上旁白"目击证人说自摄氏零下18度冷库推出的馅料上长着发青的霉菌"，摄氏零下18度库内原料能长霉吗？其实那是冷冻结的冰霜！我们再度严正声明：绝对没有也绝对不会使用任何霉变馅料去生产任何产品。如果拍摄当时真看到冠生园用霉变原料去加工生产的话，记者应当立该向执法部门举报，严惩厂家，及时制止防范危害社会大众之事发生，怎可等待近两个月时间，乃至一年后等厂家将生产出的月饼走进全国市场后再做报道？这是怎样的用心呢？

去年节后各地代理退回月饼实际到厂总重在25吨左右，公司全部将其去除包装袋后，有些整个、有些依养猪户的要求先做皮馅分离，以每千克2~3角价格卖出（皮馅分离是因馅太甜，养猪户要分批次与糠搅拌后才能使用）。卖出时皆有养猪户的付款收据及数量记录留存，现已将养猪户地址资料提供给政府执法部门，以便查核。

3. 报道方法、方式、预设目标立场和报道的时间选择明显恶意

企业在经营管理上应求尽善尽美，但难免会有失疏或犯错，政府部门及媒体对企业的失疏或错误，也应本着帮助企业发展的考量，正面地、善意地、及时地给予应有的要求或警诫。此次的报道，最直接及实质的影响是对南京冠生园的扼杀。难道这就是一家为国家分忧、为地方政府分忧、挽救了一个濒临破产的国有企业、全员接纳了原企业员工、向国家上缴财税1560万元、长年守法生产经营的食品合资企业应得的回报？

至于发布新闻时间的选择更让企业不平！这不是一件突发性、即时性的新闻。如记者所言，从去年到今年的漫长时间里静待该企业不断地投入生产，在总产值已高达近2000万元，且已将货品运达全国各城市，在月饼市场即将启动之时，一则报道，直扼咽喉！这是要即时给企业一个致命打击！！！这是唯一或是最恰当的方法吗？其实在前面叙述新闻报道的背景原因内，就很明确地知道记者这样有意识安排报道的最大目的就是要用最大力度、在伤害最大的时间对冠生园做致命的打击！

4. 南京冠生园到底是个什么样的企业？

让南京人民骄傲的是，在竞争最激烈的月饼市场上，冠生园月饼不但在南京成为月饼品牌中的领头羊，广受消费者欢迎，更积极走向全国。几年来外地市场急速扩大，现在全国近九十个大中城市及全部直辖市都有冠生园月饼的销售网络，成为真正的全国性品牌产品。这是冠生园人的自豪，也是南京人的骄傲。我们在走过八年艰辛岁月后，真正体会到企业发展成长的不易！但是要毁灭它，却是这样的举手之劳！！

这些年来冠生园经营虽然年年创造效益，但每年均在增添设备、改造生产条件上大力投入，中外方股东以企业发展、以更好地服务社会为优先考量，虽然到目前只回收一半的投资，但还在规划企业改建新厂的扩充计划！

5. 南京冠生园是个成功的中外合资案例

中外合资南京冠生园虽然不是一个特大企业，却是一个相当成功的合资案例。因为在国内原有国营食品企业体质较弱、基础较差，有较重的员工包袱，而且食品行业的竞争特别激烈，原有国营食品企业与外方合资成功的企业不多！南京冠生园自1993年与外方合资后，虽起步艰难，但公司凝聚员工，努力奋进，再加上政府各有关部门的关心支持，成为今天南京一个相当成功的企业典范！然而，此次惨遭不公平的扼杀，或许将使过去的辉煌成为历史。

6. 冠生园要站起来，冠生园更需要您的支持与鼓励！

此次报道出来后，立即造成大量媒体反复的同声讨伐，这个企业似乎一瞬间成了黑得不能再黑的黑窝！大家高热度的讨伐，失去了理性看待这个企业的空间，也失去了从正面去探讨它的兴趣！这也使得许多原来爱护支持冠生园但又不明真相的客户深感失望难过、甚至心痛愤怒！但在冠生园此刻受到如此打击创伤之时，我们仍要坚决地向每一位群众承诺：八年来，我们全体员工一直努力要做得更好，虽然积累了一些成绩，但我们仍有许多要改进的缺点，如果还有机会，今后将要更努力地去完成工作！

后记：

新闻报道后，南京有关卫生部门高度重视，立刻将我公司全厂生产用原料及产品全部批次抽样送检，经过整整10天，产品有关卫生指标全部检测，检测结果，其中153批次完全合格。在如此严格的情况下，此检测结果应该可以对南京冠生园月饼的卫生质量做最好的说明！

2002年2月4日，南京冠生园以"经营不善，管理混乱，资不抵债"为由向南京市中级人民法院申请破产。

2004年1月30日下午，江苏省拍卖总行和江苏省天德拍卖行对因"陈馅事件"而走上破产之路的南京冠生园食品有限公司进行了资产拍卖。

讨论题

1. 南京冠生园落到这种境地是否存在某种必然性？
2. 南京冠生园陈馅再用的做法有何不当之处？
3. 假设当时陈馅再用在行业内确实不是个别现象，南京冠生园除了随大流，是否还有别的选择？
4. 南京冠生园如果事先就想避免不当经营行为的发生，该怎么办？

互 联 网 +

第 2 章

企业社会责任

【本章学习目的】

通过本章学习，您应该能够：
- 了解密尔顿·弗里德曼的企业社会责任观
- 了解阿基·B.卡罗的企业社会责任观
- 理解 ISO26000 的社会责任定义
- 理解企业社会责任的四个基本问题
- 了解企业社会责任与相关概念的联系与区别
- 认识市场调节的局限性
- 认识法律调节的局限性
- 理解企业履行伦理责任的必要性和可能性

2.1 企业社会责任的代表性观点

关于企业社会责任（corporate social responsibility，简称 CSR）的讨论由来已久。1916 年，芝加哥大学的 J. 莫里斯·克拉克就写道："我们需要有责任感的经济，并且这种责任感要在我们工作的商业伦理中得到发展和体现。""有责任感的经济不仅仅是依靠每个个人一起对整个经济活动和社会环境负责，而且要将个人的责任扩大为团体的责任。团体对其成员负责，成员对其团体负责，同时，团体或者联盟，要对它所在的更大的团体或者联盟负责。"[1]1923 年，英国学者欧利文·谢尔顿在其《管理的哲学》一书中提出了企业社会责任概念。谢尔顿把企业社会责任与公司经营者满足产业内外各种人类需要的责任联系起来，并认为企业社会责任有道德因素在内。[2]1953 年，霍华德·R.鲍恩（Howard R. Bowen）的《商人的社会责任》问世。鲍恩定义"商人的社会责任"为"商人具有按照社会的目标和价值观去确定政策、做出决策和采取行动的义务"。鲍恩关于社会责任的概念中有三层含义：一是承担社会责任的主体是现代大公

---

[1] 沈洪涛，沈艺峰. 公司社会责任思想起源与演变[M]. 上海：上海人民出版社，2007：48.
[2] 张彦宁，陈兰通主编. 2007 中国企业社会责任发展报告[M]. 北京：中国电力出版社，2008：12.

司；二是公司社会责任的实施者是公司管理者；三是公司社会责任的原则是自愿。[①]

2.1.1 弗里德曼的企业社会责任观

密尔顿·弗里德曼认为，"企业有且只有一种社会责任，即在游戏规则（公开的、自由的、没有诡计与欺诈的竞争）范围内，为增加利润而运用资源、开展活动。"[②]其主要理由如下：

只有人才能负有责任，公司是一个虚拟的人，只能负虚拟的责任。企业中哪些人负有责任呢？当然是个体业主或公司总裁。由于社会责任的讨论大部分以公司为对象，所以着重讨论公司总裁问题。

在自由企业、私有产权制度下，公司总裁是企业所有者的雇员，他对其雇主负有直接的责任。这一责任就是按照雇主的意愿来管理企业。而雇主们的意愿通常说来都是在遵守基本的社会准则（既指包含在法律中的社会准则，又指包含在伦理习惯中的社会准则）的条件下，尽可能多地赚钱。

公司总裁作为代理人履行企业社会责任将损害他人的利益。公司总裁可以对他的家庭、他的良心、他的博爱情感、他的教堂、他的俱乐部、他的城市、他的国家承担责任。在这些方面，他是作为个人而不是一个代理人而行事的。他是在花自己的金钱、时间、力气，而不是雇主的金钱，或者已经以契约形式确定下来的、要为了他的雇主的目的而贡献的时间或力气。如果公司总裁作为所有者的代理人而履行社会责任则会损害他人的利益。例如，尽管价格的提高代表着该公司的最大利益，但为了对防止通货膨胀的社会目标作出贡献，制止产品价格的上涨；或者用于减少污染的支出，大大超过出于该公司的最大利益而应支出的数量，或超过了促进改善环境的社会目标而为法律所要求的数量；或者，为了达到减少贫困的社会目标，雇用失业的难民，而不雇用那些可以找到的、素质更好的工人。在这些情形中，公司总裁都是在为了普遍的社会利益而花费别人的金钱。如果他的那些为了履行"社会责任"而采取的行动减少了股东们的利益，那么他是在花股东们的钱；如果他的行动提高了产品或服务的价格，那么他是在花顾客的钱；如果他的行动降低了某些雇员的工资，那么他是在花雇员的钱。

如果公司总裁真的这样做的话，那么实际上他一方面是在征税；另一方面又在决定如何花费这些税收收入。从政治原则的角度看，征税及税收收入的支出是政府的职能，美国已经建立起了完善的宪法条款、议会制度和司法规则来控制这些职能，确保税收的征收尽可能地符合公众的偏好与愿望。公司总裁被股东们选中的全部理由，只在于这个总裁是一个服务于委托人利益的代理人。然而当这个公司总裁为了"社会的"

---

① Bowen, H. R. Social Responsibilities of the Businessman[M]. New York: Harper & Row, 1953: 6.
② Friedman, M. The Social Responsibility of Business is to Increase Its Profits[J]. New York Times Magazine, September 13, 1970: 32, 33, 122, 126.

目的而征税并花掉这些税收收入时，这一理由就不复存在了。尽管名义上他仍然是私人企业的雇员，但实际上已变成了公众的雇员，变成了公务员。从政治原则的角度看，这样的公务员是不能容忍的。如果他们想要成为公务员的话，那么必须通过政治程序来接受挑选。如果他们想要成为促进"社会的"目标而征税并确定支出的话，那么必须建立起政治机制来评估税收，并通过政治程序来决定所要服务的目标。

公司总裁没有能力切实地履行他所谓的"社会责任"。假如人们告诉他必须为反对通货膨胀作出贡献，他如何才能知道怎样做才能促进这一结果呢？公司总裁是企业管理方面的专家，选择他做总裁并不能使他成为一名通货膨胀专家。

不管公司总裁想不想，他花费股东、客户或员工的钱难以取得成功。股东们（无论是现任的股东还是公司因为总裁以社会责任名义的行为降低了利润和股票价格而被收购后的新股东）会解雇他，他的客户和员工会抛弃他。

在以私有产权为基础的、理想的自由市场中没有人能够强迫其他人，所有的合作都是自愿的，参与这种合作的各个方面都能够得到好处，否则的话他们没有必要参与进来。除了个人共享的价值观与责任外，不存在其他任何的价值观和"社会的"责任。社会是人的集合体，是人们自愿组成的各种群体的集合体。

在实际中，社会责任学说通常只是一种伪装，是为了获得自身利益才这样做的。例如，某公司是一个小社区里的主要雇主，对该公司来说，将资源用于该社区做好事，可能符合其长远利益，可能会使该公司更容易吸引理想的雇员，可能会使公司降低工资的开销或减少偷窃及破坏活动的损失，或者得到其他有价值的影响。

社会责任的提法会强化业已流传甚广的观点：对利润的追求是邪恶的、不道德的，必须由外部力量来加以约束和控制。一旦这种观点被采纳，那么用来制约市场的外部力量不会是武断的总裁们的社会良心（不论它发展到多高程度），而将是政府官僚的铁拳。

由于弗里德曼强调管理者只应该对所有者负责，认为企业的社会责任就是追求利润最大化，因而，在讨论企业社会责任的文献中，他的观点常常成为批评的靶子。

2.1.2　卡罗的企业社会责任观

阿基·B.卡罗认为，企业社会责任是社会在一定时期对企业提出的经济、法律、道德和慈善期望。[1]

经济责任（economic responsibility）

把经济责任视为社会责任似乎有点奇怪，但它的确是企业的一种社会责任。社会要求企业首先是一个经济组织，也就是说，企业的首要任务是生产社会需要的产品和服务，并以在社会看来反映了所提供产品和服务的真实价值的价格出售。经济责任是

---

[1] Carroll, A. B., Buchholtz, A. K. Business and Society: Ethics and Stakeholder Management [M]. 4th ed. Cincinnati, Ohio: South-Western Publishing Co., 2000: 35.

社会要求（required）企业做到的，如赢利、销售收入最大化、成本最小化、制定明智的战略决策、关注分红政策等。

法律责任（legal responsibility）

社会在赋予企业经济任务的同时，制定了要求企业遵守的法律。因此，遵守法律是企业对社会承担的责任。法律责任是社会要求（required）企业做到的，如遵守所有法律、条例、履行合同义务等。

道德责任（ethical responsibility）

道德责任包含了超越法律规定的、社会成员所期望或禁止的活动。道德责任涉及与尊重和保护利益相关者道德权利相一致的社会准则。一方面，道德和价值观的变化是立法的先导；另一方面，道德责任包含和反映了新出现的、社会要求企业遵守的价值观和准则，尽管他们比现行的法律要求更高。道德责任是社会期望（expected）企业做到的，如避免不正当行为、响应法律的精神、视法律为行为的底线、按高于法律的最低要求从事经营活动、做道德表率等。

慈善责任（philanthropic responsibility）

慈善责任也称为自愿的或自行处理的责任。把慈善活动归为社会责任也许不恰当，因为，慈善活动纯属自愿的活动，法律没有规定，社会也没有对企业普遍提出这样的要求。慈善活动包括支持社会福利事业、为员工提供小孩日托，等等。慈善责任与道德责任的差别在于，前者并不是伦理上所要求的。如果企业为社会福利事业提供资金、设施和人力支持，社会会很高兴，但企业做不到这一点，也不会被认为是不道德的。慈善责任是社会希望（desired）企业做到的，如企业捐款、支持教育、志愿活动等。

卡罗以较为简单、明确的方式回答了企业社会责任的内涵问题，强调了企业社会责任是一种综合责任，企业不仅有经济责任，而且有法律责任、道德责任和慈善责任，其观点有广泛的影响。

其不足是，首先，经济责任、法律责任、道德责任、慈善责任既不是并列的关系，也不是递进的关系，它们之间存在交叉和重叠，如生产社会需要的产品和服务（卡罗所说的经济责任）其实也是道德责任所要求的，遵守公正的法律同样是道德责任所要求的。其次，尽管卡罗从来没有说过四种责任有先后次序，在1979年的文章中，卡罗明确指出，这四种责任既不是相互独立的，也不是从经济责任的一端到社会责任的另一端。之所以这样概括，是因为从经营实践的历史看，各种责任受重视的时间有先有后，先是经济，然后是法律，再后来是道德和自行处理的责任。[1]在2016年的文章中他再次重申，企业应该同时履行这四种责任。[2]但其自下而上排列四种责任的示意图，

---

[1] Carroll, A. B. A Three-Dimensional Conceptual Model of Corporate Social Performance [J]. Academy of Management Review, 1979, (4): 497-505.

[2] Carroll, A. B. Carrol's Pyramid of CSR: Taking Another Look [J]. International Journal of Corporate Social Responsibility, 2016, 1: 1-8.

以及经济责任和法律责任是要求的，道德责任是期望的，慈善责任是希望的表述，不免给人这样的印象：四种责任是有先后次序的，经济责任和法律责任是基础，是第一位的，伦理责任和慈善责任是第二位的。

2.1.3 社会责任国际标准 ISO26000 的定义

国际标准化组织（International Organization for Standardization，ISO）于 2004 年启动了社会责任国际标准 ISO2600 的制定工作，并于 2010 年 11 月 1 日正式发布。

ISO26000 对社会责任作了如下定义：组织的社会责任是指组织通过透明和道德的行为，为其决策和活动对社会和环境的影响而承担的责任。这些行为应：

①致力于可持续发展，包括健康和社会福祉；
②考虑利益相关者的期望；
③遵守适用的法律，并与国际行为规范相一致；
④融入整个组织的各项活动之中。[1]

ISO26000 还提出了履行社会责任的七项原则，透过这些原则，可以进一步理解 ISO26000 对社会责任的定义。

1. 担责（accountability）

组织应为其对社会、经济和环境产生的影响承担责任。

2. 透明度（transparency）

组织在影响社会和环境的决策和活动方面应当是透明的。

3. 道德的行为（ethical behavior）

组织行为应合乎道德。组织行为应建立在诚实、公平和正直的价值观基础之上。所有组织都应积极采取行动促进合乎道德的行为。

4. 尊重利益相关者的利益（respect for stakeholder interests）

组织应尊重、考虑和回应利益相关者的利益。

5. 尊重法治（respect for the rule of law）

组织应接受尊重法治是强制性的观点。

6. 尊重国际行为准则（respect for international norms of behavior）

组织应在坚持尊重法治原则的同时，尊重国际行为准则。

7. 尊重人权（respect for human rights）

组织应尊重人权，并承认人权的重要性和普遍性。

---

[1] International Organization for Standardization. ISO 26000-Social Responsibility [S]. http://www.iso.org/iso/home/standards/iso26000.htm.

2.1.4 其他代表性观点

1. 三个同心圆观点

1971年出版的《商业公司的社会责任》中,美国经济发展委员会用三个同心责任圈来说明社会对企业的期望:最里圈,包括明确的有效履行经济职能的基本责任;中间一圈,包括在执行这种经济职能时对社会价值观和优先权的变化要采取一个积极态度的责任;最外圈,包括新出现的还不明确的责任。[①]

2. 三重底线观点

1997年,英国SustainAbility总裁约翰·埃尔金顿(John Elkington)在《拿叉子的野人:二十一世纪企业的三重底线》一书中提出了"三重底线"概念,即企业要充分考虑利益相关方与社会的期望,以及经营活动对经济、社会和环境可能产生的不良影响。[②]

3. 欧洲共同体委员会的定义

欧洲共同体委员会(Commission of the European Communities):企业社会责任是指企业对给所有利益相关者造成的影响承担责任。是指企业对公正地、负责任地经营以及在改善员工及其家庭的生活质量、社区、社会的同时促进经济发展的持续承诺。[③]

4. 世界经济论坛的定义

2003年世界经济论坛指出,企业公民包括四个方面:(1)好的公司治理和道德价值,主要包括遵守法律、现存规则以及国际标准,防范腐败贿赂,包括道德行为准则问题,以及商业原则问题;(2)对人的责任,主要包括员工安全计划,就业机会均等,反对歧视,薪酬公平等;(3)对环境的责任,主要包括维护环境质量,使用清洁能源,共同应对气候变化和保护生物多样性等;(4)对社会发展的广义贡献,主要指广义的社会和经济福利的贡献,比如传播国际标准,向贫困社区提供要素产品和服务,如水、能源、医药、教育和信息技术等。[④]

5. 世界可持续发展企业委员会的定义

世界可持续发展企业委员会(World Business Council for Sustainable Development):企业社会责任是企业针对社会(既包括股东也包括其他利益相关者)的合乎

[①] 乔治·斯蒂纳,约翰·斯蒂纳. 企业、政府与社会[M]. 张志强,王春香,译. 北京:华夏出版社,2002:132-133.

[②] Elkington, J. Cannibals with Forks: The Triple Bottom Line of 21st Century Business[M]. New Society Publishers, 1998.

[③] Dahlsrud, A. How Corporate Social Responsibility is Defined: An Analysis of 37 Definitions[J]. Corporate Social Responsibility and Environmental Management, 2008, (15): 1-13.

[④] 张彦宁,陈兰通. 2007中国企业社会责任发展报告[M]. 北京:中国电力出版社,2008:16.

道德的行为。[①]

6. 显性与隐性企业社会责任

德克·马特恩（Dirk Matten）和杰里米·穆恩（Jeremy Moon）认为，从实证角度看，企业社会责任是指企业明确阐述和表达的政策和实务，这些政策和实务反映了企业对一些更广泛的社会利益承担的责任。

马特恩和穆恩区分了显性企业社会责任（explicit CSR）和隐性企业社会责任（implicit CSR）。所谓"显性 CSR"，是指企业为了某种社会利益而履行并用社会责任语言表达的责任。它们通常包含公司自愿性的项目和把社会价值和商业价值结合起来的战略，以解决被视为公司社会责任一部分的问题。所谓"隐性 CSR"，是指企业在更广泛的支持社会利益的正式和非正式制度中所扮演的角色，通常由价值观、规范和规则组成，这些价值观、规范和规则对企业处理与利益相关者关系提出了强制性和习惯性的要求，并明确了作为整体的企业而不是单个企业的恰当义务。实行显性 CSR 的公司在沟通对利益相关者的政策和措施时会用 CSR 语言，而实行隐性 CSR 的公司在介绍活动时通常不使用 CSR 语言。实行隐性 CSR 的公司与实行显性 CSR 的公司可能从事类似的活动，然而，隐性 CSR 并不认为是一种自愿的和有意的公司决策，而是对公司制度环境的反应或反映了公司制度环境，而显性的 CSR 是公司有意的、自愿的，且通常是战略性决策的结果。[②]

溢达的理念

溢达成立于 1978 年。目前溢达集团是世界领先的高档纯棉衬衣生产商之一，拥有 4.7 万名员工，集团分布于中国、马来西亚、越南、毛里求斯和斯里兰卡的工厂和强大的销售网络为全球主流市场提供服务。溢达有自己的面料品牌"溢达"，成衣品牌"派"（π），同时为世界知名品牌（如 Tommy Hilfiger, Hugo Boss, Brooks Brothers, Abercrombie & Fitch, Nike, Lands' End, Muji 等）和大零售商（如 Marks & Spencer, Nordstrom 和 Jusco）提供成衣制造服务。

以前，溢达与国内其他纺织企业一样，也是将重点放在寻找廉价劳动力和可用配额上。1995 年，杨敏德从父亲手中接手公司之后，决定改变原来的价格竞争战略，改走高品质、高附加值之路。

杨敏德决定对公司进行垂直整合，以有效地控制从棉花种植到成衣包装的每一个

---

① World Business Council for Sustainable Development. Meeting Changing Expectations: Corporate Social Responsibility[R]. WBCSD, Geneva, Switzerland, 1998.
② Matten, D., Moon, J. Implicit and Explicit CSR: A Conceptual Framework for a Comparative Understanding of Corporate Social Responsibility[J]. Academy of Management Review, 2008, 33(2): 404–424.

生产工序的质量，使溢达在全球市场获得更加长久的竞争优势。溢达的经营理念，用董事长杨敏德的话讲，就是"让所有人都有钱赚"。杨敏德认为，一个有责任的企业应该关心社会并积极地影响社会，了解企业的行为对供应商、客户、员工以及所在社区产生的影响，从而最终与这些利益相关者建立双赢关系。

溢达与棉农的关系。棉农在溢达"产供销"垂直一体化生产链上处于最前端。做棉纺的有句话，叫"得棉花者得天下"。溢达在国内建厂发展的这20多年，正赶上棉花市场波动最大的时期，棉价已经坐过好几次"过山车"。特别是1999年棉花市场放开以后，棉花的收购和销售价格主要由市场决定，国家不再统一规定。棉价上涨，棉农收益固然增加，但棉纺企业会转而寻求从国际市场进口；大量进口棉花会促使国际市场棉价上扬，导致生产成本提高。同时，价格上涨会刺激棉农盲目扩大种植面积，为来年的棉花市场运行埋下隐患，使棉农与企业都在棉价的涨跌中承担风险。每当棉花供过于求，棉农立即陷入"卖棉难"的困境中，而一旦棉花供过于求，企业就会背上沉重的成本负担，并直接影响到产品的国际竞争力。面对这种"两头怕"的形势，溢达在新疆率先采取"订单农业"的做法。公司与农民签订收购合同，农民按照合同品种及质量生产棉花，溢达则向棉农承诺最低收购价格，最高价格由市场决定，优质优价，现款现付，当天结算。此外，公司还在前期为棉农垫付农资，提供小额贷款。对棉农而言，签订单是件好事，因为即使棉价下跌，他们的收入也有保障；对溢达来说，也同样是好事，因为即使棉花紧张，公司也能得到稳定的原料供应，而且棉花的质量也能得到保证。通过订单，企业与棉农缔结了一种共生关系。

溢达与员工的关系。对于员工，溢达力求从细节处传递对员工的关怀，创造舒适、安全的工作环境，因为只有员工快乐了，才有生产积极性，才能安心创造出最好的产品和服务，让客户满意。溢达的每个工厂很早就通过了ISO14000环保认证和ISO18000职业安全健康认证。溢达的纺纱车间空调系统强大，通风良好，地面干净整洁，工人全都按规定戴着耳塞。在宽敞明亮的拣花车间，所有工人都戴着口罩，和着扩音器里传来的欢快的音乐节奏从棉花中拣出头发、细枝和塑料碎片等杂物。

为了预防工人因长时期保持一种姿势而导致的腰肩部疾病，车间还组织他们每天上午和下午各做一次工间操。此外，溢达每年都会安排一次全员体检，这种防患于未然的做法，不仅保障了员工的健康，提高了生产效率，从一定程度上也为企业节省了钱，因为它大大降低了工伤和事故成本。

与环境的关系。近年来随着西部经济的发展，新疆的自然环境也遭受了不同程度的破坏，突出表现为森林消失、水土流失严重、草场退化、土地沙化盐渍化、旱涝风沙等各种自然灾害频发。如果生态环境继续恶化，就会影响到区域的可持续发展，进而会影响到企业的发展。溢达认识到了这一潜在的危机，他们在新疆设有一个种子研究中心，积极进行有机棉的种植和研究。有机棉是一种从种子到产品全天然无污染的棉花，由于在种植中不使用化肥和杀虫剂，土壤和棉农的健康都得到了保护，而且棉花的品质非常高，可以用来生产高附加值的纱和面料。

溢达在新疆南部建有一个3万亩的合资农场，他们将以色列的灌溉技术引入棉田，改"漫灌"为"滴灌"，节水约20%~30%。他们还采用新的杀虫防虫技术，发明的害虫生物防治法可以使杀虫剂的用量减少70%，比美国同一品质的棉田还少30%，这不但大大节约了成本，同时也降低了对土壤和原棉的污染，以及对棉农身体的危害。

2005年，溢达在广东的工厂内投资3亿元建设环保发电厂，其中17%的投入是用来解决环保问题的。电厂建成后，一来解决了电荒问题，保证工厂正常生产；二来解决了布料印染及衬衫熨烫所需的大量蒸汽，比原来节约了30%的电力成本。此外，溢达在广东佛山高明区的梭织厂每年投入1000多万元用于污水处理。"处理污水恐怕比买水还要贵。"溢达集团污水处理厂的负责人说。

但是，溢达看似不划算的做法给它带来了难以用数量化的好处。比如，无论是在西北边陲的新疆，还是在南海之滨的广东，它一直都能获得当地政府的大力支持。从2004年到2006年，佛山市高明区已三年累计婉拒了300余个环境不过关的投资项目，而溢达却不断获准扩大生产规模。当地政府认为，溢达为高明贡献的不只是经济指标等看得见的财富，还有看不见的财富——企业社会责任。高明区在争创国家级生态园区之际，在对外招商引资时都将溢达树为环保标杆。

为了减轻对自然能源的消耗，溢达在面料生产的各个工序，如纺纱、染纱、织布、后整理，都不断开发和采用新的工艺来减少对水、电以及化工原料的使用。2006年，溢达在新工厂运用的一项技术获得了香港商界环保协会颁发的香港环保产品奖银奖，光是这一项技术就节约了20%的水、7%的电和10%的化工原料。

〔资料来源：刘雪慰. 有机经营有"机"回报[J]. 商业评论，2007，(11)：68-72.〕

2.2 企业社会责任的四个基本问题

从代表性观点中不难看出，对企业社会责任的定义存在差异，因此，有必要做进一步的分析以便更清楚地理解企业社会责任。

要理解企业社会责任，实际上是要回答以下四个问题[①]：

（1）谁负责？即企业社会责任的主体是谁？

（2）对谁负责？即企业社会责任的对象是谁？

（3）负责什么？即主体应该对对象负什么样的责任？

---

① 周祖城. 走出企业社会责任定义的丛林[J]. 伦理学研究，2011，(3)：52-58.

（4）负责到什么程度？即主体应该对对象负责到什么程度？

正是因为对这四个问题的回答不同，才出现了形形色色的企业社会责任定义。下面就这四个问题逐一进行分析。

2.2.1 谁负责

企业能否成为社会责任的主体呢？从理论上分析，"一般来说，责任的存在基于如下三个条件：行为者必须出于自己的意志，也就是说行为者的意志是自由的，而不是强制和被迫的结果；行为者具有自觉意识；行为者具备必要的选择能力。"[①]企业的一般意愿反映在企业的宗旨、使命、企业价值观、企业文化、企业战略、企业目标之中。企业具体意愿（一项决策或一个计划）既受制于一般意愿，又往往是集体参与而形成的。正如理查德·T.迪乔治所说："在与其他企业、顾客、政府打交道时，企业总是以整体面目出现的……在大多数情况下，我们既不知道也不关心公司里的个人。"[②]可见，企业出于自己的意志从事经营活动，具有自觉意识和选择能力，因而，具备成为责任主体的条件。

从实践看，如果说，企业不是社会责任主体，就不会说不负责任的企业行为，不会要求企业对不负责任行为负责，不会有具有社会责任感的企业与缺乏社会责任感的企业之分。而事实上，有不负责任的企业行为之说，有要求企业对不负责任行为负责之论，有具有社会责任感的企业与缺乏社会责任感的企业之分。

当然，说企业是企业社会责任的主体，并不否认企业成员特别是企业管理者、企业家应该履行社会责任。企业的社会责任和企业成员的社会责任是两个既有联系但又相对独立的问题，它们同样重要，不可相互取代。

2.2.2 对谁负责

关于对谁负责，有三种典型的观点。

一是认为企业社会责任的对象是社会，如凯思·戴维斯（Keith Davis）和罗伯特·L.布鲁斯特姆（Robert L. Blomstrom）指出，企业社会责任是指经营者考虑决策和行为对整个社会产生的影响的义务。[③]

这种观点的优点是比较全面，不足之处是"社会"的含义不清。麦克斯·B.E.克拉克森（Max B. E. Clarkson）指出，企业社会责任、企业社会响应、企业社会业绩这

---

① 谢军. 责任论[M]. 上海：上海世纪出版集团，2007: 72.
② De George, R. T. Can Corporations Have Moral Responsibility[J]. In Tom L. Beauchamp, Norman E. Bowie (eds.). Ethical Theory and Business[C]. Englewood Cliffs, NJ: Prentice-Hall, 1988: 62-68.
③ Davis, K., Blomstrom, R. L. Business and Society: Environment and Responsibility[M]. New York: McGraw-Hill, 1966: 12.

几个概念之所以失败、混乱和令人误解，主要是"社会"一词含义不清。①由于含义不清，易于陷入无从入手的窘境，结果反而可能出现只顾一点不及其余的局面，例如把履行企业社会责任等同于解决社会问题或做慈善。

二是认为企业社会责任的对象是社会和环境，如ISO26000（社会责任指南）明确指出，组织的社会责任是指组织通过透明和合乎道德的行为，为其决策和活动对社会和环境的影响而承担的责任。

这种观点使得"社会"的含义与西方对社会（society）一词的理解较为一致。在西方，一般认为，"社会是指有着共同的传统、价值观、习俗、共同活动与利益的一个社区、一个国家或有着广泛组成的一群人"，即社会不包括环境。而且这种观点突出了环境的重要性。但是，"社会"含义不清的问题依然存在。

三是认为企业社会责任的对象是利益相关者，如唐娜·J.伍德（Donna. J. Wood）和雷蒙德·E.琼斯（R. E. Jones）指出，企业社会责任研究中最紧要的问题之一是回答"企业应该对谁承担责任"，利益相关者理论即为其答案。②

企业社会责任的对象是利益相关者的观点较好地解决了"社会"含义不清的问题，可操作性强，因而成为当今学术界和企业界占主导地位的看法。但该观点也并非没有局限性。

从理论上说，如果把所有利益相关者，包括直接的和间接的，当前的和未来的，重要的和次要的，都毫无遗漏地考虑进去的话，就构成了整个社会和环境。但在实践中，几乎不可能把所有利益相关者都考虑进去，因而只强调对利益相关者负责容易出现两种偏向：一是往往更多关注对企业经营有影响的利益相关者，如员工、消费者、媒体、压力团体，而容易忽视对企业经营影响较小甚至无法施加影响的利益相关者，如环境和后代。二是对所有单个的利益相关者负责之和并不等同于对社会整体负责，举例说，一家大公司投资回报较高（对投资者负责）、产品质量合格（对消费者负责）、员工福利良好（对员工负责）、依法纳税（对政府负责）、履行合同（对供应商负责）、支持公益事业（对社区负责）、按照环境保护要求组织生产（对环境负责）、公平竞争（对竞争者负责），可以说对直接的利益相关者是负责的，但是该公司在管理中崇尚物质主义、金钱至上观念，助长了社会中的不良风气，很难说它是一家有良好社会责任感的公司。

因此，为了引导企业对社会和环境产生尽可能多的积极影响，尽可能少的消极影响，就不能只是说对利益相关者负责，还应该说对社会整体负责。这里所谓的社会整体是指人和自然环境以及人和人之间有机结合而成的共同体，而不只是人群集合体。

综上所述，把企业社会责任对象理解为利益相关者和社会整体是恰当的。这样一

---

① Clarkson, M. B. E. A Stakeholder Framework for Analyzing and Evaluating Corporate Social Performance[J]. Academy of Management Review, 1995, (1): 92-117.

② Wood, D. J., Jones, R. E. Stakeholder Mismatching: A Theoretical Problem in Empirical Research on Corporate Social Performance[J]. International Journal of Organizational Analysis, 1995, (3): 229-267.

来，既考虑了个体（各利益相关者）又考虑了整体（社会整体），既能全面反映企业对社会和环境的影响，又有可操作性。

2.2.3　负责什么

关于这个问题，有两种代表性的观点：一是阿基·B.卡罗的四责任说，即企业社会责任包含经济、法律、伦理和慈善责任。二是约翰·埃尔金顿的三重底线说，即企业要充分考虑利益相关方与社会的期望，以及经营活动对经济、社会和环境可能产生的不良影响。

然而，这两种观点都无法与负责对象对应起来分析，且各自存在一定的不足。就卡罗的四责任说而言，对利益相关者承担慈善责任是什么意思？对股东以外的利益相关者承担经济责任又是什么含义？至于说约翰·埃尔金顿的三重底线说，对股东、员工、顾客、供应商、政府、社区、竞争者等利益相关者承担经济、社会、环境责任是什么意思呢？此外，社会责任中包含社会责任，也容易引起概念混乱。

既然企业应该对利益相关者和社会整体负责，负责什么的问题其实是明了的：对利益相关者负责，就是要维护和增进他们的正当权益；对社会整体负责，就是要考虑企业一举一动对社会整体的影响，包括政治影响、经济影响、文化影响、技术影响、环境影响，使企业对社会施加尽可能多的正面影响，尽可能少的负面影响，使社会因企业的存在而变得更美好，一句话，要造福于社会。

2.2.4　负责到什么程度

企业怎样做才算尽到了对利益相关者和社会整体的责任是较难回答的问题，例如，企业应该给消费者提供安全的产品，但提高安全性会增加成本，那么，多大程度的安全是可以接受的、合理的、公正的？企业应该给员工支付公平的报酬，什么样的薪酬水平、多大的收入差距是可以接受的、合理的、公正的？企业应该注重环境保护，然而，做到什么程度算是尽到了环境保护责任了呢？在国家遭受重大灾难时，企业应该出一分力量，做什么、怎么做、做到什么程度才算是尽到了责任？诸如此类的问题，不胜枚举。

有人从底线责任来理解企业社会责任，如约翰·L.坎贝尔（John L. Campbell）认为，符合以下两点的企业便是有责任感的：第一，不有意做有可能损害利益相关者的任何事情；第二，如果公司的确对利益相关者造成了损害，一旦发现必须加以改正。[①]

有人认为超越社会义务的部分才是企业社会责任，如 S. 帕拉卡西·塞什（S. Prakash Sethi）认为，要区分社会义务（social obligation）和社会责任（social

---

① Campbell, J. L. Why Would Corporations Behave in Socially Responsible Ways? An Institutional Theory of Corporate Social Responsibility[J]. Academy of Management Review, 2007, 32(3): 946-967.

responsibility），社会义务是指对市场力量和法律限制作出响应的企业行为，社会责任则是超越社会义务的企业行为。[①]

把企业社会责任等同于底线责任，是不合适的。底线责任，亦可称之为完全责任，是强制的责任。达不到底线责任要求，应该受到批评、谴责；达到了底线责任要求，既不该表扬，也不该指责。如果仅仅提底线责任，怎么为希望做得更好的企业指明方向？而且，我们总不能说一家履行超越底线责任的企业不是有社会责任感的企业吧！

把企业社会责任等同于超越底线责任，同样是不合适的。超越底线责任，亦可称之为不完全责任，是自愿的。积极履行超越底线责任，应该受到肯定、赞扬。我们应当而且可以要求所有企业履行底线责任，但无法要求所有企业都履行超越底线责任。把企业社会责任等同于超越底线责任，等于是排除了企业社会责任的普遍适用性，大大削弱了其现实指导性，因为现实中迫切需要解决的恰恰是底线责任问题。况且，如果企业社会责任仅仅指超越底线责任，那么达不到底线责任的企业，是否不能说是缺乏社会责任感的企业？

因此，企业社会责任既包括底线责任也包括超越底线责任。这样一来，既有普遍适用性，又能指明努力方向。

通过对上述四个问题的分析，可以得出企业社会责任的定义：企业社会责任是指企业为了维护和增进利益相关者的正当权益、造福于社会而应当对利益相关者和社会整体承担的包括底线责任和超越底线责任在内的综合责任。

2.3　企业社会责任的相关概念

2.3.1　可持续发展

可持续发展（sustainable development）概念的提出源于人们对经济、社会发展模式的反思。1962 年，美国海洋生物学家蕾切尔·卡逊（Rachel Carson）所著《寂静的春天》一书面世，卡逊用大量事实说明，农药的无限制使用将使地球发生一系列可怕的变化。该书被认为是人类首次关注环境问题的著作。1972 年，罗马俱乐部出版了《增长的极限》一书，认为地球本身蕴藏的资源、能源是有限的，地球对人类社会的经济增长和人口增长有着不能超越的极限，世界经济和人口必须在限定的期限内停止增长，达到"全球均衡状态"，否则即将面临不可避免的崩溃这样一个悲观的结论。此书内容虽然比较悲观，但它开创了可持续发展研究的新纪元。

"可持续发展"概念最早出现在由联合国环境规划署（UNEP）、国际自然与自然

[①] Sethi, S. P. Dimensions of Corporate Social Performance: An Analytic Framework[J]. California Management Review, 1975, 17(3): 58-64.

资源保护同盟（IUCN）、世界野生生物基金会（WWF）共同提出的《世界自然保护大纲》（the World Conservation Strategy）之中。1987年，联合国环境与发展世界委员会（UN's World Commission on Environment and Development）在其报告《我们共同的未来》（Our Common Future）中，对可持续发展给出了以下定义："既满足当代人的需要，又不损害后代人满足其需要的能力的发展"。

可持续发展不只是关注代际公正，即不应该损害下一代人的利益，也追求代内公正，即一部分人的发展，不应损害另一部分人的利益。1992年6月在巴西里约热内卢召开的联合国环境与发展大会通过了一个重要文件——《21世纪议程》，提出了27条原则，涉及多种关系的处理，包括：人类与自然的关系："人类处在关注持续发展的中心。他们有权同大自然协调一致从事健康的、创造财富的生活"；国与国的关系："各国根据联合国宪章和国际法原则有至高无上的权利按照它们自己的环境和发展政策开发它们自己的资源，并有责任保证在它们管辖或控制范围内的活动不对其他国家或不在其管辖范围内的地区的环境造成危害"；当代人与后代人的关系："必须履行发展的权利，以便公正合理地满足当代和世世代代的发展与环境需要"；发展与环境保护的关系："为了达到持续发展，环境保护应成为发展进程中的一个组成部分，不能同发展进程孤立开看待"；穷人与富人的关系："各国和各国人民应该在消除贫穷这个基本任务方面进行合作，这是持续发展必不可少的条件，目的是缩小生活水平的悬殊和更好地满足世界上大多数人的需要"。现在比较普遍的看法是，可持续发展是指经济、社会和环境的协调发展。全球报告倡议组织（GRI）发布的《可持续发展报告指南》（Sustainability Reporting Guidelines）就是从经济、社会、环境等三大方面衡量企业的表现的。

可持续发展首先是作为一个宏观问题提出来的，但是可持续发展不仅是政府的责任，作为微观经济主体的企业也负有不可推卸的责任。可持续发展要求构成人类社会的人和组织为经济、社会、环境协调发展做出贡献，作为当今社会中极为重要的组织，促进社会可持续发展，是企业的社会责任所在。同时，由于可持续发展越来越成为人类社会的共识，所以，一般而言，越是注重对社会可持续发展作出贡献的企业，自身也更可能持续发展。

Bansal和Song（2017）指出，20世纪末以来，企业社会责任和可持续发展出现了趋同现象，都从战略视角看待负责任行为和可持续发展实践对企业财务绩效的影响。他们认为，两者的基础是不同的，企业社会责任的基础是伦理，而可持续发展的基础是科学，主张应该把两者区分开来，这样才有利于学科的发展。[①]

需要注意的是，不能把可持续发展与企业可持续发展混为一谈。可持续发展关注

---

① Bansal, T., Song, H. Similar But Not the Same: Differentiating Corporate Sustainability from Corporate Responsibility[J]. Academy of Management Annals, 2017, 11(1): 105-149.

的是整个社会的可持续，企业可持续发展关注的是企业的长期生存与发展。

2.3.2 企业慈善

慈善行为专家罗伯特·培顿（Robert Payton）认为慈善行为可定义为三种相互关联的活动：为了公共目的的自愿服务、自愿联合和自愿捐赠。他接着指出，慈善行为包括"提高生活质量、保证将来更好的社区行为"。

通常人们视慈善为"以仁慈的做法帮助人类的愿望；对人类的爱"。但是在实际活动中，很难评价隐藏在企业或个人慈善行为背后的真实动机。

在早期，人们所说的企业社会责任主要是指慈善活动。例如，亨利·G.曼尼（Henry G. Manne）和亨利·C.瓦利奇（Henry C. Wallich）于1972年提出，公司社会责任的概念必须包括三个要素：第一个要素是，公司社会责任的支出或行动给公司带来的边际回报低于其他支出的边际回报，这一要素将公司社会责任活动与看不见的手调节下实现社会最优的公司自利行为加以区分。第二个要素是，公司社会责任的行为必须是自愿的。那些出于担心违反法律规定而采取的社会行为仍然属于利润最大化的行为，因为公司这样做是为了避免更大的成本。第三个要素是，公司社会责任的行为必须是公司行为，而不是个人行为。[①]

一般认为，慈善活动不仅不是社会责任的全部，甚至不是主要的部分，它是企业承担的自行处理的责任。

2.3.3 企业公民

德克·曼特恩（Dirk Matten）和安德鲁·克雷恩（Andrew Crane）认为对企业公民（corporate citizenship，CC）有三种理解：企业公民的局部观（limited view of CC），企业公民的等同观（equivalent view of CC），企业公民的拓展观（extended view of CC）。[②]

企业公民的局部观是指企业公民是企业社会责任的一个部分。爱泼斯坦认为，企业公民的核心就是公司对社区的介入。"社区参与，特别是在经济上支持或采用类似的方法支持公共或非营利机构，通常被看作是衡量公司好公民的一个重要标准。"[③]

典型的公司好公民行为包括：为社区组织（如教育和文化组织）提供经济和非经济的支持，工作培训，提供休憩场所（如公园、游乐场等），制定超出法定要求的环境标准，促进当地政治经济文化的发展等。

---

① Manne, H G., Wallich, H C. The Modern Corporation and Social Responsibility[M]. Washington D. C.: American Enterprise Institute for Public Policy Research, 1972: 3-7.

② Matten, D., Crane, A. Corporate Citizenship: Towards An Extended Theoretical Conceptualization[J]. Academy of Management Review, 2005, 30(1): 166-179.

③ Epstein, E. M. Business Ethics, Corporate Good Citizenship and the Corporate Social Policy Process: A View from the United States[J]. Journal of Business Ethics, 1989, (8): 583-595.

企业公民的等同观是指企业公民等同于企业社会责任。卡罗认为，企业公民行为不仅仅是指公司与社区之间的关系，还应该包括公司对其他重要的利益相关者的回应。企业公民和个人公民一样，应负起四种责任，即经济责任、法律责任、道德责任、慈善责任。[①]

曼特恩和克雷恩认为以上两种是传统的理解，缺乏新意，他们提出了企业公民的拓展观，认为企业公民描述了企业在保护和促进个体公民权利中的作用。理由是：① citizenship 是指公民（个人）权利，包括民事权利、社会权利和政治权利；②全球化使得政府无法完全担负起保护和促进公民权利的职责；③企业可以部分地承担原来只是由政府承担的保护和促进公民权利的职责。

曼特恩和克雷恩的观点赋予了企业公民新的内涵，但这种观点并没有得到广泛接受。目前，无论是业界还是学界，少部分人把企业公民等同于企业慈善，大部分人则持企业公民与企业社会责任等同观。有了企业社会责任概念，为什么还需要有企业公民概念呢？H. J. L. 范·卢杰克（H. J. L. Van Lujik）给出的解释是，企业界从来就不是很喜欢商业伦理的一些用语，无论是"企业道德"还是"企业社会责任"，都暗含着企业缺乏"道德"或者反对"责任"。这些词常常被用来提醒企业应该甚至必须去做一些额外的事情。相反，"企业公民"对企业来说却有不同的含义。企业公民这个词让公司看到或者是重新意识到公司在社会中的正确位置，它们在社会中与其他"公民"相邻，公司与这些公民一起组成了社区。[②]

2.3.4 社会创业

社会创业（social entrepreneurship）是用创新的方式整合和运用资源以寻求促进社会变革或解决社会问题机会的过程。[③]

社会创业的兴起有两个方面的原因：第一，20 世纪 80 年代以来，许多国家尤其是发达国家采取了新自由主义经济政策，导致政府对非营利组织和公益事业的资助大为削减。与此同时，政府通过税收优惠的政策，鼓励私人捐助非营利组织。非营利组织用以提供满足社会需求的资源有限，面临提高运作效率和持续发展的强大压力，它们必须借用商业化操作和市场化运作手段来提高自身的效率，更好地提供公益服务。第二，在经济发展的同时，社会问题不断累积。社会问题只有通过社会各界的共同努力，才能得到有效的解决。因为政府等公共机构的公共资源不足以充分满足社会需求，

---

① Carroll, A. B. The Four Faces of Corporate Citizenship[J]. Business and Society Review, 1998, (100/101): 1-7.

② Matten, D. Why Do Companies Engage in Corporate Social Responsibility? Background, Reasons and Basic Concepts[A]. In Judith Hennigfeld, Manfred Pohl, Nick Tolhurst (eds.). The ICCA Handbook on Corporate Social Responsibility[C]. West Sussex: John Wiley and Sons, Ltd. 2006: 3-46.

③ Mair, J., Marti, I. Social Entrepreneurship Research: A Source of Explanation, Prediction, and Delight[J]. Journal of World Business, 2006, 41(1): 36-44.

解决社会问题，促使更多的个人与组织开展社会创业活动。

传统创业面向愿意为创新买单的市场，而社会创业针对被社会忽视的弱势人群，这些人缺乏财力和政治影响力去推进对他们有利的改变。不是说社会创业根本不考虑利润，而是说社会利益是优先目标。[①]社会创业把传统创业的手段与改变社会的使命结合起来。[②]

创业性和社会性是社会创业的两个关键特征。创业性表现为：不知疲倦地寻找新机会，不断创新、修正和改进，不受当前资源稀缺限制的大胆行动。社会性表现为：实现社会目标（social goal），履行社会使命（social mission），实行社会变革（social change），创造社会价值（social value），增加社会财富（social wealth）。

杰·维拉瓦德纳（Jay Weerawardena）和吉莉安·S.莫特（Gillian S. Mort）概括了社会创业的七个特征：创新性、前瞻性、风险管理、机会识别和认知、环境动态性、可持续性、社会使命。其中，创新性、前瞻性和风险管理是社会创业的核心要素，它们受到环境动态性、可持续性和社会使命这三个外部环境要素的约束。在外在环境要素的约束下，个体或组织通过识别和认知机会来进行社会创业实践。[③]

格莱珉银行（Grameen Bank）是社会创业的一个经典例子。孟加拉国经济学家穆罕默德·尤努斯（Muhammad Yunus）在走访农村时发现，造成很多农民穷困的根源并非是由于懒惰或者缺乏智慧，而是缺少资本。他去找一些银行家，试图说服他们向这些穷人提供无需抵押的贷款。而银行家们却不予理睬，说这些穷人的信用不可靠。

尤努斯并未就此放弃。在1976至1979年间，他在村里开始了试验，以自己为担保人向穷人们提供小额贷款，这个试验成功地改变了大约500位借款人的生活。1979年，经过他的不断游说，孟加拉央行答应开展这个名为"格莱珉"的项目。到1983年止，格莱珉项目使5.9万名客户摆脱了贫困。同年，格莱珉银行成为独立法人机构，尤努斯担任行长。

因为不需要抵押，为了确保还款，尤努斯要求农民必须先加入一个五人小组，每六个这样的小组再组成一个中心。某个农民想得到贷款，就必须把自己的想法提交小组讨论，小组通过后再提交到中心讨论。大家认为他的想法比较可行，有比较好的赢利前景，他才能得到贷款，并由小组成员担任联合还款保证人。结果，银行的偿债率维持得非常高。

尤努斯的创新实践取得了极大的成功，被视为是社会创业的典范。2006年，"为

---

① Martin, R. L., Osberg, S. Social Entrepreneurship: The Case for Definition[J]. Stanford Social Innovation Review, 2007, Spring: 29-39.
② Seelos, C., Mair, J. Social Entrepreneurship: Creating New Business Models to Serve the Poor[J]. Business Horizons, 2005, 48: 241-246.
③ Weerawardena, J., Mort, G. S. Investigating Social Entrepreneurship: A Multidimensional Model[J]. Journal of World Business, 2006, 41: 331-351.

表彰他们从社会底层推动经济和社会发展的努力",他与孟加拉乡村银行(即格莱珉银行)共同获得诺贝尔和平奖。

2.3.5 企业社会响应

20世纪70年代在讨论企业社会责任的同时,企业社会响应(corporate social responsiveness)受到关注。罗伯特·阿克曼(Robert Ackerman)和雷蒙德·鲍尔(Raymond Bauer)指出:"对社会要求做出响应比决定做什么要复杂得多。对已经决定了的事情怎么去做是管理者的任务,它绝不是件小事。"[①]威廉·C.弗雷德里克(William C. Frederick)认为,企业社会响应指的是企业对社会压力作出反应的能力。他进一步指出,倡导企业社会响应就是促使企业绕开社会责任这样的哲学问题,而集中考虑更具体的问题,即怎样对环境压力作出有效反应?[②]

从对社会要求做出反应的角度出发,一些学者提出了企业社会响应的不同策略。伊恩·威尔逊(Ian Wilson)提出了四种策略:反应性(reaction)策略、防御性(defense)策略、适应性(accommodation)策略、主动性(proaction)策略。[③]凯思·戴维斯和罗伯特·L.布卢姆斯特朗概括了五种社会响应策略:退出、采取公关措施、采取法律措施、讨价还价、解决问题。[④]

企业社会响应是企业对社会期望的反应,是企业履行社会责任的策略和过程。社会预测、社会审计、社会问题管理,以及将社会因素纳入企业战略之中,都属于企业社会响应的内容。

2.3.6 企业社会业绩

20世纪70年代末开始,企业社会业绩(corporate social performance)引发较多的讨论。1979年,阿基·B.卡罗提出了企业社会业绩的三维概念模型。该模型包含社会责任维(经济责任、法律责任、伦理责任、慈善责任)、社会响应策略维(主动策略、适应策略、防御策略、反应策略)、涉及的社会或利益相关者问题维(股东、工作安全、产品安全、歧视、环境、消费者主义)。[⑤]

1985年,斯蒂芬·L.瓦蒂克(Steven L. Wartick)和菲利普·L.科切兰(Philip L. Cochran)发表了《企业社会业绩模型的形成》一文。文中提出的模型,由三部分组成:

[①] Ackerman, R., Bauer, R. Corporate Social Responsiveness: The Modern Dilemma[M]. Reston, VA: Reston Publishing Company, 1976: 6.

[②] Carroll, A. B., Buchholtz, A. K. Business and Society: Ethics and Stakeholder Management[M]. 4th ed. Cincinnati, Ohio: South-Western Publishing Co., 2000: 42.

[③] Ibid: 43.

[④] Davis, K., Blomstrom, R. L. Business and Society: Environment and Responsibility [M]. 3rd ed. New York: McGraw-Hill, 1975: 85-86.

[⑤] Carroll, A. B. A Three-Dimensional Conceptual Model of Corporate Social Performance[J]. Academy of Management Review, 1979, (4): 497-505.

原则，即企业社会责任（包含经济责任、法律责任、伦理责任、慈善责任）；过程，即社会响应策略（包含主动策略、适应策略、防御策略、反应策略）；政策，即社会问题管理（包含确认问题、分析问题和采取对策）。[1]

1991年，唐娜·J.伍德提出了企业社会业绩的修正模型，该模型由三部分构成：企业社会责任原则包括企业通用原则（合法性原则、企业特定原则）、公共责任原则、个人原则（管理者自行决定原则）；企业社会响应过程包括环境评估、利益相关者管理、社会问题管理；企业行为的结果包括社会影响、社会项目、社会政策。企业通用原则是指作为一个企业的一般的义务，是适用于所有企业的。这一原则指明了企业与社会的关系并规定了社会对所有企业的期望。企业特定原则是指企业应对与社会关联的在直接和间接领域产生的结果承担责任。其与一个企业面临的特定环境及与环境的关系有关。公共责任系指在特定公共政策背景下组织管理的职责，企业不必对解决所有社会问题负责，但是，它们对解决由它们引起的问题负有责任，并需协助解决与它们的经营活动相关的社会问题。管理者自行决定原则是指在企业社会责任的每一个领域，他们都应该运用自行决定权以取得对社会负责任的结果。[2]

1995年，蒂纳·斯旺森（Diane Swanson）提出了由四部分组成的企业社会业绩模型：企业社会责任的宏观原则、企业社会责任的微观原则、企业文化、社会影响。[3]斯旺森认为企业是经济化和生态化的工具。经济化工具是因为企业在一定规模上为社会提供产品和服务。生态化工具是因为企业必须与社会建立合作和协助关系。企业社会责任的宏观原则在制度层面上要求考察企业经济化、生态环境化与积极责任和消极责任之间的内在联系，在组织层面上要求企业承担经济化和生态化的积极和消极责任。企业社会责任的微观原则要求公司高层管理人员必须放弃或限制将对权力的追求作为个人或公司的目标，而应该引导公司朝向经济化和生态化方向发展。

学者们试图通过企业社会业绩概念把企业社会责任、企业社会响应等概念整合起来，但从字面上说，企业社会业绩是企业履行社会责任的表现。

博帕尔大劫

一、灾难后果

1984年12月3日晚，位于印度博帕尔北一个低收入地区老博帕尔人口稠密的街道附近，联合碳化物公司的一家化学工厂惹出了大祸。

---

[1] Wartick, S. L., Cochran, P. L. The evolution of the Corporate Social Performance Model[J]. Academy of Management Review, 1985, (4): 758-769.
[2] Wood, D. J. Corporate Social Performance Revisited[J]. Academy of Management Review, 1991(4): 691-718.
[3] Swanson, D. L. Addressing a Theoretical Problem by Reorienting the Corporate Social Performance Model[J]. Academy of Management Review, 1995, (1): 43-64.

晚上 11 时之后，工厂一名工人注意到，610 号罐的温度正上升到极危险的高度。610 号罐储存的是 MIC（甲基异氰酸酯，一种用于生产杀虫剂的有毒化学物质）。午夜过后，控制储罐温度的努力没有成功，储罐外层的水泥开始爆裂。化学物质泄漏的连锁反应发生了。顷刻之间，40 吨 MIC 逃逸出来，形成毒气浓雾，开始向博帕尔方向飘去。

夜晚的空气凉爽，温度约为华氏 60 度，几乎没有什么风。这些自然情况阻止了浓雾的飘散，加剧了灾难程度，浓雾缓缓穿过火车站，进入家庭、商店和庙宇，在街道和胡同中徘徊。所到之处，留下的是人畜的尸体，以及一片恐慌。

估计死亡 2500 人，中毒者达 30 万人以上。灾难也给环境、土地和牲畜带来了严重危害，估计有 2 万头牛死亡。远期的影响更加严重：成千上万人失去全日制工作的能力；儿童们呼吸困难，记忆力下降；有些人严重呕吐达数月之久；怀孕妇女中，在灾难发生时几乎有四分之一处在妊娠期头三个月，她们或者流产，或者早产，或者生下畸形儿；此外还有普遍存在的心理问题——抑郁和焦虑。

博帕尔的经济遭到毁灭性打击。人们失去了收入来源，人均消费水平大幅度降低，商人们也面临着巨大的问题。

1986 年 5 月，在事故发生一年半之后，一项重要裁决作出。所有向美国联邦法院提起的针对联合碳化物公司的索赔诉状均被驳回，审判将在印度进行。这一裁决有效地结束了美国律师插手此案，从而保全了联合碳化物公司。1989 年 2 月，该公司支付 4.25 亿美元了结了因 1984 年毒气泄漏而起的所有诉讼。联合碳化物印度有限公司也支付了相当于 4500 万美元的卢比。至此，该公司最终从法律泥潭中得以解脱。

二、背景

博帕尔位于新德里南 360 英里处，为中央邦首府。中央邦是印度最贫困、最不发达的一个邦。博帕尔有 70 多万人口，主要分布在两个地区：新博帕尔，是该城住宅宽敞的富人区；老博帕尔，是收入低、拥挤不堪的贫民区。

灾难过后，有人提出质疑，如此危险的工厂为何距离人口密集地区这么近。然而，当初选址的时候，也就是灾难降临前 17 年前，该地区人口并不稠密。在印度，寻找工作和赚钱的人们往拥有工厂的地区聚集。多年后，住宅区扩展到工厂围墙脚下。该工厂开办以来，博帕尔的人口增长了两倍。

该化学工厂由联合碳化物印度有限公司经营。联合碳化物拥有 50.9% 股份，印度人拥有 49.1%。印度分公司与位于美国的联合碳化物公司总部之间的管理纽带几乎等于零。虽然联合碳化物是其主要拥有者，而实质上该工厂由印度人经营。大多数其他投资商，以及所有管理人员和职工都是印度人。

联合碳化物在印度并不是新面孔。自从 1905 年它在这里开设工厂开始，到 1983

年,它的印度子公司跻身印度最大的工业企业行列,在该国拥有14个工厂。1985年,这个子公司销售额达2.02亿美元,利润达880万美元。

联合碳化物是美国第三大化工企业,在38个国家设有分厂,生产的产品从工业化学原料和高效杀虫剂到垃圾袋和汽车产品,种类繁多。联合碳化物1984年95亿美元的销售额中,有14%强及总利润额的21.6%都来自国外子公司。

联合碳化物公司是美国唯一一家MIC生产商。MIC在20世纪60年代中期首次在美国投入商业生产。这种高挥发性、高易燃性的有毒化学物质必须以液态储存在不锈钢的冷藏罐中。冷藏是必要的,因为MIC在华氏100度时就会变为气体。成为气体后,压力就开始增大,这时必须打开泄压阀,释放气体,以防止储罐破裂。

大量的美国杀虫剂生产商向联合碳化物公司购买MIC,作为生产杀虫剂的一种媒介物。美国的MIC消费量在1982年达到2300万磅至2800万磅,估计MIC生产能力接近5000万磅。

三、事故缘起

事故发生的确切细节直到今天仍然众说纷纭,莫衷一是。联合碳化物公司和印度政府一致认为,事故原因是1000至2000加仑水进入MIC储罐,从而导致泄漏事件发生。压力的迅速上升冲开泄压阀致使有毒气体泄出达两小时左右。泄漏期间,平均表压可能为180磅/平方英寸,最高温度可能超过200℃。正常情况,MIC在零摄氏度,表压为2~25磅/平方英寸状态下储存。当表压达到40磅/平方英寸时,泄压阀就打开,以避免压力过大。进一步调查发现,当时存在下列问题,可能并不为公司总部所知:

1. MIC设备的制冷系统已关闭5个多月。结果,MIC在储罐中的温度达15~20摄氏度,远高于可以降低反应速度的零摄氏度。

2. 制冷设备关闭后,并没有使储罐的温度报警器重新处于工作状态。

3. 设备的排出气体涤气器一个多月以前就已停止使用。一旦发现漏气,只有靠人力重新启动。正常使用时,当检测到气体已进入控制范围,涤气器就释放苛性物质,自动将气体消除。

4. 燃烧塔瘫痪。这燃烧塔可以将从涤气器逃逸掉的高度易燃气体烧掉。

联合碳化物与印度政府之间引起争议的一个主要问题是这起事故是否属于蓄意破坏。该公司认为,灾难是由于一名工人因不满而蓄意制造的。水是有意直接放入MIC储罐的。联合碳化物公司说:"这样做的目的并不是制造骇人听闻的大灾难,而是存心捣乱,想毁掉整批MIC。"印度政府不同意这种观点,宣称灾难的原因是工厂所处的危险位置,MIC的不安全生产和储存,不完善的安全系统,操作错误以及本可以避免的雇员问题等。

四、事后分析

由于印度经济落后,博帕尔 MIC 工厂的大部分技术都靠国外援助。联合碳化物印度公司向母公司支付技术服务费以换取技术、专利产品以及培训。如此一来,联合碳化物印度公司就必然依赖于母公司来获取必要的信息以有效地使用技术。但是人们不禁要问:对一个不发达国家而言,这种技术是否过于复杂?

雇员的受教育程度低,技术水平不高,再加之缺乏安全意识,可能是造成这次事故的重要因素。管理人员和职工的技术素质不足绝不是印度特有的情况。这是许多跨国公司在向发展中国家输出先进技术时共同遇到的一个问题。

在危险物质的生产中,生产厂的危险性非常大。虽然联合碳化物和其他跨国公司宣称他们在国外开办的工厂与在美国开办的工厂并无二致,但是国外工厂的经营可能远远比国内松懈和粗心。正如联合国环境署前常务副署长彼得·撒切尔指出的:"必须承认发展中国家的人们在设备检查、质量管理以及维护方面不会很认真。必须承认一旦出现问题将更难以处理。"

致使灾难发生以及对危机处理不当本身都暴露了博帕尔 MIC 工厂管理人员和工人的素质低下,母公司对这些人员的培训和管理不尽如人意。

对跨国公司来讲,博帕尔 MIC 工厂事故的教训应引以为戒,向发展中国家输出先进技术时应有认真的态度,并且需长期地监控和严格地管理,特别是当其涉及的是有关健康和安全的项目时。

在像印度这样的发展中国家开办工厂是跨国公司的普遍行为。因其劳动成本低,通常工业安全标准也比发达国家低。这些发展中国家经常急于从这样的工厂获取经济收益,于是就向跨国公司提供鼓励政策,包括开发成本和自然资源方面的优惠。

因此,跨国公司如果一味追求更高利润,对工人安全和环境保护更少地限制,就会面临发生事故的危险,若想避免这一切就得倍加小心,严格控制,而这样做肯定会增加成本。

可怕的事故发生了。事后看来,事故不应该发生。该公司并不是有意忽视安全措施,但是它没有在一个技术落后的遥远国度对危险产品进行必要的严密监测。

1985 年 1 月,总裁沃伦·安德在接受《化工通讯》采访时这样总结:联合碳化物公司曾经在健康、安全和环保方面享有美誉。我们公司资历雄厚,能够处理这样的问题。或许通过这起事故,我们会制定一项关于健康、安全以及环境问题的全新策略,不仅为发展中国家,也为美国。假如事故发生在一家不具有联合碳化物这种实力的公司头上,或许从中学到的东西就不会这么多。我们承诺并有责任为同行业做出典范。世界正变得更加美好。这种吸取教训的代价很大,但是如果我们经历了如此的灾难而一无所得,那才是最为糟糕的。

〔资料来源:罗伯特·F. 哈特利. 商业伦理[M]. 胡敏,等,译. 北京:中信出版社,2000:179-191.〕

2.4 企业伦理责任

2.4.1 企业社会责任的核心是企业伦理责任

在回答什么是企业社会责任的核心之前,我们需要首先回答什么不是企业社会责任的核心。

首先,经济责任不是企业社会责任的核心。

对于经济责任,有两种典型的看法。一种看法是,经济责任即企业追求自身经济利益,如阿基·B.卡罗认为,经济责任的特征是:追求企业利益最大化;致力于尽可能盈利;保持强势的竞争地位;保持高水平的运作效率;保持长期盈利。[①]另一种看法,经济责任是指企业应当对经济活动产生的影响承担责任,如全球可持续发展报告倡议组织发布的《可持续发展报告指南》就持这种观点。

企业追求自身经济利益不可能成为企业社会责任的核心。企业会追求自身经济利益,企业追求自身经济利益不必通过企业社会责任观念来强化,相反,企业社会责任概念的提出就是要反对企业不顾社会和利益相关者利益,一味地追求自身利润最大化。

企业应当对经济活动产生的影响承担责任是企业社会责任的内容,但是企业对社会的影响,除了经济方面的影响外,还有社会方面的影响、政治方面的影响、环境方面的影响,对这些可能产生的影响,企业也一样要承担责任,而且,没有理由说,对经济影响的责任是优先于对其他影响的责任的。

其次,法律责任不是企业社会责任的核心。

遵守法律是必要的,是企业社会责任的要求,但是,企业社会责任的兴起,不可能是为了重申企业经营不能违法。因为,自从有了法律,不应该违法的要求自然就出现了。在存在法律的情况下还要提出企业社会责任,恰恰说明仅遵守法律还是不够的。

再次,慈善责任不是企业社会责任的核心。

慈善是企业回馈社会的一种方式,是企业社会责任的组成部分,但它不是企业社会责任的核心。因为,完全可能出现这样的公司,慈善做得很多,但企业经营的日常活动却严重损害利益相关者和社会的正当权利。

自20世纪七八十年代以来,除了企业社会责任,还出现了企业公民、可持续发展、社会创业、公平交易(fair trade)、有良心的资本主义(conscious capitalism)等概念,虽然它们的关注点各有侧重,但这些概念都有一个相同的目标:使企业与社会重新整合起来。这是因为,人们越来越意识到,原有的以利润最大化为目的的企业模式,从经济、社会、环境三个方面看,都是不可持续的,企业为了恢复企业对社会有益的形

[①] Carroll, A. B. The Pyramid of Corporate Social Responsibility: Toward the Moral Management of Organizational Stakeholders[J]. Business Horizons, 1991, 7/8: 39-48.

象，重新赢得公众的信任，必须进行彻底的改革。这种改革的实质是，必须为经济和企业创造力重新赋予伦理和政治意义。①

企业社会责任讨论的兴起，不可能是为了强化企业追求自身经济利益。企业追求自身经济利益不必通过企业社会责任观念来强化，相反，企业社会责任概念的提出就是要反对企业不顾社会和利益相关者利益，一味地追求自身利润最大化。企业社会责任的兴起，也不可能是为了重申企业经营不能违法，一旦有法律存在，不应该违法的要求自然就出现了。在有法律的条件下还要提出企业社会责任，恰恰说明仅仅遵守法律不够。这就是说，现代企业社会责任概念的提出，就是要求企业不能单纯追求自身经济利益，还要考虑对社会和利益相关者的影响，不能仅仅做到守法，还要合乎伦理地对待社会和利益相关者。

2.4.2 什么是企业伦理责任

责任的含义至少包含两个方面：一是指分内应做的事，即我们日常所讲的"应尽的责任"；二是指没有做好分内应做的事而必须承担的过失或责罚，也就是我们通常所讲的"应追究的责任"。②

相应地，伦理责任也有两层含义：①行为主体有责任按照伦理要求去做；②行为主体应当承担没有达到伦理要求而引起的后果。

所谓企业伦理责任，是指企业在从事各项活动时，应当合乎伦理地对待利益相关者和社会，并应当承担没有达到伦理要求而引起的后果。③

这个定义包含以下几个特征：

（1）企业伦理责任的主体是企业；

（2）企业应该对利益相关者和社会负责；

（3）企业伦理责任的内涵包括两个方面：一是企业应当合乎伦理地从事各项经营活动二是应当为没有达到伦理要求而引起的后果负责。

2.4.3 企业履行伦理责任的必要性和可能性

无论是学术界和实务界，与企业社会责任受到广泛关注相比，企业伦理责任受到了不应有的冷落。之所以如此，一个重要原因是，倡导企业伦理责任的必要性和可能性没有得到真正确立。"企业的目的是追求利润最大化""市场机制能解决企业利益与社会利益的可能冲突""行为底线即法律，企业经营只要不违法就无可指责""伦理是

---

① 凯特琳·穆夫，托马斯·迪利克，马克·德雷韦尔，等. 造福世界的管理教育——商学院变革的愿景[M]. 周祖城，徐淑英，译. 北京：北京大学出版社，2014：40.
② 谢军. 责任论[M]. 上海：上海世纪出版集团，2007：28.
③ 周祖城. 论企业伦理责任在企业社会责任中的核心地位[J]. 管理学报，2014，(11)：1663-1670.

超越底线的要求""人是自私的，不可能道德自律"等观点相当流行。这些观点背后的假设是，传统的不考虑企业伦理责任的模式并没有什么问题。即使它有缺陷，但倡导企业伦理责任的模式未必比它更好。就算企业履行伦理责任有好处，在实践中也很难行得通，一句话，倡导企业伦理责任既非必要，也不可行。如果企业没有伦理责任，企业伦理就失去了存在的理由。鉴于以上观点，所以，我们首先要论证企业履行伦理责任的必要性和可能性。

1. 企业的存在理由

在一些人看来，企业的目的是追求利润最大化，似乎这是毋庸置疑的。其实，这种说法是值得商榷的。

"企业的目的是追求利润最大化"可以有四种解读：

（1）假设性解读：假设企业的目的是追求利润最大化。
（2）描述性解读：事实上企业把追求利润最大化作为企业目的。
（3）规范性解读：所有企业的目的应当是追求利润最大化。
（4）对策性解读：本企业的目的应当是追求利润最大化。

这四种解读有显著的差异。首先，假设如何不等于事实如何。虽然，假设应当反映事实，完全不符合事实的假设即使有人提出来，也会被质疑、被推翻，但是，假设未必需要反映完整的事实。即使事实上不是所有的企业把追求利润最大化作为企业目的，即使事实上企业在追求利润最大化的同时还追求其他目的，但只要有企业把追求利润最大化作为企业目的，只要追求利润最大化是企业目的的一部分，假设企业的目的是追求利润最大化就不是完全脱离实际的，基于这种假设构建理论就并非一无是处。

其次，事实如何不等于应当如何。有人酗酒、吸毒，不能说酗酒、吸毒是应当的。同样道理，即使有很多企业事实上把追求利润最大化作为企业目的，也无法得出企业的目的应当是追求利润最大化的结论。回答"事实如何"与回答"应当如何"需要运用不同的论证方法，"事实如何"可以通过调查研究给出答案，"应当如何"的回答则取决于对目的和实现目的的途径和方法的认识。

再次，"规范性的应当"不同于"对策性的应当"。规范性的应当是面向所有企业的，至少是在一定范围内的所有企业的，而对策性的应当通常是就特定企业而言的。

因此，要区分上述四种解读，就不能把它们混为一谈。不能把假设企业的目的是追求利润最大化，理解为事实上企业都是把利润最大化作为目的追求的，更不能理解为所有企业都应当这样做。

企业是社会存在物，是社会的一个细胞。企业是社会资源的受托管理者。既然社会委托企业运用包括人员、资金、物资、信息、时间、空间、土地、空气、水在内的社会资源，企业就应该为创造更加美好的社会而合理运用资源，而不是所有者利润最大化。一个社会的文明进步，既需要经济的繁荣，又需要政治、道德等的同步发展。

更何况，由于市场机制和法律调节存在不足，如果企业伦理缺失，企业未必需要通过最有经济效率的方式就可获取利润最大化，那么，社会的经济增长势必会受到不利的影响。

作为社会有机体的一分子，企业具有双重职责，一方面，它作为有机体生存发展的手段而存在，要服务于有机体系统；另一方面，它作为相对独立的系统，必须谋求自身的发展。

既然，企业不是所有者的私人财产，而是社会的一分子，那么，企业目的的决定依据应该是企业在社会中的使命、职责，而不是所有者的利益要求，更不是管理者、普通员工的利益要求。

作为企业来说，在社会中有特定的职责，主要职责就是为社会提供有益的产品和服务。托马斯·M.莫里根（Thomas M. Mulligan）认为，"企业的道德使命就是运用所能获得的想象力和创造性，为人类世界更加美好而创造产品、服务和机会。这一使命比企业可能行使的其他任何职责都重要，这里包含两个观点：（1）企业人员有足够的道德判断力来评价他们能够提供的产品和服务，并具体地确定哪些是具有道德价值的（即哪些能对建设更美好的世界作出显著的贡献）；（2）企业人员应该努力创造和销售那些具有道德价值的产品和服务，而避免那些缺乏道德价值的产品和服务，即使法律没有要求这样做，即使这样做不能带来利润。"[①]

德国伦理学家弗里德里希·包尔生（Friedrich Paulsen）说："所有的技艺根本上都服务于一个共同的目的——人生的完善。"[②]人类的一切活动归根到底是为了人，为了人的生存和发展。人的发展包括身体的、智力的、心理的、心灵的全面发展。企业应当通过为社会提供有益的产品和服务，最终为人类的生存和发展作出贡献。

2. 责任的铁律

为什么企业有讲究伦理的责任呢？这是由权力决定的。凯思·戴维斯和威廉·C.弗雷德里克认为企业社会责任源于企业的社会权力，有权力就应承担相应的责任，他把此称为"责任的铁律"，"从长远看，谁不能以社会认为是负责的态度行使权力谁就将失去权力。"[③]那么，企业享有什么社会权力、能施加什么社会影响呢？

企业对人类、对社会能产生巨大的影响。我们可以把企业影响力划分成四个层次：宏观层次，即企业组织的总和；中观层次，即一个行业或为了达到某种效果而联合采取行动的一群企业；微观层次，即单个的企业；个人层次，即企业成员，尤其是企业经营者。

---

① Mulligan, T. M. The Moral Mission of Business[A]. In Tom L. Beauchamp and Norman E. Bowie (eds.), Ethical Theory and Business [C]. 4th ed. Englewood Cliffs, NJ: Prentice-Hall, 1993: 66.
② 弗里德里希·包尔生. 伦理学体系[M]. 何怀宏，廖申白，译. 北京：中国社会科学出版社，1988：7-8.
③ Davis, K., Frederick, W. C. Business and Society: Management, Public Policy, Ethics[M]. 5th ed. New York: McGraw-Hill, 1984: 34.

企业的影响力不仅仅是经济的，而且还涉及社会的、文化的、技术的、环境的、政治的方面。就宏观层次看，企业组织对人类的生活质量起着举足轻重的作用。人类的生存离不开衣、食、住、行。正是因为有了现代企业，才使人类在衣、食、住、行方面有了质的飞跃。至于说娱乐（电影、电视、网络、多媒体）、通信（电话、传真、移动电话、社交App）更不必说。虽然现代人所享受的物质文明离不开科学技术进步，但科学只有通过企业的生产才能真正施惠于人类。一种发明，如果没有企业的大规模生产，充其量只能是少数达官贵人的宠物，而与老百姓无缘。企业是人们的主要工作场所，如果企业不景气，导致失业率上升，不仅会直接影响居民的生活水平，而且事关国家稳定。企业是一国环境质量的主要决定因素。保护、美化人类的生存空间，企业责无旁贷。

企业行为对于社会有两层次的影响，而在每一层次上，企业行为的影响都会引起社会的变化。在浅层次上，企业影响力不管是大还是小，都是可见的即期社会变化的直接原因。企业的扩展、吸收劳动力、聘用或者解聘某个人，以及引导市场、推出新产品、搬迁工厂等都会产生一定的社会变化。

在深层次上，企业是通过一个行业持续累积的增长来改变社会的。在这一层次上，企业影响力造成了许多间接的、不可见的、不可知的影响。在这一层次上，企业影响力的行使并不是有计划的，因而也是更不可控和不可见的，但却是更为重要的。

在两种水平上，企业可行使六个方面的影响力，即经济影响力、文化影响力、对于个人的影响力、技术影响力、环境影响力和政治影响力。

经济影响力是企业通过对资源特别是财产的控制，来影响事件、活动和人们的能力，是一种获得资源并把它们转化成产品和服务的能力。

文化影响力是影响文化价值观、社会结构，比如家庭、风俗、生活方式以及个人习惯等的能力。比如，企业的广告，从浅层次上会为企业带来较好的产品形象。而在深层次上，广告不断积累的影响就通过有选择的鼓励和强化价值观改变了社会，例如，强调实用性而不是美观，提倡消费而不是储蓄，强调个性而不是盲从，或者强调个人的外表而不是内在的修养。

对于个人的影响力是企业直接对于内部环境中的员工、经理以及股东的作用，也包括对于消费者和居民的作用。从表面上看，公司可能决定有关的个人在什么地方工作，以及影响人们的购买习惯。从深层次上看，工业化决定了人们的日常生活状况。

技术影响力是在技术发展过程中，对技术的发展方向、发展速度、特征等的影响能力。1914年，亨利·福特采用了装配生产线技术，从浅层次上看，这使得汽车运输技术进入大众消费市场。但是，在更深的层次上看，随着汽车在美国社会中占据稳固的地位，它导致了更为深远的、不可控的、始料未及的后果。比如，年轻人因此可以远途旅行，远离家中父母的监视，从而改变了恋爱和婚姻发展的常规。

环境影响力是一个公司的行为对自然的影响能力。从浅层次上，一家钢铁厂也许会污染大气；在更深的层次上，从17世纪以来，为获得生产动力，燃烧了大量木材、煤炭以及石油，已经改变了地球大气的化学构成。

政治影响力是影响政府决策的能力。从浅层次上，公司会施恩于候选人，并向立法者和管理当局游说。在更深的层次上，市场经济要求管理者拥有更多的财产使用的自由，而自由市场的扩大将有利于削弱政府的专制。①

前美国最高法院法官路易斯·布赖德斯（Louis Brandeis）早在1912年就指出："在现代企业中，展示人类最精致、最多样的智力和道德品质的机会是如此之多，仅仅把赚钱视为目的是不合理的。既不能仅仅把权力或规模的增大视为值得仰慕的志向，也不能把企业经营视为游戏，因为企业行为与人类的幸福与痛苦密不可分。"②

既然企业拥有如此巨大的影响力，它们理当对社会负责，使得企业对社会的影响是积极的而不是消极的，是为创造更美好的社会有贡献的而不是有损害的。

3. 市场调节的局限性

根据西方经济学理论，通过市场调节，生产者获得正常的平均利润，实现了利润最大化；消费者购买到价格最合理的商品，实现了效用最大化；而市场则达到了资源有效配置的最优状态。人们常常拿亚当·斯密"看不见的手"的观点来支持市场机制的作用。亚当·斯密在《国富论》第4篇第2章中写道，"固然，他们通例没有促进社会利益的心思。他们亦不知道他们自己曾怎样促进社会利益……在这场合，像在其他许多场合一样，他们是受着一只看不见的手的指导，促进了他们全不放在心上的目的。他们不把这目的放在心上，不必是社会之害。他们各自追求各自的利益，往往更能有效地促进社会的利益；他们如真想促进社会的利益，还往往不能那样有效。"③

其实，斯密的"看不见的手"在其著作中出现次数很少，他也没有定义过其本质。直到20世纪中后期，经济学家才把"看不见的手"确立为斯密整个经济思想体系的象征。然而，"看不见的手"的意义被许多学者放大了。④

现在看来，市场的缺陷是存在的，它不足以引导人们去实现公共的最好的福利。

（1）不完全竞争

仅仅通过市场机制，使企业追求自身利益，利益相关者及社会利益得到维护和增加，是有条件的，第一个条件是市场是完全竞争的。

---

① 乔治·斯蒂纳，约翰·斯蒂纳. 企业、政府与社会[M]. 张志强，王春香，译. 北京：华夏出版社，2002：57-58.

② Mulligan, T. M. The Moral Mission of Business[A]. In Tom L. Beauchamp and Norman E. Bowie (eds.), Ethical Theory and Business[C]. 4th ed. Englewood Cliffs, NJ: Prentice-Hall, 1993: 65-75.

③ 亚当·斯密. 道德情操论[M]. 蒋自强，等，译. 北京：商务印书馆，2007：23.

④ 白乐·罗斯柴尔德："看不见的手"的流变——访哈佛大学历史与经济学研究中心主任罗斯柴尔德[N]. 中国社会科学报，2013-11-08：A03.

完全竞争有四个特征：

① 价格既定。市场上有大量的买主和卖主，任意一个消费者或生产者的单独行动都不能对市场价格施加可以看得见的影响，而且无论是买者还是卖者都没有可能采取任何联合行动，是市场供求双方的总量决定了市场的价格。

② 产品同质。所有生产者提供的都是同质的、无差异的产品，从而对消费者而言，根本不在乎是哪家生产的产品。

③ 要素自由地流动。投入要素在各行业之间、企业之间完全自由地流动，新企业进入市场，老企业退出市场，都不会遇到障碍。

④ 信息充分。所有的消费者和生产者都具有充分的市场信息和商品知识，都有条件做出合理的消费选择和生产决策，因而就不会有任何消费者会受欺骗而高于市场价格进行购买，也不会有任何生产者会低于市场价格进行销售。

受完全竞争驱动的经济导致投入和产出达到一种有效率的配置。一种有效率的经济处于其生产可能性边缘上。但是，一旦出现不完全竞争，社会就可能向其生产可能性边缘的内部移动。例如，垄断企业为了取得超额利润，竭力抬高价格和限制产量，就会出现上述情况。当卖主很少时，保证价格由成本决定的平衡和抑制作用就很不充分。

上述四个条件在现实中几乎都不存在。诺贝尔经济学奖获得者保罗·A.萨缪尔森（Paul A. Samuelson）对此作了明确的回答："按照经济学者对于这一名词（指完全竞争）的理解，竞争在目前肯定是不完全的。我们甚至不能肯定——随着生产和技术的基本性质驱使企业不断扩大——竞争是变得更完全了，还是更不完全了。"[①]

（2）存在外部效果

外部效果和不完全竞争被保罗·A.萨缪尔森看作是"两个最重要的市场失灵的情况"。他指出："当经济活动溢出市场以外的时候，看不见的手还可能引导经济误入歧途。以空气污染为例，当一家工厂喷出的烟雾损害当地居民的健康和财产，而该企业又不为此支付任何费用的时候，就出现溢出或者外部效果的现象。"[②]外部效果包含积极的效果（如企业的科学研究、知识、技能培训间接地提高了科学技术水平和人员的素质，施惠于社会和他人）和消极的效果，这里说的是消极的外部效果。

消极的外部效果种类很多：例如，空气污染使人体的肺部、视力、皮肤受损，农作物减产；水污染把清水河变成了臭水沟，使鱼儿死亡，周围的人因饮用不洁水而患病；固体污染，使政府每年被迫花大笔资金来清理；噪声污染使一些人听力下降，感到焦虑、紧张、烦躁，生活质量下降；其他如光污染、电磁污染的危害也不容低估。污染不加治理，企业把成本转嫁给了邻居和社会。再比如，工作条件差导致员工死亡、

---

① 保罗·A. 萨缪尔森，威廉·D. 诺德豪斯. 经济学[M]. 高鸿业，等，译. 第12版. 北京：中国发展出版社，1992：77.

② 同上书，1992：77-78.

受伤或患病而过早地丧失工作能力。虽然因工作伤亡会得到一定的经济补偿，但这种补偿往往是不够的。而对那些吸入有毒气体、接触有毒物质而身体虚弱、工作能力下降的人，企业把他们辞退了之，把成本完全转嫁给了员工和社会。

（3）价格信号失真

自由市场模型认为，企业的职责是从要素市场购得资源（投入），然后高效率地把它们转换成产出，并在产品市场出售。市场价格可以引导企业成功地履行这一职责。一个成功的企业是：从最愿意提供资源的人那里获得资源（这样可以最便宜地获得资源），转换成人们最愿意消费的产品或服务（这样可以以最高的价格出售）。由此，在利润最大化的同时，个人偏好的满足也达到最大化。由于工人、投资者、供应者、顾客已经把道德偏好连同其他偏好一道反映在市场价格里了，所以，企业在做决策时不必考虑伦理问题。企业的全部责任是忠实地响应由市场价格反映出来的个人偏好。

托马斯·M.莫里根认为，这种看法存在两个错误：第一，自由市场模型把人的偏好视为"已知的"，它通过价格表达出来，通过交换得到满足。这种对偏好的理解过于简单化。并非每个人都带着确定的、现成的偏好进入市场。顾客、工人、供应者、投资者对什么是好的工作、什么是好的产品、什么是好的生活可能并没有确定的、清楚的想法。对大多数人来说，市场可能只是检验其初始需要的试验场，他们指望企业能定义和创造需要。美国质量管理权威W.爱德华·戴明（W. Edwards Deming）曾经说过："新产品、新服务不是通过询问消费者，而是凭借生产者的知识、想象力、革新、冒险、不断尝试而获得的。"[1]企业有责任创造出比市场能事先提出的更具体、更明了、更真实的东西。也就是说，企业不能仅仅追随偏好，满足于把偏好转换成现实，还应该创造偏好，引导偏好。

第二，自由市场模型把市场价格不仅仅看作是衡量经济价值的可靠尺度，而且是衡量道德价值的可靠尺度。这种看法是错误的。即使我们假定价格有时的确能够反映个人的偏好，但它仍然无法说明什么是有道德价值的偏好。[2]事实上，不良的偏好会形成不良的市场，不良书刊、录像、封建迷信物品、毒品、劣质品（如一些修理铺就愿意用劣质零配件，一则进价低，二则使用期短，很快又要修）并非没有需求，且利润丰厚，可是对社会有好处吗？显然，市场价格反映的经济价值与使社会更美好的道德价值并没有必然的联系。因此，市场信息不能代替经营者的道德思考和努力。

曼纽·G.维拉斯奎认为，假设生产购买者需要的东西就是在生产社会所有成员需要的东西的假设是错误的。事实上，社会中很大一部分人（穷人及其他处于不利条件

---

[1] Deming, W. E. Out of the Crisis[D]. Cambridge, MA: Massachusetts Institute of Technology, 1986: 182.
[2] Mulligan, T. M. The Moral Mission of Business[A]. In Tom L. Beauchamp and Norman E. Bowie (eds.), Ethical Theory and Business [C]. 4th ed. Englewood Cliffs, NJ: Prentice-Hall, 1993: 65-75.

的人）的需要没有得到满足，因为他们不能充分地参与市场。①

诺贝尔经济学奖获得者诺思这样说：自由市场制度本身并不能保证效率，一个有效率的自由市场制度除了需要一个有效的产权和法律制度相配合之外，还需要在诚实、正直、合作、公平、正义等方面有良好道德的人去操作这个市场。

4. 法律调节的局限性

有人认为，我们承认市场机制有缺陷，所以才要求用法律来规范，有了法律就够了。诚然，法律作为通过国家机器强制执行的社会的价值观和准则，是调节人类行为的强有力工具。法律对企业及个人行为的调节作用毋庸置疑，其重要性不容低估。然而，这不等于说，有了法律，就足以消除所有损害他人、利益相关者和社会的行为，更不能说，有了法律，就足以满足促进社会文明进步和人类美好生活的需要了。这是因为，法律调节有局限性，无法承担起规范人类行为的全部职责。

法律的局限性主要表现在：

（1）法律追究的行为有限

法律追究的只是触犯了"最起码的行为规范"的行为，对一般不道德行为并不追究。例如，员工把企业的原料、半成品、办公用品拿回家，只要数额不太大，法律不管；在招聘、提升和报酬上不公正，法律不管；例如在招聘、提升和报酬上有失公正，法律不管；对健康不利的工作条件，只要不出现严重后果，法律不管，等等。

（2）立法难免出现滞后

法律反映的是昨天的道德准则，不一定符合今天和明天的社会期望。法律的起草是数年磨一剑，而社会是在不断发展变化的，因此，难免会出现法律滞后于现实的情形。常常是在某些不道德行为频繁出现，社会危害严重时才制定法律来加以约束。滞后的立法于现实虽亡羊补牢，犹未为晚，但对他人、对社会的损失毕竟已经造成。

（3）法律规定不可能面面俱到

法律为了有可操作性，不可能事无巨细都做详细规定，故难免会有模糊之处。

（4）执法有难度

法律调节不只是取决于有没有法律规定，还取决于有了规定以后是否能得到实施。由于多方面的原因，即使有了法律，在实施上也会遇到困难。法律、法规数目繁多、专业性强，普通人并不很清楚有关法律、法规，这就很难使他们拿起法律武器保护自己，打击违法行为。而完全靠执法机关，限于人力、财力、物力，不大可能对所有违法行为都予以追究。有时，消费者买了假冒伪劣产品，明知根据《消费者权益保护法》可以加倍赔偿，可在获赔前得去检验、去交涉，如果买的不是大宗商品，会因为划不来而作罢。企业为了讨回欠款而诉诸法律，结果虽然打赢了官司，但打官司的花费却

---

① Velasquez, M. Business Ethics: Concepts and Cases[M]. New York: Prentice-Hall, 1982: 18.

大于追回的货款的案例也并不少见。从司法角度看，法律是国家机器来实施的，但归根到底是人在实施，假如出现司法腐败，法律的调节作用就会大大削弱。

（5）法律重在惩恶而不在劝善

法律重在确定人们必须共同遵守的最起码的行为规范，并对违法行为予以处罚。法律虽然也鼓励正当行为，但对于正当行为只有原则性的要求。而且，没有相应的鼓励性措施。

5. 公民社会调节的局限性

尽管市场机制在不断完善，政府监管也在加强，但损害利益相关者和社会利益的行为还相当程度存在，促使人们寻求其他调节企业行为的手段。徐金发、王其富指出，在政府失灵和市场失灵的社会背景下，人们寻求政府和市场之外的机制，以解决政府和市场不能很好解决的问题，这就使得第三部门的介入成为可能和必要。这第三部门就是公民社会。① 罗布·范德尔德认为，市场、国家和公民社会被视为构成社会的三个基本制度。市场通过竞争、利润、收益进行规范；国家通过法律进行规范；公民社会通过参与和集体行动进行规范。②

根据俞可平（2006）的定义，公民社会是"国家或政府系统，以及市场或企业系统之外的所有民间组织或民间关系的总和，它是官方政治领域和市场经济领域之外的民间公共领域"。③ 公民社会的组成要素是各种非政府和非企业的公民组织，包括公民的维权组织、各种行业协会、民间的公益组织、社区组织、利益团体、同人团体、互助组织、兴趣组织和公民的某种自发组合，等等。

公民社会能发挥独特的作用，一定程度上弥补了市场调节和政府监管的不足。然而，公民社会监督也有局限性。首先，公民社会通常依据社会习俗和规范来进行监督，而社会习俗和规范未必总是合理的。其次，实施上也会有困难。民间组织由于自身力量有限，且缺乏强有力的约束力，对调节企业行为常常显得力不从心。行业协会扮演着不同的角色——社会自治的参与者、政府的帮手、行业利益代表者，而这三个角色之间并不总是一致的，使得中国行业协会的自律职能并没有得到充分发挥，有些协会甚至存在与企业"共谋"进行价格垄断、市场分割等危害公共利益的行为。④ 媒体受到利益驱使，也可能有"新闻敲诈"和"有偿新闻"等严重违法违规行为。

6. 企业道德自律的可能性

企业道德自律是指企业自觉地去做符合伦理的事情，不做违背伦理的事情。也就

---

① 徐金发，王其富. 论政府、市场、公民社会部门之间的博弈关系[J]. 云南社会科学，2003，（4）：39-42.
② 罗布·范德尔德. 动态时代的企业责任[M]. 刘雪涛，等，译. 北京：中国经济出版社，2010：7.
③ 俞可平. 中国公民社会：概念、分类与制度环境[J]. 中国社会科学，2006，（1）：109-122.
④ 郭薇，秦浩. 中国行业协会自律职能缺失的原因分析——基于角色冲突的分析框架[J]. 浙江社会科学，2012，（5）：73-72.

是说，即使一个企业确信能逃脱市场的、法律的、行政的、舆论的责罚，只要认为是不符合伦理的，仍然不会去做。

企业道德自律可以弥补市场调节、法律调节、公民社会调节的不足，因而是值得倡导的。问题是，企业道德自律可能吗？

尽管很多企业行为是人的集体行为，而不是单个人的行为，但归根到底企业行为是人的行为。所以，企业道德自律是否可能，首先要看个人道德自律是否可能。而个人道德自律是否可能，涉及人性假设。

有人认为，人是自私的，不可能道德自律，而且通常还引用亚当·斯密的名言来佐证："我们每天所需的食物和饮料，不是出自屠户、酿酒商或面包师的恩惠，而是出于他们自利的打算。我们不说唤起他们利他心的话，而说唤起他们利己心的话。我们不说自己有需要，而说对他们有需要"。

然而，他们显然没有正确理解亚当·斯密的名言，因为他只是说人是自利的，并没有说人自私的。自私不同于自利。自私是指个体面临自己利益与对方冲突时，会不计对方损失，以满足自己利益。自利是指人会考虑自我利益，如人会追求名誉、财富、权力、爱与被爱、内心和谐等。

人是自利的，是不是只要有机会就会损人利己？是不是就不可能利他？不会，正常情况下，损人使人不快，利他使人快乐，而趋乐避苦是人的本性，因此，利他和避免损人至少在一定程度上是可能的。

为什么损人使人不快，利他使人快乐呢？首先，人有同情心。亚当·斯密在《道德情操论》的开篇写道，"无论人们会认为某人怎样自私，这个人的天赋中总是明显地存在着这样一些本性，这些本性使他关心别人的命运，把别人的幸福看成是自己的事情，虽然他除了看到别人幸福而感到高兴以外，一无所得。这种本性就是怜悯或同情，就是当我们看到或逼真地想象到他人的不幸遭遇时所产生的感情……最大的恶棍，及其严重地违犯社会法律的人，也不会全然丧失同情心。"[①]

其次，人一旦建立了行为对错的标准，如果做了与自己所接受的对错标准不符的行为，就会产生内疚、不安，反之，则会感到愉悦、安宁。人不是生来就懂得道德标准的，道德标准是通过后天接受教育得到的。家长、老师总是教人走正道的，传递的通常是与人为善的道德标准，只是有的强调得多一些，有的强调得少一些而已。也就是说，总体而言，每个人从小都获得了一定的正面的对错标准（包括不要害人，要做好人等）。为了避免内疚、不安，或者为了获得愉悦、安宁，只要可能，人会避免害人或选择助人，因此说，每个人都有一定的道德自律可能。

当然，说人有道德自律可能，不是说在任何诱惑和压力面前都能自律，也不是说

---

① 亚当·斯密. 道德情操论[M]. 蒋自强，等，译. 北京：商务印书馆，2007：5.

每个人的自律程度是一样的,只是说一定程度的道德自律是可能的。

个人道德自律是可能的,企业道德自律是否可能呢?

且看一个例子。经过互联网的冬天之后,2002 年是所有风险投资公司和互联网公司绝地反击的一年,最重要的任务就是盈利,阿里巴巴也不例外。按照马云的说法,那一年他在公司里讲得最多的一个词就是"活着"。但是,他说,2002 年最痛苦的还不是赚钱。当时在互联网行业有一条潜规则,必须给企业回扣,否则就争取不到生意;但是如果给回扣的话,阿里巴巴就会卷入它们非常讨厌的腐败旋涡。对此,公司高层内部争论非常激烈,许多人说,要活下来就得给回扣,也有人说要活下来就不能给回扣。最后马云说,我们出来创业,是为了创造财富,为个人、也为社会创造财富,我们既然反对整个社会的腐败现象,为什么还要支持"回扣"这样的腐败现象呢?最后公司决定,宁可把公司关了,也不允许给任何客户一分钱回扣。[①]

尽管企业决策通常不是个人决策,而是群体决策,但归根到底,企业的决策是人做的。个人可以道德自律,企业一样可以道德自律。

【本章提要】

1. 密尔顿·弗里德曼认为,企业有且只有一种社会责任,即在游戏规则(公开的、自由的、没有诡计与欺诈的竞争)范围内,为增加利润而运用资源、开展活动。

2. 阿基·B.卡罗认为,企业社会责任是社会在一定时期对企业提出的经济、法律、道德和慈善期望。

3. ISO26000 的社会责任定义是:组织的社会责任是指组织通过透明和道德的行为,为其决策和活动对社会和环境的影响而承担的责任。这些行为应致力于可持续发展,包括健康和社会福祉,考虑利益相关者的期望,遵守适用的法律,并与国际行为规范相一致,融入整个组织的各项活动之中。

4. 理解企业社会责任,需要思考四个基本问题:谁负责,对谁负责,负责什么,负责到什么程度。

5. 企业社会责任与可持续发展、企业慈善、企业公民、社会创业、企业社会响应、企业社会业绩,既有联系,又有区别。

6. 企业社会责任的核心是企业伦理责任。

7. 企业伦理责任是指企业在从事各项活动时,应当合乎伦理地对待利益相关者和社会,并应当为没有达到伦理要求而引起的后果负责。

8. 对"企业的目的应当是追求利润最大化",要区分假设性、描述性、规范性和

---

① 参见马云. 以"赚钱"为人生目标永远成不了"企业家"[J]. 销售与市场, 2005, (6): 104.

对策性等四种不同的解读。

9. 企业之所以有伦理责任，是因为：①企业是社会的一分子，应该为使社会变得更美好做出贡献；②企业对社会有巨大的影响力；③市场调节有局限性；④法律调节有局限性；⑤公民社会调节有局限性；⑥企业道德自律是可能的。

【重要概念】

企业社会责任
可持续发展
企业慈善
企业公民
社会创业
企业社会响应
企业社会业绩
不完全竞争
外部效果
价格信号失真
底线责任
超越底线责任
企业伦理责任
市场调节
法律调节
公民社会调节
企业道德自律

1. 密尔顿·弗里德曼所说的游戏规则包含哪些内容？如何评价弗里德曼的社会责任观点？
2. 阿基·B.卡罗提出了哪四种责任？怎么看待这四种责任之间的关系？
3. ISO26000 是如何定义社会责任的？
4. ISO26000 提出了哪些履行社会责任的原则？
5. 企业社会责任有哪四个基本问题？
6. 为什么说企业应该对利益相关者负责？
7. 为什么说企业应该对社会负责？

8. 企业应该对利益相关者负责什么？

9. 企业应该对社会负责什么？

10. 什么是底线责任？

11. 底线责任即法律责任吗？

12. 区分底线责任和超越底线责任有何意义？

13. 什么是可持续发展？它与企业社会责任有何关系？

14. 可持续发展与企业可持续发展有何不同？

15. 企业慈善与企业社会责任是什么关系？

16. 什么是企业公民？它与企业社会责任是什么关系？

17. 什么是社会创业？它与企业社会责任有何关系？

18. 什么是企业社会响应？它与企业社会责任是什么关系？

19. 什么是企业社会业绩？它与企业社会责任是什么关系？

20. 什么是企业伦理责任？它与企业社会责任是什么关系？

21. 什么是利润最大化企业目的的假设性解读？

22. 什么是利润最大化企业目的的描述性解读？

23. 什么是利润最大化企业目的的规范性解读？

24. 什么是利润最大化企业目的的对策性解读？

25. 企业在社会中的存在理由是什么？

26. 在现代社会中，企业有哪些影响力？

27. 市场调节有何局限性？

28. 法律调节有何局限性？

29. 公民社会调节有何局限性？

30. 什么是企业道德自律？

31. 为什么说企业道德自律是可能的？

32. 有人说，"企业能活下去就是履行了基本的社会责任"，你对此有何评价？

33. 有人说，"企业的目的就是不违法条件下追求利润最大化"，你对此有何评价？

34. 有人说，"企业的目的就是不违法和不违背底线伦理条件下追求利润最大化"，你对此有何评价？

35. 有人说，"企业生存的根本是经济，所以首先应该是经济责任的考虑，如果没有经济基础，那么企业根本就不存在，社会责任也就无从谈起。当然，企业有了经济基础之后，也必然要考虑它的社会责任。"你对此有何评价？

36. 企业的社会责任从"追求利润最大化"转变为"合乎法律和伦理对待利益相关者"，对企业管理者提出了哪些挑战？

案例1 空调安装难题

2018年6月8日，S市电视台《新闻综合》栏目播出了该市某小区装空调险象环生的报道。由于该楼盘北侧卧室外面空调基座与阳台等可容身的空间不相通，因此需要在北侧卧室的窗外，先用绳子吊一个安装师傅到墙外去，才能打开为空调预留基座的格栅，然后站在格子里的师傅再拽着绳子，用绳子把空调吊出阳台，往格栅里的基座拽，才可把空调安装就位。安装过程中的安全隐患不言而喻，倘若空调一不小心没拽住砸到人，或者装空调的师傅掉下去，就是人命关天的事。

该项目二期于2018年5月精装交付，涉及"空调安装难"的问题的业主共计500户。很多空调安装人员来现场看过后，直接说"这生意我们没法做"，致该小区二期空调退货率达到40%以上。即使不退货的商家，也要求额外加收500~1000元不等的空调安装费。

在2015年项目规划设计方案讨论会中，有人曾经提出此设计缺陷。同年施工过程中，施工单位和销售团队也曾提出风险，但公司基于对小区整体外立面观感，以及调改后利用率会下降等多方面因素的考虑，决定维持原设计方案。对于房地产开发企业，建筑的外立面就像整个项目的"脸面"，它彰显的是楼盘的品质。开发商想打造一个区别于其他楼盘的标志和卖点，树立区域标杆，外立面的美观性起到举足轻重的地位。

随着2018年5月交房，业主安装空调时遇到了此问题。对于该事件，90%的业主认为空调"安装难"的问题应由开发商负责给予解决，统一免费进行空调的安装，并提供后续的维修、检修等服务；少部分业主希望获得开发商的额外赔偿；也有业主希望通过调改外立面的方式一劳永逸解决。

开发商则表示，项目从设计、报建、交房等环节都是经过审批和验收通过的，证照齐全，并在宣传册和沙盘上都有显示，合法合规。虽然建设部颁布的国家标准《住宅设计规范》中，规定"最热月平均室外气温高于和等于25℃的地区，每套住宅内应预留安装空调设备的位置和条件"，但对于如何预留、预留多少等具体问题并未提及。因此认为，帮是情分，不帮是本分。

讨论题

1. 开发商认为，"帮是情分，不帮是本分"，你是否同意这种说法，为什么？

2. 在2015年项目规划设计方案讨论会中，开发商"维持原设计方案"的选择是否经得起伦理辩护？为什么？

案例2 归真堂活熊取胆事件

福建归真堂药业股份有限公司成立于2000年，注册资本为人民币6000万元，作为一家中药制药企业，形成了黑熊养殖、熊胆系列产品的研发、生产和销售业务体系，成为国内规模最大的熊胆系列产品企业之一。

多年来，归真堂在黑熊养殖及熊胆产品开发方面获得过多项认可，2008 年，"取胆汁专用黑熊标准化养殖技术研究"被福建省科技厅列为福建重点项目；2009 年，公司熊胆粉产品被评为"2009 中国义乌国际森林产品博览会金奖"；2010 年 7 月，"人工养殖黑熊及其系列产品研发"项目被科学技术部星火计划办公室列入"国家级星火计划项目"。

2012 年 2 月 1 日，证监会公布了一批 IPO 申报企业基本信息表显示，从事活熊取胆的福建药企"归真堂"正在谋求在国内创业板上市。据归真堂介绍，目前其养殖场有黑熊 400 头，为中国南方最大的黑熊养殖基地。该公司表示，计划用上市募集的资金建设总规划面积为 3000 亩的养殖基地，把黑熊养殖规模扩大到 1200 头。

此举遭到了民间组织和社会人士的反对，"活熊取胆"问题逐渐演变为公司、行业协会、动物保护组织、公众等关于中药产业发展与野生动物保护的激烈争论。

1. 养熊业

熊胆是重要的传统名贵中药材，有大量的处方都含有熊胆成分，在中国和东南亚地区具有重要的影响力。1988 年《野生动物保护法》发布后，黑熊、棕熊被列为国家二级保护野生动物。野外熊类资源持续下降，从野外获得熊胆是违法的。而中国和东南亚地区人口持续增长，对熊胆的需求量也不断加大。

月亮熊又称亚洲黑熊，一种性情温和，常年食草，只有在饥饿与哺乳时食肉的熊，以胸口金黄色月牙纹出名。

自 20 世纪 80 年代初开始，在引进国外技术的基础上，建立了黑熊人工饲养、人工繁殖、活熊取胆等一系列技术体系，推动了养熊业的产生和发展。

比较研究发现，人工饲养并引流取得的熊胆汁有效成分与天然熊胆汁"内在质量基本相同，可供药用"。1988 年，卫生部颁布《关于下达"引流熊胆"暂行管理办法的通知》，使人工引流熊胆汁干品得以作为天然熊胆的替代品入药，并暂时定名为"熊胆粉"，以区别于天然熊胆。后来颁布的《黑熊养殖利用技术管理暂行规定》，要求"养熊取胆"做到卫生、无痛操作，这就是所谓的"无管取胆"。

东北林业大学杨淑慧撰文指出，国家林业主管部门自 20 世纪九十年代中期开始对国内养熊业进行全面整顿。截至 2011 年，在全国范围内保留了 68 家生产规模在 50 头黑熊以上的大中型养殖企业，并暂停批建新的黑熊养殖企业。

熊胆粉之所以有外观和品质的差别，鲜胆汁的干燥工艺是重要的影响因素。冻干法制备的熊胆粉通常是金胆级，质量最高，被制成熊胆粉、熊胆粉胶囊等单方中药，面向客户直接销售，这类产品习惯上被称为"中药熊胆粉"。而恒温干燥法制备的铁胆级熊胆粉，虽然比金胆的有效成分略低，但以其略低的销售价格在医疗保健市场也有相对稳定的客户群体。由于菜花胆的有效成份与天然熊胆相差较远，一般不作为中药直接面向终端消费者销售,而是作为原料生产中成药,习惯上称为"原料熊胆粉"。

2009年,按照熊胆粉系列产品市场终端售价计算,福建归真堂药业熊胆粉的市场份额为24.5%,排在首位,其后有黑龙江省黑宝药业股份有限公司、四川省仁德制药有限公司、四川省绿野生物制药有限公司、延边白头山制药有限公司等企业。

东南亚地区对熊胆粉产品有巨大的需求,且具有较强的购买力,市场前景看好。但同时,一些动物保护组织一直在施加压力,抵制活熊取胆。

2. 动物福利立法

从世界范围看,英国在1849年通过了《防止虐待动物法》,美国在1866年通过了《禁止残酷对待动物法》,香港在1930年通过了《防止虐待动物法案》,日本在1973年通过了《动物保护管理法》,等等。有关法律专家指出,"不无遗憾的是,当前,我国既无专门的动物福利保护法,野生动物保护法等现行国家立法也无直接规定动物福利保护的条款。"

3. 它基金

北京爱它动物保护公益基金会(简称它基金),于2011年5月正式成立,是中国大陆第一个以反虐待动物、改善动物生存境况、促进人与自然和谐发展为目标的非公募基金会。它基金的发起人包括张越、康辉、崔永元、李静、元元、林白等著名传媒人。基金会的宗旨是:尊重生命 感恩自然。理念是:与其诅咒黑暗,何如燃亮烛光!使命是:在中国推动善待动物的公众教育。任务是:改变国人对动物的态度,倡导人道、仁慈对待动物;影响决策层对于人与动物关系的认识,推动"反虐待动物法"的出台。

4. 亚洲动物基金会

亚洲动物基金会于1998年正式成立,总部设在中国香港,同时在英国、美国、澳大利亚、德国和意大利设有办事处。在中国和越南建立了黑熊救护中心。亚洲动物基金会创始人谢罗便臣女士(Jill Robinson)从1993年开始从事终止活熊取胆的事业。

据亚洲动物基金会网站介绍,该基金会致力于在中国和越南终止残忍的活熊取胆业,推动动物福利。呼吁同情和尊重所有动物,努力推动长期地改变。他们的工作围绕以下三个主要项目进行:终结活熊取胆、猫狗福利、圈养动物福利。

5. 事件起因

早在2011年年初,归真堂打算上市的消息传出后,动物爱好者以动物受到残忍对待和消费者可能受到伤害为由掀起过抵制行动。亚洲动物基金会也曾向福建省证监局递交书面声明。

2012年2月初,归真堂谋求在国内创业板上市的消息再次进入公众视线。2月14日,它基金联合冯骥才、崔永元、韩红等72名社会知名人士,向中国证监会信访办递交吁请信。

吁请信称,归真堂不符合《首次公开发行股票并在创业板上市管理暂行办法》(以下简称IPO办法)规定的上市条件,并列举了三点理由。第一,IPO办法第12条规定

"发行人生产符合国家产业政策"。卫生部明确规定，不再批准以熊胆粉为原料的保健品，但归真堂仍销售熊胆保健品。第二，IPO办法第14条规定"发行人不存在经营环境变化，影响盈利能力"。近年来，有关部门颁布法规限制熊胆使用；熊胆制品的市场经营环境也在发生变化。第三，IPO办法第26条规定"发行人3年内不存在损害公共利益行为"。据媒体报道，福建厦门市的一家归真堂直营店有熊胆茶，该产品并没有保健食品的批准字号。

吁请信还指出，"归真堂一旦获批上市，将引发各界对自然生态环境保护问题的激烈争辩，并可能对政府职能部门监管能力和公信力产生质疑。因此，恳请证监会及有关部门慎重考虑，对归真堂的上市申请不予支持及批准。"

2012年2月22日，姚明、杨澜等26位社会知名人士表示支持它基金，共同呼吁抵制归真堂上市，希望早日终止活熊取胆。它基金于22日将姚明等人签署的吁请函递交给证监会信访办。

它基金发起人、中央电视台主持人张越表示：首先，"活熊取胆"是极度残忍的，长期采用"活熊取胆"的方法，熊会有胆道炎症，为了不让熊死掉，还要给熊服用抗生素，所以，取出的胆汁中会有抗生素残留。第二，已经发现被实施"活熊取胆"的熊很多都患有肝癌。第三，全世界都没有这样的产业，对于这种非常夕阳的产业，如果我国还批准它上市，还不断扩大，这是很不正常的。

据亚洲动物基金会兽医莫妮卡透露，在该机构曾经救治过的277头黑熊中，没有一头黑熊的胆囊是正常的，有22%的黑熊有胆结石。莫妮卡表示，所谓"无管引流取胆术"也需要在熊胆上开一个口子，这个口子长期不愈合将会导致胆囊十分脆弱，严重的可能会引发肝癌，一旦伤口感染，很有可能造成丧命。

对于活熊取胆过程中熊没有痛苦的说法，一位动物保护人士在获知活熊取胆的过程后表示，"虽然不像以前那样插管子，但如果在你的肚子里用你的软组织做一个容器，然后定期取你的胆汁，你会怎样想？就算对黑熊再怎么好，其目的也是为了获利，本身就是一个虐待的过程。"

亚洲动物基金会中国区对外事务总监张小海表示，"我们的反对并不是针对归真堂这家企业，而是反对整个行业。"之所以反对活熊取胆，首要的原因便是其残忍的生产模式不具备可持续性。

6. 熊胆可以被取代吗？

据它基金介绍，早在1983年，"人工熊胆项目"就正式立项，沈阳药科大学是具体的项目研究组，组建专家团队对此攻关。项目研究组负责人介绍说，在1989年完成了药理、毒理等相关实验，并且根据仿生学原理制造出人工熊胆，后经卫生部批准进入临床试验。根据国家药典规定的功效给定了最能体现熊胆作用的两个病种，经过4家医院、400多例临床试验证明，人工熊胆和天然熊胆可以1∶1取代。2005年又增加了熊胆滴眼液的病种，临床试验证明也是可以等量替代。

全国老中医药专家学术经验继承指导老师（国家名医）刘正才在接受《新京报》采访时说，现有的、甚至是寻常的中草药材就可以替代熊胆的功效。比如清热解毒，野菊花、金银花的功效反而比熊胆好；而熊胆清肝明目的功效，也逊色于龙胆草、栀子。他强调，在中医的《黄帝内经》《伤寒论》等四大中医经典中，没有一个药方提到了熊胆，"这就表明，熊胆可用可不用。"

北京同仁堂集团专家委员会专家赵小刚认为，从中成药的角度讲，熊胆作为入药原材料，无法百分之百完全被替代，但有很多中草药有类似的效果。"但从发展中药产业的角度讲，毕竟这算得上是我国历史悠久的一笔遗产，如何权衡野生动物保护与中药资源的利用值得深入思考。"

7. 归真堂的回应

归真堂坚称自己采用的是无痛无管引流技术引流胆汁，不会对黑熊胆囊造成伤害。公司的解释是：根据国家林业主管部门规定，我们研发了"黑熊人工造瘘及活体无管引流胆汁技术"，即利用黑熊自身组织制造胆囊和腹壁间的胆汁瘘道，利用腹肌制造瘘管括约肌，取消了引流管，完全利用熊自身组织制造胆汁通道，引流胆汁时，只须用消毒过的灭菌引流管轻轻挤压经消毒处理后的瘘口并与之对接好，胆汁便自然流入容器中。采集胆汁可在熊进食前进行，取胆汁过程熊无不适感、安全、自然。不会对黑熊胆囊造成伤害。

归真堂创始人邱淑花表示，"熊胆是护肝的，它有解酒的功能。熊胆卖到现在起码十五年了。多少人皮包不离开熊胆，有患高血压的人就放在皮包里，随时取用。市县卫生局批我们生产允许，从来没有受到处罚。"

作为回应，归真堂在其官方网站发出"归真堂养熊基地开放日"邀请函，将2012年2月22日和24日两天定为开放日，邀请社会人士参观养熊基地。基地参观结束后，归真堂又召开了一次阵容强大的专家说明会。专家说明会上，归真堂董秘兼副总经理吴亚回应称，归真堂的熊胆产品分为熊胆粉、熊胆胶囊、清肝茶三大类，其中"食字"批号的清肝茶是公司的早期产品，目前归真堂获取的熊胆粉全部用于药类产品。

8. 中医药协会力挺归真堂

2月6日，中国中药协会给一些主要媒体发出沟通函，函件称，"中国中药产业珍稀动物药用资源养殖状况早已摆脱10年前'铁马甲、插管引流'等技术落后时期"，"事实上，不规范养熊场都已被政府明令禁止，也同样被中医药及从业人士所反对"。"受西方利益集团资助的、由英国人创办的亚洲动物基金会，假借动物保护名义，长期从事反对我国黑熊养殖及名贵中药企业的宣传"，其目的就是"胁迫我国取缔养熊业，以限制熊胆粉入药、削弱中药竞争力、为西方利益集团垄断中国肝胆用药市场谋取更大利益"。

中医药协会会长房书亭称，目前国家严格禁止猎杀野生黑熊和从野生黑熊身上抽取胆汁，野生黑熊种群数稳中有升。"养熊业有效地制止了屠杀行为，促使了野生黑熊的增加，保护了野生种群的发展。"

房书亭并不认为取胆汁会给熊带来痛苦，他说，"我到熊厂看过，熊在取胆前要消毒，取胆时吃着喜欢吃的东西如蜂蜜等，一根小管子往外流着胆汁，不到10秒钟就结束了，绝对看不出痛苦的迹象。"

针对"熊胆可替代"说，房书亭表示，人工熊胆研究已取得了初步的成效，从临床上看和天然熊胆有一定的相似的功效，但毕竟和天然的熊胆有差异，还需要经过专家全面的研究才能决定它是否可以成为替代品。

9. 政府部门的态度

国家药监局药品注册司原司长张世臣称，取熊胆的技术在我国已由第一代杀熊取胆、第二代给熊穿"铁马甲"发展至如今第三代无管引流，对熊的创伤已降至最低。关于活熊取胆是否具有存续性，张世臣认为只要是在法律框架允许之内就可以做，但必须有资质、合规。

国家林业局野生动植物保护司官员就归真堂事件表示，归真堂只要符合国家法律就同意其上市。

国家中医药管理局领导表示，公众对于黑熊权益的关注是社会文明进步的表现，应该得到尊重。不过，熊胆等名贵中药材是人类抗击疾病的工具，在尚无有效替代品的情况下，"活熊取胆"也属无奈之举。他还强调，中医药产业的发展都将在法律允许的范围内。

10. 公众观点

• 就像烟草企业不能上市，归真堂也不应该上市，一个社会需要道德底线。

• 取熊胆虽然对熊不好，但对人好，况且是自己养的，不是野生的，支持上市。

• 中华民族历来具有善待万物、要求人与自然和谐相处的朴素感情，无论活熊取胆的技术再怎么提高，都无法改变伤害动物的本质。

• 进入现代社会后，人类开始自我反省并要求善待一切生物，这种动物福利主义思想在发达国家很受支持，在我国也获得了公众的认可，这是中国社会的一种进步。归真堂以"活熊取胆"制作药品，虽然据说对人类的某些病症有特殊疗效，但由于制作过程手法残忍，为人们不能忍受，背离了现代文明所应该奉行的动物关爱的道德，这几乎没有争议。但是，"对于一个企业来说，它的社会责任就是遵守法律，而不应该在法律之外再外加充满弹性、见仁见智的道德约束。对归真堂来说，我们要追问它的就是它是否触犯法律，而不是某种道德。"

• 中国企业在国外兼并频频遇阻，一个重要的原因是我们企业的价值观不被信任。我们要做负责任的大国，企业特别是一线的企业要做有理想的企业，因此，走向世界不只要有实力，还要以德服人。

• 从世界各国的趋势来看，人和动物已经不仅仅是一个相依相存的问题了。而且进一步提出了人对动物的慈善和友爱。所谓慈善和友爱就是不能够虐待动物，这是人类文明更高的境界。我们现在仍然有很多用商业的办法从动物身上榨取药材或者其他的商业用途。有些手段是很残忍的，尤其是从活熊的身上来榨取胆汁，这对熊来说是一个非常痛苦的过程。我们用这种办法来谋取商业利益，我觉得是很不人道的。这样的方法过去没有法律来调整，现在人对动物的态度应该有更高的要求。

讨论题：
1. 归真堂活熊取胆行为涉及哪些利益相关者？
2. 这些利益相关者各自持什么观点？依据是什么？
3. 你是否同意他们的观点？理由是什么？

互联网+

第 3 章

企业道德推理

【本章学习目的】

通过本章学习，您应该能够：
- 区分伦理相关行为与伦理无关行为
- 了解底线伦理与理想伦理
- 理解伦理利己主义的局限性
- 理解道德推理的必要性
- 掌握功利主义分析方法
- 掌握义务论分析方法
- 认识美德论及其在道德评价中的作用
- 理解企业伦理规范
- 了解伦理分析的一般步骤
- 了解追究道德责任的条件

3.1 道德推理的必要性

人们并不是总是按照法律来评价企业和人的行为的，事实上，人们通常是按照道德标准来评价行为的。

道德推理（moral reasoning）是道德评价的过程。人们首先确立道德标准，然后根据这些标准对制度、行为、人等做出评价。

3.1.1 伦理相关行为与伦理无关行为

从伦理角度出发，我们可以把人类行为划分为两大类：伦理相关行为和伦理无关行为。

伦理相关行为是指受一定意识支配且涉及有害或有利于他人或社会的行为，是有道德意义、可以进行道德评价的行为。何怀宏认为，"某些人的行为、品性乃至社会制度之所以可以从道德上被评价、被视为道德现象，是因为它关系到善恶正邪。"并指出了辨别是否涉及"善恶正邪"内容的两个形式要件,"首先,它一般是关涉到他人、关涉到社会的;其次,它还必须是以一种外在的、实际可见的、会对他人产生影响的行为方式关涉到他人和社会的。"[1]道德评价的结果可能是合乎道德的行为,即道德的行为,或不合乎道德的行为,即不道德行为。

伦理无关行为是指不受一定的意识支配或不涉及有害或有利于他人或社会的行为,是无道德意义、不能进行道德评价的行为。精神病患者或者无辨别是非能力的儿童,即使偶尔地在个别场合和在某种程度上做出有利于或有害于他人或社会的行为,也不能看作是伦理相关行为,而是伦理无关行为。

合乎伦理的行为,或者说道德的行为,是指伦理上可以接受或值得赞赏的行为,一般地说,是有益于或无害于他人、社会的行为。

不合乎伦理的行为,或者说不道德行为,是指伦理上不可以接受的行为,一般地说,是有害于他人、社会的行为。

英文的 moral 或 ethical 有两层含义:一是指与伦理相关的;二是指合乎伦理的。immoral 或 unethical 是指"不合乎伦理的"或"不道德的"。amoral 是指与伦理无关的。[2]

由于企业的几乎所有行为,都是受一定意识支配且涉及有害或有利于他人或社会的行为,因此,是具有道德意义、能够进行善恶评价的行为,即都是伦理相关行为。

3.1.2 底线伦理与理想伦理

在看待伦理要求问题上存在着两种偏见:一是把伦理要求与先公后私、先人后己、无私奉献等同起来;二是否认高尚道德的存在。

这两种偏见都是有危害的:如果我们只把先公后私、先人后己、无私奉献看作是合乎伦理的话,那么,我们不是在密切而是在疏远伦理与普通人的关系,我们不是在强化而是在削弱伦理的作用;相反,如果我们否认高尚道德的存在,就看不到人性的光辉,就会迷失努力的方向。

伦理既包括底线伦理,又包括理想伦理。理查德·T.迪乔治指出,"如果我们不能履行基本的道德义务,则应该受到道德谴责;如果我们仅仅履行最基本的道德义务,则既不应受到谴责,也不应获得额外的赞扬;如果我们能够超越基本的道德义务,而以理想伦理作为更高的标准来要求自己,则应得到道德赞扬。"[3]

什么是底线伦理?何怀宏指出,"'底线伦理'是指基本的道德义务,或者说基本的道德行为规范。它意味着某些基本的不应逾越的行为界限或约束。"[4]理查德·T.迪

---

[1] 何怀宏. 伦理学是什么[M]. 北京:北京大学出版社,2002:25.
[2] 何怀宏. 伦理学是什么[M]. 北京:北京大学出版社,2002:20.
[3] De George, R. T. Business Ethics[M]. 7th ed. Upper Saddle River, NJ: Prentice Hall, 2010: 86.
[4] 何怀宏.底线伦理的概念、含义与方法[J]. 道德与文明,2010,(1):17-21.

乔治认为,"底线伦理准则是不造成直接的故意的伤害,这一准则适用于个人、公司、国家的所有行为。"[1]除了不造成故意伤害,一旦造成伤害,要及时采取措施纠正(停止伤害、减小伤害、通报、补偿、避免再犯)外,可能的条件下制止他人伤害和可能的条件下实施必要的救助,也被认为是底线伦理。

理想伦理是人们为之奋斗的、超越基本道德义务的伦理要求。

3.1.3 道德评价

1. 什么是道德评价

道德评价是依据一定的伦理标准对人、行为、制度等所做的对与错、好与坏的评价。我们常常听人说,"这个人不讲道德""这样做不应该",实际上这是在做道德评价,我们每个人都在做着诸如此类的道德评价。

道德评价可分为事前评价和事后评价,还可分为对己(自己)评价和对人(他人)评价。

之所以需要事前评价,是因为决策都是决策者有意识的行为,而且大多数情况下会对他人产生利害影响,因此,需要做决策的伦理分析。通过决策的伦理分析,明确什么样的方案在伦理上是值得鼓励的,或者是可以接受的,抑或是不可接受的。

之所以需要事后评价,是因为人们应该对自己和他人的行为进行回顾与总结,好的行为应该得到肯定、表扬,以便鼓励自己或他人继续从事该行为,不好的行为,应该受到批评、谴责,以便减少和避免此类行为发生。

2. 道德评价的主观性与客观性

我们通常按照自己理解和接受的伦理标准对自己和他人的行为进行道德评价。而不同的人依据的伦理标准不尽相同,有人认为"对自己有利的就是合乎伦理的",有人认为"对各方都有利的才是合乎伦理的",有人认为"利己不损人就是合乎伦理的",有人认为"只有无私奉献才是合乎伦理的",有人认为"只要行为结果不害人就是合乎伦理的",有人认为"只有动机和结果都是不害人的才是合乎伦理的"。由于评价标准不同,对同一行为的评价结果也会存在差异,甚至可能截然相反,这是道德评价具有主观性的一面。

但是,认为道德评价完全是主观的是片面的。道德上的对错不能以个人的看法为依据,也不能以多数人的看法为依据,而是取决于是否符合适当的伦理标准,伦理标准的有效性取决于它的合理性。伦理标准应该有广泛的适用性。如果某种行为对我来讲是正确的,那么,在同样条件下该行为对其他任何人都是正确的。如果某种行为对你来讲是错误的,那么,在同样条件下该行为对其他任何人也是错误的。事实上,有

---

[1] De George, R. T. Business Ethics[M]. 7th ed. Upper Saddle River, NJ: Prentice Hall, 2010: 173.

一些伦理标准是得到广泛认可的，如己所不欲，勿施于人。另外，自古以来，逐渐形成了一些规范，如不故意伤害他人、公正、诚实等。

有必要区分"认为正确"（主观的）和"实际正确"（客观的）。[①]如果某人认为某种行为是道德的，那么这种行为从主观上说是正确的；如果某种行为符合道德法则，则这种行为从客观上说是正确的。相反，如果某人认为某种行为是不道德的，那么这种行为从主观上说是错误的；如果某种行为违背道德法则，则这种行为从客观上说是错误的。

存在四种情形：

（1）主观、客观都正确，例如，张三认为节约用电是对的，而客观上，节约用电有利于环境保护，确实是对的。

（2）主观正确，而客观错误，例如，张三对商业贿赂的道德性产生错误认识，认为商业贿赂是正常的商业行为，并非不道德的，而客观上商业贿赂是不道德的。

（3）主观错误，而客观正确，例如，张三认为裁员总是不道德的，后来因为公司业务调整不得不裁员，尽管裁员过程做到了公平、公开、公正，还是觉得道德上有问题，而客观上这样的裁员在伦理上是可以接受的。

（4）主观、客观都错误，例如，张三认为欺骗顾客以谋取利益是错误的，客观上也是错误的。

我们谁也无法保证对于什么是伦理上对的、什么是伦理上错的有了完全的认识和把握。人难免犯错误，我们所能做的只有在进行道德评价时尽可能地客观谨慎，并以此指导自身行为。

3.1.4 个人道德发展阶段

一个人在成长过程中逐渐形成了一定的道德观念。根据美国心理学家劳伦斯·科尔伯格（Lawrence Kohlberg）的研究，个人道德发展，与生理发育一样，经历从幼儿到成年人的过程。在成长过程中，他们的道德推理一般要经历由低到高的三个层次六个阶段。

层次一：前习俗层次（preconventional level）

（1）逃避惩罚导向：认为能逃避惩罚的行为是正当的。

（2）寻求奖赏导向：认为能获得奖赏的行为的是正当的。

层次二：习俗层次（conventional level）

（3）良好关系导向：认为那些能获得家庭、朋友、上司、同事赞同或能使他们高兴的行为是正当的。

---

① De George, R. T. Business Ethics[M]. 7th ed. Upper Saddle River, NJ: Prentice Hall, 2010: 25.

（4）守法导向：认为履行个人的义务，尊重权威，遵守法律，维护社会秩序的行为是正当的。

层次三：后习俗层次（postconventional level）

（5）社会契约导向：认为虽然规则和法律在大多数情况下应该遵从，但一些根本的价值，如生命、自由，更应该得到维护。

（6）普遍伦理原则导向：认为正当的行为是由个人基于普遍伦理原则的良心决定的。[①]

有的人即使在成人之后，依然处于习俗层次，甚至是前习俗层次。只有进入后习俗层次，才开始真正的伦理思考。

3.1.5 伦理利己主义

伦理利己主义是一种结果论的伦理思想，这种思想由于存在固有的缺陷而无法成为一种能够真正指导人们处理人与人、人与社会、人与环境关系的伦理学理论。然而，在实践中，不少人对这种思想存在模糊认识，把其作为指导自身行为的伦理思想的也不乏其人。因此，有必要在介绍伦理学理论之前先简要介绍一下这种伦理思想。

1. 什么是伦理利己主义

伦理利己主义是指每个人都应为其自身利益而行动的伦理思想。其基本原则是，每个人都应当永远为其最大的自身利益而行动，而不必关心他人的利益，除非关心他人的利益有利于获得自身利益。

伦理准则适用于自己，也适用于他人。当一个人按照对自己最有利的方式去做，而且认为其他人也应当这样去做，那么他奉行的是一条伦理准则，如果一个人自己总是按照最有利于自己的方式去做，对他人却要求不能这样，那他奉行的不是一条伦理准则。

伦理利己主义不同于心理利己主义。心理利己主义是指每个人事实上总是为其自身利益而行动的思想。换句话说，心理利己主义者认为人总是为其自身利益而行动的。两者的不同在于：心理利己主义回答的是事实如何的问题（即事实上人是如何行动的），伦理利己主义回答的是应当如何的问题（人应当如何行动）。

2. 伦理利己主义的局限性

第一，无法解决利益冲突。现实社会中，利益冲突难以避免，正因为人与人、人与社会、人与环境之间存在利益冲突，才需要伦理规范，如果根本不存在利益冲突，也就没有必要有伦理规范。可是，恰恰是在这一根本问题上，伦理利己主义显得无能

---

① Kohlberg, L. The Claim to Moral Adequacy of a Highest Stage of Moral Judgment[J]. Journal of Philosophy, 1973, 70: 630-646.

为力。例如，按照伦理利己主义的观点，张三和李四都应当为其最大的自身利益而行动，但张三和李四的自身利益发生冲突时，怎么办呢？伦理利己主义无法提供任何真正的符合每个人最大利益的解决办法。

第二，难以进行道德劝诫。伦理利己主义者主张每个人都应当永远为其最大的自身利益而行动，按照这一观点，张三应该劝诫李四永远为其（李四）最大的自身利益而行动，可是，由于张三的最大利益与李四的最大利益往往是不一致的，张三这么做不符合其自身的最大利益。因此，在道德劝诫问题上，伦理利己主义出现了自相矛盾。

3.1.6 学习伦理学理论的必要性

前面说过，几乎所有企业行为都是伦理相关行为，所有企业决策都有伦理含义，都可以进行伦理评价。同样道理，企业经营中遇到的问题一般也是伦理问题。常听人说，这是个法律问题，而不是伦理问题，或者说，这是个管理问题，而不是伦理问题。其实，一些问题既是法律问题也是伦理问题，既是管理问题也是伦理问题。所谓伦理问题，是指可以进行伦理分析，通过伦理分析能为决策提供思路和方法的问题。是否需要进行伦理分析，取决于问题的复杂性。有些决策方案明显符合伦理或违背伦理，且无任何争议，尽管也可以对其做伦理分析，但没有必要。只有当决策方案是否合乎伦理不是一清二楚的，或者自己认为是清楚的，但别人不这样认为，即存在争议，或者，虽然结论是明确的，但理由说不清楚时，才需要做伦理分析。

经营活动中的绝大多数评价是基于一些公认的伦理原则或规范，如诚信、公正等进行的。既然如此，我们为什么还需要学习伦理学理论？有三方面的原因：

第一，尽管一般伦理规范在通常情况下可以应付自如，但也确实存在一些它无能为力的情况。对于复杂的问题，对于伦理两难，对于新出现的现象、行为，我们应当如何做出评价和选择呢？伦理两难是指人们不得不在两种及两种以上伦理义务之间作出一种非此即彼选择的处境。其特征是：（1）存在两种及以上道德义务；（2）每一种义务都是能够履行的，但无法同时履行这些义务，因此，不论选择履行何种义务，都意味着无法履行另外的义务。"忠孝不能两全"是道德两难的典型例子。伦理学理论对判断行为对与错的理由加以解释，为疑难问题和有争议问题的解决提供了依据。如果一个人掌握了伦理学理论，就可以在理论指导下进行道德推理，这将有助于个人解决自身可能面临的复杂的道德问题。应该承认，有一些问题即使运用了道德推理，也还是会有争议，如安乐死、堕胎等，但这样的问题毕竟是少数，对于大多数伦理问题，通过道德推理，是可能取得一致意见的，即使一时不能达成一致意见，也可以帮助我们把问题看得更清楚。

第二，对于一些常常需要做出道德评价的人来说，掌握伦理学理论有助于他们向他人阐述自己行为的依据及合理性。管理者在聘用、解雇或提升某位员工时，其行为的公正性可能会遭到质疑，在这种情况下，简单地以"我们认为这样做很公平"作为理由显然是不够充分的。有必要列举出种种具有说服力的理由和观点为自身行为进行辩护，而这就是道德推理的过程。

第三，如果我们所遵循的都是传统道德的标准，那么如何对传统道德进行客观的评价呢？伦理学理论致力于对传统道德合理性的探讨，借助于伦理学理论，我们可以解释为什么一些内容应当被接受，为什么对其他一些内容要做必要的修正或摒弃。从这个意义上讲，伦理学理论体现出了其批判性的特征。

总之，道德评价要起作用，必须是有理有据的，有说服力的。而要做到这一点，需要进行道德推理，既不能意气用事，也不能仅仅依靠经验。而本章后面要讨论的道德推理理论有助于增强我们的道德评价能力。

3.2 伦理学理论

伦理学理论包含对行为的道德评价理论和对人的道德评价理论。对行为的道德评价，归纳起来，有两大流派——结果论和非结果论。结果论主张以行为所造成的结果作为评价行为对错的标准，功利主义是结果论的代表性理论。非结果论不以行为结果作为评价行为对错的标准，义务论、权利论、公正论、关怀论都可以归入此类。对人的道德评价的代表性理论是美德论。

3.2.1 功利主义

1. 功利主义原则

功利主义原则是：当且只有当行为所产生的总效用大于行为主体在当时条件下可能采取的任何其他行为所产生的总效用时，该行为才是道德的。

功利主义原则假设我们能够衡量并加总每项行为产生的快乐（利益），减去该项行为带来的痛苦（损害），从而确定哪项行为所产生的快乐最多或痛苦最小。

关于功利主义的几点说明：

（1）功利主义原则所说的快乐最多或痛苦最小，并不仅仅针对行为人自身，而是对受该行为影响的所有人（包括行为人）而言的。在选择行为时，功利主义并不要求我们放弃我们自身的快乐，当然也不应该加大自身快乐的权重，自身的快乐和痛苦与他人的是同等重要的。

（2）"最大快乐"并不是说不考虑痛苦。如果几个行为都既有快乐又有痛苦，那就选择净快乐最大的那个行为，如果几个行为都只有痛苦没有快乐，而且没有别的选择，那就选痛苦最小的那个行为。

（3）功利主义原则所说的快乐或痛苦不仅仅指行为产生的直接的眼前的快乐或痛

苦，也包括间接的长远的快乐或痛苦。

（4）同一行为对不同的人有不同性质、不同程度的影响。例如，一个人把录音机放得很响，受其影响的人有五个，其中两人感到些许愉悦，另两人感到很不舒服，还有一个既不喜欢也不难受。功利主义原则不是让每个人投票，然后根据得票多少来判断行为，而是把各种快乐和痛苦加起来，那个能够带来最大净快乐的行为就是应该选择的行为。

（5）功利主义者承认我们常常不能确切地知道行为的未来结果，因此，我们必须尽量使期望的利益最大化。

（6）功利主义原则不是说，只要某项行为产生的快乐大于痛苦就是道德的，而是说在特定情形中所有可供选择的行为中产生效用最大的行为才是道德的行为。

2. 功利主义分析步骤

（1）对需要评价的行为进行详细而清晰的描述。

（2）对受到该行为直接和间接影响的人群范围分别加以界定。

不能仅仅考虑自己或那些将受到直接影响的人，还要把可能受到间接影响的人以及对社会整体所造成的普遍影响考虑进去。

（3）考虑是否存在一些明显的决定性因素，其重要性超过其他影响因素。

如果存在相当严重的后果，以至于已经可以做出评判，就不必对所有后果逐一分析了。

（4）将该行为对直接相关人群造成的后果进行详细描述，考察每一后果可能产生的正面及负面效应及其在现实中发生的可能性。

（5）为利益因素与损害因素分配权重，需要分别考虑每一种收益或损害的数量、持续时间、确定性（一个行为产生某种快乐或痛苦的可能性）、临近性（一个行为产生快乐或痛苦的快慢程度，有些经验会立即出现，有些经验会延时出现）、繁衍性（体验过一种快乐之后带来进一步快乐的可能性，如掌握一项新技能获得了愉悦感，使用该技能时又获得了愉悦感）、纯粹性（一种经验被相反的经验追随的可能性。如果与一种价值相伴生的还有一些负面效应，那么这种价值就是不纯的，与酩酊大醉所带来的一时快感相伴随的往往是酒醒之后的不适与痛苦）、幅度（一个行为在福利上影响的人数）。

（6）选择某种行为，实际上意味着制定了一项在特定条件下的行为准则，在这里，应考虑当这样的准则得到普遍遵循时所带来的积极与消极影响，如有必要，对那些受到该行为间接影响的人群以及总体社会做同样的分析。

（7）对所有正面及负面效应进行加权计总。

（8）考虑除"非此即彼"的选择外，是否存在其他备选方案，如果有，则需要对每一种方案进行如上的分析步骤。

（9）比较所有备选方案的分析结果，能够产出最大收益净值的行为（如果所有方案均弊大于利，则选择产出最小损害净值的行为）作为最终方案。

3. 对功利主义的批评

对功利主义的批评主要有两个方面，一是衡量困难；二是不符合权利、公正原则。

对衡量困难的指责集中在以下几个方面：

（1）行为给不同的人带来的效用难以衡量和比较。甲乙两人都想要某个岗位，怎么确定谁从该岗位中获得的效用更大呢？如果这一点确定不了，也就难以确定把岗位给谁能产生更大的效用，如果不知道哪项行为产生的效用最大，功利主义原则就不适用了。

（2）有些利益和成本难以计量，例如，假设在车间里安装一套昂贵的通风系统可以大大改善室内环境，工人的寿命能延长，生活质量能提高，假设部分工人因此能多活五年，那么，这增加的五年值多少钱呢？生活质量改善又值多少钱呢？如果无法定量计算安装通风系统带来的利益，怎么与成本相比较呢？

（3）许多利益和成本无法可靠地预测，因而也就不能确切地计量。例如，基础科学的利益和成本就很难预计。假设一项研究如果开展，有可能获得理论性很强但没有直接用途的关于宇宙的知识，那么，怎么衡量这种知识的未来价值呢？怎么与现在的投入成本或把这笔钱投到建医院或给住房困难户建经济适用房带来的利益相比较呢？

（4）有些东西非金钱可以衡量，如生命的价值、健康的价值、美丽的价值、公平的价值、时间的价值、人的尊严的价值等。

有批评者指出，一些根据功利主义原则被认为是合乎道德的行为，事实上可能是不公正的或违反人的权利的。

功利主义关心的是利益的总和，而不考虑利益怎么分配，这就可能产生不公正的结果。在南非实行种族隔离政策时，一些白人辩解说，如果黑人执政，就有可能出现内战、经济萧条、社会混乱等。如果这种说法成立的话，按照功利主义原则，种族隔离政策是道德的，但显然这是不公正的。

由于功利主义者根据行为结果衡量行为，而行为在不同的情景中会产生不同的结果，因此，从理论上说，几乎任何行为在某一特定情景中都可能是善的。

功利主义只考虑行为结果而不考虑行为本身。为了使利益最大化，功利主义不仅允许甚至要求一些不道德的行为，有人指出，如果完全按照功利主义原则行事，就可能导致超过任何一个有良知的人所能容忍的欺骗、说谎、不公正等行为。

尽管功利主义分析存在一些不足，但是，在很多情况下，它依然是适用的。

3.2.2 义务论

1. 罗斯的显见义务论

威廉·D.罗斯（William D. Ross）提出了显见义务论。显见义务（prima facie duties）

有两个特点：第一，显见义务是不证自明的；第二，显见义务是初定的，它们不是绝对不可违反的，在冲突的情况下，人们需要决定哪个义务压倒其他义务。一个义务可以被另一义务压倒，并不意味着被压倒的义务是无效的。即使在具体情形下被其他义务所盖过，一个显见义务总是客观存在的。至于在冲突的情形中，哪个显见义务脱颖而出，成为正式义务，这要看人们对于具体情形的判断。

罗斯列举了7种基本的显见义务：

诚实义务——那些依赖于一个承诺或者可以公平地被称为一个含蓄的承诺的义务，包括不说谎的义务和信守诺言的义务。

赔偿义务——那些依赖于先前做错的行为的义务。

感恩义务——某些义务依赖于他人的先前行为，即他们为我们所做的服务。这些可以被松散地描述为感恩义务。

公正义务——某些义务依赖于对快乐或幸福的分配的事实或可能性，而这种分配没有与相关人员的优点相符；在这种情况下出现了一个推翻或制止这样一种分配的义务。这些就是公正的义务。

行善义务——某些义务依赖于纯粹这样一个事实：世界上有其他存在者，我们可以在美德、智力或快乐方面使他们的状况变得更好。这些就是行善的义务。

自新义务——有些义务依赖于我们可以在美德或智力方面改善自己的条件这一事实。这些就是自新义务。

不损害他人义务——损害他人无疑是附带地没有做到与人为善；但是，不做坏事被理解为一个不同于行善义务的义务，并且被理解为一个具有更大迫切性的义务。

运用罗斯义务论进行分析时，可遵循以下步骤：第一步，识别案例中涉及的显见义务；第二步，找出义务之间的冲突，如果只涉及一种义务或所有义务指向同一事物，就不存在冲突，然而，义务之间常常存在冲突；第三步，权衡案例中的各项义务的重要性；第四步，选择合乎伦理的方案。[①]

2. 康德的义务论

康德认为，行为是否合乎道德不在于其结果是否利大于弊，而在于该行为是否合乎道德法则。道德法则具有无条件的约束力，康德称其为绝对命令（categorical imperative），即无条件命令，它的形式是"你应做某事"，不附加任何假设条件。

康德提出了绝对命令的三条具体原则，阐明了符合道德的行为必须符合的三个条件：①普遍的一致性；②对人的尊重；③普遍接受。

（1）普遍的一致性

道德准则应该是面向所有人的，而且应当是平等地面向所有人的，因此，行为所遵循的准则在普遍推广后必须具有一致性（不会出现自相矛盾），不具有这一特点的行

[①] Audi, R. A Framework for Making Ethical Decisions[M]. New York: Oxford University Press, 2009: 30-42.

为是不符合伦理的。

可以问这样一个问题：大家都按照该行为遵循的准则行事可行吗？如果不是，则该行为不符合伦理，如果是，还需要分析该行为是否体现了对人的尊重以及是否能被普遍接受。

需要注意的是，这里关注的不是某种行为遵循的准则普遍推广后对各方可能造成的影响或后果（这是结果论的分析思路），而是从逻辑上分析是否会出现自相矛盾，从而使得该行为遵循的准则不能成为普遍的法则。例如，如果允许大家随意撕毁协议，那么，签订协议就变得没有意义，而没有了协议，也就不存在随意撕毁协议，因此，随意撕毁协议在普遍推广后出现了自相矛盾，不符合"普遍的一致性"条件，故随意撕毁协议在伦理上不可接受。

（2）对人的尊重

当且只有当一个人从事某一行为时，不把他人仅仅作为实现自身利益的工具，而是尊重并发展他人自由选择的能力时，该行为才可能是道德的。

每个人拥有同样的尊严，因而不应该受到操纵、欺骗、剥削以满足他人的利益。也就是说，不能把人当作不会进行自由选择的物一样来对待。理性人应该永远同时把人看作目的，而永远不要把人只是看作实现自身目的的手段。

把人应该同时看成是目的，并不意味着不能让雇员从事艰苦的甚至是危险的工作，如果这位雇员事先知道该工作的性质和内容，且自愿承担该工作，那么让雇员从事艰苦的甚至是危险的工作是完全可以的。但是，如果事先并不告之危险，或者不是自愿的，则是不道德的。一般地说，欺骗、强迫没有能尊重人的选择自由，因而是不道德的。

（3）普遍接受

当且只有当一个人愿意把自己在特定条件下从事某一行为的理由作为每个人在相同条件下的行为理由，该行为才是道德的。

假设因为不喜欢某一雇员的肤色，我正在考虑是否解雇他。根据康德的原则，我必须问问自己，我是否愿意一个雇主在任何时候仅仅因为不喜欢某个雇员的肤色而解雇他。特别是，我必须问问自己，假如雇主不喜欢我的肤色，我是否愿意被解雇。如果我不希望每个雇主都这么做，那么，我这样对待他人是不道德的。因此，一个人从事行为的理由必须是可逆的，即一个人必须愿意其他所有人也用这样的理由。

当一个人考虑"我应该怎么做"时，他必须考虑所有理性的人应该怎么做。如果道德法则对一个人是有效的，对所有其他理性人也必须是有效的。换句话说，当行为者与受行为影响的其他人交换位置，行为者愿意接受同样的对待，那么该行为是善的，否则是恶的。例如，一位制造商尽管知道产品有潜在的不安全性缺陷，而且顾客不知道这一事实，但仍然推销该产品，根据普遍道德律，判断制造商这一行为是否道德，只要问一下"假如他是不知情的顾客是否乐意企业推销该产品"。

3. 义务论分析步骤

根据义务论的观点，显见义务属于次级道德规则，绝对命令是最高级的道德原则。人们无须在任何情况下都运用绝对命令作为解决具体问题的依据，但如果次级道德规则的有效性无法确认，则可以按照绝对命令的标准进行检验。

理查德·T.迪乔治概括了以下义务论分析步骤[①]：

（1）准确陈述需要评价的行为，注意不要过于狭隘地描述行为；

（2）是否可以通过普遍接受的显见义务，如不许说谎、不许偷盗等评价行为？

①如果只存在一项普遍接受的显见义务，则运用该义务进行分析；

②如果对行为存在疑问，则转入第3步；

③如果存在多项义务，则转入第5步，或者把该行为描述成一种具有普遍性的例外，然后转入第3步；

（3）对该行为进行三项检验：

①每个人都从事该行为而不至于使该行为无法持续进行下去吗？如果不是，该行为是不道德的，如果是，进入第2项检验；

②该行为是否体现了对人的尊重？是否把人视为目的而不仅仅当作工具？如果不是，该行为是不道德的，如果是，进入第3项检验；

③是否所有的理性人，不论是行为的实施者还是行为的接受者，都希望所有人都这么做？如果不是，该行为是不道德的，如果是，该行为可以初步判断为合乎道德的。

（4）该行为被初步判断为合乎道德之后，还需要追问：它是否与其他显见义务相冲突，使之无法同时得到满足？如果不是，可以确定该行为的道德性，如果是，则转入第5步；

（5）在具体情形下，考虑支持与反对每一项显见义务的理由，选择理由最充分的显见义务作为实际义务。

3.2.3 权利论

权利分法律权利（legal rights）和道德权利（moral rights）两类。《中华人民共和国宪法》规定，公民有人身自由、人格尊严不受侵犯的权利等，这是法律权利。

道德权利通常被认为是作为人，不管是哪个国家、哪个民族的人，应该有的权利。这一点与法律权利不同。

道德权利有两个方面：一是消极的权利或自由的权利（negative or liberty rights），如隐私权、生命不被剥夺权、处置私有财产权等。它们之所以称为消极的权利，是因

---

① De George, R. T. Business Ethics[M]. 7th ed. Upper Saddle River, NJ: Prentice Hall, 2010: 70.

为每一项权利都要求我们履行不干涉他人的义务。二是积极的或福利的权利（positive or welfare rights），包括受教育的权利、取得食物的权利、医疗服务的权利、住房的权利、工作的权利等。积极的权利要求我们主动地帮助人拥有某种东西或帮助他做什么事。

这些禁止或要求别人做某事的权利，允许个人自由地选择是否追求某种利益或从事某种活动，指明了个人被授权或必须有自由或必须被帮助追求某种利益或从事某种活动。

道德权利有三个特点：

第一，道德权利与义务紧密联系。一个人的道德权利至少部分地可以定义为他人对这个人承担的义务。如小孩有受教育的权利，家长有义务让小孩接受教育。如果我有道德权利做某件事，那么，其他人有道德义务不干涉我做这件事，如果我有道德权利让某人为我做什么，那么他就有道德义务为我做那件事。一个人的道德权利意味着其他人的道德义务，这种义务可以是不干涉的义务，也可以是采取积极行动的义务。相应的道德义务不一定针对某个人，有时是针对整个社会。例如，一个人有工作的权利，但不是说这个人所在的单位有道德义务给他工作岗位，而是说社会中所有成员，通过公共机构，有义务给工人提供工作岗位。

第二，道德权利赋予个人自主、平等地追求自身利益的权利。承认一个人的道德权利，就是承认在权利允许范围内，我的意志不能强加给他，而且他的利益并不从属于我的利益。也就是说，在一定范围内，我们是自主平等的关系。

第三，道德权利是证明一个人行为正当性及保护或帮助他人的基础。如果我有道德权利做某件事，那么我做那件事在道德上是正当的，他人干涉我做这件事是不正当的。相反，他人阻止任何不让我行使权利的人和事才是正当的，或者他人有义务帮助我行使我的权利。

权利论的道德原则是：当行为人有道德权利从事某一行为，或从事某一行为没有侵害他人的道德权利，或从事某一行为增进了他人的道德权利，则该行为是道德的。

3.2.4 公正论

当分配利益和负担时，当制定和执行政策、规定时，当群体成员间相互合作或竞争时，当人们因做错了事情而受到惩罚时，当人们因他人的原因遭受损失得到补偿时，往往会涉及公正、公平问题。

所谓公正，就是指给予每个人应得的权益，对可以等同的人或事物平等对待，对不可等同的人或事物区别对待。

有关公正的问题包括交易公正（exchange justice）、程序公正（procedure justice）、分配公正（distributive justice）、惩罚公正（retributive justice）、补偿公正（compensatory justice），下面逐一进行讨论。

1. 交易公正

当一个个体与另一个个体达成协议时，就产生了契约权利和义务。乘客购票乘车，客运公司与乘客就形成了合同关系，乘客有权得到客运公司承诺的服务。契约权利属于特定的个体，相应的义务也是由特定的个体来承担。而且只有在具体的个体之间产生特定的交易关系，才出现契约权利。契约权利和义务取决于公众接受的指导交易的一套规范。

几乎每一项企业交易在某个时候都要求有一方相信另一方的口头承诺在将来某个时候付款、提供服务或一定数量和质量的产品。如果没有契约的社会规范，任何一方都不愿意相信另一方的口头承诺，交易就不会发生。契约规范是保证个体信守诺言的一种途径，使得企业活动得以开展。

当人们在合法的社会组织中扮演某个角色时，也会产生契约权利和义务。例如，父母有义务把孩子抚养成人，医生有义务关心病人的健康，管理者有义务管理好企业，在这里，都存在着公众接受的规范，家庭规范、医疗规范、企业规范，这些规范明确了父母、医生、管理者角色的权利和义务，以保护孩子、病人和企业的利益相关者等弱势者的利益。社会给这些社会角色规定了特定的义务，那么当一个人自愿地接受某一角色，就意味着同意履行那些义务。

需要指出的是，这些由关系、角色、情景决定的义务不能无限夸大，管理者管理好企业的义务受制于每个人都必须遵守的伦理规则。而且，不取决于特定的关系、角色、情景的道德权利，如生存的权利、言论自由的权利、受教育、医护的权利、工作的权利等，比由关系、角色、情景决定的权利更重要。

一项公正的交易应当具有以下三个特征：

（1）交易信息对交易双方充分透明；

（2）交易双方出于完全自愿的目的进行交易；

（3）交易双方均可从交易中获取利益。

2. 程序公正

程序公正的基本特征：①

（1）普惠性

程序公正的基本宗旨在于保护全体社会成员的利益，在于使社会成员普遍受益。程序公正的普惠性的基本要求是，每一个社会、每一个社会的尊严和利益都应当得到有效的维护，任何一个社会群体尊严和利益的满足都不得以牺牲其他社会群体和社会成员的尊严和利益为前提条件。

---

① 吴忠民. 关于程序公正的几个问题[J]. 中共中央党校学报, 2002, (4): 108-114.

（2）公平对待

从某种意义上讲，程序公正的公平对待特征是程序公正普惠性特征的具体化。公平对待是社会成员的基本权利在操作层面上的具体体现。程序公正中的公平对待至少有两层含义：第一层含义是，在处理同样的事情时，应当按照同一尺度，如果是有所差别的话，也应当是因事而异，而不能因人而异。第二层含义是类似于法律界所说的"无偏袒地中立"，即"与自身有关的人不应该是法官"，解决纠纷者应当保持中立，结果中不应包含纠纷解决者的个人利益，纠纷解决者不应有支持或反对某一方的偏见。

（3）多方参与

在制定法律和重要的公共政策时，应当也必须让多方人员参与，尤其是要允许相关社会群体有充分的参与和表意的机会，使之能够充分地表达自己的意见，维护自己的利益。

（4）公开性

无论是政策的制定还是实施，无不以占有必要的信息为前提。社会群体、社会成员对于事关切身利益的信息具有平等知晓的权利。同某项政策的制定与实施相关的信息如果出现了不对称性的情形，即一方对相关信息相对充足地占有，而另一方则缺乏相关信息，那么信息充足一方可能通过垄断信息，在制定和实施政策的过程中，利用信息不对称，对于其他社会群体进行各种类型的欺骗和误导，而信息缺乏一方难以做到有效的参与，无法得到公平对待，程序公正也就无从谈起。

（5）科学性

程序公正还包含着一些技术方面的要求，这至少包括两方面的内容：其一，相关信息充分、准确；其二，应当具有必要的评估机制和修正机制。由于现实社会的复杂多样性以及人们认识能力的种种局限性，很多重要的政策需要有一个逐渐完善的过程，其公正程度有一个逐渐提高的过程。

3. 分配公正

当不同的人对社会利益和负担有不同的要求，且这些要求无法同时满足时，就出现了怎样分配才公正的问题。之所以出现这样的问题，是因为利益，如工作岗位、食物、住房、医疗服务、财富等，与人们希望得到这些东西的欲望相比，是稀缺的，而负担，如枯燥乏味的工作、简陋的住房、各种人身伤害等，则超过了人们愿意承担的程度。如果社会有足够的东西来满足每个人的欲望，如果有足够多的人愿意分担社会负担，那就不会有冲突，也无须讨论分配公正问题了。

分配公正的基本原则是：相同的人应该受到相同的对待，不同的人应该受到不同的对待。更确切地说，在与某种对待有关的所有方面都相似的人们，应该享受相似的利益和分担相似的负担，即使在其他方面他们是不同的；而在与某种对待有关的某一方面不同的人们，则应该根据差异的程度区别对待。

然而，这一原则过于笼统，它没有告诉我们哪些差异可以合理地构成区别对待的基础。种族差异应该成为是否录用工人的依据吗？大多数人都会说"不能"，那么，哪些差异与分配利益和负担有关呢？对这个问题，存在着不同的看法。

（1）罗尔斯的分配观

约翰·罗尔斯（John Rawls）要求人们采用"无知之幕"的思维方式，来寻求分配公正原则。在无知之幕中，我们具有理性，可以对个人利益进行价值评判，但是除此之外，我们陷于一种无知的混沌之中：我们不知道自己是富是穷，不知道自己的地位是高是低，不知道自己天赋异禀还是庸庸碌碌，不知道自己的生理与心理是否健全，不知道自己的民族和肤色，不知道自己是男是女。我们要问自己：当我们脱离了自身在社会中所处位置和影响后，我们用于判断公正与否的原理和标准是什么？

约翰·罗尔斯认为，当且只有当符合下列原则时，利益和负担的分配才是公正的：

第一，每个人对与所有人所拥有的最广泛平等的基本自由体系相容的类似自由体系都应有一种平等的权利；

第二，社会和经济的不平等应该这样安排，使它们：①给处于最不利地位的人提供最大的利益；②给所有人提供均等的机会。

约翰·罗尔斯认为，如果第一条原则与第二条原则相冲突，则第一条原则优先；如果第二条原则中的两个部分产生冲突，则第二部分，即机会均等优先。

原则一也可称为权利平等原则，每个人应享有与他人一样的权利，个人的权利必须受到保护。

原则二的第一部分可以称为差别原则，社会引入不平等，以改善社会中最需要帮助的人，如病人和残疾人的地位，除非这样做给社会增加的负担过重，以至于包括需要帮助的人在内的所有成员都因此处境恶化。约翰·罗尔斯指出，社会的生产率越高，它能给处于最不利地位的人提供的利益越多。为了能给处于最不利地位的人提供尽可能多的利益，企业利用资源的效率应该尽可能的高。

原则二的第二部分可以称为机会均等原则，这意味着，招聘条件应该只是与工作要求有关，而与种族、性别等无关，而且每个人都应该有接受获得理想工作所需的训练和教育的机会。

（2）平均分配

平均主义者视平均为公正，他们主张，人与人之间没有什么差异可以使得不平等的对待合理化，所有利益和负担根据以下原则分配：社会或群体的利益和负担应该在每个人之间平均地分配。

一些强调团结和合作的群体中，每个人的工作报酬相同。有一种观点认为，当一个群体中的工人获得相同报酬时，他们相互之间倾向于更加团结、更加乐意合作。

平均主义强化了"人人都是平等的"观念，被许多人视为社会理想。然而，它也存在着缺陷。人与人之间的能力、智力、品德、需要、欲望等千差万别，人与人之间并不相同。不把需要、能力、努力考虑进去是不恰当的。如果每个人得到相同的东西，那么，勤快的人和懒惰的人得到的一样多，而懒惰的人本不应该得到那么多，勤快的人的积极性受到打击，推而广之，社会中没有人愿意在工作中付出更大的努力，这样一来，社会生产率和效率就会降低。

针对一些人的批评，平均主义者提出，每个人有权获得最低生活保障，在最低生活保障实现前，收入和财富应该在社会成员间平均分配，超过部分可以根据需要、努力等进行有差别的分配。

（3）按贡献分配

一些学者认为，一个人获得的利益与他所做的贡献成比例，才是公正的。社会或群体的利益的分配原则是：利益应该按每个人对社会、群体、任务的贡献的大小进行分配。

工作独立性较强的群体中，成员一般希望按贡献大小支付报酬。按贡献分配，成员间的合作程度会下降，甚至会形成竞争，人们不大情愿分享资源和信息。

按贡献分配面临的一个主要问题是如何衡量一个人的贡献的价值。

一种做法是根据工作努力程度来衡量，工作越努力，报酬应该越高。这种做法有不少问题。首先，不考虑一个人努力工作后是否生产了任何有价值的东西，而仅仅根据所付出的努力支付报酬，实际上有可能是在奖励无能和低效率。其次，如果我们忽视个人的能力和产出，那么，就不可能激励人才和高产出的人员把他们的才智和能力贡献出来为社会服务，这样就会降低社会福利。

另一种做法是根据结果或产出来衡量，一个人提供的东西的数量越多、质量越高，他得到的应该越多。这种做法的主要问题是，它忽视了人的需要。残疾人、病人、未成年人等的生产能力可能很有限，如果按照这一原则分配，他们的需要就无法满足。而且，对结果或产出的质量很难客观地评价，尤其是对在科学、艺术、娱乐、美术、教育、保健等领域的贡献。

为了解决评价难的问题，有人建议由市场的供求关系来决定所提供的东西的价值。这种观点颇有影响，但市场评价忽视了所提供的东西的内在价值，例如，市场给歌星的回报比给从事基础科学研究的科学家的回报要高得多，谁能说前者比后者对社会的贡献一定大得多呢？

（4）按需要和能力分配

按需要和能力分配的原则是：应该根据人的能力分配负担，根据人的需要分配利益。

充分发挥人的潜力是有价值的，因此应该按照一个人能尽可能提高生产能力的方式分配工作。通过工作产生的利益应该用于促进人类的幸福和福利。这一分配原则类似于家庭成员之间的分配，在家庭中，能干的家庭成员愿意为家庭多做些事情，有需要的家庭成员能够得到家庭的支持。

在决定如何在成员之间分配利益和负担时，确实需要考虑需要和能力。多数人都同意，应该把个人放在最能发挥自己长处的岗位上，应该帮助迫切需要帮助的人。

这一原则也受到了批评。首先，根据这一原则，工作努力程度与报酬之间没有任何联系，既然干多干少一个样，何必多干呢？工人因此失去了努力工作的动力。批评者认为，把整个社会像家庭一样对待是不现实的，因为人在本质上是关心自身利益的。这一原则的支持者则认为，人的本性是愿意帮助人的，自私自利是后天造成的，如果愿意帮助人的本性能得到发扬光大，则就能获得合作、乐于助人、无私的美德，即使在家庭以外也能帮助人。

对这一原则的另一个批评是，根据个人的能力而不是自由的选择来分配工作，则个人自由受到了限制。如一个人有能力成为一名大学教师，但他却想做出租车司机，按能力分配工作，他只好做大学教师。一个人需要一个面包，但他想要一瓶啤酒，按需要分配利益，他只能接受面包。

4. 惩罚公正

惩罚公正关心的是对一个做错事情的人怎样惩罚才算公正的问题。围绕这个主题，有三个问题需要考虑。

第一，什么样的行为该受惩罚？如果人们不知道或者不能自由选择自己的行为，那么，因为这些行为惩罚或责骂他们是不公正的。

第二，谁是该受惩罚的人？受惩罚的人应该是确实做错事情的人。仅凭不可靠、不完整的依据就处罚一个人，是不公正的。

第三，惩罚的力度多大合适？惩罚必须是一贯的，与所做错的事情相称的。所谓一贯，是指每个做错相同事情的人受到相同的惩罚。所谓相称，是指惩罚的力度应与做错的事情造成的损害相一致，因为小小的失误，而严厉地处罚，是不公正的。当然，判断什么是小错误，什么是大错误，并非完全是客观的，惩罚的力度也没有统一的标准。如果惩罚的目的是防止别人犯下同样的错误，或者阻止过失者再度犯错，那么，惩罚不应该超出通常达到这些目的的必要限度。[1]

5. 补偿公正

一般来说，只有满足下列三个条件时，行为者才有道德义务补偿受害者：

（1）造成损害的行为是错误的或是疏忽大意的行为。例如，一个企业管理有方，通过正当经营把竞争者挤出了市场，该企业没有道德义务补偿失败的竞争者，因为这

---

[1] Velasquez, M. G. Business Ethics: Concepts and Cases[M]. 4th ed. Upper Saddle River, NJ: Prentice Hall, 1998: 118.

种竞争既没有错，也不是疏忽大意的行为。员工把企业的财产占为己有，是错误的行为，有义务补偿企业；一个驾驶员开车时思想不集中，导致交通事故，有义务补偿受害者。

（2）这个人的行为确实是造成损害的原因。例如，一个人借钱给他人办厂，后者用借到的钱去行骗，前者就没有道德义务补偿受害者。

（3）这个人给他人造成损害是故意的。如果一个人既不是有意也不是疏忽大意，而是意外地给他人的财产造成了损害，在道德上并没有义务补偿他人。不过，在法律上有可能要承担一定的责任。

一个人损害了另一个人，则加害者有道德义务给受害者某种补偿。补偿多少才合适呢？这是一个较难回答的问题。有人认为，补偿的量应等同于加害者有意使受害者遭受的损失的量。可是，有些损失很难计量，例如，一个人诽谤他人，使他人名誉受损，这个损失怎么计量？有的损失根本无法弥补，如失去生命或失去眼睛，这种情况下我们只能要求加害者至少给受害者或其亲属给予物质补偿。

松下的企业伦理观

松下对企业与相关利益者关系有独到的看法。

1. 企业与社会：企业乃社会公器

一般认为企业的目的在于追求利润。而松下认为，为了促使企业能合理经营，利益的确不可或缺，然而，追求利润并非最终目的。最终目的乃在于以事业提升共同生活的水准，完成这项最基本的使命，利益才能显现出它的重要性。从这个角度看来，"经营企业非私人之事，乃公众之事，企业是社会的公器。"所以，松下主张，即使是私人企业，也不应该仅仅站在私人的立场考虑，一定要经常想到它是否对人类共同生活的提升有所裨益。他还指出，在任何情况下，我们有一个强烈而正确的信念：只要是对国家安全或发展有贡献，能为员工制造福祉的，就昂然前往，社会一定会接纳的。而对社会没有责任感的公司，认为只要自己赚钱就好的公司，都足以危害社会，这样的公司也不可能有太大的发展。松下并不排斥金钱，相反，他还提倡通过合理化经营达到"厚利多销"。但他把金钱只看作是一种工具，一种工作的润滑油。企业的最终目的，还在于提高人们的生活。可见，在松下看来，企业的社会责任在于通过合理化经营来增进社会福祉。

2. 企业与顾客：顾客是明君

有人主张，把顾客视为国王，企业是国王的子民，对国王的一切命令，即使是蛮横无理的，也都无条件地服从。松下幸之助不完全赞同这一观点，他觉得如果对任何无理要求都唯唯诺诺可能会把最好的明君也渐渐宠为暴君，然后民众会很快愈来愈瘦，甚至于会起来造反，这是非常危险的。所以为了使国王成为明君，必须时时进谏。松下否认无条件地服从顾客，是否意味着他不重视顾客呢？恰恰相反，他认为，"卖方要做买方的掌柜"，"商品是我的千金小姐，客户就是可爱的女儿的婆家"，"顾客至上"等。松下之所以把顾客视为明君，而不是一般的国王，是从更高、更长远地来考虑顾客的利益，是真正地为顾客着想，同时也是为企业着想，为社会着想。

如果生产者与消费者界限分明，从各自的立场单方面地考虑生产和消费，工作不可能进行得顺利，对双方都没有好处。因而他主张，生产者与消费者互为一体，即：在消费时必须了解生产者的工作和辛苦，而生产时要不断地考虑：如何才能做出又好又便宜的东西，以满足消费者的需要。对所有的产品，都应该站在消费者的立场，以消费者的监护人自居，再三地检讨产品的性能、品质，对产品质量的要求愈严愈好。只有这样，才能缔造真正坚固的生产与消费的基础。

在处理与顾客的关系方面，松下还推崇"诚意为本"。他认为，最要紧的是要考虑：如何使顾客感到高兴？以何种方式接待才能使顾客感到满足？如果内心有这样的诚意，此人的言语、态度上自然会出现某种感人的东西，销售能力也会随之提升。

3. 企业与竞争者：君子之争

商场如战场，经营企业，难免会有激烈的竞争。松下一方面视过度竞争为罪恶，另一方面也承认：经营企业或做生意的本身就是真刀实枪的作战，如果缺乏旺盛的战斗精神，最后只有沦为失败者。但问题是应该以怎样的态度对待竞争者？松下的观点归纳起来有三点：

第一，必须光明正大地进行正当的竞争，不可以采取卑劣的手法，更遑论打倒对方，或使对方蒙受迫害的竞争。"经营者是实业家的同时，也要是一位真正的绅士，要堂堂正正地做生意"。

第二，与竞争对手和睦相处。他说，"做生意固然需要竞争，但仔细想来，任何人都不是为了竞争而做生意的。所以，即使同业在自家附近新开店经营，也应以开阔之心胸对待，而不应视为眼中钉。新开店的人，也应以对待先进之心，行后进应尽之礼，此种良好的风范，更可令顾客对店家产生信赖。"

第三，向竞争对手学习。他认为，和有力量，有良好经营制度的对手竞争，固然有困难的一面，同时也有很大的鼓舞作用，对自己的发展也很有益处，如果能这么想，便能以坦诚之心吸收对方的优点，心胸也会更加开阔，或许会因此产生不亚于对方的智慧。

4. 企业与政府：互相帮助

松下认为，政府必须获得国民的拥护，因此，不可能说出令全国民众厌恶的话，而总是表明愿意协助任何人的立场。可是，企业不可以过分依赖政府，不要靠别人，而以自己的力量，在自己能做到的范围内，切实做好，有这种认识才是最重要的。与其请求政府救济不如由国民来帮助政府，才能对社会的进步有所贡献。

5. 劳方与资方：对立中协调

松下认为，最理想的劳资关系，是经常保持"对立而又协调"的状态，亦即，彼此该说的话要说，该实行的主张要实行。然而，也并非始终如此，在对立的同时，应该接受的就接受。以协调为前提的对立，以对立为前提的协调，是最重要的基本思想。松下把公司与工会比作一辆车的两个轮子，两者大小、力量要均衡，否则，事业就不可能顺利地发展。

6. 管理者与下属：以德服人

管理工作的一个特点是通过别人来把工作做好。那么怎样才能使得下属努力工作呢？松下认为，用力量或理论或许行得通，却无法产生很大的功效，以德服人才是最重要的。领导者具有令他人仰慕之德，才能产生领导者应有的权威及其他各种力量。因此，松下经常提醒管理者必须努力提升自己的美德，要能够时时了解对方的心境，并时刻不忘自我修炼。他指出，管理者要一切以公利为出发点，不为私欲所蔽，以纯正之心观察事物，而且审视自己，告诫自己。他甚至认为，"究竟能做到几分大公无私，以无私之心观察事物是成功的经营者与失败的经营者之间的最大分野。"

松下十分强调管理者应承担的责任，他认为，一家公司的成败，是最高经营者一个人的责任。同样，一个部、一个课是否有好的发展，完全是这个部门负责人的责任。松下并不把管理者看得高人一等，凌驾于普通员工之上，他称最高经营者——董事长的工作是"附带方向指示机的倒茶业"。意思是说，董事长是给大家倒茶的角色，当然不是单纯地倒茶，还必须具有能指示方向的力量。他把下属看作公司的主人，在1956年2月的一次谈话中，他提到"现在我这里有10000名员工，我就认为我有10000个主人"。

7. 员工与企业：确认社会人的义务

松下不仅主张作为企业应该奉献社会，而且把这种思想灌输给每一个员工。他视员工为社会人，并且认为，自我拥有丰富的知识，并努力提升自己的工作能力，一方面是为自我着想；另一方面也是对社会的一种义务。身为社会人，就需要确实认清这种义务，每天努力工作。他要求每个员工都能认清自己的使命，正确看待工作的目的。他说，"薪水乃维持自我生活所必需，当然是工作的目的之一，但不可忘记它背后更大的意义。那就是透过自己的工作，或透过自己服务的公司或商店，对社会有所贡献，亦即彻底完成了职业人或产业人的使命，广义地说，也等于完成了人生而为人的使命。"事实上，也只有当全体员工有了这种共识，企业把贡献社会视为最高目标才能落到实处。

松下希望员工能与企业结成命运共同体。1963年1月在与员工的一次谈话中，松下说了一段意味深长的话："如果各位能彻底地认为'我是松下电器的老板，这就是我的事业'，我想必然能从这里诞生出难以想象的伟大力量。所以希望各位能把自己的工作认为是自己的事业，不要有拿薪水才做事的小家子气，要有与工作共存亡的独立经营的精神。"松下要求每个员工"一生一世奉献公司"。他指出，应下定决心，抱着永远为此公司职员的想法，开辟一条生路。若遭逢不顺就想转业，则永远不会有大的成果。每个人都要对自己的职责有所自觉，以全部的精神投入工作，绝对不可以轻忽。

8. 员工与员工：和睦相处

松下指出：为生活，"物质"固然很重要，但为了和人们共同生活，能够正确遵守彼此间正确的关系才是最重要的。彼此有情感，互相守义气，共同感谢生命的心，是实践人伦的基础。他要求员工能意识到与人共同生活的重要性，常怀感恩之心，与人交往时要注意不忘恩、不忽略感谢、尊重义气。因为在工作岗位上，会合了许多年龄、性格、对事情的观点各不相同的人，而要使彼此之间工作顺利就必须讲究礼节。

松下的上述企业伦理思想在松下的基本经营原则和松下七精神中得到了高度概括和充分体现。松下基本经营原则——鼓励进步，增进社会福利，并致力于世界文化的进一步发展。松下七精神——产业报国精神，光明正大精神，和亲一致精神，力争向上精神，礼节谦让精神，顺应同化精神，感谢报恩精神。

〔资料来源：陈炳富，周祖城.企业伦理[M]. 天津人民出版社，1996：76-83.〕

3.2.5 关怀论

1. 偏爱与关怀

一般的伦理学说都假设，伦理应该是不偏不倚的，在决定应该做什么时，对与个人有特殊关系的人，如亲属、朋友、同事、下属等，也应一视同仁。有些功利主义者主张，如果一个陌生人和你的父亲同时落水了，而你只能救其中一个的话，如果救那个陌生人比救你的父亲能产生更大的效用的话（可能那个陌生人是一个出色的外科医生，能救许多人的生命），那么，你有道德责任救那个陌生人，而不救你父亲。许多学者指出，这样的观点是不合情理的，是错误的。[①]在上述例子中，你与你父亲之间特殊的关怀、爱护关系决定了你对你父亲负有特殊的关怀义务，这种义务应超过对陌生人承担的义务。

对与我们有密切关系，尤其是有依靠关系的人，承担特别的关怀的义务，是关怀伦理的关键。

---

① Velasquez, M. G. Business Ethics: Concepts and Cases[M]. 4th ed. Upper Saddle River, NJ: Prentice Hall, 1998: 122.

关怀伦理强调了两个道德需求：

（1）我们每个人都生活在关系之中，所以应该培育和维护我们与特定个人建立起来的具体的、可贵的关系；

（2）我们每个人都应该对那些与我们有实实在在关系的人，尤其是那些易受伤害的、仰仗我们关怀的人，给予特殊的关怀，关心他们的需要、价值观、欲望和福利，对他们的需要、价值观、欲望和福利做出积极的反应。

关怀论所说的关怀是指对他人的关心、爱护，例如，母亲给予孩子的就是这样一种关怀。

关怀论的基础是什么？人对自我的认识是建立在自我与他人的关系基础之上的：离开了与其他人的关系，个人就不能存在。一个人出生时，需要父母抚养、照顾，成长过程中需要他人教育、关心，成熟以后需要有来自朋友、爱人的友情、爱情的滋润，一生中都离不开社会的语言、传统、文化和其他福利，正是在这些具体的与他人的关系中，才形成了我是谁、我是什么的认识。所以，只要自我是有价值的，那么使得自我得以存在所必须的关系也一定是有价值的，也应该得到培育和维护。

需要指出的是，并非所有的关系都有价值，都会产生关怀的义务，如果关系中的某一方试图控制、压迫或损害另一方，如果是一种仇恨、暴力、无礼、邪恶的关系，那么这种关系就没有价值，就不应该去培育和维护。那种能展示同情、关心、爱、友谊和忠诚等美德的关系才是有价值的，是我们有义务培育和维护的。

有时候关怀的要求与公正的要求会发生冲突，假设一位管理者有几位下属，其中一位是他的亲戚，现在有一个下属们都想得到的很好的岗位，要他推荐，他应该推荐谁呢？他应该照顾亲戚关系，推荐他的亲戚呢？还是严格按照公司政策，推荐最合适的人呢？很显然，从公正的角度看，管理者不应偏袒其亲戚，但关怀论似乎要求管理者维护亲情。当一个人自愿地接受管理者岗位，那就意味着他也同时接受了该岗位所规定的义务和特权。其中一个义务是，管理者承诺履行保护公司的资源和遵守公司的政策的义务。如果他违背公司政策，偏袒其亲戚，就是对接受其承诺的人的背叛。我们自愿接受的对组织的义务，要求我们不偏不倚地对待我们的朋友，要求我们把对公正的要求置于关怀的要求之上。如果组织的义务与关系的要求产生矛盾，而且我们认为关系非常重要，其重要性已经超过组织义务的要求，那么，道德要求我们放弃组织角色。管理者认为他必须照顾其亲戚，他无法做到承诺过的公正无私，那就应该辞职。

2. 对关怀论的批评

批评之一是关怀伦理会导致偏袒、不公正。关怀论的支持者反驳说，关怀伦理会与其他道德要求发生矛盾，但其他伦理学说何尝不是如此！功利主义与公正论会发生矛盾，公正论与权利论会发生矛盾，我们不能指望没有道德冲突，重要的是要学会权衡在特定情形下的各种道德要求，所以，不能因关怀论有时与公正论相悖，就认为它比其他伦理学说差，只能理解成在实际情形中要权衡关怀与公正的相对重要性。

批评之二是，要求人们对孩子、父母、配偶、朋友等给予特别的关怀，似乎在要求人们为了他人的福利而牺牲自己的需要和欲望。关怀论的支持者回应道，完整地理解关怀，应该包括对自身的关怀和对他人的关怀。

3.2.6 美德论

美德论通常亦称德性论是对人的评价理论。许多伦理学家认为，伦理学不仅要关注行为主体应该从事什么样的行为的问题，而且还要关注行为主体应该成为什么样的人的问题，前者重点回答人应该如何行事，后者要考察一个人的道德品质，特别是道德品质是否展示了美德或邪恶。所以，在道德推理时，应该把美德（如诚实、勇气、正直、同情等）和邪恶（如虚伪、贪婪、怯懦等）考虑进去。对人进行道德评价与对行为进行道德评价并不相同，但它们之间是有联系的，善良的人所以是善良的，是因为他做他应当做的事情。

1. 何谓美德

美德是习得性的，体现在个人行为习惯中的，构成道德高尚的人的特征的一种品质。

三个特征：

（1）习得性的。不是先天决定的，而是后天努力的结果。

（2）体现在个人行为习惯中的。例如，如果一个人习惯性地讲真话，而且之所以这样做，是因为他相信讲真话是对的，是因为在讲真话时他感到愉悦，在说假话时他感到难受，那么，我们可以说，这个人拥有诚实的美德。相反，如果一个人偶尔讲真话，或者之所以讲真话，是因为出于错误的动机，如为了博得他人的欢心，那么，不能说这个人拥有诚实的美德。

（3）构成道德高尚的人的特征。美德是让人过一种有德的生活所需的品质，美德是有益于人与人共处的品质，美德是有益于人类面对日常和紧急情况挑战的品质。

哪些是美德呢？中西方思想家提出过多种观点。

孔子倡导"智、仁、勇"三种美德。"知、仁、勇三者，天下之达德也。"[①]子曰："好学近乎知，力行近乎仁，知耻近乎勇。知斯三者，则知所以修身；知所以修身，则知所以治人；知所以治人，则知所以治天下国家矣。"[②] "知者不惑，仁者不忧，勇者不惧。"[③]

---

① 中庸·第二十章.
② 同上.
③ 论语·子罕.

老子曰："我恒有三宝，持而宝之，一曰慈，二曰俭，三曰不敢为天下先。慈故能勇，俭故能广，不敢为天下先，故能成器长。"[①]

孙子提出为将五德——"将者，智、信、仁、勇、严也"。[②]

柏拉图最早提出了正义、勇敢、节制和智慧四个美德。在柏拉图看来，理想的城邦需要具备这些美德的人。

亚里士多德认为，美德是习惯与品性，美德是中庸之道，美德出于自愿，美德出于正当理性的指导，美德表现在履行道德义务的行为中。亚里士多德把美德的形成看成是一个过程，这个过程实质上也就是一个逐渐养成道德习惯的过程，即美德是从日常生活中依据理性的指导，反复践行而得来的。为什么要受理性的指导呢？亚里士多德认为，把人与动物区分开来的只能是他的理性，理性是人的最根本的机能，是人之所以为人的根据。人的德性，是那种既能使人成为善人，又能使人能圆满地完成其功能的品性。这种品性，在亚里士多德看来，就是中庸之道。

所谓中庸之道，一言以蔽之，就是人们用理智来控制和调节自己的感情与行为，使之既无过度，也无不及，而自始至终保持适中的原则。亚里士多德认为，人的欲望、情感和行为都存在着三种可能，即过度、不及和适中，而德性的目的也就是在于根据理性的原则来处理欲望、情感和行为。亚里士多德认为，中道即德性。勇敢是鲁莽与怯懦的中道，节制是纵欲放荡与麻木的中道，乐施是挥霍与吝啬的中道，慷慨是粗俗与卑鄙的中道，自豪是虚荣与卑贱的中道，温和是急躁与无感的中道等。[③]

西塞罗认为："但凡天下能列为有德之事，大抵都源自如下四种中的其中一种：一是充分且又充满智慧地探索和发展真理；二是维持一个有法规的社会，让所有的人都担负一定的责任，并忠实地履行应尽的职责；三是具有一种崇高的、坚强的、永不屈服的伟大精神；四是言行举止温文尔雅、处变不惊，并善于克制自我。"[④]

美国心理学家马丁·塞利格曼（Martin E. P. Seligman）和他的同事通过阅读世界上主要宗教和哲学学派的论著，列出它们所推崇的美德，找出各个宗教、哲学都赞同的美德，结果令他们感到吃惊，3000 年来世界上不同文化虽然在美德的细节上各有不同，但它们都有一些共同点，以下 6 种美德是世界上所有宗教、所有哲学学派都支持的美德：智慧、勇气、仁爱、正义、节制、精神卓越。[⑤]

2. 美德、行为和制度

有学者认为，"美德不应该看作是功利主义、权利论、公正论、关怀论之后的第五

---

① 老子·67 章.
② 孙子兵法·计篇.
③ 周辅成. 西方著名伦理学家评传[M]. 上海：上海人民出版社，1987：33-38.
④ 西塞罗. 友谊责任论[M]. 林蔚真，译. 北京：光明日报出版社，2006：67.
⑤ 马丁·塞利格曼. 真实的幸福[M]. 洪兰，译. 沈阳：万卷出版公司，2010：139.

种伦理学说,而应视为是从完全不同的角度来看这些伦理原则。功利主义、权利论、公正论、关怀论是从行为评价的角度来讨论的,而美德论是从品德评价的角度来讨论的。"①

美德论除了能告诉我们应该成为什么样的人外,能否告诉我们应该怎么做呢?美德论主张,道德生活的目的是培育美德,并在生活中实践和展示美德,只要在我们的行为中实践了美德,只要我们的行为展示了美德,只要我们的行为能使我们变得更加具有美德,那么,这种行为便是道德的行为。

因此,美德论对行为的指导原则可以概括如下:

如果实施某项行为能使行为主体实践、展示和培育高尚的品德,那么,该行为便是道德的,如果通过实施某项行为,行为主体实践、展示和发展了邪恶,那么,该行为是不道德的。

美德论不仅可以用于评价行为,还可以用于评价制度。例如,有人认为,一些经济制度使人变得贪婪,大型的官僚组织使人变得不负责任,这种评价的基础便是美德论。也许可以这样说,那些倾向于形成不良品性的制度是在道德上有缺陷的制度。

3.3 企业伦理规范

3.3.1 以人为本原则

以人为本就是要尊重人、关心人、促进人自由而全面的发展。

尊重人就是要尊重每个人的尊严、权利和价值;尊重人就是要承认人的差别,因人而异,量力而行,人尽其才;尊重人就是要把其他人看作是目的,而不是实现自身目的的手段,即认真地对待他们,承认他们的合法权益,尊重他们的愿望。

关心人就是要关心每个人的物质福利和精神文化生活。

人的自由而全面发展是人生存和发展所期望达到的最高水平,是人类一切活动的根本目的所在。

在企业经营中,坚持以人为本,并不囿于企业内部,也就是说,不仅应该尊重、关心企业员工,促进他们自由而全面的发展,而且也应该这样对待其他利益相关者。

以人为本原则与为人民服务这一社会主义道德核心相一致。所谓为人民服务就是要求人们在社会现实生活中,在处理个人和他人、个人和社会、个人和集体的关系时,一切要从人民群众的根本利益出发,一切向人民负责,关心人民生活,尊重人民的首创精神,敢于同一切危害人民利益的各种行为作斗争。②

---

① Velasquez, M. G. Business Ethics: Concepts and Cases[M]. 4th ed. Upper Saddle River, NJ: Prentice Hall, 1998: 132.

② 周中之. 伦理学[M]. 北京:人民出版社,2004:147.

以人为本原则体现了集体主义道德原则。因为，集体主义道德原则的出发点和归宿是"人获得自由全面发展"。人为了获得自由而全面的发展，显然无法从单个的自我这里实现，而必须依靠集体，因而要遵循集体主义的道德原则。但与此同时，集体主义原则本身也不是最终目的而只是保障个人全面自由发展的最真实最充分的手段。

在企业经营中，以人为本原则有以下四个方面的内涵：

第一，在企业和社会的关系上，要求企业努力开发生产出对社会有益的产品和服务，使企业发展成果惠及全体人民。在可能的情况下，支持社会福利事业，做一个好的"企业公民"。

第二，在企业和自然的关系上，要求企业注重资源合理利用和环境保护，不断增强社会可持续发展能力，造福于子孙后代。

第三，在企业和人的关系上，要求企业真切关注并尽可能满足股东、员工、顾客、供应商、公众等利益相关者的合理要求，使企业从这些利益相关者的支持与合作中得到发展，而利益相关者则从与企业的交往中得到物质和精神上的满足。

第四，在人和人的关系上，要求企业及其管理者处事公正，并在企业内部建立起既讲效率又讲团结、互助、友爱的关系。

3.3.2 企业伦理准则

1. 公正公平

公正公平的本质含义是一视同仁和得所当得。

公正公平要求机会均等，如员工应该有均等的录用、上岗、晋升、获取报酬、学习提高的机会，顾客应该有均等的获得产品和服务的机会，供应者应该有均等的提供资源的机会等。任人唯亲、性别歧视、种族歧视、不按订货顺序供货、同一产品对不同的顾客实行差别待遇等都属于违反这一原则的行为。

公正公平要求按劳分配。按劳分配强调的是，在劳动的质量和数量面前人人平等。公平是机会的均等，而不是结果的均等。当然，也要注意收入差距的适度和协调，保障弱势群体的基本利益。

公正公平要求公平竞争，这是机会均等原则的内在要求。公平竞争首先是竞争活动的公平，即每一个企业，每一个员工都有自主选择参与竞争活动的权利；其次是竞争规则的公平，对所有参与竞争的主体具有同等的效力；再次是在竞争结果面前人人平等，即参加竞争活动的主体必须承认和接受竞争的结局。

公正公平要求互利互惠。企业经营离不开利益相关者的参与，只有互利互惠，企业与利益相关者之间的合作关系才能维持下去。互利互惠原则的最低要求是"不损害他人利益"。只要想一下希望人家怎样对待你，就能明了"不损害他人利益"的重要性。"己所不欲，勿施于人"说的就是这个道理。"不损害他人利益"对竞争者也同样适用，虽然在一定时间内，企业获利多了意味着竞争者获利少了或者亏了。假若企业是通过正当的手段获得竞争优势的，不能算是损害竞争者的正当利益；反之，若是通过欺骗性广告、窃取商业秘密等不正当手段搞垮竞争者，就损害了竞争者的正当权益，是不道德的。仅仅停留在"不损害他人利益"层次还体现不出真正的互利互惠，企业应该考虑与利益相关者分享利益，通俗一点讲，就是在自己赚钱的同时，也要给利益相关者好处。

2. 诚实守信

诚者不伪，信者不欺。"人而无信，不知其可也。"[①] "是故诚者，天之道也；思诚者，人之道也。至诚而不动者，未之有也；不诚，未有能动者也。"[②] 诚信原则是企业经营之本，除非只想做一锤子买卖。因为企业的生存与发展有赖于企业利益相关者长期、可靠的合作，如果缺乏诚信，能得到这种合作吗？

诚信原则要求讲真话，不欺诈，"货真价实，童叟无欺"。例如，不做虚假广告，不以次充好、短斤缺两、漫天要价，不偷税漏税，不做假账，不虚报统计数字，等等。诚信原则还要求一诺千金，说话算数。比如，签订的合同要千方百计地履行，对顾客许诺的产品质量和服务应不折不扣地达到等。

3. 竞争合作

从企业内部看，竞争能给人带来压力。根据压力理论，压力与工作绩效有"倒U"的关系，过低或过高的压力都会影响工作绩效，只有当压力适度时，才能发挥出最好的工作绩效。为了提高部门和个人的绩效，需要创造一种内部竞争机制，在企业缺乏朝气时，尤应如此。

同时，企业是一个有明确分工的集合体。由于分工不同，所处的地位不同，人们的看法会有差异。而企业又必须是一个有机整体，企业活动需要通过全体员工的齐心协力方能取得成效，因而在企业内形成一种团结、友爱、互助的氛围很重要。

俗话说，"天时不如地利，地利不如人和。"然而，提倡合作、和谐不是说不要竞争，也不是搞折中，"和稀泥"，当老好人。孔子说："君子和而不同，小人同而不和。"[③] 鼓励合作、和谐更要反对"人情至上"、拉关系、走后门、拉帮结派等行为。

在企业与竞争者之间，竞争是主要的。公平的竞争能刺激企业不断改进各项工作，努力向市场提供品种更新、质量更高、价格更低、服务更优的产品和服务，从而给顾客和社会带来实惠。但它们之间也需要合作，结成战略联盟是合作，共同营造良好的行业风气也是合作。

---

① 论语·为政.
② 孟子·离娄上.
③ 论语·子路.

4. 创新进取

创新是企业的活力之源，是生存和发展的必由之路。同时，创新也是企业履行社会使命的重要方式。这是因为，虽然很多新产品的设想确实来自顾客，但顾客并非总能提出新产品设想，而企业是某方面的专家，他们知道如何开发新产品，知道什么样的产品对顾客、对社会有利。这就是说，企业如果真正为社会、为顾客着想，不能满足于满足需求，还应该创造需求，引导需求。优秀企业常常以产品创新引导顾客需要。创新还包括技术创新和管理创新，通过技术创新和管理创新不断改进产品质量、降低成本、提升企业竞争力。

在我国传统习惯中，存在着安于现状，得过且过，不思开拓创新，不求有功，但求无过，缺乏冒险精神，办事马马虎虎，满足于"差不多"，不讲认真，不求精细等流弊。企业是提供产品和服务的，不认真、不精益求精怎么能拿得出品种新、质量优、价格合理的产品和服务？怎么能以更少的消耗取得同样甚至更多的产出？怎么能创造并满足新的有益于社会的需求？因此，我们要大力提倡创新进取，脚踏实地，精益求精。

5. 环境保护与服务社会

社会经济的长足发展，在为社会创造巨大财富，给广大消费者提供物质福利及给企业带来巨额商业利益的同时，却严重地浪费了自然资源，破坏了自然生态平衡，污染了环境。典型的环境问题包括大气污染、温室效应与臭氧层破坏、水污染、海洋生态危机、"绿色屏障"锐减、土地沙漠化、"三废"难题、物种濒危等。环境问题从最初的单纯影响人类的生活质量，到毁灭人类的局部文明，甚至威胁到整个人类的生存基础。

因此，要求企业从实施可持续发展战略的高度来开展经营活动，努力使经营活动与自然环境、社会环境相协调，使企业活动有利于环境的良性循环发展。

企业是为特定的社会需要服务并经公众同意而存在的。只有当社会公众满意企业提供的服务，它才能生存下去，进而兴旺发达起来。从这个意义上讲，企业的根本任务不是赢利，而是服务于社会，促进社会进步，利润是社会对企业贡献的回报。这样说，不是不要企业追求自身经济利益，相反，努力提高经济效益是企业的核心任务，只有有了经济效益，企业才能为社会多做贡献，一个长期亏损的企业怎么可能对社会有贡献呢？所谓服务社会，强调的是应该以有助于促进社会进步的方式获得自身经济利益。

大众尾气排放门事件

2015年9月18日，美国环境保护署指控德国大众汽车集团所售部分柴油车安装了专门应对尾气排放检测的软件，车主无法自己打开或关闭这一软件。该软件可以识别汽车是否处于被检测状态，继而在检测时秘密启动，从而使汽车能够在车检时以"高环保标准"过关，而在平时行驶时，尾气处理系统被关闭，这些汽车大量排放污染物，最大可达美国法定标准的40倍。由此，大众"尾气排放门"事件曝光。德国大众汽车集团，成立于1937年，总部位于德国沃尔夫斯堡，是欧洲最大的汽车公司，也是世界汽车行业中最具实力的跨国公司之一。主要子公司有德国大众公司，德国奥迪汽车公司，捷克斯柯达汽车，保时捷集团，西班牙西亚特公司等。"尾气排放门"把大众集团推到风口浪尖。

早在2013年，对在美国销售的多款柴油发动机汽车开展尾气排放检测时发现，被寄予厚望的大众捷达和帕萨特尾气排放虽然在实验室检测中达标，却在上路测试中严重超标。美国空气治理委员会随即介入调查，但大众的回应却是，尾气排放超标是因为"各种技术问题和超出预期的使用情况"，并于2014年12月宣布召回所谓受影响的约50万辆柴油车，这次召回按大众的说法解决了氮氧化物排放超标问题。

2015年5月美国空气治理委员会再次展开上路测试时，发现大众柴油车的尾气排放"有某种程度的减少"，但氮氧化物排放依然严重超标。该委员会随后与大众数次商谈，但大众表达的意思依然是改进技术。美国政府为此发出威胁，如果不能给出"充分解释"，美国将不允许2016年大众柴油车上市。到了这个时候，大众才承认在这些汽车上设计并安装了"作弊"软件，在全球共涉及约1100万辆汽车。

大众"排放门"事件曝光后，韩国、意大利、墨西哥、加拿大、法国、日本、印度、英国、挪威、澳大利亚、德国等国纷纷宣布开始针对大众排放问题进行调查。

2017年4月21日，美国联邦法院根据此前大众集团的认罪协议，判处28亿美元的刑事罚款。在此之前，大众集团已经在民事诉讼中赔偿15亿美元，并且耗资110亿美元用于回购和补偿涉事车辆。根据认罪协议，大众同意在独立监察员的监督下进行为期3年的彻底改革，使用新的审计和监督。美国前司法部官员拉里·汤普森（Larry Thompson）作为监察员负责监督执行。

此外，美国司法部还对大众集团7名与丑闻相关的现任和前任高管提出指控。2017年12月6日，美国底特律联邦法院判决大众前高管奥利弗·施密特（Oliver Schmidt）七年徒刑，并支付40万美元罚金。施密特是这起事件中第二个认罪的大众公司雇员，也是职位最高的一个。同年8月，同一家法院判处在这一事件中扮演了角色的大众公司工程师詹姆斯·梁（James Liang）40个月徒刑，并处20万美元罚款。奥利弗·施密特曾担任大众美国环境与工程负责人，他对大众尾气门违反美国清洁空气法表示认罪，但他辩解说："我必须说，我感觉自己在尾气门中被我的公司利用了"，他说他的错误是遵从了大众"上面"的指令。该法院新闻发言人表示，"这个案件攻击、破坏了我们经济系统的根基，那就是信任"。

2018年6月13日，针对大众汽车引发的"尾气门"事件，德国布伦瑞克检方对大众公司开出了10亿欧元的罚款令。大众汽车集团当天在一份声明中表示，根据布伦瑞克检方获得的调查结果，从2007年年中至2015年，大众汽车分别向美国和加拿大市场投放了配备有EA288（Gen3）型柴油引擎的汽车和向全球市场投放配备EA189型柴油引擎的汽车，共涉及汽车1070万辆。经过全面审查，该企业选择接受布伦瑞克检方的处罚，并放弃上诉。

2020年1月15日，波兰竞争和消费者保护局宣布，大众汽车因在排放问题上误导消费者被罚款1.206亿兹罗提（约合3180万美元）。这是波兰消费者监督机构开出的历史最高罚单。

德国《汽车周刊》2020年3月29日报道，距离大众尾气门曝光已有四年半的时间，大众集团为尾气门已经支付了310亿欧元。

然而，"尾气排放门"的影响还远远没有结束。2020年4月6日，英国高等法院裁定，德国大众汽车集团利用"作弊软件"让柴油车尾气排放"符合"欧洲联盟排放标准的行为违法。高等法院法官说，英国大约120万辆大众集团旗下汽车品牌的柴油车安装"作弊软件"，人为降低尾气排放，"破坏"欧盟旨在限制污染物的尾气排放检测。这一裁定意味着大众集团恐怕要向诉讼所涉9万多名英国车主支付高额赔偿。

2019年4月15日，德国不伦瑞克检方宣布，根据"尾气门"调查取得的阶段性结论，其已正式起诉包括大众汽车前董事长、CEO马丁·文特恩（Martin Winterkorn）在内的五名高管。检方指控文特恩存在"特别重大的欺诈罪"、触犯反不正当竞争法、不诚实等多项罪名。文特恩被指控从2014年5月25日起，在已经得知存在违法操纵柴油发动机排放数据的情况下，作为"担保人"不仅未向欧洲和美国的监管当局以及消费者公布此事，同时也没有下令停止销售这些排放数据遭到篡改的汽车。指控书中还提到，在文特恩知情并批准的情况下，大众汽车于2014年11月实施了一轮耗资2300万欧元的汽车软件升级。然而，这次软件升级的唯一意义仅仅是为了继续掩盖汽车正常运行时氮氧化物排放值升高的真实原因。

专业人士认为，虽然数额巨大的罚款和召回1100万辆涉事车辆是一笔巨大的费用，但公司信誉遭受破坏的后果更严重。

3.4 伦理分析的步骤

理查德·T.迪乔治总结了伦理分析的步骤：
（1）获得有关该案例的全部事实。
（2）确定需要解决的道德问题。
（3）运用道德想象思考可能的其他选择。

（4）确定受行为影响的所有各方。

（5）确定你考虑采取的行动属于道德义务还是道德理想（道德义务是必须做到的，道德理想则不然）。

（6）如果是道德义务，在最有可能选择的方案中，是否存在一些显而易见的道德义务，如不能偷盗、不能欺骗？如果有，请运用。

（7）是否还存在是非不明的问题，如果没有，采取行动，请继续进行第8步。

（8）如果行为涉及两个或两个以上道德义务，且这些义务之间相互冲突，是否有哪个义务明显应该优先考虑？如果有，按此去做。如果没有，请继续进行第9步。

（9）该案例或行为是否明显地适合运用功利主义分析还是道义论（包括义务论、权利论、公正论）？运用明显适合的理论进行分析。

（10）考虑一下第9步中未用到的义务、权利、公正或结果对辨明是非是否有帮助，如果是，请补充分析。

（11）设想那些对你的分析持不同意见的人会怎样和你辩论以得出相反的结论，如果发现你的分析存在错误，请改正，否则回应反对意见并指出其分析中的错误和不足。

（12）到此为止选择的行为是否展现了美德？是否会被你视为道德榜样的人所选择？如果不是，重新考虑，直到能符合上述条件的方案。

（13）确定如果你目前考虑采取的行为被公开的话，你是否会很坦然。如果不是，分析原因，并找出消除这种不自在的方法。如果感到坦然，则照此行动。

以上伦理分析步骤包含了借助于伦理规范进行分析，以及运用规范伦理学理论如功利主义、义务论和美德论进行分析，是一种综合的伦理分析。并非所有伦理判断都要经过这些步骤，事实上，很多时候，我们凭直觉、经验就可以做出判断，我们也可以运用某种伦理规范或规范伦理学理论作出明确的判断，然而，对于复杂的是非不明的问题，或者需要我们给出充分的判断理由时，上述伦理分析步骤就可以发挥作用了。

3.5 道德责任

这里说的道德责任，不是指应当履行的道德上的责任，而是指道德上应当追究的责任。

每个人、每个组织都要对自己的行为负责，但并非所有行为都应当追究行为者道德上的责任。适合追究行为者道德责任的行为需具备以下三个条件：

（1）行为者做了这件事（是行为结果的原因）；

（2）行为者是有意识做出此事的（知道自己在做什么）；

（3）行为者是愿意做此事的（是有选择的，而不是强迫的）。

在不知情和无能力的情况下，一个人可以不承担道德责任。如果一个人不知道正在发生的事情，或对正在发生的事情无自由选择的能力，那么就不应该让他对正在发生的事情的后果负责。

如果一个人应该知道而由于疏忽没有知道或甚至故意不想知道，情况就不一样了。同样是出了质量事故，假设有三种不同的情形：（1）企业领导一贯重视产品质量，企业建立了完整的质量管理体系，但有人故意破坏，导致事故发生；（2）企业领导本身对质量是重视的，但没有在企业内建立起健全的质量管理体系，员工的质量意识也不够高，导致事故发生；（3）企业领导明知产品设计存在隐患，但为了尽快抢占市场，不修改设计就把产品推向市场，导致事故发生。在这三种情况下，企业领导应该承担的责任是不同的。

道德责任可能会通过很多途径得以免除或减轻，免除或减轻道德责任的条件就是所谓的谅解条件。谅解条件分为三大类型：[1]

（1）缺少行为可能性的条件

要成为一个需要承担道德义务的行为，必须是一个可能发生的行为，如果在某些情形下，我们不可能做到那些要求我们做到的行为，我们也就可以免除承担相应责任。这些情形包括：相应行为不可能实现，缺乏相应的能力，实施相应行为的机会不存在，相应的环境超出个人的控制范围。

（2）缺少必要认识的条件

对道德行为来说，认识与意愿都是不可或缺的，因此，当这些条件不充分或者不存在时，道德责任就会减小或者说根本不存在。如果不通过的某种错误行为，我们无法认识到这一环境因素或行为后果的话，那么，这一认识上的缺乏就是可以原谅的。考察某种无知是否可以原谅，通常是看动机良好的人能否知道环境因素以及考虑到相应的后果发生的可能性。在人们认识到四环素有害健康之前，基于当时的知识水平，那些使用四环素治病的医生根本不可能意识到它是有害的，因此，对于使用四环素所带来的不可预见的后果，他们不必承担道德责任。

（3）缺少必要自由的条件

一种行为要道德行为，行为主体做出相应行为时必须是有意识的，必须是出于自己的意愿。如果选择自由受到限制，则可以免除或减轻道德责任。

需要指出的是，谅解条件有时被一些人作为推卸本应承担的道德责任的借口，所以在评估自己或他人的道德责任时，必须谨慎地运用这些条件。

一般而言，道德责任的大小取决于以下四方面的因素：

（1）行为的后果大小——行为导致的危害和利益的总和，危害越大，责任越大；

（2）行为的不道德性——一个行为越是被认为是不道德的，责任越大，当行为从道德判断的角度看是非不那么明显时，道德责任就会较小；

---

[1] De George, R. T. Business Ethics[M]. 7th ed. Upper Saddle River, NJ: Prentice Hall, 2010: 100-104.

（3）在行为中的作用——在行为中起的作用越大，责任越大；

（4）行为的自由度——是主动参加的还是被动参加的，主动参加不道德行为，其道德责任较大，被动或被迫参加不道德行为，其道德责任较小。

【本章提要】

1. 伦理相关行为是指受一定意识支配且涉及有害或有利于他人或社会的行为，是有道德意义、可以进行道德评价的行为。伦理无关行为是指不受一定的意识支配或不涉及有害或有利于他人或社会的行为，是无道德意义、不能进行道德评价的行为。

2. 伦理包括底线伦理与理想伦理，底线伦理是行为的底线，理想伦理是努力的目标。

3. 道德评价是依据一定的伦理标准对人、行为、制度等所做的对与错、好与坏的评价。存在评价的主观正确与客观正确。

4. 科尔伯格认为，个人的道德发展会经历前习俗、习俗、后习俗三个层次六个阶段。道德推理理论对于处于后习俗层次的人来说尤为适用。

5. 伦理利己主义是指每个人都应为其自身利益而行动的伦理思想。伦理利己主义由于无法解决利益冲突和难以进行道德劝诫，无法成为真正的伦理学理论。

6. 学习伦理学理论对于做出决策、对于向他人阐述行为的合理性、对于批判性地看待伦理准则是有意义的。

7. 伦理学理论包含对行为的道德评价理论和对人的道德评价。对行为的道德评价，分为结果论和非结果论。功利主义是结果论的代表性理论，义务论、权利论、公正论、关怀论可以归入非结果论。美德论则是对人的道德评价理论。

8. 功利主义原则是：当且只有当行为所产生的总效用大于行为主体在当时条件下可能采取的任何其他行为所产生的总效用时，该行为才是道德的。

9. 权利论的道德原则是：当行为人有道德权利从事某一行为，或从事某一行为没有侵害他人的道德权利，或从事某一行为增进了他人的道德权利，则该行为是道德的。

10. 公正包括分配公正、交易公正、程序公正、惩罚公正、补偿公正。

11. 关怀伦理主张，我们每个人都生活在关系之中，所以应该培育和维护我们与特定个人建立起来的具体的、可贵的关系；我们每个人都应该对那些与我们有实实在在关系的人，尤其是那些易受伤害的、仰仗我们关怀的人，给予特殊的关怀。

12. 虽然美德论关注的是行为主体应该成为什么样的人的问题，但也可以用于对行为、制度、政策进行道德评价。

13. 在企业经营中要奉行以人为本的原则，遵守公正公平、诚实守信、竞争合作、创新进取、环境保护与服务社会等伦理准则。

14. 适合追究行为者道德责任的行为需符合以下三个条件：(1) 行为者做了这件事；(2) 行为者是有意识做出此事的；(3) 行为者是愿意做此事的。

【重要概念】

伦理相关行为
伦理无关行为
不道德行为
合乎伦理的行为
底线伦理
理想伦理
道德评价
事前评价
事后评价
道德评价的主观性
道德评价的客观性
道德发展阶段
伦理问题
伦理两难
结果论
道义论
功利主义
显见义务
消极的权利或自由的权利
积极的或福利的权利
交易公正
程序公正
分配公正
惩罚公正
补偿公正
美德

1. 什么是伦理相关行为？

2. 什么是伦理无关行为？
3. 什么是合乎伦理的行为？
4. 什么是不道德行为？
5. 区分底线伦理与理想伦理有何意义？
6. 何谓道德评价？
7. 道德评价是主观的还是客观的？
8. 科尔伯格的个人道德发展分为哪三个层次、六个阶段？
9. 什么是心理利己主义？
10. 什么是伦理利己主义？
11. 伦理利己主义有何局限性？
12. 什么是伦理问题？
13. 什么是伦理两难？
14. 为什么需要学习伦理学理论？
15. 对行为的评价有哪两大伦理学流派？
16. 功利主义分析步骤有哪些？
17. 功利主义分析与损益分析有何区别？
18. 功利主义分析有何局限性？
19. 罗斯提出了哪些显见义务？
20. 康德义务论的三项原则是什么？
21. 义务论分析步骤有哪些？
22. 什么是权利论原则？
23. 罗尔斯的"无知的帐幔"是指什么？
24. 交易公正的条件有哪些？
25. 程序公正的原则是什么？
26. 平均分配、按贡献分配、按需要分配和按能力分配各有什么利弊？
27. 公正处罚需要考虑哪些因素？
28. 关怀论的基础是什么？
29. 什么是美德？
30. 运用美德论进行伦理评价的原则是什么？
31. 如何理解以人为本原则？
32. 企业伦理准则有哪些？
33. 伦理分析的一般步骤有哪些？
34. 适合追究行为者道德责任的行为需符合哪些条件？
35. 为什么运用同样的伦理学理论进行分析，仍然可能得出不同的结论？

36. 有人说："目前中国的社会环境还不具备讲企业道德的条件"，你对此有何评价？

37. 有人说，"不存在伦理上的对错，因为对同样的行为不同的人可能得出完全不同的评价"，你对此有何评价？

38. 有人说，"生存权是最重要的，因此，企业在面临生存危机时，可以（即伦理上允许）不择手段"，你对此有何评价？

39. 有人说，"大多数人认同的规范就是伦理上应当遵守的规范"，你对此有何评价？

40. 有人说，"伦理并不要求自我牺牲，但它要求具备理解别人的需求和利益的能力，敦促自己起码能够承认他们的合理要求"，你对此有何评价？

案例 1　王总的决策

Y 公司是某实业集团的一家子公司，有员工 300 多人。2004 年 7 月，作为空降兵，王总出任 Y 公司的总经理。

2005 年 2 月，新春刚过，公司正式上班的第二天，王总便召集公司的副总、6 个部门经理召开公司中层以上的干部会。会上王总告诉大家，此次会议的主要议题是同大家商讨由公司的中高层集资购买小型的厂内运输设备，替代现有外包的大型运输设备的作业事宜。

事情的原委是这样的，2003 年 4 月，Y 公司正式投产以后，通过公开竞标的方式将公司厂内运输部分的作业外包给了一家专业公司，专业公司的承包价格是 11 元/吨，合同为期 2 年。2004 年底王总在做年度核算和 2005 年经营计划时，认为此外包部分的价格偏高，于是找来专业公司洽谈，希望将价格降至 10 元/吨，否则 4 月份合同到期后将不再续约。但该专业公司认为目前燃油和人工的成本相比之前都已提高，单价实在无法降低。于是王总便利用春节聚会的机会向公司的副总传递了自己"为骨干员工谋福利"的想法。在副总表示赞同后便有了春节后第二天上班开中层以上干部会议的一幕。

王总认为，这是一个双赢的策略：通过内部承包，降低了成本，公司受益；由于内部承包，作为公司骨干的中高层人员，每人每月至少增加了 2000 元以上的收入，个人受益；由于骨干员工的收入增加且有自己的投资在公司，增加了团队的稳定性，但并没有增加公司的负担，公司受益。

既然公司的高管都同意且可以预见的有利可分，大家自然都表示同意，即使有个别人认为不妥，在此形势下也无话可说。最终 Y 公司的中高层以 10 元/吨的价格"承包"了 2005 年后的厂内运输业务。

讨论题

1. 王总的决策在伦理上有问题吗？为什么？

案例 2　Y 公司的损耗管理制度

Y 公司是一家在全国排名前十位的电子商务公司，经营范围不仅有 3C 数码电子产品、日用百货，还有母婴玩具和食品饮料，商品品种超过十万种。作为一家创业型公司，虽然成立时间不长，但得益于中国电子商务的大环境，以及公司创始人对公司的准确定位，加上员工秉承诚信服务、顾客至上的公司理念，公司年度业务增长速度高达 60% 以上，在短时间内就把业务扩展到全国各地，成为全国知名的电子商务品牌。

为了更好地提供优质服务，进一步快速响应顾客需求，并持续提高各主要业务区域的顾客满意度，公司决定在各主要城市建立自己的仓储运营中心，不到两年的时间，公司员工由几百人急速扩张到几千人。仓库的人员特别是基层操作人员的大幅增加，加之有经验的管理人员不足，给仓库的日常运营工作造成了极大的压力。加之电子商务销售波动性较大，随着业务急剧增长，新公司流程不完善、员工上岗缺乏训练等问题和矛盾越发凸显，各种违规现象在各地仓库急剧上升，严重时，平均每天有 5000 元的损失，最高时一天中有高达 2 万元的商品被仓库员工偷拿偷吃。

为了遏制日益泛滥的偷窃现象，将各项非正常的损失控制在合理范围内。管理层决定成立独立的损耗管理部门，并派驻到各地仓库进行现场管理。

损耗管理人员经过现场调查发现，由于仓库员工大都是新招聘的，对公司管理制度和规定都不熟悉，很多员工都是经同乡介绍而来，管理人员大多也来自不同背景的传统公司，不仅对部门的员工情况不熟悉，对电子商务的操作特点也很不了解，还未形成整体有效的管理体系。加之仓库监控设计不合理，有很多盲区，给一些爱贪小便宜的员工可乘之机。一些员工得手之后，其他员工看到没有被追究，也就抱着不拿白不拿的心态，跟风作案，导致一时间内仓库偷盗之风盛行。同时，公司人事管理制度在设计时，没有考虑到此类情况，处罚过轻，没有威慑力。比如，若发现有充分证据，证实员工有偷盗行为，按照公司原制度，只是行政处罚扣 10 分，然后做开除处理（公司规定，一年内一名员工累计扣到 10 分，就会被公司开除）。这对流动率非常高的基层操作员工而言，根本谈不上威慑，而且不是每次偷盗行为都能被及时发现，又有同乡相互庇护，使得在相当长的一段时间里，偷盗之风未能被有效遏制。

在新任仓库管理层的支持下，损耗管理部门根据现场实际情况，于 2012 年年底制定了一系列严格的管理制度，不仅规定各责任部门的损耗考核指标，而且引进第三方保安公司，对进出仓库的人员均进行安全检查。特别是针对仓库员工，大幅修改了管理制度。新制度规定：若发现员工偷吃偷拿公司商品，一经证实，未到警方立案金额的，不仅需要按照商品售价 10 倍罚款，还要其再缴纳现金 1000 元，作为公司损失补偿，同时做开除处理。

制度公布执行之后，仓库员工上下都非常重视，各项制度都得到了严格执行，同时梳理优化了各项工作流程，对基层员工和管理人员进行各项制度的培训，并大力宣扬公司诚信文化，对违反制度的员工，严格按照公司制度进行处罚。随着这一系列组合措施的快速落实，仓库偷吃偷拿之风被逐步刹住。

其间虽然也有人力资源的同事提出不同看法：认为损失补偿形同罚款，是否合适？但当时运营管理层觉得乱世用重典，没有震慑的制度，铁腕的执行，愈演愈烈的偷吃偷拿之风，不可能在短时间打下去，于是也就排除了不同意见，继续落实下来。

1年后，新来的公司内审人员在审计损耗管理制度时，指出此类罚款规定不妥，有违反劳动法之嫌，因绝大多数被处罚的员工，当时拿不出这么多现金缴纳补偿金，要求在其工资中扣除；其次处罚过重，例如偷拿一包纸巾，售价1元钱，但根据制度，需要罚款1010元。

损耗管理部门争辩说，新员工入职都会签署一份诚信协议，协议中已清楚表明了对偷盗行为的处罚规定。而且每一名被发现涉嫌偷窃的员工，都会有充分的证据来证明其偷窃行为，包括现场录像、证人的笔录及其本人签字的承认偷窃的面谈文件，损耗管理部门还会要求其亲笔签署一份自愿补偿公司的声明文件，文件中有"自愿补偿"的明确字样。即使劳动部门追究，在手续文件方面也不会有问题。而且一般而言，涉嫌偷窃的员工因怕丢面子，也不会主动去劳动部门申诉，在已经处理的100多人中，尚没有出现去投诉公司的先例。

从实施情况来看，高额的罚款也确实起到了震慑作用，仓库中因内部偷窃造成的损失几乎降为零。管理层担心，如果取消该制度，好不容易被控制下来的偷拿偷吃现象，会不会死灰复燃？

讨论题

1. 你认为Y公司实行的新制度在伦理上可以接受吗？理由是什么？

附录A 联合国全球契约[①]

1999年1月31日，联合国秘书长科菲·安南在世界经济论坛上的发言中首次提出全球契约构想，2000年7月26日在纽约联合国总部正式启动。

全球契约是一项自愿的企业公民意识方面的倡议，它有两个相互补充的目标：使全球契约及其各项原则成为企业战略和业务的组成部分；推动主要利益相关者之间的合作，促进伙伴合作关系，以支持联合国的各项目标。"全球契约"希望成为一个不仅政府参与而且也有企业和民间组织、协会积极参与的论坛。"全球契约"工程使得各

[①] 联合国全球契约网站 www.ungolbalcompact.org。

企业与联合国各机构、国际劳工组织、非政府组织以及其他有关各方结成合作伙伴关系，建立一个更加广泛和平等的世界市场。

"全球契约"计划号召各企业遵守在人权、劳工标准以及环境方面的九项基本原则，而这些原则来自于《世界人权宣言》、国际劳工组织《关于工作中的基本原则和权利宣言》以及《关于环境与发展大会的里约宣言》。2004年6月24日，在美国纽约的联合国总部举行的第一次全球契约领导人峰会上，联合国秘书长安南宣布增加"反腐败"为第十条原则。全球契约有关企业活动的十项原则可归为四个基本领域：人权、劳动、环境和反腐败。每一个原则都有一些开发和培育的具体机制（大会、建议和国际宣言）。具体原则如下：

（1）人权原则

原则1：企业应在其影响范围内对保护国际人权给予支持和尊重；

原则2：企业应保证不与践踏人权者同流合污。

（2）劳工原则

原则3：企业界应支持结社自由及切实承认集体谈判权；

原则4：消除一切形式的强迫和强制劳动；

原则5：切实废除童工现象；

原则6：消除就业和职业方面的歧视行为。

（3）环境原则

原则7：企业应支持采用预防性方法来应付环境挑战；

原则8：采取主动行动，促进在环境方面采取更负责任的做法；

原则9：鼓励开发和推广不损害环境的技术。

（4）反腐败原则

原则10：推广并且采用反对包括勒索和贿赂在内的各种形式腐败的举措。

附录 B　考克斯圆桌委员会（The Caux Round Table）商务原则

1. 负责任经营原则（Principles for responsible business）

无论是法律还是市场机制都不足以确保企业行为是积极的、有效的，有鉴于此，提出以下七项负责任经营的核心原则：

原则1：尊重利益相关者。一家负责任的企业不只是要对投资者和管理者负责，还要对其他利益相关者负责。

原则2：对经济和社会发展作出贡献。

原则 3：通过超越遵守字面上的法律的行动建立信任。

原则 4：尊重规则。

原则 5：支持负责任的全球化。

原则 6：尊重环境。

原则 7：禁止非法活动。

2. 利益相关者管理指南（Stakeholder management guidelines）

利益相关者管理指南是对负责任经营原则的补充，它们为企业处理与利益相关者关系提供了具体的指引。以下利益相关者是企业取得成功和可持续发展的关键，反过来说，也是负责任经营实践的主要受益者。

（1）客户

负责任的企业给予客户尊重和尊严。

（2）员工

负责任的企业为员工的幸福着想。

（3）股东

负责任的企业珍惜投资者的信任，谨慎地开展业务。

（4）供应商

负责任的企业必须尊重并真诚地对待供应商。

（5）竞争者

公平竞争是增加财富和促进经济稳定的关键，企业必须避免反竞争行为，尊重有形财产权和知识产权，拒绝通过不道德方式获取商业信息。

（6）社区

企业必须尽其所能促进人权保护，支持致力于改善社区，促进可持续发展，助力社会多元化的倡议（计划）。

互 联 网 +

第二部分 企业经营中的伦理问题

第 4 章

市场营销中的伦理问题

【本章学习目的】

通过本章学习，您应该能够：
- 了解企业应当对消费者负责的三种观点
- 了解市场调研中的伦理问题
- 了解产品中的伦理问题
- 了解定价中的伦理问题
- 了解分销中的伦理问题
- 了解促销中的伦理问题

4.1 营销与伦理

营销伦理问题的产生，首先源于参与营销活动各方的期望差异，营销人员要跟消费者、批发商、零售商、广告公司、研究机构、媒体、公众等打交道，每一方都有期望，这些期望之间并不总是一致的。因此，公司利益与消费者利益，公司利益与营销人员利益，公司利益与社会利益，常常会发生冲突。其次，与企业中其他人员，如技术人员、生产人员、人力资源管理人员、财务人员等相比，营销人员直接处在市场竞争之中，因而面临的竞争压力和诱惑通常更大、更直接。最后，营销活动中存在信息不对称，使企业或营销人员有可能通过损害消费者利益的方式获取自身利益。

虽然在市场营销活动中，企业不仅要对消费者负责，还要对其他利益相关者负责，但消费者无疑是最直接的利益相关者。企业对消费者应该承担何种责任？针对这一问题，有三种代表性的观点：契约论、合理注意论、社会成本论。[1]

1. 契约论

契约论认为，企业与消费者的关系是一种契约关系，企业对消费者的道德义务由这种契约关系所决定。

---

[1] 王方华，周祖城.营销伦理[M].上海：上海交通大学出版社，2005：29-32.

根据契约论的观点，企业有四种主要道德义务：(1)遵守契约条款的义务，提供给消费者的产品应达到企业所宣称的或默示的程度；(2)披露的义务，卖方有义务告诉买方任何可能影响购买决策的事实；(3)不误导的义务，当卖方故意欺骗买方，使后者对产品有错误的认识，便产生了误导；(4)不强迫的义务，如果卖方利用买方的恐惧或情绪紧张，促使买方签订一项在理智状态下不可能签订的契约，卖方就是在行使不当的影响，同样，卖方有义务不利用易受骗、不成熟、无知以及其他会降低买方做出自由而理性选择的因素为自己谋取利益。

2. 合理注意论

合理注意论基于这样一种观点：卖方和买方是不平等的，消费者缺乏企业所拥有的知识和专长，因而特别容易受到伤害。由于企业处于优势地位，故需承担特殊合理注意的责任，以保证消费者的利益不受企业提供的产品和服务的侵害。

由于消费者仰仗企业的专长，所以企业不仅有义务向消费者提供应达到所宣称的或默示的程度的产品，而且，还有合理注意的义务，使消费者免受所提供的产品和服务的伤害。如果一个正常的人能够预见有必要采取措施以免消费者在产品使用过程中受到伤害，而企业没有采取行动，则没有尽到合理注意的义务。

在产品设计、生产和信息提供方面，都应体现对消费者的合理注意，使产品尽可能地安全。企业还必须考虑到使用者的能力，如果预计到产品的使用者可能包括儿童、弱智者等，则应额外注意。如果产品使用过程中可能产生严重伤害，或者如果没有专家的指导，无法充分理解可能的伤害，则应小心地控制销售过程。

3. 社会成本论

社会成本论认为，让企业承担日常的成本和由不可避免的缺陷所造成的外部成本，就把所有成本内部化了，并成为产品价格的一部分，从而促使社会资源更加有效的使用。

因此，社会成本论主张，企业应该对产品的任何缺陷所引起的任何伤害负责，支付由此而来的成本，即使企业在设计和生产过程中已经行使了合理的注意，即使对所有可以预见的危险，都采取了合理的措施以警告使用者，即使造成伤害的缺陷是无法合理地预见或予以消除的，也不能免责。即使严重错误是某个公司成员所为，公司也难辞其咎，而且由这种不负责任的行为而造成的伤害应该由具有赔偿能力者给予赔偿。

4.2 市场调研中的伦理问题

市场调研会涉及伦理问题。首先，市场调研经常需要与公众接触，大众信息有很多属于敏感问题，并且可能被滥用；其次，市场调研通常也是一种商业行为，过于强调利润动机可能致使调研者、他们的经理或者委托方忽视客观性和准确性。

4.2.1 与被调查者相关的伦理问题

与顾客建立良好关系对于营销研究至关重要，依赖于顾客信息，营销人员才能够提出相应的市场营销对策。

参与者匿名。一旦参与者确信调研匿名，将更加真实地反映情况。同时，匿名也可以促使更多的参与者愿意加入调研行列中。为此，大多数调研都事先承诺不泄漏参与者姓名。许多组织中甚至制定相应的伦理条款以保护参与者隐私。

参与者压力。许多顾客在参与市场调研的过程中都曾经历过一些压力，比如，当他们面临一些难以辨别或者难以回答的问题却又不得不给出一个答案的时候，就会有压力。此时，调研人员有责任调整整个调研过程的气氛，使参与者感到轻松自如。调研人员可以通过"我们不需要正确的答案，我们要的仅仅是您的观点"之类的话放松参与者的情绪。调研人员还可以通过非正式的途径完成问题。同时，还可以配合以确保调研者的隐私的语言和行为。许多调研还事先告知项目的性质以及调研数据将要使用的情况来减轻参与者的压力。

调研中的身份确定。一些伦理规范要求调研者将其真实的背景告知参与调研的消费者，甚至要求调研者将委托组织也告知被调研对象。但有时委托者的信息却必须保密，因为参与者可能对委托组织存在一定的偏好，从而影响信息的公正性。参与者有权获知调研过程中所涉及的一些信息，包括调研者的身份。但是，这又可能导致信息失真。为此，许多组织倾向于外包信息收集业务，并以外包公司的名义收集信息。

调研过程中的强制因素。任何参与者都有权退出调研过程，或者拒绝回答某些问题，并规定自参加者要求退出起，所有信息组织都无权使用。尽管许多伦理规范中已经出现了相应的条款，但此类不道德行为依然存在。例如，有些调研者使用各种说服技巧让参与者觉得完成问卷是一种义务。另一种可能性是在一些非参与者在场的时候进行调研，利用他们的影响力促使参与者完成调研。

利用调研作为促销手段。许多伦理规范都明文规定利用调研作为促销的手段是不道德的行为。这些规范规定如果调研过程中涉及销售行为或者刺激消费欲望都必须事先告知参与者，并给予他们相应的补偿。

为难、冒犯参与者。一般情况下，参与者并不能从市场调研中获得任何报酬，但起码他们应该获得尊重。调研者应该尊重参与者的时间、感受和尊严。即使从调研信息质量的角度来讲也必须这样，参与者带着反感情绪给出的信息不大可能是真实的。

未经许可进行调研。当调研技术可以避开参与者知晓的时候，这一不道德行为就可能产生，如有些信息可以通过直接观察消费者购买获得。但是有人担心一旦告知被观察者，很可能将改变他们的真实行为。可以通过一些措施来处理这些不道德问题，包括：（1）在商场醒目的地方张贴告示，表明他们的行为将进入调研信息；（2）经过参与者允许之后才利用所获取的信息;(3)提供拒绝参与的机会。

调研设备和技巧的使用。一些调研要求使用某种设备或者特别的调研技巧。调研者在使用设备之前必须告知参与者,如使用录音设备和监视装置。有时,市场调研需要取得有关参与者行为和影像的信息。此时,调研者应确保信息的保密性,并且以恰当的方式告知参与者。另外,参与者还有权观看有关影像,并有权随时退出调研过程。

4.2.2 与委托人相关的伦理问题

调研从业者是指进行调研的人员或者机构,从业者可以是信息最终需求者,也可以是特定的专业调研机构。如果从业者是专业调研机构,那么委托调研的人员或者机构就称为委托者。

1. 诚实问题

调研者和委托者之间存在一定程度的信息不对称,通常委托者处于信息相对劣势方,调研从业者可能采取一些有悖于委托者利益的行为。调研诚实问题包括有意隐瞒信息,篡改数据,滥用统计结果,忽略重要和相关部分信息,随意改变调研流程,为了迎合委托者事先设立的假设而曲解信息,等等。

企业 A 委托企业 B 进行市场调研,以决定是否进入特定的市场。如果调研的结果表明进入有利可图,那么企业 A 还将与企业 B 继续合作,进行更加深入的调研。此时,企业 B 就面临这么一个伦理难题,是否选择迎合企业 A 的数据以获得更高的利润?

情况还可以是这样,企业 A 已经决定进入市场,但是需要一手的数据支撑以获得更大的信心。这样就置企业 B 于一个尴尬的境地,因为他已经知道企业 A 想要得到的结果。

甚至,情况还可能这样,企业 A 换成是研究机构。这样,数据是否符合 A 事先的设想对 A 便至关重要。那么 B 是否选择双赢的方式,篡改数据以迎合委托者的意愿呢?

2. 公平性问题

与委托人有关的第二个伦理问题涉及公平对待所有委托人。其中一个重要问题是市场调研委托业务计价,市场调研人员可能对某些委托人进行隐形加价,也可能私自减少某些调研内容以减少调研成本,还可能在成本很低的情况下制定高价合同。

另外一个普遍存在的问题是,调研费用可能超出预算。调研者应该利用他们的专业知识帮助委托者预测调研费用。一旦发觉费用可能超出预算,应该及时告知委托者,而不是等到项目快完成的时候才采取行动。项目即将结束告知委托者确实能够令委托者不得不增加费用,但其中的伦理问题也非常值得注意。

3. 保密性问题

市场调研人员可能因为泄露信息而获益,此时调研保密性就成为一个伦理问题。

当员工更换组织，尤其是进入竞争对手组织中，保密有时就十分重要了。即便不透露调研信息，调研人员也难以排除既往知识和信息背景的影响，从而可能做出有损于前公司利益的行为。

4.2.3 与竞争者相关的伦理问题

近年来，有关竞争者信息调研中的伦理问题越来越突出，原因之一是获得合法的竞争者信息相当昂贵。有价值的信息并不那么容易得到，垃圾信息太多了。随着市场竞争的日益激烈，获得有效信息的压力也不断加大。

1. 欺骗

欺骗行为可以以很多种形式出现，比如，以找工作面试为掩饰进行调研；雇用学生作为掩护收集信息；有些学生甚至利用所收集的信息作为就业的筹码。以上行为都是有关竞争者信息收集方面的不道德行为。但事实上有很多组织都利用这些有问题的方式进行信息收集。以合作、洽谈和考察为幌子，乘机获取竞争对手的商业机密也是欺骗的形式。

2. 贿赂

很多情况下，调研者可能利用种种手段影响信息提供者以达到获取竞争者信息的目的，并导致这些信息提供者侵犯其雇主的利益。影响信息提供者最常见的手段是通过行贿的方式交换被视为机密的公司信息。行贿可以是现金也可以是其他形式，如晋升机会等。不少管理者甚至有意雇用来自于竞争对手公司的员工以获得竞争者的秘密信息。

3. 监视

技术确实为组织和顾客提供了种种便利，但同时也增加了组织为了获取竞争者信息而参与不道德监视的可能性。今天，电子监控、窃听器等都为获取隐私提供了便利。这些技术的使用可能超越法律的界限，受害者可以通过法律得到一定的补偿。当然，也存在不那么明显的不道德行为。

4. 泄露

很多公司在雇用员工之前就和他们签订了保守秘密协议。尽管如此，仍不乏主动泄露信息的情况，如由于各种原因，员工带着情绪离开原来的组织并且受聘于竞争对手组织当中，作为报复，该员工开始泄露前组织有关信息。

4.2.4 与公众相关的伦理问题

与公众有关的不道德市场调研包括：不完整和误导性报告，不客观调研等。

1. 不完整报告

部分相关内容隐匿之后，调研者再将报告公布于众，伦理问题随之而来。例如，某企业进行市场测试，并且将测试结果发表在商业刊物上。然而，在进行测试的时候，企业有意将测试样本限定于特定的区域当中。这些区域中，企业无论从名气还是销售量上，都比在其他区域更加成功。这样的市场调研结果发布之后，可以令企业在公众心目中的形象不断提高。

2. 误导性报告

误导性报告经常发生在企业利用广告对调研结果进行宣传的过程当中。比如，某企业对产品 A 调研结果公告时称：60%的消费者认为 A 产品不差于或者好过于产品 B。B 为另一企业的产品。这样，公众很自然地会形成一种感觉，那就是大多数人认为产品 A 好过于产品 B。然而，事实可能是，64%的消费者认为 B 产品不差于或者好过于产品 A。

3. 不客观的调研

很多时候，公众所处的位置决定了他们无法判断市场调研的客观性。作为公众，大家可能仅仅关心总体百分比，或者仅仅看看标题，而不是仔细研究调研的整个过程，以便获得调研是否客观的信息。这样可能导致的一个潜在问题是，企业进行市场调研时使用"引导性问题"，并将结果公布于众。例如，Burger King 的一次"引导性问题"中，得出了 Burger King 比麦当劳汉堡制作方式更受欢迎的结论。问题是这样的："你更喜欢烤汉堡还是炸汉堡？"同一主题，另外一种问法则是："你更喜欢在烧红的不锈钢铁丝上烤汉堡还是直接将生肉通过火炸熟的方式制作汉堡？"后者则得出了麦当劳汉堡制作方式比 Burger King 的更受欢迎的结论。可见，同样的主题，不同的问卷将产生完全不同的结果。

与公众有关的不道德市场调研可能导致以下不良后果：

（1）减少公众参与调查研究的积极性，增加了合理调研的难度。这样，市场调研的参与率、调研结果的可靠性以及最后结果的质量都将受到影响。

（2）歪曲的市场调研结果将导致决策者错误地领会公众的意思，并可能因此做出危险的反馈。

（3）扰乱公众对市场调研信息正确性的判断能力。欺骗性的民意测试可能导致公众对他们所听到、看到和接触到的调研结果冷淡、迷惑以及不信任。

4.3 产品中的伦理问题

4.3.1 产品设计中的伦理问题

有缺陷的产品设计是导致很多灾难性悲剧的主要原因，如福特公司的 Pinto 车案例和"挑战者号"航天飞机失事就是因为产品设计存在问题而造成悲剧的两个典型事例。Pinto 车是福特公司 20 世纪 70 年代初推出的一款车型,其油箱位置不合理的设计导致其在追尾碰撞中极容易起火爆炸。1986 年美国"挑战者"号航天飞机失事,事故的直接原因是 Morton Thiokol 公司生产的一个 O 形密封环的损坏。该密封环的损坏是由于发射时气温过低引起的,而生产厂商在设计垫圈时没有充分考虑气温因素。[①]

环境保护是产品设计中经常涉及的另外一个伦理问题。有些产品方便和改善了人们的生活,但其使用却给社会带来了不可忽视的负面作用,其中最常提及的就是环境保护问题。如喷雾剂与氟利昂制冷剂对大气的臭氧层有破坏,不可降解的塑料包装造成长期的土地污染问题,一些化学物资如清洁剂会污染空气、河流和地下水。在产品设计和开发上,尽量减少非再生资源的消耗;设计节能耗且可回收利用的产品以及低污染、无污染的产品;采用先进的能减少能耗的工艺和设备生产;严格控制"三废"排放量等。

4.3.2 产品包装中的伦理问题

为了作出合乎伦理的包装决策,应在决策时考虑以下几个问题:

(1)商品包装应能保护商品和消费者的人身安全。在商品包装上应标注有关商品的搬运、贮藏、开启、使用、维护等的安全注意事项,要有醒目的安全警示和使用说明。包装设计应便于搬运、储存、开启、使用和维护。

(2)必须重视产品质量,切忌"金玉其外,败絮其中"的欺骗性包装。面对日益激烈的市场竞争,很多企业不仅重视商品包装问题,而且通过发掘"包装功能"取得了显著的经济效益。但一些企业不适当地运用包装策略,片面追求商品的包装效果,而忽视了内在产品的质量问题,对消费者产生误导,损害了消费者的权益。在商品包装与商品本体之间,商品本体永远是第一位的,包装只是辅助手段。商品最重要的是内在质量,外部包装只是"锦上添花"。

(3)商品包装应避免浪费。一方面,合理、适宜的包装会使物有所值,物有所用。但另一方面,作为生产活动的商品包装,其生产过程伴随着资源的消耗,当商品包装所形成的社会价值、经济价值远低于资源自身价值时,包装生产就是一种浪费。

(4)商品包装要符合绿色营销的要求。一些商品包装本身有着一次性消耗自然资源、一次性使用遗弃而导致环境污染等负面特征,由此产生的包装垃圾对人类的生存环境产生了极大的危害。大量的包装垃圾尤其是塑料包装未经无害处理而当场或异地遗弃,成为威胁人类生存空间、损害人类健康的大敌。企业不仅应该注重产品的使用价值,而且还会考虑包装的生态环境价值。

(5)商品包装材料要符合"3R"原则,即"减量"(Reduce)、"再利用"(Reuse)

---

① Smith, N. C., Quelch, J.A. Ethics in Marketing[M]. Homewood, IL: Irwin, 1993: 283.

和"再生循环"（Recycle）。具体来说，包装材料应能回收、再生利用，要提高包装材料的回收利用率。在产品包装上，研制和使用易分解、无毒害、无污染的包装材料，尽量使用标准化包装以便于回收。

（6）商品的标签必须清晰、准确、易读。要求企业在商品包装标签中必须对商品的性能、产地、用途、质量、价格、规格、等级、主要成分、生产者、有效期限、使用方法、售后服务及服务的内容、范围等有真实的表示，表示应当准确、清楚、明白，不能含糊其词，模棱两可，更不能含有虚假的内容，不能欺骗和误导消费者。[①]

4.3.3　产品安全

产品安全无疑是重要的。但是，要使所有产品在任何情况下都绝对安全也是不现实的。如果要求绝对安全，某些产品根本就无法面世，因为技术上做不到。另外一些产品则是经济上不可行，因为要使得产品绝对安全所增加的成本是消费者无法或无力支付的。所以产品的安全问题实际上是厂商生产的产品要能够保证一个合理的期望值，这个期望值是在消费者意料之中的。

从伦理角度进行安全评估的三个步骤：

（1）确定通过一定的努力能够获得多大的安全性以及如何获得。这是生产者必备的技术知识。

（2）确定就某一产品和行为要求多大的安全度。这是一个可以接受的风险程度的问题。它不是一个技术问题而是一个价值和价值比较的问题。这个问题可以由那些经历过这些风险的人来确定，包括最终客户、普通公众和代表公众利益的政府。随着科学和知识的进步，可接受的风险水平应该是不断降低的。

（3）在上面两个问题确定后，确定某个特定的产品和行为是否满足公众订立的标准。

要人们能够合理地考虑风险，必须满足四个条件：

（1）消费者必须知道自己处于风险之下。正如人们有权利不被伤害一样，当他们处于受伤害的危险中时，同样有权利知晓这种情况的存在。所以，产品的制造商有义务告知消费者使用该产品时可能遭受的危险。

（2）如果要消费者合理地估计风险，他们除了必须知道他们正处于风险之下，还要知道他们所面临的风险的性质和来源。如果风险来源于一个产品，他们必须知道风险在什么条件下出现。没有这些知识，他们就不知道如何估计风险以及是否愿意去冒这个险。举例来说，对于消费者来说骑自行车轮胎爆裂也许是可以合理估计的风险。但是如果正常使用的条件下，自行车的钢架断裂就是不可接受的。因为对于大多数消

---

① 刘安民，罗秋明. 企业市场营销伦理与商品包装道德[J]. 包装工程，2002，(3)：50-52+55.

费者来说，可以预期到自行车轮胎是可能爆裂的，而且一般情况下也不会造成大的危险，他们在使用自行车时实际上已经意味着愿意承担这个风险。而对于钢架断裂这个风险来说，绝大部分消费者是没有预料到的，根据一般常识，没有非常强大的外力作用，钢架是不应该断裂的。

（3）为了估计风险，使用者不仅需要知道风险有多大，而且还要知道如何减少或避免风险。如果一个消费者买了标明最大时速为 100 千米的轮胎，如果超过 100 千米爆胎的概率为 1/10，速度越高爆胎的概率越大。如果消费者知道有风险，并知道如何对付它（比如，总是以低于 100 千米的时速驾驶），那么消费者购买该轮胎可能就是合理的。如果生产者没有警告消费者存在这样的危险，就是把消费者在没有获得如何避免风险知识的条件下置于风险之下，这就等于把消费者置于受伤害的危险之中。

（4）为合理估计风险，消费者需要知道可以采用什么替代方法。那些希望避免乘飞机风险的人知道替代办法可以是乘火车、坐汽车、轮船或干脆取消旅行。通过购买一辆安全性能更好的汽车，人们可以减少驾驶安全性能不太好的汽车的危险。

4.3.4　强制性产品淘汰

强制性的产品淘汰，也称为有计划的产品淘汰（planned obsolescence），通常是指生产厂商，在生产产品时预先设定一个寿命，这个寿命比正常的寿命要短。这样就迫使消费者在较短的时间内再购买产品，而实际上合理的使用时间要比这个寿命长。

我们知道所有产品的寿命都是有限的，产品没有使用价值就要被淘汰。有计划的产品淘汰是厂商常常采用的一种产品策略。它有三种形式：（1）企业故意推迟某些产品的改进或革新，直到现有的产品库存清理完毕或现有产品的市场需求大幅度下降时才推出新产品；（2）设计时故意缩短产品寿命，典型的做法是将产品的某个关键部件设计成经过一段时间就因为磨损而不能使用；（3）时尚和流行物品的淘汰。

厂商可能会为其新产品推迟出台而辩护，认为产品新的改进需要测试和调研来确定产品的市场需求。厂商也可以说新产品过早上市会导致以前库存的产品变得没有价值，最终还是要由更高的新产品价格来补偿，并且还会导致旧产品的浪费。新产品推迟出售中的伦理问题相对来说比较小，因为它较少涉及环保和已经购买产品的消费者利益问题。

而第二种情况，也就是设计时故意缩短产品寿命的做法受到广泛指责。一些环境保护主义者认为厂商过早淘汰产品浪费了自然资源，很多产品的设计寿命很短，消费者不断淘汰这些旧产品换成新的产品，而实际上，这些旧产品如果在生产设计时对某些关键部件稍做改进就可以使用长得多的时间。当然这种行为也毫无疑问增加了消费者的经济负担，损害了消费者的利益。

4.3.5 产品召回

产品召回制度，是指政府主管部门依照有关法律和法规，监督产品的生产者，使之对其生产和销售的缺陷产品进行回收、改造等处理，并采取相应措施消除产品设计、制造、销售等环节上的缺陷，以维护消费者权益、保护生态环境的一种行政管理制度。所谓缺陷产品，是指企业因产品设计上的失误或生产线上某个环节失误而产生的，危及消费者人身、财产安全和环境的产品。召回制度是针对缺陷产品而建立的。作为召回制度的衍生义务，厂商还有责任及时公开召回信息。

从各国的召回制度看，被召回的产品都是有缺陷的产品，即厂商在产品设计或生产过程中，由于受到设计人员的技术水平、当时的生产状况、公司的设计能力等因素的制约，导致存在着不合理的危险，以致可能危害人身财产安全或造成污染的产品。

产品缺陷与产品瑕疵及产品不合格是有区别的。关于产品缺陷，我国《产品质量法》第34条将其界定为"产品存在危及人身、他人财产安全的不合理危险"。因此，判断产品是否存在缺陷，就看该产品是否存在不合理危险。所谓不合理危险，是指"产品不能提供人们有权期待的安全性"。

召回制度是以严格赔偿责任理论为基础构架的，该理论认为，无论厂商在产品安全方面是否履行了自己的道德责任，只要消费者因产品质量问题受到伤害，厂商就应当承担赔偿责任。也就是说，即使产品的质量缺陷不是由于厂商的过错造成的，但只要产品确实存在不合理危险，他们仍然要对消费者由此而受到的损害承担责任。根据这一理论，厂商的赔偿责任只有一个条件：产品存在不合理危险。这就迫使厂商尽自己最大的努力去改进产品的安全性能，减少事故和损害。因为，作为生产者，厂商比别人更了解自己的产品，更有责任测试自己的产品并预见可能发生的危险。一旦要承担严格赔偿责任，他们就会更加认真地测试产品，更加注意错误使用产品可能导致的损害，尽其所能地改进产品的安全性能，这对消费者、厂商乃至全社会而言，都是有利无害的。

强生公司应对危机

1982年9月30日，星期二，强生公司总部得到消息：在芝加哥有人服用掺有氰化物的"泰诺"（Tylenol）胶囊后死亡。泰诺是强生的一个子公司的产品，占止痛药市场35%的份额，其销售额大约占强生总销售额的7%，利润占强生总利润的15%至20%。

由于公司内部的沟通失灵，强生一开始否认这一事实，但第二天早晨便向报界承认了此事。公司管理层认为，虽然生产工厂并未出现氰化物污染，但是公司不应心存侥幸。

强生的董事长兼首席执行官詹姆斯·伯克决定亲自负责处理泰诺危机。10月4日，星期一，他到华盛顿会见联邦调查局（FBI）和美国食品与药品管理局（FDA）的人士。他考虑收回泰诺胶囊，但两个机构的人士都建议他不要这样做。伯克解释说："联邦调查局不希望我们那样做，因为如果那样的话就会使掺毒者这么认为：'嗨，我赢了，我能迫使一家大公司就范'。而FDA的人则怀疑如果那样做的话，所制造出来的恐慌比可能消除的还要多。"然而，第二天，当加利福尼亚州又发生了一起涉及泰诺的中毒事件后，FDA同意伯克收回所有的泰诺胶囊。

这次共收回了零售价值1亿多美元的3100万瓶泰诺胶囊。收回活动从向消费者提供药片换回胶囊的广告开始。强生公司为了澄清事实真相，登出广告许诺以药片换回胶囊，并向医生、医院和销售商发出50万份邮递电报，向媒体发表声明，以便找到所有尚留在市场上的泰诺胶囊，伯克出现在大型全国电视节目中，强生还允许麦克·华莱士来拍摄强生公司战略小组的会议，并在高收视率的电视专栏节目《60分钟》中播放。

按道理讲，药品是在离开公司后被下毒的，强生与污染药品的人没有任何来往。但是，强生公司还是陷入了困境。泰诺的销售额大幅度下降。据估计，损失将近80%。强生报道说，他们1982年采取的保护公众的主动行为使公司损失了1亿美元。然而，到1985年底，泰诺的市场销售额达到了新的高峰。

1986年2月9日，有人发现纽约州的一名年轻妇女死在床上。她前一天晚上服用过两颗超力泰诺胶囊。这两颗胶囊内掺有氰化物。泰诺的噩梦重演了！

这次中毒事件十分令人费解，因为为了对付早先1982年出现的中毒事件，已对药瓶进行了三层密封。首席执行官詹姆斯·伯克立刻取消所有胶囊装的泰诺的广告。强生建立了一个由高级主管们组成的危机处理小组来应对此事。举行会议时，伯克认为，没有任何包装是可以阻止掺毒的，将来也不可能有这样的包装。2月16日，公司决定收回所有泰诺胶囊，并停止所有胶囊装的药品在药店里出售。

泰诺马上经历了第二次快速复苏。五个月内，市场份额重新回升到原来的90%。之后，强生重新成为市场止痛药的领导者。

强生公司处理危机的方式及其成功与公司倡导的信条不无关系。强生公司的信条如下：

我们认为，我们首先应对医生、护士和病人负责，对使用我们产品的母亲和其他一切人负责。

我们为满足他们的需要所做的一切应该是高质量的。

我们必须不断努力降低成本以保证合理的价格。

必须为顾客的订货提供迅速无误的服务。

必须给我们的分销商和代理商以获得合理的利润的机会。

我们对自己的员工，那些在世界各地同我们一起工作的男男女女负责。

要把每一个人都作为一个独立的个人来对待。

我们必须尊重他们的人格，承认他们的优点。

应使他们对自己的工作有安全感。

给他们的报酬应当公平而充分，工作环境应当清洁、井井有条和安全。

员工应有提出建议与批评的自由。

对于合格的人，在雇用、发展和晋升方面应当机会均等。

应有称职的管理者，他们的行为应当公道，合乎道德标准。

我们对自己生活和工作在其中的社会以及国际社会负责。

我们应做个"好公民"——支持有益的事业和慈善事业，并承担应尽的纳税义务。

我们应促进公民素质的提高和卫生与教育的改良。

我们应爱护我们有权使用的财产，保护环境和自然资源。

最后，我们应对股东负责。

经营应有优厚利润。

我们应试验新法。

应当进行研究、实行革新，并从错误中吸取教训。

应当添置新设备，增加新设施，推出新产品。

建立储备以应急时之需。

只要按照这些原则行事，股东们就可有相当的效益。

〔资料来源：罗伯特·F.哈特利.商业伦理[M].胡敏，等，译.北京：中信出版社，2000：369-378.〕

4.4 定价中的伦理问题

定价策略中的伦理问题可以分为两大类。一类是妨碍公平竞争的定价策略，即企业的定价行为损害了正常的竞争，反竞争性定价行为包括：串谋定价（或合谋定价）、掠夺性定价、歧视性定价。

第二类问题是消费价格的合理性。它主要讨论的是企业的定价行为对最终消费者的影响。有两种定价行为最容易引起争议：价格欺诈或误导性定价、暴利价格。

4.4.1 歧视性定价

歧视价格（discriminatory price）是指对同一商品的不同买主索要不同的价格。歧视价格主要流行于卖主是垄断者或寡头的某些市场上，从广义的垄断来看，歧视价格是垄断定价的一种引申。

价格歧视现象在市场经济发达的美国出现得比较早，也很普遍，所以对价格歧视问题也有比较多的讨论，并且有相对完善的法律法规对价格歧视行为进行调整。美国的反托拉斯法要求同类产品应以公平而相等的价格出售给买主，禁止卖主对不同的买主实行不同的价格。这项规定不仅适用于卖主直接实行的价格歧视，也适用于因各个买主的不同购买力而形成的价格歧视，但因卖方销售成本的差别而形成的价格上的差异是允许的。

有关歧视价格的伦理问题，主要是要考虑这种策略是否真正或者从根本上削弱了竞争关系。

4.4.2 串谋定价

串谋定价（collusive pricing），也称为串通定价或价格协定或固定价格，是指生产、经营者之间互相串通，订立价格协议或达成价格默契，以共同占领销售市场，获取高额利润。

1. 协议定价

通过类似一个合同这样的协议来固定价格，其反竞争性是非常容易判断的。但是，如果竞争者之间通过价格信号传递但又没有明确的协议存在，这种情况就是隐含的价格串谋。在这种情况下，就需要判断竞争者合谋定价的动机，而不能仅仅依赖是否存在统一的价格这个结果来进行判断。同样的情形也适用于竞争对手之间互相交换价格信息，尽管可能并没有更明确的串通定价的信息，但是实际存在协调定价的情况。平行定价，就是所有的竞争企业都定基本相同的价格，这在寡头垄断市场中是非常普遍的。

2. 价格领导

在价格领导中，小企业通常是采用行业中领导者制定的价格。关键的问题是跟随行业领导者制定价格的动因是什么。一般情况下，小企业的这种行为被认为是公平的，因为小企业需要和大企业进行竞争，价格上不能相差太大，价格过高就没有竞争力。同时行业的领导者一般都有成本优势，所以小企业所定的价格也不可能过低于大企业所定的价格。

3. 转售价格维持

转售价格维持指的是制造商规定了零售商和批发商销售商品时的最高或最低价格，也有可能同时规定一个最高价和一个最低价。

尽管明确规定转售价格的行为是非法的，但是一直以来对企业阻止经销商打折的行为还是存在着很大的争议。企业和经销商关于禁止打折的协议对竞争究竟有什么影响。一方面，禁止打折妨碍了竞争，伤害了消费者的权益，但另一方面，禁止打折可以增加竞争，因为经销商之间为了竞争必须增强服务，并且避免了搭便车的问题。在营销中搭便车问题是可能存在的，因为低价的经销商可能提供很少的服务，但是却能够从本地区其他经销商那里获得好处。比如说，某些经销商的购物环境比较差，也很少提供售前咨询等服务。消费者可能会从另外一个高端的经销商那里了解产品信息，进行咨询，但是却到低端经销商那里去购买。这种情况在某些非常标准化的产品销售中容易出现，因为不同经销商的同品牌同型号的产品没有质量差异。

4.4.3 掠夺性定价

掠夺性定价（predatory pricing）是指某家企业为了挤出或吓退意欲进入该市场的潜在对手，降低价格至其成本以下，待对手退出市场后再提价。它以驱逐竞争对手，获得或增强"市场控制力"为目的。通常是在市场中处于优势的企业采用这种策略打击竞争者，迫使竞争者退出市场。一旦竞争者完全丧失竞争力，它便可以垄断市场价格，获取高额利润。

企业实际上的定价目标是很难判断的。例如，市场上处于主导地位的企业的产品价格可以定得比小企业或者新进入者的产品低得多，原因在于大企业的规模经济。同样，竞争性市场的实际情况可以使得企业要将价格定在边际成本或平均成本以下，企业的低价格可以增加销量，而随着销量的增加产品的成本会不断降低。有意思的是，很多经济学的研究表明掠夺性定价并不是获得市场垄断地位的有效方法。对这种观点直观的解释就是，由于执行掠夺性定价的都是市场上占主导地位的企业，由于其销售量大其损失也大。结果是，获得垄断地位的企业为了弥补前期的损失必须要在获得垄断地位后足够长的时间内定足够高的价格。要在长时间内保持高的垄断价格，市场进入壁垒是个非常关键的因素。而实际上，这种壁垒在竞争性的市场中一般是很小的。

判断掠夺性定价行为的关键之处在于怎么描述不合理的低价或者是亏本性定价。一般认为，如果定价低于平均可变成本或边际成本二者中较低的那个值就是掠夺性定价，另外还要考察企业定价的目的和意图。

在一些长期合同的投标中还会出现另外一种妨碍竞争的行为。因为合同是长期的，并且内容非常复杂，产品的要求和其他指标都在不断变化，某些大公司就可能开始以低价获得合同，希望在下次招标时得到弥补。大公司有实力以开始的低价获得合同，而小公司就处于非常不利的地位。而且由于这些合同的特殊性，一旦某个公司获得初始合同，往往还是这个公司获得下一阶段的招标。这些行为也妨碍了公平的市场竞争。

在我国，掠夺性定价行为为《反不正当竞争法》所禁止。该法第11条规定经营者不得以排挤竞争对手为目的，以低于成本的价格销售商品。但是法律也列出了几种例外情况，明确有以下情形之一的，不属于不正当竞争行为：（1）销售鲜活商品；（2）处理有效期限即将到期的商品或者其他积压的商品；（3）季节性降价；（4）因清偿债务、转产、歇业降价销售商品。

4.4.4 价格欺诈与误导性定价

价格欺诈是指经营者以不正当的价格手段，欺骗购买者并使其经济利益受损的行为。误导性定价行为是指经营者在经营活动中，使用容易使公众对商品的价格产生误解的所有表示或者说法。

1. 高—低定价

在超级市场、百货公司、家具店等销售场所几乎每天都能够看到"促销价""优惠价""清仓价"等字眼。销售商惯用的做法是开始时将产品定一个很高的价格，这个价格只维持很短的时间，然后销售商在其后的大部分时间内进行打折销售。不知情的消费者在将现售价和所谓的"原价"比较后，认为获得了优惠从而购买该产品。这种定价方式称为"高—低定价"，对这种定价策略的争议主要集中于消费者会错误地以虚高的原价作为参照并做出决定。

这种标价方式大多应用在消费品上，并且在消费者越难辨别价值的商品上用得越多，"原价"也标得越高。而在工业品或者是购买者为公司客户的情况下，这种定价方式很少。主要原因在于，相对于工业用户，消费者掌握价格行情、识别商品真正价值的能力差，容易被误导。

2. 价格比较

价格比较是指零售商在销售商品时将其商品价格和其竞争者的价格进行比较，这种行为在市场竞争非常激烈且品牌化的产品中较常见。这种竞争行为主要影响的是零售商与其竞争对手之间的竞争关系，一般认为，如果零售商所标示的比较价格是准确的，这种价格比较是可以接受的，如果提供虚假信息则是不道德的。

3. 建议零售价

对于企业在产品包装上印刷的建议零售价存在广泛争议。企业的典型解释是，"我们在商品外包装上标明建议零售价的用意是想约束商家擅自抬高价格或者压低价格，避免消费者利益受到损害，也避免损害我们产品的品牌形象。"而超市的经理却是这样认为的："洗衣粉、香皂这些家庭日用消费品市场竞争非常激烈，建议零售价是厂家的促销招数。一般来说，我们在进标有建议零售价的商品时，通常会优先选择建议价高的商品，这样就会有更大的利润空间。因而厂家便将建议零售价逐渐抬高来刺激商家。"企业的建议零售价应该是与商品价值相称的合理价格。但如果企业如超市经理所说的那样因竞争的压力而将建议价格远远定于正常价值之上，企业的行为就是有误导性的。如某服装商店的上衣标示的厂家建议零售价为288元，但实际商店的标价只有98元。

4.4.5 暴利价格

从字面上看，暴利本身就是一个贬义词。但是，是不是高利润就是暴利？对于什么是暴利这个问题到目前为止还没有统一的看法。一种定义是，暴利是指通过不正当的价格手段在短时间内获得的巨额利润。另外一种定义是按照1995年1月25日施行的《制止牟取暴利的暂行规定》来界定暴利与合理利润，即经营者经营某一商品或服务，其价格水平或差价率或利润率不得超过同一地区、同一时期、同一档次、同种商品或服务的市场平均价格或平均差价率或平均利润率的合理幅度（简称"四个同一""三个平均""一个幅度"），超过这一"合理幅度"的为暴利；低于这一"合理幅度"的则为合理利润。[①]这个定义的问题是，随着科技的进步以及新兴产业的出现，这些"三个平均"的计算就难以客观公正地进行。还有，如果没有同种商品，对于应该如何确定暴利也没有相应的规定。

高利润和暴利有一定的联系，但是并不能说高利润就一定是暴利。有些产品的高利润是由于高风险引起的。例如，一些高科技产品研发阶段时间长、投入高，而且成功率低，这些产品一旦开发成功，其售价远远高于产品本身的生产成本是可以接受的，因为只有这样，才能弥补前期的研发投入以及其他失败的研发计划投入，只有这样的"暴利"才能激励企业和个人进行这种科技投入，推动科技的不断进步。

但是有些企业的暴利是通过垄断来实现的，这种情况下，企业的高利润就是不道德的。

还有一种情况是企业所处的行业是竞争非常激烈的，进入壁垒也很低，但是企业能够获得高额利润。这种情况下，高额利润所引起的争议就要小得多。

4.5 分销中的伦理问题

分销渠道中的不同成员之间，目的不完全相同，分销渠道中固有的冲突就是潜在伦理问题产生的原因。

4.5.1 渠道管理中的伦理问题

补贴是分销商和零售商购买一种新产品的时候，从生产商那里得到的额外补偿。最近几年在渠道管理过程中出现了一种现象，就是让生产商强制接受给予补贴的条款。这一行为的产生是因为分销商与零售商需要仓储与运输生产商的新产品，因此他们需要生产商进行额外的补偿。

---

① 邹俊. 试论暴利定义与界定标准[J]. 价格理论与实践，2002，(10)：34-35.

认为补贴合理的零售商给出了他们自己的辩护理由，他们认为新产品不断增值扩散，会使他们在仓储、处理、上架和调整产品中花费大量的费用，而这些需要得到补偿，因此零售商需要生产商来支付这笔费用。还有类似的观点认为超市的货架是一种有价值的实物资产，相当于零售商将货架空间租赁给生产商，零售商应该从中获益。

尽管零售商认为补贴是一种保险和鼓励的形式，但它仍饱受非议。首先，补贴一般是私下或口头的谈判。或许我们可以假设零售商隐藏了些什么，或者对不同的生产商采取截然不同的方式。

其次，是对创新的影响，也就是说补贴可能会对研发产生影响。通常情况下，小的生产商可能会第一个进行某种新产品的研发，如果让他们对于新产品支付补贴，则会对其研发产生影响。那么就产生了一个问题，创新产品会被超市或市场拒之门外吗？如果新的公司要付给零售商比已经与该零售商建立了良好关系的公司更多的补贴，让他们来代销产品，那么新公司是否受到了不公平的对待呢？因为补贴在商业行为中已经被普遍接受了，那么这些额外成本的存在会对企业家开发新产品的决心产生多大的影响呢？

最后，有些超市的采购员向生产商索要高额费用作为新产品的介绍费，有些超市每年都要生产商缴纳年费，他们的理由是会将产品信息输入电脑，并由此进行销售。但这一行为可能把一些产品从市场中驱逐出去，或者说提高产品的价格，使它们到达一个不再具备竞争力的水平。这样的行为对于消费者来说是否公平呢？

4.5.2　直销中的伦理问题

美国直销教育基金会（Direct Selling Education Foundation）的定义为：直销是一种透过人员接触（销售员对购买者），不在固定商业地点，主要在家里进行的消费性产品或服务的配销方式。①这个直销定义中有两个要点："人员接触"与"不在固定商业地点"。

与其他销售方式比较，直销拥有许多优点：

（1）弹性。它不受时间与空间的限制，随消费者与直销商的方便，在任何时间、地点都可进行。

（2）信息的品质和数量。经由面对面的沟通，所有的沟通感官如听觉、视觉、嗅觉和触觉都可以应用，同时消费者可以说明自己的需求，由直销商针对客户的这些需求提供产品或服务的信息，使消费者对产品或服务有充分的了解。

（3）长期关系。直接营销者给他们数据库中经过选择的顾客经常性地寄生日贺卡、信息资料或小礼品，以建立长期的顾客关系。

---

① 美国直销教育基金会的网站 www.dsef.org.

（4）经济性。销售人员是公司员工或独立的直销商，由于采用独立的直销商可以省掉一大笔固定的人事费用，另外，由于直销是直接针对目标消费者的，广告的到达率很高，可以为公司节约大量的促销资源。对消费者来说，由于中间渠道的减少，有机会购买到更低价格的商品。

但正是这些使其获得成功的独特之处，导致直销这种方式引起广泛的伦理争议，包括侵犯隐私权、激怒、欺诈、不公平、传销等。

1. 侵犯隐私权

由于直接营销者需要拥有其目标消费者资料，以便采用相应的媒介手段，很多机构就会利用为消费者服务的机会收集消费者的个人资料并出卖给需要的公司，从而使消费者的个人隐私受到侵犯。

2. 激怒

很多人对没完没了的垃圾邮件感到厌烦，这包括邮局邮寄来的各种广告资料，更多的是互联网时代的电子邮件。由于发送电子邮件的成本非常低廉，有些公司就大量地发送电子邮件，造成互联网上垃圾邮件泛滥。这给广大消费者制造了麻烦和带来了烦恼。但并不是所有的消费者对所有的邮件都感到烦恼，有些消费者乐于收到相关的商业信息，并且这也是非常有效的一种营销方式，可以节约大量的资源。所以，直销商要尽可能针对愿意接受其广告信息的潜在客户发送信息。

消费者还有可能在非常不愿意受到打扰的时候接到电话访问或者接待敲门的推销人员。在美国直销协会制定的伦理守则中关于电话营销的第一个要求就是在合理的时间拨打电话，而所讲的合理时间在美国是有法律法规规定的。在中国，直销商在打电话或上门拜访时也要充分考虑到目标群体的生活习惯和作息时间。比如说，很多人都有午休的习惯，这个时候去打扰肯定是不合时宜的。

3. 欺诈

直销是直接把商品和服务送达消费者的输送和流通渠道，很多时候因产品性能决定需要面对面进行，由一名独立销售人员讲解和亲身演示。大多数直销公司都采用独立的直销商。但是独立的直销商并不是公司的员工，公司较难对他们提出要求和进行监管。而且由于员工或直销商的收入与其销售业绩是高度相关的，一些销售人员为了自身的利益，在讲解和演示产品时，会故意回避产品的缺点，夸大产品的功效，作出无法实现的口头承诺等。

4. 不公平

直销中的不公平问题体现在两个方面：

第一，由于采用直销的方式，很多消费者失去获得相关产品信息的机会。因为，直接营销中使用的客户资料不可能包括所有潜在的消费者，部分消费者失去机会是必然的。此外,公司根据其掌握的消费者的详细资料会对客户进行进一步的筛选。

第二,直销商利用所掌握的消费者的资料,对消费者实行区别待遇。比如说,直销商根据消费者的收入资料对收入较高的消费者收取更高的价格(这种情况比较容易被发现,很多公司采用不同产品型号的方式来进行掩盖:不同型号的产品成本质量是差不多的,但价格相差比较大)。产生争议的问题是,一些低收入的消费者或没有条件使用互联网通信工具的消费者受到歧视,并有可能助长消费者的收入差距的增加。

4.6 促销中的伦理问题

4.6.1 广告中的伦理问题

1. 广告的真实性

现代广告的种类繁多,包括电视广告、电台广告、报纸广告、期刊广告、印刷广告、户外广告,等等。这些广告通过文字、图像、声音以及这些元素的精心安排,向消费者传播企业或产品的一组特定信息。广告信息本身可以划分为三类:陈述性信息,表示"有什么";暗示性信息,表示"可能有什么";承诺性信息,表示"将会有什么"。

对于广告信息本身,可以从两个方面进行分析:(1)关键信息是真实的还是虚假的?真实与虚假取决于广告所主张或陈述的具体内容。如果广告所主张或陈述的具体内容与现实世界是一致的,那么它就是真实的。(2)关键信息是完全的还是不完全的?有时,广告未提及的方面与它提到过的方面一样重要。在宣传和销售某种具有危险性的产品时,如果不向购买者提示产品的危险性,该广告就是不道德的。

还要分析广告商的动机。说谎不仅是简单地陈述一件不真实的事。从道德上而言,说谎是一种行为。它是指把自己所知道的不真实的事情说给另一个人,使他有理由相信这件事是真实的。说谎者不仅说出他本不相信的事情,还有意欺骗和误导听他说话的人。因此,不真实或者错误的陈述与谎言是有差别的。谎言包含欺骗和误导他人的动机。例如,当甲问乙:"1英尺等于多少厘米",乙回答"1英尺等于33厘米";而实际上1英尺约等于25.4厘米。如果乙只是因为将英尺与尺混淆了,那么他并没有撒谎,只是犯了个错误而已。如果乙明明知道1英尺约等于25.4厘米,而为了某种目的有意地误导或欺骗甲,那么乙就是在说谎。

广告主是在撒谎还是做了错误的陈述取决于两个条件:(1)该广告的内容在客观上是不真实的;(2)他在主观上有欺骗或误导受众的故意。

由此,我们可以将可能存在伦理争议的广告分为四类:吹捧性广告、不真实广告、欺骗性广告和半真实广告。

吹捧性广告包含了一些富有表现力的陈述,例如明喻、暗喻和夸张。明喻、暗喻和夸张都是语言中可以接受的修辞手法。大部分正常人能通过语言中的上下文、措辞、语调以及其他一些细微的线索分辨出哪些是完全真实的，哪些是运用了比喻、夸张的，哪些是有所变化的。如果这类广告的实质内容或者关键内容是真实的，并且采用的这些吹捧手法不会对受众造成误导，那么它在伦理上就是可以接受的；但是如果这种吹捧超过了合理的限度，对受众造成误导，那么它在伦理上就是不能接受的，有些过度吹捧的广告甚至演变为欺骗性广告了。

不真实广告是指客观上所陈述的内容与现实不一致，但主观上不存在欺骗或误导受众的故意的广告。由于现实世界的复杂性，广告商知识的局限性或者疏忽大意，广告做了错误的陈述。广告主、广告代理商、媒体应当对广告的真实性共同负责，并采取稳健性原则对广告的内容进行审核，以杜绝可能的不实内容。另外，在广告发布之后，如果发现其内容存在不实之处应及时采取有效的补救措施。

欺骗性广告是指客观上所陈述的内容与现实不一致，而且主观上存在欺骗或误导受众的故意的广告。判断这类广告，要看两个条件是否同时满足，即：（1）该广告的内容在客观上是虚假的；（2）该广告在主观上有欺骗或误导受众的故意。欺骗性广告是不道德的。

半真实性广告是指内容是真实的，但是没有揭示那些将会明显影响产品消费的效用或者安全的其他关键信息的广告。有时，广告未提及的方面与它提到的方面一样重要。在宣传和销售某种具有危险性的产品时，如果不向购买者提示产品的危险性，该广告就是不道德的。对于某种带有一定危险性的产品，如果普通消费者在潜意识里认为这种产品是安全的，那么在广告中或者产品的包装上就应该包含特定的警告。

2. 针对儿童的电视广告

广告很多时候以儿童作为对象，因为家长在儿童身上的花费比较高，儿童能影响父母的购买行为，而且传统观念认为儿童是冲动型的购买者，因此广告商期望能够自小便建立起儿童对某个品牌的忠诚。另外，电视广告声画并茂、跳跃动感、短小精悍，正好符合儿童注重感觉、好奇心强、活泼善变的性格特征，所以一般儿童都比较喜欢观看电视广告。由于儿童缺乏对外界信息的完全判断和认知能力，在接受儿童电视广告信息时，有可能不能完全对广告信息进行处理并作出合理的判断，因此许多家长和消费者团体都非常担心儿童会受到不良电视广告的影响。

儿童电视广告在儿童道德发展中有两方面的作用[①]：

首先，它影响着儿童的道德观念，通过参与儿童道德认知的形成，决定着儿童道德行为的方向。

儿童阶段是形成是非观念的重要阶段，但是由于儿童阶段道德认知发展的特点是

---

① 徐红. 电视广告对儿童道德发展的负面影响[J]. 新闻前哨, 2004, (4): 48-49.

被动接受多于主动选择，所以电视广告多样化的制作形式及多元化的宣传内容很容易影响儿童道德观念的发展，渗透到儿童道德认知的形成过程中。一方面，广告中宣传的积极的价值观有助于促进儿童正确道德观念的发展。另一方面，广告中所宣传的错误观念也会因为儿童认知能力的局限而对其产生消极的影响，误导其认知判断能力。

其次，它直接影响着儿童的道德行为，通过儿童模仿电视广告形象的行为，影响着儿童道德行为的表现。

儿童电视广告中常以成人权威或者一群儿童充当主角，他们的语言、行为中表现的道德价值取向影响着电视机前的儿童的道德认知、情感和行为。因为儿童电视广告中的成人权威常是家长、老师、专家、明星等社会推崇的儿童榜样，他们代表的是权威、公正和榜样，儿童在心理上对他们极为信赖，当他们以教育、劝服的口吻来引导儿童时，常常事半功倍。常言道"近朱者赤，近墨者黑"，儿童的模仿能力极强，甚至是那些他们并不是特别了解的事情也常常会引起他们强烈的好奇心，成为他们的模仿对象，电视广告就对儿童的这种模仿行为起着形象示范作用。

3. 比较广告

比较广告是指在广告中把所宣传的产品和同一竞争领域内的其他产品相比较的广告。欧共体（现欧盟）《比较广告议案》的解释是：任何广告无论以何种方式，或直截了当，或以间接方式，或以某种隐含暗指的手段，涉及自己的竞争对手，或提及了其产品和所提供的服务项目，即构成了比较广告。加拿大将比较广告定义为：在广告中把广告所宣传的产品和同一竞争领域内的其他产品相比较。

从比较广告的表现形式看，比较广告可分为直接比较广告和间接比较广告两大类。直接比较广告，是指商品的经营者或者服务的提供者在其广告中"指名道姓"地与竞争对手的商品或者服务进行比较的广告。间接比较广告，是指商品的经营者或者服务的提供者在其广告中与不特定的同一行业的竞争对手的商品或者服务进行比较的广告。

不当的比较广告有以下表现：

（1）以自己商品或者服务的长处与竞争对手商品或者服务的非关短处相比，即对比的内容没有针对性，违背"面对面，点对点"的要求，如某厂在为其产品所做的广告中称："我厂生产的产品与××厂生产的产品相比，在质量、性能等方面具有……优点，而××厂生产的价格昂贵，没有售后服务。"

（2）不说明比较内容只表现结果，如"作为新生代的××空调，已远远超越了松下空调"的广告词，未对××空调的性能、特点等内容加以说明；

（3）违背事实、片面夸大、无根据地引用最高级形容词，如××牌洗衣粉的广告称："世界首创，国家专利，堪称最高质量，与现有市场上的所有洗衣粉相比，是唯一的无毒洗涤用品。"其实，该洗衣粉根本不具国家专利，且含有一定的毒素，"世界首创"更是无稽之谈；

（4）对比性诋毁。实践中常见的是广告主通过拿自己产品或服务与竞争对手的商品或服务的某些特点进行不真实、不全面的比较，来诋毁他人商品或服务声誉的行为，如甲厂生产的全自动洗衣机的综合性能明显不如乙厂生产的同类洗衣机，但甲厂在为其洗衣机所做的广告中称："用乙厂的洗衣机洗衣噪声大、震动大、实在不合算，用甲厂的洗衣机舒适、宁静，孰优孰劣，消费者自然明白。"其实，乙厂生产的洗衣机噪声震动完全符合有关标准。除此之外，诋毁还表现为诋毁他人的资信状况、生产技术水平、经营管理的水平和信誉、个人名誉等。

比较广告必须真实、明白，不得误导消费者。比较广告要具备真实性，应做到：首先，比较的内容必须以具体事实为基础。广告主必须对商品和服务的特点及有关方面做客观比较，比较的论点必须建立在可以证实的、公正选择的事实的基础上，不但应说明对比的是什么商品或服务，而且应说明是在什么基础上进行，对比的内容和条件不能人为地有利于某商品或服务而不利于另一商品或服务。其次，比较的内容必须具有证明力。比较广告中指名的商品或服务必须确定是相互竞争的，而且应拿出实在的数据来支持所作的宣传，任何结论必须有据可证，能够对比较的真实性提供令人信服的论据。再次，比较必须全面，其中包括对自己不利的比较。广告操作既然选择了比较的形式，则必须是有针对性的毫无保留的比较，亦即美国广告法律规定的"面对面，点对点"，某方面具体的比较中确实是自己的商品或服务优于他人，则应允许比较广告"以己之长，攻人之短"，反过来，如果自己在某方面不如别人，则也应广而告之。

欧 典 地 板

欧典曾是一个响当当的牌子。从 2001 年开始，欧典地板连续三次获得可使用 6 年的中消协授予的"3·15"标志，是全国同行中唯一享有如此殊荣的。在国家质检总局 2005 年国家免检产品及生产企业名单中，欧典地板榜上有名。中国环境标志认证委员会于 2000 年 6 月授予欧典地板中国环境标志认证。欧典地板被北京市消协评为"2005 年北京人最喜欢的品牌"。

然而，2006 年中央电视台"3·15"晚会，向全国消费者揭开了一个惊人内幕。"号称行销全球 80 多个国家，源自德国，著名品牌地板德国欧典总部其实根本不存在。"

欧典企业提供的印制精美的宣传册上写着：德国欧典创建于 1903 年，在欧洲拥有 1 个研发中心 5 个生产基地，产品行销全球 80 多个国家。此外，在德国巴伐利亚州罗森海姆市拥有占地超过 50 万平方米的办公和生产厂区。

"地板，2008元一平方米，全球同步上市！"从2004年7月开始，写有这样内容的绿色巨幅地板广告牌，出现在全国许多大中城市，几乎每个装修过住房的人都听说过"欧典"这个名字。

据《第一财经日报》报道，每平方米2008元的欧典地板，其进价也不过五六百元。欧典地板专卖店销售人员称，欧典敢于卖出2008元一平方米的价格，除了德国制造、选材苛刻外，最主要的原因就是德国品牌。

不仅德国欧典不存在，被欧典公司在网站和宣传材料上频频使用的"欧典(中国)有限公司"也根本没有注册过。欧典这个商标在2000年才正式注册，注册人是1998年成立的北京欧德装饰材料有限公司。

据透露，欧典在北京门头沟工业区某厂、大兴某小厂，湖北、杭州等多地均有过生产，除部分产品包装上标注生产基地为欧典（中国）生产基地外，其他大部分都没有标注生产厂家和地址。

2006年4月，北京丰台工商分局对北京欧德装饰材料有限公司做出了行政处罚决定：2004年以来，国家建筑材料测试中心对北京欧德装饰材料有限公司的22种进口及国产地板样品进行了检测，结果显示产品质量符合国家标准。但欧典在经营过程中，利用网络发布广告，同时设计、策划了19种印刷品广告共计85.2万余册，在其中将虚拟的"德国欧典企业集团""欧典（中国）有限公司"及发展历史、生产经营规模、与之隶属关系等夸大企业形象的事实对外进行宣传，广告费接近150万元。工商部门指出其行为违反了《中华人民共和国广告法》和《中华人民共和国反不正当竞争法》，责令其停止发布违法广告，并处以广告费5倍的罚款共计747.3776万元。

2006年9月15日至17日，北京欧典木业总裁闫培金分别约见京城部分媒体，并首次通过媒体表达对欧典地板用户的歉意，同时，公布手机号码，接受所有欧典地板用户的相关询问和投诉。"首先，我就欧典企业的隶属关系、企业规模等夸大宣传向全国的消费者道歉，由于欧典的错误，给消费者造成情感伤害，我在此向消费者表示真诚的道歉。在此我也公开我的手机号——×××，愿意向每一位打电话的消费者表示真诚道歉，聆听每一位消费者的建议与呼声。"闫培金还透露，该公司销售额现已下降了三到四成，半年时间里损失销售额至少2000万元。他希望通过此次道歉使曝光事件告一段落。他还在接受媒体采访时说："欧典就企业形象夸大宣传的错误，向全国消费者致以诚挚的道歉。我清楚地知道，欧典所犯的错误，绝不是一次道歉两次道歉所能解决的，只要在法律的层面上，我们应该承担的责任，我们一定承担。'3·15'曝光对欧典来讲，是一个惨痛的教训，欧典为这个惨痛的教训付出的代价也是沉重的。痛定思痛，我会刻骨铭心一辈子，铭记这个教训，从零开始，从头做起，保证在今后的经营中绝不再犯。"

4.6.2 人员推销中的伦理问题

在市场营销领域除了广告之外，也许再没有其他地方比个人营销带来的不道德行为受到的批评更多了。推销人员处于业务拓展的最前沿，他们和顾客进行直接的、单独的接触。在讨论推销人员面临的伦理问题之前，让我们先看一看推销人员在他们所属组织内外的地位。

推销人员的两难地位：推销人员要同时面向所属公司和顾客。一方面，他们是组织提供的产品或服务的拥护者；另一方面，他们竭尽全力让组织的产品或服务迎合顾客的需求。尽管组织和顾客都希望推销人员在某种程度上具有忠诚度，但组织和顾客可能对推销人员有不同的期望，正是这些不同的期望经常使推销人员陷入伦理的两难境地。

推销人员的独立性：推销人员的工作或行为在组织内相对于其他雇员更独立。由于推销人员在组织外工作，组织对他们的直接监管比其他雇员要少得多；另外，他们时常不能得到足够的沟通和及时的有关组织的市场推广计划的消息。这种独立性有利有弊，但从伦理角度分析，一个明显的不利因素是推销工作的独立性经常使推销人员陷入伦理的疑惑境地。

推销人员工作的高压力性：众多推销人员都工作在压力之下，他们被要求在某段时间内销售多少数量的产品或取得多少钱的销售额。一般认为，高层管理人员也同样面临"取得某某目标"的压力，但这是两种截然不同的压力。高层管理人员可以，事实上也经常如此，把压力转嫁给销售队伍；而推销人员除了他们自己和顾客，没有可以转移压力的地方。这种压力迫使推销人员采取"不惜任何代价"的推销方法，或是我们常遇到的"恶劣销售"或"高压销售"。

推销的独特角色：有人认为推销本质上就具有不道德性。他们认为，组织要求推销人员去推广他们被付钱推广的产品或服务，而不是他们真正认为是值得推广的产品或服务。换句话说，所有推销人员推广的产品或服务不一定达到他们所承诺的那种水平。

1. 推销人员与顾客关系中的伦理问题

推销人员与顾客关系中的伦理问题主要有以下几种：

（1）高压劝说

推销经常像广告一样被批评："推销就是劝说或说服，推销人员迫使顾客购买他们不需要的产品"，"推销就是操纵，就是迂回劝说，就是玩弄权术"。这些批评部分源于人类的天性，因为我们中没有人喜欢"被推销"；但同时我们又不大喜欢做决定，因为决定通常伴随着风险和不确定性。因此，作为消费者，我们经常需要一些外在鼓励才能做决定,同时接受不确定性。①但当这种鼓励是高压性的,就涉及了伦理问题。

显然,我们购买的很多产品,甚至那些在高压下购买的产品,也或多或少给我们带来了一些利益或好处。但这又能说明什么呢?结果可以证明手段正当吗?推销人员可以用模棱两可的推销技巧来推广对我们有益的产品吗?

当推销人员与顾客接触时,如果顾客被剥夺依靠自身主观判断进行决策的机会时,就涉及伦理问题。例如,推销人员的一个惯用伎俩就是"限量销售"。通过这种方法,推销人员制造了一个产品紧俏的情景,也即顾客只有有限的机会可以购买,他们有时宣称产品即将出现短缺,有时宣称价格即将提升。如果事实的确如此,推销人员传递给顾客这样的信息就没有问题。但如果这种方法仅仅是为了给顾客施加压力,那么这种做法就是不道德的。

(2)顾客歧视

推销人员有时给某位顾客比其他顾客更殷勤的服务。一些顾客可以获得更快捷的送货;一些顾客可以获得低价格;一些顾客可以获得高折扣;一些顾客可以被告知销售组织内的变化;而其他顾客可能没有这些优待。

(3)误导宣传

当推销人员对产品和服务进行不正确的陈述或者做出错误的承诺时,误导行为就发生了。误导行为扰乱了消费者自由的购买意愿,因而是不道德的。

在销售活动中,推销人员应该遵守诺言,保持诚信。如果这笔"交易"本身不正确,推销人员不应该采取误导宣传等不道德手段来促成交易。

(4)送礼和款待

大多数推销人员认同送礼和款待在销售过程中扮演重要角色。当推销人员送礼给顾客来诱使顾客购买,或者当他们购买之后作为对他们购买行为的感谢时,会发生什么呢?长期送礼的暗示是什么呢?如果你通过送礼而促成了一桩买卖,在顾客心中会不会形成一种你会在每次交易时都将送礼给他的期待呢?这种期待会不会越来越大呢?当你决定不再送礼或者公司的政策改变而使送礼受限制时,会发生什么呢?

给顾客送礼是许多推销人员的传统。销售过程中推销人员必须与顾客建立亲近的人际关系。推销人员经常送礼给顾客以示对做成交易的感谢,尤其是在各种节日或假日来临时。

围绕送礼行为的伦理问题是:在怎样一个临界点上,送礼行为会变成行贿?所送礼物的价值量通常被作为区分送礼行为和行贿行为的标准。但这种标准并不准确。

款待,就像送礼一样,同样会给推销人员带来伦理问题。在国外,常见的款待活动包括:带顾客或者可能成为顾客的人去吃饭;把样品给顾客,供其个人使用;带顾客或潜在顾客去打高尔夫、网球,并为他们付钱;送给顾客或潜在顾客与他们工作有

---

① Chonko, L. B. Ethical Decision Making in Marketing[J]. Thousand Oaks, CA: Sage Publications, 1995: 250.

关的礼物；在鸡尾酒会上，为顾客或潜在顾客买饮料；邀请顾客或潜在顾客到家中做客；带顾客或潜在顾客去看比赛等。

如果款待被用来对顾客施加额外的影响和压力，超出了产品本身的特点和好处对顾客的吸引的话，款待行为则超出了伦理的界限。然而，由于消费者所感到的这种压力只有其自身才能感受到，所以，很难判断款待到底是表示了推销人员对顾客施加压力还是为做成某笔生意而向顾客表示感谢。但是我们确实知道，款待行为会影响消费者的购买决策。

2. 推销人员与竞争者关系中的伦理问题

推销人员有许多对他们的竞争者实行不道德行为的途径。国外有研究表明，推销人员认为贬损竞争者的不道德行为并没有那些直接作用于消费者身上的不道德行为严重。

（1）排他行为

有时，推销人员可能采取方法来减轻竞争。举例来说，试想一下，当一个竞争者把一个新品牌的产品推向市场时会发生什么呢？推销人员可能会提供给一些消费者"特殊的交易"来销售更多自己品牌的产品，并试图以此把其他品牌的产品挤出市场。这些特殊的交易方法可能包括超常规的折扣、送礼或者行贿。

（2）阻挠对手

有时，来自竞争对手的压力过大时，推销人员会被迫阻止对手的产品在商场中的陈列。举例来说，推销人员会通过移去展台的一部分零部件来破坏这场展示，使展台立不起来。或者，推销人员可能会把自己的产品放在竞争者的产品的前面。有时，推销人员还会从货架上移走竞争对手的一部分产品。

（3）指责对手

推销人员会毁谤对手公司或对手的产品来搞破坏。大多数消费者认为这种指责是不公平的，他们甚至质问，如果推销人员要用这种方法来和对手竞争，那他自己的产品一定不怎么好。

（4）窃取信息

推销人员使用欺诈的手段来获得竞争者的信息，而这些信息是在合法和符合道德准则的条件下很难或者不可能得到的。这类手段包括在社交聚会时逼迫竞争企业的推销人员漏出信息，鼓励消费者发出错误的购买需求来获得竞争者的市场战略，以及假装成消费者，到对方的大会上和贸易展览会上去窃取信息。

【本章提要】

1. 关于企业对消费者应该承担的责任，有三种观点：契约论、合理注意论、社会成本论。

2. 在市场调研过程中，通常会涉及被调研者、委托人、竞争者、公众等利益相关者，在处理与这些利益相关者的关系中，面临多种多样的伦理问题。

3. 产品设计、包装中的伦理问题往往与产品安全、环境保护等有关。

4. 定价策略中的伦理问题可以分为两大类。一类是妨碍公平竞争的定价策略，包括：串谋定价、掠夺性定价、歧视性定价等；另一类是消费价格的合理性，容易引起争议的定价包括价格欺诈或误导性定价、暴利价格。

5. 生产商、批发商、零售商有各自的利益追求，这些利益追求的冲突导致了伦理问题。

6. 广告的真实性常常引起争议，典型的伦理问题包括吹捧性广告、不真实广告、欺骗性广告和半真实广告。

7. 推销人员的两难地位、独立性、高压力性及独特角色决定了在面对顾客和竞争者时难免会遇到伦理冲突。

【重要概念】

产品安全
有计划的产品淘汰
产品召回
歧视性定价
串谋定价
掠夺性定价
误导性定价
直销
吹捧性广告
不真实广告
欺骗性广告
半真实广告

1. 产生营销伦理问题的可能原因有哪些？
2. 按照契约论观点，企业对消费者有哪些责任？
3. 按照合理注意论观点，企业应当如何对待消费者？
4. 社会成本论对企业提出了何种要求？
5. 请评估以下监控技巧的道德性：（1）在竞争对手办公室安装窃听器；（2）为了

估计竞争对手销售量，派人观察并且计算对手产品出售情况；（3）营销经理在听歌剧的时候从竞争对手的谈话中偶然听到他们视为机密的信息；（4）使用摄像等方式获取对手的订货情况；（5）通过观察对手配货车辆的数量估计其销售情况。

6. 在调研者和委托人之间会出现哪些不诚实行为？
7. 在调研中与竞争者相关的典型伦理问题有哪些？
8. 不完整的调研报告和误导性的调研报告有何不同？
9. 为了做出合乎伦理的包装决策，应在决策时考虑哪些问题？
10. 把有内在质量问题、使用过程中可能给用户造成人身伤害的产品销售出去是否正当？试用伦理学理论阐明理由。许多产品无法做到100%的安全，而且为了增加安全性，会提高成本，那么怎样做才算履行了道德责任？
11. 什么是强制性产品淘汰？
12. 在哪些情形下，低于成本销售在伦理上是可以接受的？
13. 为什么高—低定价主要出现在消费品营销中？
14. 在什么情况下高利润变成了暴利？
15. 试区分吹捧性广告、虚假广告、欺骗性广告和半真实性广告。
16. 推销人员与顾客关系中的典型伦理问题有哪些？
17. 推销人员与竞争者关系中的典型伦理问题有哪些？
18. 为什么说奉行"顾客永远是对的"策略未必是真正为顾客着想？
19. 为什么说让顾客满意的营销不一定是合乎伦理的营销？

案例1　不利因素告知

"不利因素告知"，即向客户说明红线内和红线外的不利因素，始终是置业顾问不喜欢做的事情。个别售楼部还有意无意地，想用一些东西遮挡住不利因素。

其实，这些"不利因素"，也都不是严格意义上的硬伤。毕竟是经过政府部门批准的，且在房价因素里已经综合考虑了这些不利因素。

红线外的不利因素包括：

1. 附近有高架桥，主要交通干线上，特别是十字路口、立交桥
2. 高速公路、火车站、汽车客运站旁边
3. 变电站/发电厂（高压线路）旁边
4. 信号发射塔（无线通信）旁边
5. 塑胶工厂、工业区（药品厂、化工厂、废品站、产生烟雾和扬尘的场所）
6. 附近有大商场，人流复杂

……

红线内的不利因素包括：

1. 配电房：运行时产生的噪声可能会对附近住户带来影响
2. 商业配套：商业经营活动可能会对周边环境带来一定影响
3. 物业用房：物业用房，紧临某幢房屋附近
4. 垃圾房：可能会对周边环境及住宅带来一定影响
5. 小区主出入口：车辆、行人出入时可能会对附近住户带来一定影响
6. 小区次出入口：行人出入可能会对临近的住户带来安全等方面的影响
7. 消防稳压泵/水箱：小区×幢楼屋顶有，运行时产生的噪声可能会对周边住户或相邻住户带来影响
8. 小区燃气调压箱/站
9. 地下车库通风竖井
10. 小区地下车库出入口
11. 封闭式阳台，计算房产证面积，而非按一半计算房产证面积

……

相当一部分置业顾问不想说不利因素，不想主动带看并讲解不利因素展板，或正面回应客户对项目红线内、外相关不利影响因素的疑问，当客户问的时候，置业顾问就会遮掩说，"每个房子、每个企业都会有的啊。"然后顾左右而言他。

他们认为，自己在法律上不用承担责任。已经把不利因素按要求放在销售现场的醒目位置了。也给了一份《项目不利因素告知书》，都请客户签名字了，为什么还要把不利因素主动介绍给客户，加深他的印象？公司考核我们的是销售业绩，假如我说了，客户就真的不买了，我怎么办？达不成公司销售指标怎么办？

确实有客户知道不利因素后不买楼的情况。还会有客户带着一家老小来退楼，他们说在购买的时候，置业顾问并没有跟他们说附近有变电站。至于签订了《项目不利因素告知书》，客户会说，自己下定金签合同的时候，置业顾问给了他好多东西签，他根本就没有时间细看，根本都不知道哪一张是《项目不利因素告知书》。

讨论题

你支持还是反对告知不利因素？理由是什么？

案例2　广告代理公司的责任

随着移动互联网的技术的高速发展，以及人们对社交及娱乐需求的日益增加，社交及直播类 App 应运而生，并在 2016 年开始迅猛崛起。App 中的内容鱼龙混杂、良莠不齐，乱象丛生，有的直播平台走低俗化的路线，传播色情、暴力、谣言、诈骗等信息，内容低劣，突破底线，特别是给青少年身心健康带来不良影响；部分直播平台缺乏相关资质，违规开展新闻信息直播，扰乱正常传播秩序；而企业主或投资方还鼓励主播炒作，无序竞争。这些处于"灰色地带"的开发商或运营商，在上传 App 产品

至各大应用商店时都悄悄屏蔽了部分功能或入口，蒙骗审核人员的眼睛，轻松过审，跨过第一道关卡。

App 开发企业为获取用户需投入大量的推广费用。拥有优势媒体资源、丰富营销经验、先进精准定向技术的移动互联网领域广告公司自然得到了 App 开发及运营企业的青睐，营业额逐年翻倍增长。此类广告公司的营利模式主要有收取服务费及媒体给予的广告代理返利。在市场机制下，竞争日益激烈，甲方愿意支付的服务费在下降，而媒体平台对广告代理公司的业绩实现要求却在增长。

作为广告代理公司有时会要求推广方清理不良内容后再进行产品推广。但推广方却认为，无"亮点"不"社交"，无"网红"不"经济"，"你们不需要管我们推的产品有什么内容，只要过审了，你们就没有法律责任了"；"如果你们不能推，那我们只好找其他公司了，自然是有肯推的公司的"。

讨论题

1. 为过审产品进行广告代理推广不需要承担法律责任，公司是否应该以一定的伦理标准，为这些产品设"第二道关卡"，以"零容忍"的态度从根本上杜绝低俗、淫秽、不符合社会主义核心价值观等内容的出现，确保互联网服务行业健康有序发展？

2. 如果拒绝某项这类业务，意味着丢掉能为公司带来 30%业绩的头部客户，公司是否也应该拒绝推广呢？

互 联 网 +

第 5 章

人力资源管理中的伦理问题

【本章学习目的】

通过本章学习,您应该能够:
- 解释就业权的来源
- 评价歧视行为的不道德性
- 了解设计合理的薪酬应考虑的因素
- 了解减少利益冲突的措施
- 分析电子监控和个人隐私之间的冲突
- 理解企业的工作安全责任

5.1 招聘选拔中的伦理问题

5.1.1 就业权

人为什么有工作权利?

第一种观点认为,工作权利由生存权派生而来。就获得工作是取得维持生命的生活必需品的必要手段来说,工作权是由生存权派生而来的。但是这样派生出来的权利是一种消极的权利,而非积极的权利,它依赖于这样一个假设:剥夺了工作就剥夺了生存手段。然而,这一假设是不能成立的,因为,即使没有工作,但如果有足够的社会保障,生存不会有问题。

第二种观点认为,工作权利由发展权派生而来。但是仔细考虑后仍然会发现不合理之处。如果工作是人类体力智力发展的手段,那么为了发展,我们必须工作。但是通过其他活动,比如娱乐、阅读等活动同样会获得人的发展,有的人一直不从事所谓的工作却得到了很大成功。另外,工作不一定能发展人,例如,枯燥重复的工作恰恰束缚了人的发展。

第三种观点认为,工作权利由被尊重的权利派生而来,这一观点被认为是依据最充分的。首先,人属于人类社会,健全的、有能力的社会成员在社会中发挥着各自的作用。每个人都有权这样做,没有哪个成年人是"多余者"或者"牺牲品",这表明人们在社会中既要维持生存又要承担责任，工作正是这样一种典型方式。自我尊重和他人对我们的尊重都与我们的行为以及我们在社会中生存而承担的责任紧密相关。剥夺我们的工作权利意味着不允许我们作为有贡献的、成熟的和有责任感的成年人在社会中发挥我们应有的作用。因此工作权利和被尊重的权利密不可分，前者由后者派生而来。[①]

但是就业权只是一种客观权利，也是一种未实现的权利，说明公民享有这种权利的可能性，并不代表公民的实际拥有。就业权的具体实现与一定的社会历史条件相联系。由于人们自身生理心理条件的差异性和经济社会发展的不平衡，就业权的具体实现存在着程度的区别。

5.1.2 聘用自由的伦理问题

聘用自由是指，雇主可以在任何时间、任何地点甚至是没有理由的条件下雇用和开除员工；同样，员工也可以在任何条件下自由选择雇主。双方根据自身意志自由达成合同。由于就业合同是相互的而且是双方自由达成的，它的开始和终止都是"自由的"。

从伦理方面分析聘用自由主要存在以下三个方面的缺陷：

（1）员工和公司之间固有的不平等关系

表面看起来遵循聘用自由原则，双方之间都很公平，可是无须花费多少想象力，我们就可以意识到员工和公司之间的关系从一开始就是不平等的。员工必须依靠劳动获得维持生活的必需品，他们一方面被迫从事劳动（通常还是自己不喜欢的工作），另一方面又担心如果没有合同来保障职位，就会失去工作。因此他们不能如雇主一样自由规划对员工的要求，自由地确定自己的择业条件。人们不可能做到想去哪里就去哪里。相反，雇主确立雇用要求，如果有人拒绝接受条件，还会有其他人在等待机会接受工作。如果条件过于苛刻而没有人申请，公司可以改变雇用条件吸引人员。如果员工离职，公司还有大量的机会去寻找替代人员。因此聘用自由并非平等互利的关系。

（2）外部条件的限制

只有在不存在强迫的情况下，双方自愿达成的交易才是公平的。所以满足这个条件必须保证工人并不是因为高失业率等自身以外的情况驱使，才接受雇主提供的工作。但是实际生活中，社会造成的劳动力市场供大于求的情况经常发生，员工面临外部条件的限制而签订一份实际上是不公平的合同，例如生活所迫必须立即寻找工作，不能进行更多选择和谈判。

（3）不道德的雇用条件

由于人的性别、种族、信仰和其他与工作无关的标准就剥夺某些人雇用的机会，

---

① De George, R. T. Business Ethics[M]. 7th ed. Upper Saddle River, NJ: Prentice Hall, 2010: 423-424.

是不合理的。如果所有公司都这样做，某些特定人群的就业机会就不复存在了。因此我们反对各种不道德的歧视行为，对聘用自由原则进行限制。①

5.1.3 就业歧视

由于员工和企业的不平等地位，企业在雇用员工时可能会设置各种不合理的选择标准，歧视问题由此产生，同样在工作中也会有歧视行为。

2005年8月，第十届全国人民代表大会常务委员会第十七次会议批准了国际劳工组织的《消除就业和职业歧视公约》（*The Elimination of Discrimination in Respect of Employment and Occupation*）。根据该公约的定义，就业与职业歧视是指，"基于种族、肤色、性别、宗教、政治见解、民族血统或社会出身等原因，具有取消或损害就业或职业机会均等或待遇平等作用的任何区别、排斥或优惠，以及有关会员国经与有代表性的雇主组织和工人组织（如存在此种组织）以及其他适当机构协商后可能确定的，具有取消或损害就业或职业机会均等或待遇平等作用的其他此种区别、排斥或优惠。"公约规定，对一项特定职业基于其内在需要的任何区别、排斥或优惠不应视为歧视。《中华人民共和国劳动法》也规定：劳动者就业，不因民族、种族、性别、宗教信仰不同而受歧视。

就业歧视常见于招聘、晋升、薪酬、解雇等活动中。就业歧视可分为故意歧视和无意歧视，个体性歧视与制度性歧视，直接歧视与间接歧视。故意歧视是有意识的歧视行为，而无意歧视是由无意识因素如刻板印象等引起的歧视行为。个体性歧视是指由一个或几个人做出，造成一次性影响的歧视，制度性歧视是制度中所有或许多成员经常性的歧视行为，是由制度、政策造成的。直接歧视以明确的理由（一般违反法律规定）来区别对待不同的劳动群体，如雇主明言拒绝雇用女性；间接歧视在表面上保持中立，但其规定或行为却导致了某些群体的不平等对待，又可分为就业机会歧视、就业待遇歧视、就业安全保障歧视。就业歧视形形色色，常见的有性别歧视、年龄歧视、学历歧视、户籍歧视、地域歧视、健康歧视、经验歧视、民族歧视，甚至还有相貌歧视、属相歧视、姓氏歧视、血型歧视、身高歧视、酒量歧视、经历歧视等。②

与性别歧视有关的妇女就业问题形成的原因可以分为两类，一类是女性由于体力和生育等生理因素形成的与男性在个人能力方面的差距；另一类是由于对妇女不公平的待遇造成的差距。前者是一些不容易消除的自然差距；后者是可以消除的社会差距。就业性别歧视是导致妇女就业难的主要原因之一，是应该消除的社会问题。它主要表现在三个方面：一是女性就业难，在同等条件下，妇女不容易找到工作；二是妇女不

---

① De George, R. T. Business Ethics[M]. 7th ed. Upper Saddle River, NJ: Prentice Hall, 2010: 350.
② 张时飞，唐钧. 中国就业歧视：基本判断[J]. 江苏社会科学，2010，（2）：52-58.

容易找到满意的工作，即使她们的个人能力与男性相等，甚至高于男性，也不被录用；三是收入低，待遇差。在工作岗位上女性不能享受同工同酬的待遇，也没有同等晋升的机会等。[①]

年龄歧视也屡屡发生。一些用人单位在招聘员工时纷纷将35岁以上的求职者拒之门外。世界卫生组织给"青年"下的定义是：45岁以下，46～59岁都是年富力强的"中年"。很多处于这个年纪的人，经验丰富、身强体壮，却被拒之于很多工作的门外，这些工作既不是要求跑得快、跳得高的体育运动，也不是纯粹凭气力吃饭的拉车、挑担、搬砖头，而是更看重知识和技能的"脑力劳动"。"35岁现象"限制并阻碍了人才的合理流动，而35岁以上的下岗、失业人员，尤其是女性，已成为就业的困难户。

为什么说歧视是不道德的呢？我们可以根据功利主义原则进行分析。

（1）对那些遭受歧视的人造成了伤害。如果这一行为扩展开来并且在以后的工作环境中重复进行，那么，伤害将是严重的而且长期的。它不仅影响到受歧视者本人，而且影响到他的家人。

（2）那些在公平竞争的条件下不可能获得这个职位或晋升现在却获得的人得到了好处，但是，给他们带来的利益不可能同那些遭受歧视的人所受的伤害一样的强烈。

（3）对企业而言，如果不实行歧视政策，而是按照与工作有关的特性或业绩进行雇用和提拔，那么，毫无疑问他们将可能雇用和提拔一些正受他们歧视的人。所以，他们并没有获得尽可能好的人选。一定程度上，他们也遭受了伤害而没有获得任何利益。

（4）作为整体的社会也受到了伤害。系统歧视产生了一个由遭受不公平待遇的人组成的社会阶层。他们势必会对社会产生怨恨，这种怨恨会在很多方面表现出来。社会上其他人也会有理由担心他们将是下一个被歧视的人群。

总体来说，这样的歧视行为比不进行歧视利益要小或弊端要大。因此，按照功利主义原则判断，歧视政策或行为是不道德的。

根据义务论原则也可以得出相同的结论。首先，康德的义务论主张，当且只有当一个人从事某一行为时，不把他人仅仅作为实现自身利益的工具，而是尊重并发展他人自由选择的能力时，该行为才是道德的。歧视他人的行为将被歧视的群体成员置于较低的社会与经济地位，没有体现对他们的尊重。其次，康德的义务论还主张，当且只有当一个人愿意把自己在特定条件下从事某一行为的理由作为每个人在相同条件下的行为理由，该行为才是道德的。因为歧视他人的人不想看到自己的行为被普遍化，尤其是，他们不想因为任何与工作能力无关的特点受到歧视，因此，歧视他人的行为是不道德的。

---

① 李新建，赵瑞美. 性别歧视与女性就业[J]. 妇女研究论丛，1999，(1)：4-8.

5.2 薪酬设计中的伦理问题

5.2.1 高管薪酬

在美国，20世纪70年代，102家大公司负责人的平均收入是普通全职工人工资的40倍，但在21世纪初，是普通工人工资的367倍。大公司中位列CEO之下的两位最高管理者，在20世纪70年代的薪水是普通工人的31倍，而在21世纪初则为169倍。2005年，收入最高的1%人群和10%人群占总收入的比例（分别为17.4%和44.3%）与20世纪20年代平均值（分别为17.3%和43.6%）相当。①

2018年我国A股上市公司董事长年薪在500万元以上的有44位，1000万以上的有10位。其中，薪酬最高的为年薪3169.67万元。有73位董事长年薪低于10万元，有6位甚至低于1万元。

早在2008年我国就出现过"天价薪酬"的争议。2008年3月20日中国平安披露的年报显示，2007年，董事长兼CEO马明哲、总经理张子欣、常务副总经理兼首席保险业务执行官梁家驹3人的税前收入分别为4616.1万元（没包括2000万元奖金）、4770.4万元和4813万元；同时，公司还有7名高管年薪税前收入超过千万元，国内上市公司中"无人能比"。中国平安高管的年薪在年报中一经披露，就引起争议。主要的争议有几个方面：第一，高管薪酬是否与公司业绩合理挂钩？第二，公司业绩是如何取得的，与高管的个人才能和努力有多大关系？第三，高管薪酬是由谁制定的？制定者是否有独立性？制定的依据是什么？

企业高管的薪酬定多少为宜成为世人关注的问题。对最低工资，相对容易达成共识，但是否要规定工资上限，或最低工资与最高工资之间的最大合理比率是多少，不是很容易回答。对高管的薪酬的批评不只是在高管工资对普通员工的倍数之上，其他三个常见的不满意见是，即便公司的利润下降或亏损，高管的工资还在上涨；高管往往在公司为了省钱而裁员时大幅涨薪；股票期权会让高管们获得过多等。无论如何，高管收入应当是透明和公正的，其与普通员工的收入差异不应当对社会造成显著的不良后果。

制定合理的高管薪酬应考虑以下因素：

应由独立的薪酬委员会按公正的程序制定薪酬标准。薪酬委员会可以包括企业有关部门的专业人员、企业的员工代表、独立董事、外部咨询顾问等，独立董事必须保持相当高的比例。

应将报酬与公司业绩合理挂钩。如果企业高管的高薪不能与企业的优异业绩匹配，

---

① 保罗·克鲁格曼. 美国怎么了——一个自由主义者的良知[M]. 刘波，译. 北京：中信出版社，2008：108.

不利于通过薪酬设计促进高管改善公司经营水平，提高企业竞争力。如果不管公司业绩如何，高管薪酬旱涝保收，是不公平的。美国国会听证会上，众议员亨利拿着雷曼兄弟董事长兼CEO理查德过去8年的个人收入表，厉声责问："公司已破产，你却拿了4.8亿美元，这公平吗？"

应将报酬与个人对公司业绩的贡献和责任联系起来。这里会遇到两大难题：一是贡献怎么衡量，即公司的业绩有多少是高管个人的贡献所致；二是公司赢利了可以挂钩，亏损了是否也要挂钩，可是，公司亏损个人怎么负得起责任？尽管困难，但必须考虑到这两个方面。

应有利于公司长短期利益兼顾。参照高管人员的个人能力评估和市场平均价格，制定具体的薪酬数额和结构。高管的薪酬一般由基本工资、年度奖金和长期激励三部分组成。基本工资稳定在一个固定水平，而后两者均为可变薪酬，三部分各占薪酬总额的1/3左右。换言之，在整个薪酬结构中，可变薪酬占到薪酬总额的2/3。长期薪酬占总额的一半。把可变薪酬设定为一个比较大的比例，其目的是使高管人员收入与企业业绩息息相关，而把长期激励作为可变薪酬的重要部分，也主要是平衡收益，避免高管人员为了追求短期绩效牺牲公司长远发展。

应考虑与普通员工的收入差距。高管与普通员工收入差距过大时容易使员工产生抵触情绪，削弱公司的凝聚力。因此，决定经营者收入时，应将普通职工工资收入作为其业绩考核的一个组成部分，以解决经营管理者收入增长比较快，而企业普通职工工资增长不快或者不增长的问题。

应考虑到个人所得税制度。如果高收入者的所得税税率很高，那么，当一个人的工资是另一个人的许多倍时，他们的实际收入差别并没有那么大。

应增强高管薪酬透明性。上市公司不应单单披露薪酬水平的绝对值，还应关注薪酬的组成结构、支付方式等，应在年报中对公司决定高管报酬的政策、报酬与公司业绩的关系，以及上一年度管理层报酬与公司业绩的关系做出详细说明。

公司面临的经营情况瞬息万变，具有杰出经营管理能力的高管无疑是稀缺资源。然而，高管薪酬涉及面广，影响因素多，不能仅仅考虑吸引、激励高管而忽视其他因素。

5.2.2 同工同酬

《中华人民共和国劳动法》规定，工资分配应当遵循按劳分配原则，实行同工同酬。一般认为，同工同酬是指用人单位对于从事相同工作，付出等量劳动且取得相同劳动业绩的劳动者，支付同等的劳动报酬。

毋庸置疑，同工同酬体现着两个价值取向：一是确保贯彻按劳分配这个大原则，即付出了同等的劳动应得到同等的劳动报酬；二是防止工资分配中的歧视行为，即要求在同一单位，对同样劳动岗位、在同样劳动条件下，不同性别、不同身份、不同户籍或不同用工形式的劳动者之间，只要提供的劳动数量和劳动质量相同，就应给予同等的劳动报酬。①

从目前来看，同工不同酬主要表现为：正式工与临时工、合同工与劳务工、实习生（即以实习为名大量招聘学生工）、新老职工之间等。

同工不同酬的成因，主要有以下几方面：

首先，是劳动市场供大于求的必然。我国有丰富的劳动力资源，使得劳动市场供大于求，劳动者在建立劳动关系方面处于弱势地位，往往只能被动接受企业的分配方式和分配结果。

其次，是城乡差别在用人单位体制上的反映。我国的劳动力市场原来分为城市劳动力市场和农村劳动力市场，户籍大门打开后，这两个市场的差别消失了，但是城市劳动力市场内部出现了二元的劳动力市场——事业单位和国企分为正式的有编制的劳动力队伍和非正规的临时工合同工队伍，后者由农民工和城市临时工组成。

最后，是地方政府劳动政策使然。为了以更低廉的劳动成本吸引外商投资，许多地方政府制定了所谓的劳务工、实习生、临时工的政策，这不仅给用人单位对此类员工支付低于合同工工资待遇的借口，而且变相地允许用人单位在用工问题上规避其应当承担的强制性保险等义务，直接造成了同工不同酬。

同工同酬是社会发展的必然趋势。用人单位，无论是国有企业、事业单位，还是外资企业、民营企业等，都应该重视这一问题，在同工同酬这一原则框架下，完善、规范用工制度，自主确定员工工资，并经与劳动者协商将其劳酬体现在劳动合同中，从制度上减少或缓解同工不同酬的问题。

当然，怎么理解"同工"也很重要。劳动岗位的技术化、协作化、多元化趋势日益增强，即使岗位完全相同，劳动量也相同，但劳动的质会存在差异。只注意"量"的相同，忽视"质"的差异，也是不公平的。

5.3 劳资关系中的伦理问题

5.3.1 劳资关系

不签劳动合同或者尽量签订短期合同可以给企业带来直接的利益，可以降低用工成本，便于管理。但这种做法并没有考虑到劳资关系中的另一方——员工的利益。由于是短期合同，员工缺乏安全感。一些人把自己最好年龄阶段的一切贡献给了企业，突然失去了工作，打击可想而知。相反，如果无视企业的用人自主权和签约自主权，

---

① 巩丽霞.关于劳动法中"同工同酬"的探讨[J]. 理论界，2006，（7）：96-97.

无条件地实行终身雇用,员工有了安全感,但企业却会因为员工失去积极进取的压力,导致创新不足,效率低下,丧失在全球化竞争环境中的生存能力。当然,企业利益与员工利益也有一致的地方:缺乏安全感和公平感的员工不可能对企业忠诚,不可能尽心尽力为企业工作,从而削弱企业的竞争力;而企业如果失去竞争力,员工的利益也就无从谈起了。因此,合理的劳动关系应该是在这两个极端之间找到合适的位置。要尊重企业与员工各自的权利,兼顾各自的利益。

2018年修改的《中华人民共和国劳动法》规定:劳动合同的期限分为有固定期限、无固定期限和以完成一定的工作为期限。劳动者在同一用人单位连续工作满十年以上,当事人双方同意续延劳动合同的,如果劳动者提出订立无固定期限的劳动合同,应当订立无固定期限的劳动合同。无固定期限劳动合同只是双方约定没有确定终止时间的合同,而不是"永久合同",它意味着双方建立了较为稳定和长远的劳动关系,但并不意味着劳动合同永远不能解除。

员工在表现达不到要求或者公司无力继续雇用时没有权利继续工作,但是,员工不应被随意解雇,这是公正所要求的。员工不是可以随意丢弃或替代的物品,应当作为人而受到应有的尊重。理查德·T.迪乔治认为,对在解雇时要遵循什么具体的准则,尚存在争议,但以下两个一般性原则常常是适用的:第一个原则是,一个员工在公司的工作时间越长,公司就越有责任不解雇他,除非事出有因。那些为公司提供多年合格服务的人比那些刚工作的人应该获得更多的考虑,应该有得到帮助、鼓励和改进的机会,如果可能,应该让他们从事更容易完成的工作,这是对员工的忠诚的最低限度的补偿。第二个原则是,雇主应该将终止雇用的原因告诉雇员,这个原则来自于对人的尊重。不仅要告知,而且原因应当是合理的。如果雇员对解雇理由质疑,应有声辩的机会和途径。①

公司虽然不能保证永远不解雇员工,但可以为他们提供学习新技术和新知识的机会,提供施展自己才华的空间,客观上为以后寻找其他工作做好准备,缓解员工对未来的不安全感。这意味着员工可以和企业一起担负起自己职业发展的责任,并尽力保证自己和所在公司部门的竞争力。

实践中的伦理

苏州固锝创建幸福企业

在苏州,有这样一家企业,每天早上7:30,管理层都会在工厂门口,迎接陆续前来上班的员工,向他们微笑问候:"早上好!你们辛苦了!感谢你们!"员工们也会向上司还礼,开车的人还会把窗户摇下来问好。

---

① De George, R. T. Business Ethics[M]. 7th ed. Upper Saddle River, NJ: Prentice Hall, 2010: 352-353.

这是经营幸福企业的一个实践，这家企业叫苏州固锝电子股份有限公司。

苏州固锝创立于1990年11月，前身是一家校办工厂，2006年11月于深交所上市，成为中国二极管制造行业的首只A股。苏州固锝如今是中国最大的二极管生产基地，产品销往全球50多个国家和地区，在全球同类电子元器件市场占据8%~9%的份额。目前苏州固锝已经有2 000多名员工。

用"家文化"经营幸福。

2010年，苏州固锝的董事长吴念博提出了"建设幸福企业"的概念——要把企业当作"家"来爱护和经营，把所有的员工当作"家人"。

要让员工有家的感觉，先得给他们找到家，为此，苏州固锝提出了"幸福班组制"。制造企业中最基层的组织形式就是班组，班组是企业各项工作的落脚点，一个班组七八个成员，刚好构成了一个"小家"。

为了促进班组成员之间的相互关心，也为了激励领班去关怀本组员工，苏州固锝每个月都评选"幸福班组"和"幸福领班"，还建立了一系列的人文关怀制度——幸福午餐、温暖你我他活动、新员工座谈会、员工离职欢送会等。

人文关怀离不开人文教育，人文教育的重点在于教会员工懂得爱和感恩。降低攀比心和强烈的欲望，员工才能感受幸福。

我爱我家：无处不在的精实管理。

既然企业是我家，那么我就会像爱家一样爱它，员工们就是带着这样的主人翁心态投身于"我爱我设备""绿色运营"和"金点子献策"的活动，使得"消除浪费，持续改善"的精实理念能够在工厂的各个角落得以落实。

过去，苏州固锝推行六西格玛，企业要"求"着员工参加培训，而员工则感觉是"为了企业"而接受培训。但是倡导"家文化"之后，员工会主动向领导提培训要求。身份变为"家人"以后，员工焕发出了极大的热情和主人翁精神，在公司推行精实管理体系的过程中，这一点表现得尤为明显。

我爱大家：把幸福辐射全社会。

苏州固锝提倡的"家文化"不仅限于企业，它还提倡把幸福传播到社会这个大家庭中。因此，苏州固锝500多名志工除了承担企业内部的义务活动，还走入社区，开展诸多公益慈善活动。志工体系是苏州固锝一项独有的管理创新，不仅大大减少了管理成本，而且为企业培养了一支潜在的人才梯队。

从传统企业向幸福企业转型。

当今是一个"企业社会化"和"社会企业化"的时代，现代社会发展的一个重要推动力量来源于企业。苏州固锝董事长吴念博认为，企业是否做得好的确要看利润指标，但它不是唯一的指标。企业应当为社会和谐以及员工的幸福而存在，而不只是为了创造经济效益的单一目标而存在。

〔王海杰. 苏州固锝：幸福企业的先行者[EB/OL]，http://www.ebusinessreview.cn/articledetail-185569.html.〕

5.3.2 利益冲突

当员工有利益，该利益激发员工以实现自身利益而非服务于雇主利益的方式工作时，就产生了利益冲突。利益冲突是指个人由于受到非其所应有的其他利益的驱使，而使其客观性被削弱。这里"非其所应有的其他利益"，主要包括建立在父子（女）、母子（女）、夫妻等亲属关系、社会中重要私人关系基础上的关联利益，或者对公司利益构成潜在损害的商业贿赂、回扣等。利益冲突常常与金钱有关，但也可以不涉及金钱，而与情感或其他因素相关。可以是实际的利益冲突，也可以是潜在的利益冲突。

企业利益冲突还可以分为内部利益冲突和外部利益冲突两种。

外部利益冲突，是指企业雇员和与本公司有业务竞争关系或有其他各种业务往来的任何组织（包括个人）中的雇员存在亲属关系或其他特殊利害关系，这些关系可能在该员工履行本公司职责时影响其对问题的判断或决定，并进而导致实际的或潜在的利益冲突的发生。例如，采购代理商应该为了公司的利益进行决策，采购的商品或服务的价格应该是经过讨价还价的，并应不高于公允价格。有时供应商会提供给采购代理人回扣，以满足其个人利益，从而使之愿意接受一个更高的购货价格。如果回扣被接受，并且起作用，那么采购代理人正将他的利益和供应商的利益置于其雇主利益之上。这与雇主的期望相反，雇主希望为雇员的尽心尽力的工作支付公正的报酬。

内部利益冲突，是指两名或两名以上雇员在公司内部处于相互检查或制约的岗位，包括相互汇报的岗位上存在亲属或其他特殊利害关系，而这些关系可能在雇员履行职责时影响其对事件判断的公正性、客观性，进而导致实际的或潜在的利益冲突发生。如收款业务和销售业务、采购业务和付款业务、收款和记账、收发货物和电脑记账等。如果这些处于相互牵制的部门或岗位存在亲属关系或特殊利害关系时，对公司的利益就可能构成现实的或潜在的损害。

由于利益冲突的存在，相关主体可能会通过各种关系把公司的利益往外进行输送或转移，使得公司无法通过市场竞争得到最好的资源配置，客观上导致不公正、不公平，甚至造成资产的流失。

5.3.3 商业贿赂

2017年《中华人民共和国反不正当竞争法》中关于商业贿赂的条款如下：第七条 经营者不得采用财物或者其他手段贿赂下列单位或者个人，以谋取交易机会或者竞争优势：（1）交易相对方的工作人员；（2）受交易相对方委托办理相关事务的单位或者个人；(3)利用职权或者影响力影响交易的单位或者个人。员工收受贿赂或索取贿赂，是违法和不道德的行为。

那么，怎么看待接受礼物呢？

文森特·巴里（Vincent Barry）建议，在评价接受礼物是否合乎伦理时，应该考虑以下因素：[①]

(1) 礼物价值多大？也就是说，礼物是否大到足以影响个人的决定？

(2) 礼物的目的是什么？也就是说，送礼是为了贿赂吗？

(3) 是在什么情况下送礼的？也就是说，礼物是公开赠与的吗？送礼是为了庆祝某个特殊事件（如圣诞节、生日或开张营业）吗？

(4) 礼物收受者和赠与者的职位是什么？也就是说，收受者的职位会影响其所在企业与礼物赠与者的交易吗？以及赠与者处于能通过送礼受益的职位吗？

(5) 当地的商业惯例是什么？也就是说，礼物是公开的且众所周知的行业惯例吗？

(6) 公司的政策是什么？也就是说，公司禁止接受礼物吗？

(7) 法律有何规定？也就是说，是否有法律禁止这种礼物？

5.3.4 人员流动

人员流动可促进企业人力资源的优化组合，做到人尽其用。一般来讲，企业人员流动主要有两种情形：一种是员工主动离职，一种是企业解雇员工。

主动离职的主要形式是员工出自其本意离开原企业到另一企业就职的行为。对员工个人来说，职业生涯发展是一个持续渐进的过程。根据不同时期和不同要求，个人愿望与职位要求存在相适应和相背离的现象，当现有职位的条件已经不能满足个人发展要求时，员工便可能选择跳槽。

解雇，实质上是企业根据某些条件与员工结束劳动合同关系的行为。在激烈的经济竞争环境中，解雇是不可避免的现象。对企业而言，降低成本最便捷的途径之一就是通过削减或者合并岗位，达到降低成本、提高劳动生产效率的目的；此外，适当的解雇，一方面可以淘汰那些不符合要求或不适应企业发展变化的员工，另一方面可以促进在职员工不断学习、上进、提高职业水平，有利于员工成长和企业发展。

解雇并非不可以，关键是要做到公正合理。公正的解雇至少包含以下几点：(1) 有正当的理由，无论是公司原因（如业绩下降或业务调整且无法在公司内重新安排岗位）还是个人原因（如违背公司规定或达不到公司要求），都要明确给出正当的理由；(2) 有正当的程序，公司的裁员或解雇政策应对所有人一视同仁，被解雇的人应有申辩的权利；(3) 应有相应的补偿。

[①] Vincent, B. Moral Issues in Business[M]. Belmont, CA: Wadsworth Publishing Company, Inc., 1986: 237-238.

5.3.5 商业秘密与竞业限制

商业秘密的特征：

第一，该项信息具有秘密性。秘密性是指一项信息没有被任何人以任何形式向社会公开过，不为公众所知悉，这是商业秘密的首要构成要件。这里指的向社会公开，是指向不特定的人员透露。本单位职工因工作需要而掌握的秘密不能认为是向社会公开；其他单位因业务往来了解到有关秘密的，如果双方有约定或者明知该项信息是他人的商业秘密的，其他单位负有保密的责任，该项信息不视为已对外公开；他人窃取商业秘密但该秘密尚未扩散的，不视为该信息已丧失秘密性；权利人使用技术秘密制造的产品公开出售，也不视为该项技术秘密已向社会公开。此外，对于一项完整的信息，如果仅仅被部分公开，则未公开的部分仍然属于商业秘密。

第二，该项信息具有商业利益性。作为商业秘密的信息必须具有一定经济价值。一项信息具有商业利益性，不仅是指该信息能够立即转化为经济价值，凡是具有潜在的经济利益或可给权利人带来竞争优势的技术信息和经营信息，都属于具有商业利益性的信息。技术信息和经营信息，包括设计、程序、产品配方、制作工艺、制作方法、管理诀窍、客户名单、货源情报、产销策略、招投标中的标底及标书内容等信息。

第三，该项信息具有实用性。所谓具有实用性，是指该信息能够被权利人实际使用于生产或者经营。可以从两方面来理解实用性的概念：一方面，如果一项信息是一种纯粹的理论或不能实现的错误构思，则不能作为商业秘密被保护；另一方面，一项信息具有实用性，并不意味着必须能够直接用于生产经营。如果该项信息能够为权利人的生产经营活动提供间接的、有益的帮助，仍应当认定为具有实用性。例如，阶段性的技术成果，往往不能直接用于生产经营，但是，它是权利人进一步开展研究工作的基础，对技术成果的最终完成具有重要作用，它就应当被认定具有实用性。

第四，该项信息具有保密性。保密性是指权利人采取了合理的保密措施来保护其商业秘密，是商业秘密成立的一项重要的构成要件。如果权利人没有采取保密措施，放任相关信息公开，则可以推定权利人自身也没有认为该信息是商业秘密，或者可以推定其没有要求保护的主观愿望。值得注意的是，"合理的保密措施"是指在正常情况下可以使该信息得以保密，而非万无一失的保密措施。

面对大量的员工离职的现实，怎样既保守公司的商业秘密又尊重员工离职择业的权利成了一个棘手的问题。雇主为了防止商业秘密被泄露，常用的方法是"竞业限制"。

2012年修正的《中华人民共和国劳动合同法》对保密义务和竞业限制做了如下规定：用人单位与劳动者可以在劳动合同中约定保守用人单位的商业秘密和与知识产权相关的保密事项。对负有保密义务的劳动者，用人单位可以在劳动合同或者保密协议中与劳动者约定竞业限制条款，并约定在解除或者终止劳动合同后，在竞业限制期限内按月给予劳动者经济补偿。竞业限制的人员限于用人单位的高级管理人员、高级技术人员和其他负有保密义务的人员。在解除或者终止劳动合同后，前款规定的人员到与本单位生产或者经营同类产品、从事同类业务的有竞争关系的其他用人单位，或者自己开业生产或者经营同类产品、从事同类业务的竞业限制期限，不得超过两年。

竞业限制，其实质是限制职工在本单位任职期间和离职后与本单位业务竞争，特别是要禁止职工离职后就职于或创建与原单位业务范围相同的企事业。理论上，竞业限制对于企业和人才都有好处。对企业来说，尽管需要支付一定的补偿，但是可以避免人才频繁流动带来的损失和商业机密的泄露；对个人来说，则可以在相应的竞业限制合同中，要求企业提供培训机会、成长空间，并且在离职后获得相应补偿。

由于涉及的利益关系比较复杂，现实中雇主雇员站在各自角度有不同看法：雇主认为作为职业人员，保守公司秘密是理所当然的事情，不能危害公司以及同事的利益。离职后不能以任何方式损害原公司的利益。雇员认为企业和员工之间，员工永远处于下风。当员工面临一个好机会，他别无选择，因为他不能放弃任何一个对自己有利的工作。但是同时他又面临很大风险，他在未来公司里面投入时间和精力，所掌握的秘密也都是平时的积累。一旦签订了竞业限制合同，万一和雇主产生不愉快而辞职，那么他只能有两种选择，要么去其他行业就业，要么在合同有效期内放弃就业，这对他们来说是很不公平的。即便是有经济补偿也是不够的。雇主总是在抱怨员工道德素质如何不高，但是雇主一年赚几千万，对员工尤其职业经理人只有那么点补偿。而且雇员在行业中积累的资源不加以利用也是巨大的浪费。

5.3.6　电子监控和个人隐私

信息技术的不断发展方便了我们的工作和生活。为了提高效率，获得竞争优势，越来越多的企业开始将信息技术应用到日常的商业运作中。一方面，企业从信息技术的普及使用中获得便利；另一方面，员工也会利用这些工具进行私人的活动，甚至会有意无意地泄露公司秘密。为了防止员工网络聊天、网络购物、上班炒股以及工作时间干私活等行为，越来越多的企业采用电子监控的措施，使得大量的个人隐私暴露在人力资源管理的视线下。

目前，常用的电子监控形式主要有以下几种：

1. 电话监听

电话监控内容包括检查时间、目的地、通话时间等。有的系统甚至还可以让雇主旁听员工之间或员工与外界联系的电话。

2. 计算机监控

雇主常常监控员工的电脑，通过视窗等输出设备了解员工使用电脑情况。计算机监控有以下几种形式：（1）雇主应用网络管理程序监视并储存雇员计算机终端屏幕或硬盘上的信息；（2）有些程序软件可使计算机网络系统管理员调阅用户子目录中的文档。有些则在指定时间段里，拍下电脑显示屏上的快照；（3）还有一些新的搜索密探程序，可以过滤电子邮件，阻止与工作无关的即时信息进入办公电脑，雇员试图访问的所有网站，都可能被拦截并记录在案。

3. 电子邮件与语音邮件查阅

大多数情况下，工作场所电子邮件和语音邮件不是私人的。如果一套电子邮件系统被公司应用，雇主拥有系统并有权查阅其中的内容。公司内部，以及由计算机终端发往其他公司或从外部接收的电子函件都在雇主的监控范围内。语音邮件系统也是同样。即使信息被删除，它们经常会在一定时期内与其他重要数据一起备份于计算机系统的磁盘中。虽然公司电子邮件系统有私人信件的选项，大多数情况下，它并不确保信件的隐秘性。除非雇主发表书面的有关电子邮件标有私人信件的信息具有机密性。

4. 全球卫星定位

有的移动电话芯片 SIM 卡具有全球卫星定位功能，公司给员工安上这种电话卡后，就能随时知道员工的位置，让员工在上班期间的工作尽收眼底，无法遁形。

有的要求手机打卡。例如，某公司是一家向企业销售应用软件解决方案的公司，公司大部分员工是向客户销售其企业解决方案的销售人员，还有配合销售团队方案交流的技术顾问和项目实施交付的技术顾问。这些面向客户的销售人员和技术顾问大部分时间是在客户处办公，所以针对这部分员工的考勤成为公司 HR 比较头疼的问题。之前针对技术顾问上门需要客户签署工作日志作为相应的考勤依据，而销售人员需要向部门经理发送工作日志邮件来确认考核。

经过多年实施后发现，这两种考核方式都存在不少舞弊行为：技术顾问可以和客户关系比较好的人员提前沟通，在技术顾问没有实际到场的情况下，客户提前或者延后签署工作日志以完成该顾问考勤要求。销售人员也可以通过个人杜撰和编造邮件来完成公司对自己的考勤要求。

这件事情困扰 A 企业 HR 考勤人员很久，后来随着移动互联网技术的发展，公司 IT 技术人员开发出一个手机考勤 App，可以通过手机进行定位考勤。员工可以通过自己手机安装公司的 App 进行定位打卡，定位到周围 50 米以内的地方来确认自己的工作位置。这个 App 出来以后迅速在每个部门得到推广，所以外勤的工作人员被要求每天完成 4 次打卡：上午上班，上午下班，下午上班，下午下班。App 的出现很好地解决了公司 HR 考勤人员对员工的考勤问题，但也受到员工侵犯隐私权的怀疑。

随着电子监控逐渐走进了普通雇员的办公室，雇主和雇员面临着关于隐私权的新的法律和伦理问题。

雇主认为公司的信息工具是用于工作的，公司中的人应该利用通信工具和同事、上级、下属、客户联系，利用信息工具安排生产、编制报表预算，等等。如果员工利用这些设施进行私人目的的活动，与公司目的相违背，是不能允许的。他们认为监视活动是必要的，理由是：

（1）避免滥用公司资源。员工利用这些工具不但会造成直接的商业成本增加，也会造成误工，降低效率等机会成本的上升。而且这些设施都是公司的财产，员工只有使用权，而且是为了实现公司经营目标而去使用它们。

（2）了解工作时间的使用。一些员工需要在公司外工作，特别是业务员，很多时间不在公司，公司不仅支付报酬还支付通信费、差旅费等，公司有权了解工作时间员工在做什么。

（3）防止员工的盗窃行为。员工使用这些设备有时候不仅为了聊天、上网等休闲目的，还有的是为了侵占公司的资源，如窃取共用设备。如果没有监视的话，很难追查嫌疑人。还有的是为了了解公司重要信息，甚至窃取商业机密提供给竞争者，这种行为给公司带来的损失最大。

（4）解决技术上的问题。企业中有时候会遇到内部设备的技术问题。遇到这种问题企业的运作会遇到很大影响，必须很快加以解决，但是仅仅依靠讨论分析是不够的，企业必须跟踪某些员工对这些设备的使用情况。

然而，工作场所进行电子监控，雇员的隐私权势必在一定程度上受到侵害。只有他人面临严重的威胁时，才可以涉及他人的隐私范围。在工作生活的其他领域，也会涉及其他的私人秘密，我们同样有权保守它。如果其他人试图窃取它们，他们可能侵犯了我们的隐私。因此电话监听、计算机监控、电子邮件与语音邮件监控等手段可能是对个人隐私的侵犯。

另外，当员工受到如此严格的监控时，他们的士气和效率反而会下降。如果没有一个鼓励灵活性和创造性的工作环境，员工就没有发挥个性的空间。

因此，对于电子监控，关键在于雇主和雇员双方确立恰当的界线，确保双方的正当权利得到保护。如果管理者对监督行为能够给员工一个出于工作原因的解释，员工将更愿意把它当作一项工作规定去遵守。企业在对员工进行监控之前，应该制定出一个合理的政策并有选择地进行监控，通过公司内部的备忘录、员工手册、工会条款、开会或贴在计算机上的便条等方式使员工充分了解相关的政策制度信息。

5.4 工作安全中的伦理问题

5.4.1 工作安全

员工进入公司工作，首先面临工作安全问题。对员工工作安全的关注是雇主的基本道德责任之一。

我国《中华人民共和国劳动法》规定：用人单位必须建立、健全劳动安全卫生制度，严格执行国家劳动安全卫生规程和标准，对劳动者进行劳动安全卫生教育，防止劳动过程中的事故，减少职业危害。劳动安全卫生设施必须符合国家规定的标准。用人单位必须为劳动者提供符合国家规定的劳动安全卫生条件和必要的劳动防护用品，对从事有职业危害作业的劳动者应当定期进行健康检查。从事特种作业的劳动者必须经过专门培训并取得特种作业资格。劳动者在劳动过程中必须严格遵守安全操作规程。劳动者对用人单位管理人员违章指挥、强令冒险作业，有权拒绝执行；对危害生命安全和身体健康的行为，有权提出批评、检举和控告。

严格意义上讲，所有行为都存在风险，没有什么是绝对安全的。问题是，我们应该付出多少代价去减少风险？达到什么程度，我们算是尽到了责任？

虽然分析工作中的风险程度是复杂而模糊的，但是在实际工作中，企业还是可以遵循一定的原则来处理工作安全问题。

（1）预先告知风险

在与员工签订劳动合同时，就应该告知工作中可能会遇到的风险。在员工了解到未来工作可能会遇到的危险之后，在平等自愿的条件下签订劳动合同。如果由于高失业率或者急需该职位，员工别无选择地签订的合同，这不能算是一个公平的合同。雇主知道存在对健康或者安全有害的危险时，有责任减少这些危险，或者通知雇员以便在雇员知情后再做选择是否继续他们的工作，雇员的选择应当是自愿和平等的。

（2）至少提供最低安全保障

工作场所安全有一个最低标准，安全低于此标准产生的风险是不能为道德所接受的。其中包括必须预防任何可以很容易避免的伤害。比如，希望工作的场所有充足的通风和适宜的温度，有防火措施，与危险机械、有害物质有关的工作也要有保护。

（3）培训员工识别和防范风险

企业对员工进行工作技能培训，识别风险也是其中的内容。首先企业通过工作分析等手段了解工作中可能存在的风险，提出识别防范风险的方法。其次，将这些方法与工作技能培训融合在一起，安排专门课程传授识别和防范风险办法。最后，要不断提醒，并在醒目的地方设置风险提示标志。

（4）监督检查

即使预先告知了风险及危害，即使进行了必要的培训，有人仍然会疏忽大意，仍然会为了便利而置安全于不顾，所以，制定安全制度，进行监督检查，及时发现并消除安全隐患。应对员工进行定期体检，对于从事易患职业病的工作的员工，定期体检尤其重要。

（5）给予经济补偿

经济补偿包含两个方面，一方面，提供津贴或者补助给从事危险岗位工作的员工，使他们的劳动价值得到体现。另一方面，企业通过购买保险等方法保障员工意外发生后的生活。

昆山中荣粉尘爆炸事故

2014年8月2日，江苏省昆山市中荣金属制品有限公司（以下简称中荣）抛光车间发生特大粉尘爆炸，事故造成75人死亡，185人受伤。

中荣是一家台资企业，创建于1998年，坐落在昆山经济开发区，核心业务是电镀铝合金轮毂。

它的产品——抛光好的铝合金轮毂，卖到美国去，一个就值好几千元。而它的买家中，不乏全球知名的跨国企业。

抛光轮毂，是在一个不断转动的轮子上面套上一层砂纸，然后在轮毂上反复打磨，直到轮毂变得光可鉴人。这个过程会产生很多金属粉尘。

现已发现以下七类物质的粉尘具有爆炸性：金属（如镁粉、铝粉）；煤炭；粮食（如小麦、淀粉）；饲料（如血粉、鱼粉）；农副产品（如棉花、烟草）；林产品（如纸粉、木粉）；合成材料（如塑料、染料）。粉尘爆炸要满足三个条件：可燃性粉尘以适当的浓度在空气中悬浮；有充足的空气和氧化剂；有火源或者强烈震动与摩擦。

粉尘处理，对设备要求很高，一些企业用比较好的除尘设备，采用的是物理吸附原理，同时还能消除静电防止爆炸，但这样的设备太贵。中荣采用的设备，通过电力产生风力，把粉尘吸进一个帆布袋里，然后定期清理帆布袋。

同业工厂里，抛光车间里一般会安装粉尘密度监测仪，一旦密度超标，仪器就会报警，发出尖锐刺耳的声音。车间里还要配备安全员，专门负责跟踪相关安全指标，但在中荣一直是缺位的。

工人们不知道这些自己亲手制造的粉尘会"要命"。最直观的感受只是很脏，工作半天，全身上下就都被厚厚的粉尘覆盖，如果不是眼睛还亮着，整个人就像一个"兵马俑"。

按惯例，每天开工前，抛光车间的班长们会对自己管理的工人做一番动员，强调两点：一是要分秒必争多出产品；二是要精工细活保证质量。

班长每天动员的时候不会讲到安全问题，因为他们也不懂，他们不知道粉尘会发生爆炸，更不知道是如此剧烈的爆炸。即便工作将近10年的老工人，也没有一个人知道车间可能发生爆炸。

工人们对中荣的评价，"脏、累"是主要的表述，但基本没有提到安全。脏、累，但收入相当诱人。一个月，大部分工人都能拿到四五千元工资。

工作了9年的一位员工回忆，安监等相关部门一年会检查三四次。中荣的应对方法如下：

（1）检查当天，至少减少一半工作量。有时，还会让工人等到检查组快进来时再开工，如此粉尘量会减少；

（2）提前一晚突击清理，清扫除尘机，打扫车间卫生，还会喷水保湿；

（3）经常来检查的工作人员比较熟悉，会动用一些"公关手段"。

事故调查组初步认定，引发此次事故的相关因素包括：

（1）企业厂房没有按二类危险品场所进行设计和建设，违规双层设计建设生产车间，且建筑间距不够。

（2）生产工艺路线过紧过密，2000平方米的车间内布置了29条生产线，300多个工位。

（3）除尘设备没有按规定为每个岗位设计独立的吸尘装置，除尘能力不足。

（4）车间内所有电器设备没有按防爆要求配置。

（5）安全生产制度和措施不完善、不落实，没有按规定每班按时清理管道积尘，造成粉尘聚集超标；没有对工人进行安全培训，没有按规定配备阻燃、防静电劳保用品；违反劳动法规，超时组织作业。

5.4.2 工作压力

全球办公设施解决方案供应商雷格斯（Regus）2012年发布的调查显示，在全球80个国家和地区的1.6万名职场人士中，认为压力高于去年的，中国内地占75%，中国香港地区占55%，分列第一和第四，都大大超出全球的平均值48%。其中，上海、北京分别以80%、67%排在城市的前列。

适度的压力水平可以使员工集中精力，增强机体活力，提高忍耐力，减少错误的发生。但过度的工作压力将导致人的新陈代谢出现紊乱，心率、呼吸率增加，血压升高，头疼，易患心脏病等生理症状，出现工作满意度下降，紧张、焦虑、易怒、情绪低落等心理症状，还会出现生产效率下降、缺勤、离职、饮食习惯改变、烦躁、睡眠失调等行为症状。

为了解决员工压力过大问题，企业可以从个人和组织两个角度进行应对。个人角度压力管理的主要策略：

（1）生活方式管理：养成有规律的生活习惯，平时加强体育锻炼，增强体质，提高抵御压力的能力。

（2）工作方式管理：评估工作中的压力，摆正心态、积极学习消除压力的技巧和方法，主动出击消除压力。

组织角度压力的管理策略：

（1）角色定位：让员工清晰准确地了解自己的角色定位，明确自己的岗位和工作职责。

（2）设定目标：给员工设定合理的但具有挑战性的目标，让他们了解目标并及时反馈目标进展情况，会让他们做得更好。

（3）工作再设计：工作扩大化或者工作轮换，给员工新的发展空间。脱离原先早已熟悉的工作会让员工产生新鲜感，主动地进行学习，不但有利于员工身心健康，也提升了员工潜在价值。

（4）弹性工作制：给员工自由支配工作时间，满足员工发展需求，提高他们的工作满意度和工作积极性。

（5）公正风气：公平、公正、公开对待员工，营造公正的企业风气。

（6）员工援助计划：提供必要的员工援助计划，提高员工健康水平。

5.4.3　性骚扰

2001年6月，西安市一国有企业女职员向西安市莲湖区法院提出指控，指控她的上司，即总经理对她进行了性骚扰，侵犯了她的人身权利，要求总经理向她赔礼道歉。这是我国第一次进入法律程序的性骚扰案件。2001年12月22日，西安市莲湖区人民法院以缺乏证据为由驳回原告的起诉。

性骚扰原指男上司或者男雇员用淫秽的语言或者下流的动作挑逗、侵犯女雇员，甚至强行要求与其发生性关系的行为，后引申为社会上以各种性信息侮辱异性（主要是妇女），或者向异性提出性要求的行为。

性骚扰的地点大多发生在工作场所，少部分发生在公共场合或者私人场合。中国企业联合会雇主工作部法务主管赵国伟指出，工作场所性骚扰主要包含两种类型，即"交易性"骚扰和"制造敌意工作环境"骚扰。"交易性"骚扰指在企业身居高位者以给予或保持某种工作中的好处，包括加薪、提拔、提供培训机会等，向员工提出性要求。"制造敌意工作环境"骚扰指不受欢迎的性攻击、性要求，或其他带有性色彩的语言或身体行为。其后果是形成不利于工作的，甚至是有害的工作环境。[①]

性骚扰是性伤害的一种形式，它在生理、心理和感情上都会给对方造成极大的伤害。这样做明显侵害了雇员不受性骚扰的权利。雇员不受性骚扰的规定不但给其他雇员和主管规定了义务，同时也给雇用企业规定了应提供一个没有性骚扰的环境的义务。

[①] 陈丽萍. 劳动法应管管性骚扰[N]. 法制日报，2005-06-05.

【本章提要】

1. 工作权利与生存权和发展权有一定的关系,它是从被尊重的权利派生而来的。
2. 由于存在员工和公司之间天生的不平等、外部条件的限制和不道德的雇用条件,故奉行聘用自由原则并不能保证聘用行为是正当的。
3. 就业歧视是指基于种族、肤色、性别、宗教、政治、民族血统或社会出身等原因而实行的,具有取消或损失就业和职业方面的机会和待遇平等作用的任何差别、排斥或优惠。
4. 高管薪酬影响广泛,在薪酬设计时除了要考虑到吸引和激励优秀的高管,还应考虑薪酬设计主体的独立性、报酬与公司业绩挂钩、个人对公司业绩的贡献、有利于公司长短期利益兼顾、与普通员工的收入差距、公众的接受程度、个人所得税制度、薪酬透明性等因素。
5. 同工同酬是应该努力的方向。"同工"不只是岗位相同,不只是劳动的"量"相同,还应包括劳动的"质"相同。
6. 利益冲突是指个人由于受到非其所应有的其他利益的驱使,而使其客观性被削弱。
7. 为了保护商业秘密权利人的利益,采取竞业限制措施不无道理,但员工的利益也应该得到保护,因此,如何恰当平衡两者的利益关系是解决问题的关键。
8. 工作场所进行电子监控,雇员的隐私权势必在一定程度上受到侵害。解决这一问题的关键在于雇主和雇员双方确立恰当的界线,确保电子监控是适当行为。
9. 在不可能做到绝对安全(实际上几乎不存在绝对的安全)的情况下,雇主有责任提前告知危险、至少提供最低安全保障、培训员工识别和防范风险、监督检查、给予经济补偿。
10. 适当的压力能提高效率,刺激创新,但工作压力过高不仅适得其反,而且也违背了工作的根本目的——为了更加美好的生活。因此,企业有责任采取必要的、降低压力的措施。
11. 性骚扰是一种性歧视,包括语言、身体接触以及暴露性器官等,是性伤害的一种形式,它在生理、心理和感情上都会给对方造成极大的伤害。

【重要概念】

就业权
就业歧视
同工同酬

利益冲突
商业贿赂
商业秘密
竞业限制
电子监控
个人隐私
工作安全
工作压力
性骚扰

1. 人有工作权利吗？为什么？
2. 怎样解释员工和公司之间固有的不平等关系？
3. 何谓工作歧视？
4. 如何运用功利主义和权利论分析歧视的不道德性？
5. 设计高管薪酬时应考虑哪些因素？
6. 如何理解同工同酬？
7. 解雇时应怎样做以体现对人的尊重？
8. 什么是利益冲突？
9. 评价接受礼物是否合乎伦理时要考虑哪些因素？
10. 如何看待无固定期合同的规定？
11. 怎样做才能既保护雇主的商业秘密又保护雇员的正当利益？
12. 怎样处理电子监控和个人隐私权保护之间的冲突？
13. 有时很难做到工作环境绝对安全，那么怎样才算尽到了对雇员的工作安全的责任？
14. 工作压力过高会带来哪些问题？
15. 常见的性骚扰行为有哪些？

案例1　接受礼物规定

X 公司是一家中外合资企业，在日常的业务运营过程中需要与成百上千家上下游的供应商展开合作，在与供应商的商业往来中，公司针对商务礼仪有这样一项规定：针对供应商或者潜在供应商在日常商务与技术交流中存在的送礼问题，单次礼品（包括购物卡等）价值小于 200 元人民币，员工可以自行处理，不必申报。对于价值大于 200 元的礼品，员工需要向法务部门申报上交，由公司统一处理。

公司制定这项政策主要出于以下几点考虑：

第一，在行业内，供应商的礼物和招待是一个惯例，除去那些非法的商业贿赂不谈，正常的商务交往中，每家供应商都准备了一笔招待费预算，用于改善与客户工作人员的关系，促进团队合作。因此，X公司作为一个重大客户，面对大量供应商的礼品与招待是不可避免的环节。

第二，从日常工作层面上来讲，客户与供应商工作人员无论是商务还是技术人员在正式和私下场合的互动在中国目前环境下是司空见惯的，礼尚往来也是中国历来的文化传统，在不触碰商业贿赂底线的情况下，公司接受一定限额的礼品招待，对底下员工的工作交流与积极性可能也有一定的帮助。

第三，如果公司要求员工拒不接受所有供应商的礼物与招待，一律交由公司法务等相关部门统一处理，一方面增加法务部门的工作量；另一方面对于供应商来讲似乎显得有点不近人情，毕竟所有的具体工作都是由双方人员开展的。

第四，既然商务礼品和招待无法杜绝，不如在限制合理条件下给员工一定的自由度与福利，同时也能提升公司员工对外交流合作的积极性，对公司业务的开展也有利。

讨论题

1. X公司的规定在伦理上是否可以接受？为什么？
2. 也有公司规定，对于任何供应商的礼物与招待，不论价值如何，员工必须一律交给公司法务部处理。你更赞同这一规定还是X公司的规定？为什么？

案例2 解雇老员工

C公司原本是一家新加坡家族企业，风格保守稳健，在中国发展超过了30年。所以无论是在公司总部，还是全国各地的工厂，都拥有相当大比例的年资超过5年的老员工。他们有新人所不具备的优势，如熟知公司内部发展的历史和故事，拥有能在公司生存的为人处世技巧，拥有自己的人脉关系等。这个资历丰富的群体，拥有相对高的工资，同时由于对公司内部运作非常熟悉，他们总能躲避公司内部的条条框框，让自己活得足够舒适自在。

这种状况随着公司被一家美国资产运营公司收购而彻底改变了。公司高层换了人，新总裁是一个年轻、充满活力、希望改变的美国人。他到任后的第一个重要举措，就是分批解雇工龄超过5年的老员工，他们大部分工资水平高出市场水平30%，而新总裁相信，公司可以以低于市场价格20%，招聘到更年轻、资历更低的具有潜力的员工。例如一个工作8年，月薪为30000元的部门主管，解雇成本为一次性30000×（8+1）=270000元（费用），换来市场上招聘15000元月薪的年轻员工。这样，公司的账面就可以在人力成本上马上体现50%的节约；18个月后，就可以收得这次替换的实质性回报。

这些被解雇的员工，大部分距退休年限都超过5年，他们长时间在一家公司工作，对新环境接受程度有限，以至于很大部分人，要花上一年或者更长时间，才能找到下一份适合的工作，而能稳定地在新公司生存发展的例子则更少。在这些人当中，多数原本是一个家庭的主要收入来源。这就意味着，这个变化带来的，是很多个家庭，超过一年的生活收入发生巨变。

讨论题

怎么从伦理上评价 C 公司分批解雇工龄超过 5 年的老员工的做法？

互联网+

第 6 章

会计中的伦理问题

【本章学习目的】

通过本章学习，您应该能够：
- 理解会计中的利益相关者关系
- 理解中外会计师职业道德
- 了解会计活动中的伦理问题
- 了解妨碍遵守基本职业道德原则的威胁及处理方法
- 了解解决道德冲突问题的思路和方法

6.1 会计与伦理

会计是以货币为主要的计量单位，反映和监督一个单位经济活动的一种经济管理工作。在企业，会计主要反映企业的财务状况、经营成果和现金流量，并对企业经营活动和财务收支进行监督。[①]会计是反映经济活动的主要手段，是适应生产的发展和经济管理的需要而产生和发展起来的。会计活动包括财务会计、审计、咨询等。

财务会计是指通过对企业已经完成的资金运动全面系统的核算与监督，为外部与企业有经济利害关系的投资人、债权人和政府有关部门提供企业的财务状况与盈利能力等经济信息而进行的经济管理活动。财务会计人员记录企业的经济活动，同时为外部相关主体提供会计报表和财务报告。

审计是指专职机构和人员对被审计单位的财政、财务收支及其他经济活动的真实性、合法性和效益性进行审查和评价的独立性经济监督活动。随着经济发展的要求，审计也扩展到企业内部，形成企业内部审计和外部审计并存的格局。审计的本质是一项具有独立性的经济监督活动。

咨询业务是为企业提供外部会计服务的机构派生的新兴业务。会计师事务所借助其专业能力，为公司调整资本结构、投融资、会计规范化调整方面提供咨询服务。

会计作为一个以提供财务信息为主的信息系统，目的是向国家、企业内部、企业

---

① 财政部注册会计师考试委员会. 会计[M]. 北京：中国财经出版社，2004：5.

外部提供有助于实行宏观调控、优化社会经济资源配置、合理地进行投资和信贷决策、加强内部经营管理所必需的、以财务信息为主的经济信息。随着我国市场经济步伐的加快、证券市场的逐步发展，会计信息的使用者不断增加，它们在不同程度上依据会计信息做出各种决策，决策者的每一个决策都可能关系到自身或他人甚至整个社会的利益。[①]

会计职业作为市场经济活动中的一个重要领域，主要是提供关于受托责任履行情况信息及其可靠性鉴证，会计职业服务的质量会直接影响经营者、投资者、债权人等社会公众的利益，进而影响整个社会的经济秩序。

会计人员虽受聘于企业，但其服务对象却并不局限于该企业，是多方位的，必须对所有信息使用者及潜在使用者负责。在实际经济活动中，每个服务对象在利益和风险上并非完全一致。如企业所有人的主要目标是资本保值增值和出资收益的最大化，而代理人的目标是经营业绩和代理收益的最大化，双方存在着潜在的利益冲突。委托人和代理人的风险也不完全相同，委托人对风险的态度是中性的，代理人往往厌恶风险。不同于医生与病人、律师与委托者之间一对一的责任关系，会计人员面临的是更加复杂的社会关系，必须对有利益联系的各方负责。

会计伦理是指建立在会计关系上的伦理要求，处理与会计相关的利益主体的原则和准则，该原则和准则要反映会计活动各相关利益主体的要求和利益。当代会计伦理规范要求会计师不仅是会计信息的收集者和加工者，而且是会计信息的第一解释者，并且不断地探索和挖掘本企业提高经济效益的分析者。会计服务对象包括政府部门、投资者、债权人、企业。会计的多重服务责任使会计立场也具有多重性。

6.2 会计人员职业道德

会计人员职业道德，是根据会计这一职业的特点，对会计人员在社会经济生活中的会计行为提出的道德要求，既是会计人员在履行其职责活动中所应具备的道德品质，亦是调整会计人员与国家、不同利益群体或会计人员相互之间的社会关系及社会道德规范的总和。

为什么需要会计职业道德？

第一，会计工作很重要，政府部门、投资者、债权人、企业等需要借助会计信息作出决策；

第二，政府部门、投资者、债权人、企业等会计信息需求者之间有利益冲突，会给会计人员提出不同的要求；

第三，会计信息需求者与提供者之间存在严重的信息不对称；

---

① 张文贤，施月华，施真真. 伦理：最基本的会计原则[J]. 财会月刊，2002，（4）：9-10.

第四，会计人员的技术水平通常是外行人无法判断的，会计信息及服务的需求者不得不依靠会计人员的声望来作出判断；

第五，仅仅通过法律、制度以及该种无形商品的生产、提供程序的技术方面的约定无法保证会计信息的质量，还需要对该无形商品的提供者（会计人员）与相关利益当事人的互动行为在道德上加以约定。

6.2.1　国外会计人员职业道德准则

1. 国际会计师职业道德准则理事会发布的国际会计师职业道德守则

2018年，国际会计师职业道德准则理事会（International Ethics Standards Board for Accountants，IESBA）发布了新修订的国际会计师职业道德守则（International Code of Ethics for Professional Accountants）。守则规定，职业会计师应遵守以下五项基本道德原则[①]：

（1）诚信（integrity）

职业会计师在所有职业和商业关系中必须坦率、诚实。

（2）客观性（objectivity）

职业会计师不应当允许偏见、利益冲突或者他人的影响超越其职业或商业判断。

（3）专业胜任能力和应有的谨慎（professional competence and due care）

职业会计师有义务随着技术、职业准则和相关法规的不断发展，将自己的专业知识和技能保持在一定的水平之上，以确保客户能够享受到称职的专业服务。

职业会计师在提供职业服务时应保持应有的职业谨慎和勤勉的作风，并且遵守适用的技术和职业准则。

（4）保密性（confidentiality）

职业会计师应对在职业和商业关系中所获得的信息保密。

（5）职业行为（professional behavior）

职业会计师应当遵守相关的法律和规章,并且避免任何有损整体职业信誉的行为。

2. 美国管理会计师协会发布的管理会计和财务管理从业人员道德行为准则

美国管理会计师协会（Institute of Management Accountants，IMA）发布的《管理会计和财务管理从业人员道德行为准则》(*Standards of Ethical Conduct for Practitioners of Management Accounting and Financial Management*)中提出管理会计和财务管理从业人员有责任做到以下四个方面：[②]

---

① https://www.ifac.org/system/files/publications/files/IESBA-Handbook-Code-of-Ethics-2018.pdf.
② Duska, R. F., Duska, B. S. Accounting Ethics[M]. MA: Blackwell Publishing, 2005: 214-215.

（1）专业胜任力（competence）

①不断提升自己的知识和技能以保持适当水平的职业能力；

②按照相关的法律、规则、技术标准履行职业责任；

③在对可靠的相关信息进行分析后，提出完整、清晰的报告和建议。

（2）保密（confidentiality）

①在未经授权时，不能披露在工作过程中获得的保密信息，除非法律要求这样做；

②提醒其下级合理关注在他们的工作过程中获得的保密信息，并应对他们的活动进行监督以确保保密性的维持；

③禁止个人或通过第三方利用在工作中获得的保密信息获取不道德的或非法的利益。

（3）诚信（integrity）

①避免实际的或形式上的利益冲突，并将所有潜在的冲突告知相关各方；

②禁止从事任何可能妨碍其合乎道德地履行工作职责的活动；

③禁止接受任何可能影响或被认为会影响其行为的任何礼物、馈赠和宴请；

④禁止任何主动或被动地妨碍组织合法和合乎道德的目标实现的活动；

⑤确认并传达妨碍负责任的判断或成功履行职责的职业局限和其他限制；

⑥传达不利和有利的信息，以及职业判断或观点；

⑦禁止从事或支持任何有损职业信誉的活动。

（4）客观性（objectivity）

①客观公正地传达信息；

②应充分披露对有意使用者理解所提供的报告、评价和建议会产生可以合理预期的影响的信息。

3. 美国注册会计师协会发布的职业行为原则

美国注册会计师协会（AICPA）在其《职业行为原则》（*Principles of Professional Conduct*）中提出了以下五项基本原则：[①]

（1）责任（responsibilities）

在履行作为专业人士的职责时，成员应在其所有活动中作出敏锐的专业和道德判断。

作为专业人士，注册会计师扮演着重要的社会角色。这一社会角色要求注册会计师协会的成员对利用其职业服务的所有人负责。应坚持不懈地与其他成员相互合作，以提高会计工作水平，维护公众的信任，并履行职业自律的特殊责任。维护和提升职业传统有赖于所有成员的共同努力。

---

① Duska, R. F., Duska, B. S. Accounting Ethics[M], MA: Blackwell Publishing, 2005: 201-204.

（2）公众利益（the public interest）

成员有义务以服务公众利益、尊重公众信任、提升专业能力的方式开展工作。

一项职业的显著标志是接受它对公众的信任。会计职业的公众由客户、信贷提供者、政府、雇主、投资者、商业与金融机构以及其他所有依赖注册会计师的客观和诚信来保持商业有序运行的个人和机构。这种依赖使得注册会计师有责任保护公众利益。公众利益指的是接受或依赖注册会计师职业服务的人与机构所形成的集体利益。

在履行职责过程中，成员可能遇到来自不同群体的有冲突的压力。在解决这些冲突过程中，成员应正直行事，信守当成员履行对公众的责任时客户和雇主的利益能得到最好保护的理念。

那些依赖注册会计师的个人和机构期望他们按照诚实、客观、应有的谨慎和真正关心公众利益的方式履行其职责，保证服务质量、收取合理费用、提供多种服务。

所有成员都应该尊重公众的信任。为不辜负公众的信任，成员应始终不懈地致力于追求卓越。

（3）诚信（integrity）

为了维护和提高公众对于注册会计师职业的信任，成员应以最高意义上的诚信来履行所有的职业责任。

诚信是一种职业得到认可的基本要素，是获得公众信任的源泉，并且应当是成员评价其判断的最终标准。

诚信原则要求成员在为客户保密的前提下，做到诚实和坦诚。不能把个人利益凌驾于所提供的服务和公众信任之上。诚信容许无意的差错和诚实的不同观点，但不允许欺骗和对原则的妥协。

诚信原则要求成员以正当和公正作为行为准则。在缺乏具体规定、准则或指南，或遇到观点冲突时，成员应通过提出以下问题来检验决策和行为：我所做的是一个诚信的人应当做的吗？我保持了我的诚信了吗？诚信原则要求成员不仅在形式上而且在实质上遵守技术和道德准则。

诚信原则还要求成员奉行客观、独立和应有的谨慎原则。

（4）客观性与独立性（objectivity and independence）

成员应在履行职责过程中保持客观，免于利益冲突。成员在提供审计及其他鉴证业务时应保持实质上和形式上的独立性。

客观性是一种思想状态，一种能够为成员的服务增值的品质，也是会计职业的一个鲜明特征。客观性原则要求不偏不倚、诚实和免于利益冲突。独立性要求在提供鉴证服务时排除会妨碍客观性的关系。

成员经常以其不同的能力服务于多种利益，必须在各种不同的情况下维护其客观性。有的成员提供鉴证、税务和管理咨询服务，有的受雇于他人编制财务报表、履行内部审计职责，在企业、学校和政府部门中承担财务和管理工作。他们教育和训练那些有志于进入会计职业的人。无论工作性质和提供的服务有何不同，成员都应该保持工作中的诚信和客观性，避免在决策上的任何妥协。

客观性与独立性原则要求公开执业的成员持续评估与客户的关系和公共责任。提供审计和其他鉴证服务的成员应当在形式上和实质上保持独立性。在提供任何其他服务时，成员应当保持客观性和免于利益冲突。

尽管非公开执业的成员无法保持形式上的独立性，但他们在提供职业服务时仍然有责任保持客观性。受雇于他人编制财务报表，或提供审计、税务、咨询服务的成员在客观方面应与公开执业的成员承担相同的责任，在运用公认会计原则必须保持小心谨慎，在处理与公开执业的成员的关系时必须坦诚。

（5）应有的谨慎（due care）

成员应遵循会计职业的技术和道德标准，不断努力以提高胜任能力与服务质量，并尽自己最大的能力来履行职业责任。

对完美的追求是应有的谨慎的精髓。应有的谨慎要求成员在履行职业职责时发挥专业才能并保持应有的谨慎。应有的谨慎要求成员在遵守职业对公众的责任的同时，为服务接受方的最佳利益尽自己的最大努力。

专业胜任力是教育和经验共同作用的结果。它首先来自于对作为注册会计师所要求的基本知识的掌握。对专业能力的维持要求成员在其整个职业生涯中不断学习和改进职业能力。这是成员的个人责任。在承担所有业务和履行所有责任时，每一个成员都应当具备一定程度的专业胜任力，以确保所提供服务的质量达到行为原则所要求的职业水准。

专业胜任力意味着获得和维持一定水平的理解力和知识，使得成员能有效率地提供服务。它也要求当所接受的业务所需的能力超过成员个人的能力或其所在公司的能力时，必须寻求咨询和帮助。每个成员有责任评估其自身能力，评估其所受的教育、获得的经验和判断能力是否胜任其承担的责任。

成员在履行对客户、雇主和公众的责任时应做到认真勤勉。勤勉意味着细心、有效率地提供服务，考虑周到，遵守适用的技术和道德标准。

6.2.2 《中国注册会计师职业道德守则》

中国注册会计师协会制定了《中国注册会计师职业道德守则》和《中国注册会计师协会非执业会员职业道德守则》，自2010年7月1日起施行。其中，《中国注册会计师职业道德守则》具体包括《中国注册会计师职业道德守则第1号——职业道德基本原则》《中国注册会计师职业道德守则第2号——职业道德概念框架》《中国注册会计师职业道德守则第 3 号——提供专业服务的具体要求》《中国注册会计师职业道德守则第 4 号——审计和审阅业务对独立性的要求》和《中国注册会计师职业道德守则第 5 号——其他鉴证业务对独立性的要求》。

中国注册会计师职业道德基本原则包括：[①]

1. 诚信

注册会计师应当在所有的职业活动中，保持正直，诚实守信。

注册会计师如果认为业务报告、申报资料或其他信息存在下列问题，则不得与这些有问题的信息发生牵连：①含有严重虚假或误导性的陈述；②含有缺少充分依据的陈述或信息；③存在遗漏或含糊其辞的信息。注册会计师如果注意到已与有问题的信息发生牵连，应当采取措施消除牵连。

2. 独立性

注册会计师执行审计和审阅业务以及其他鉴证业务时，应当从实质和形式上保持独立性，不得因任何利害关系影响其客观性。

会计师事务所在承办审计和审阅业务以及其他鉴证业务时，应当从整体层面和具体业务层面采取措施，以保持会计师事务所和项目组的独立性。

3. 客观和公正

注册会计师应当公正处事、实事求是，不得由于偏见、利益冲突或他人的不当影响而损害自己的职业判断。

如果存在导致职业判断出现偏差，或对职业判断产生不当影响的情形，注册会计师不得提供相关专业服务。

4. 专业胜任能力和应有的关注

注册会计师应当通过教育、培训和执业实践获取和保持专业胜任能力。

注册会计师应当持续了解并掌握当前法律、技术和实务的发展变化，将专业知识和技能始终保持在应有的水平，确保为客户提供具有专业水准的服务。

在应用专业知识和技能时，注册会计师应当合理运用职业判断。

注册会计师应当保持应有的关注，遵守执业准则和职业道德规范的要求，勤勉尽责，认真、全面、及时地完成工作任务。

注册会计师应当采取适当措施，确保在其领导下工作的人员得到适当的培训和督导。

注册会计师在必要时应当使客户以及业务报告的其他使用者了解专业服务的固有局限性。

---

① http://www.cicpa.org.cn/Professional_standards/Professional_ethics/yifabu2/201211/W020100202340140786583.pdf.

5. 保密

注册会计师应当对职业活动中获知的涉密信息保密，不得有下列行为：（1）未经客户授权或法律法规允许，向会计师事务所以外的第三方披露其所获知的涉密信息；（2）利用所获知的涉密信息为自己或第三方谋取利益。

注册会计师应当对拟接受的客户或拟受雇的工作单位向其披露的涉密信息保密。

注册会计师应当对所在会计师事务所的涉密信息保密。

注册会计师在社会交往中应当履行保密义务，警惕无意中泄密的可能性，特别是警惕无意中向近亲属或关系密切的人员泄密的可能性。

注册会计师应当采取措施，确保下级员工以及提供建议和帮助的人员履行保密义务。

在终止与客户的关系后，注册会计师应当对以前职业活动中获知的涉密信息保密。如果获得新客户，注册会计师可以利用以前的经验，但不得利用或披露以前职业活动中获知的涉密信息保密。

在决定是否披露涉密信息时，注册会计师应当考虑下列因素：客户同意披露的涉密信息，是否为法律法规所禁止；如果客户同意披露涉密信息，是否会损害利害关系人的利益；是否已了解和证实所有相关信息；信息披露的方式和对象；可能承担的法律责任和后果。

6. 良好职业行为

注册会计师应当遵守相关法律法规，避免发生任何损害职业声誉的行为。

注册会计师在向公众传递信息以及推介自己和工作时，应当客观、真实、得体，不得损害职业形象。

注册会计师应当诚实、实事求是，不得有下列行为：夸大宣传提供的服务、拥有的资质或获得的经验；贬低或无根据地比较其他注册会计师的工作。

1.6万人进行诚信宣誓

2019年9月18日，中国注册会计师协会按照《注册会计师诚信宣誓办法》[①]，组织参加行业诚信教育远程示范培训班的全体学员集体进行诚信宣誓，宣誓人员列队面

[①] 2008年，为贯彻落实《中国注册会计师行业诚信建设纲要》，强化注册会计师诚实守信的执业理念，增强注册会计师职业荣誉感，进一步推进和深化行业诚信建设，指导注册会计师诚信宣誓活动，中国注册会计师协会制定了《注册会计师诚信宣誓办法》。该办法规定，省、自治区、直辖市注册会计师协会负责组织本行政区域内注册会计师诚信宣誓活动。所有经批准注册的注册会计师，均应当至少参加一次诚信宣誓活动。

向国旗，右手握拳上举过肩，随领誓人郑重宣誓：自觉遵守国家法律法规，恪守职业道德规范，严格执行执业准则；树立诚信意识，保持良好执业行为，维护行业形象；牢记社会责任，保证服务质量，维护公众利益。愿与行业同仁一道，为维护社会经济秩序，促进行业健康发展，贡献自己的力量。

宣誓活动采取远程视频方式，全国人大代表、中注协监事会监事长、天衡会计师事务所首席合伙人余瑞玉在南京会场领誓，全国 9000 余家会计师事务所负责人、注册会计师及助理人员共约 1.65 万人，在 32 个省区市（含深圳市）分会场同步跟读宣誓。

这次宣誓活动，是落实财政部《关于提升会计师事务所审计质量的专项方案》要求，在全行业集中开展一次诚信教育的具体行动，也是深化行业"职业化建设年"主题活动和行业"不忘初心、牢记使命"主题教育的有益探索，旨在通过富有仪式感的宣誓活动，进一步激发从业人员牢记习近平总书记对注册会计师行业"紧紧抓住服务国家建设这个主题和诚信建设这条主线"的教诲，不忘初心、担当使命，诚信服务国家建设。

〔资料来源：中国注册会计师协会网站：http://www.cicpa.org.cn/news/201909/t20190923_52122.html.〕

6.3　会计活动中的伦理问题

6.3.1　企业财务中的伦理问题

会计信息是指经过加工或者处理后的会计数据及其对有关会计数据进行的解释说明。会计信息失真是相对"会计信息真实"而言的。会计信息真实是指生产会计信息的程序符合会计制度、会计准则以及相关的法律、法规等法定规范标准，在所有重大方面都能公允地反映会计主体的财务状况、经营成果及现金流量情况的会计信息。

会计信息失真，即财务会计报告所反映的数据、情况（说明、披露）与会计主体经济活动的实际状况和结果不一致，包括特定项目信息与实际不符，整体信息相对于事实不完整、不充分。

对于会计信息失真，存在不同的分类。有人认为，大体上可分为行为故意性失真、行为能力性失真、规范性失真、对象变异性失真几类[1]，即会计人员的故意造假行为，专业水平不够，会计规范不完善不科学，会计对象的时空变异等都可能造成会计信息失真。会计信息是会计规则执行人根据一定的会计规则而生产出来的。会计信息失真首先与会计规则的质量相关；当然，即使会计规则的质量再高，也只有得到有效执行才能产生高质量的会计信息，故会计信息失真又与会计规则的执行紧密相关。总的来

---

[1] 刘海生. 会计信息失真的成因及对策[J]. 当代财经，2003，（3）：89-91.

看,会计规则没有得到有效的执行,无外乎以下两种情形:一是会计规则执行人故意违背会计规则;二是会计规则执行人由于客观上的原因在会计规则的执行上存在偏差。[①]故意性会计信息失真,是"失真"的主观意愿与"造假"的实务操作相结合的产物,是会计信息失真的主要来源。

会计信息失真的表现形式有:不按制度规定及时处理坏账损失;一些单位将已确认坏账的应收账款长期虚挂,不予转销,造成资产不实;不遵守权责发生制原则提取和摊销预提费用、待摊费用或递延资产,人为调节特定会计期间的损益;不按制度规定计提固定资产折旧,任意多提、少提或不提;已完工程的长期借款利息支出,不计入财务费用,不计入工程成本;不积极处理呆滞积压及应报废的资产,长期挂在资产账户和待处理损失账户上;投资损失长期挂账,不计入投资损益;不按销售实现确认原则,采取年终突击开票方式,虚增"应收账款"和"产品销售收入",人为地增大当年经济效益;不坚持配比原则,混淆本期与上期、产成品与在产品成本和费用;虚列项目,编造会计事项,虚开增值税发票,骗取国家税款;将企业账内资金变成账外"小金库";账外经营在"应收、应付"等往来结算账户中进行对冲等。[②]

会计信息失真会给信息使用者和整个社会带来严重危害:

第一,会计信息失真导致了宏观调控与微观决策的失误。如果会计信息失真,市场销售、资金流转、成本水平、效益状况等数据虚假,会导致宏观调控和微观决策失误,造成严重的经济后果。

第二,会计信息失真,破坏了市场运行的有序性,干扰了市场资源的配置。

第三,会计信息失真为经济犯罪活动提供方便,滋生腐败。会计信息失真,不论其是故意的还是无意的,必然会造成管理的混乱,漏洞百出,给不法分子有机可乘。

第四,会计信息失真会增加社会的不安定因素。

第五,会计信息失真会带来行业不良之风。一个企业不是想方设法去提高经济效益,而是挖空心思采取各种手段作假,往脸上贴金,那么这种"重任"最终落在会计人员身上。会计人员觉得事不关己,照做不误,因此,社会上流传着不会做假账,不是"合格"的会计的说法。

第六,会计信息失真削弱了国家财经法规的权威。[③]

6.3.2 审计中的伦理问题

我国审计学会将审计的概念表述为:"审计是由独立的专职机构或人员,依法对被审计单位的财政、财务收支及其有关经济活动的真实性、合法性、效益性进行审查,

---

① 吴联生. 会计信息失真的"三分法":理论框架与证据[J]. 会计研究,2003,(1):25-30.
② 周德峰. 会计信息失真的原因及对策[J]. 财经科学,1999,(4):96-98.
③ 易仁萍,王会金. 试论会计信息失真的危害、预防与治理[J]. 审计研究,2000,(1):26-31.

评价经济责任,用于维护财经法纪,改善经营管理,提高经济效益,促进宏观调控的独立性监督活动。审计本质上是一项具有独立性的经济监督活动。审计主体是执行审计的组织机构及人员,即审计活动的执行者,主要有内部审计、国家审计和民间审计。

这里主要阐述民间审计。民间审计又称为社会审计、独立审计。它是指由独立、客观、公正的社会审计组织和人员接受委托,对被审计单位进行的审计。我国注册会计师协会在其发布的《独立审计基本准则》中指出:"独立审计是指由注册会计师依法接受委托,对被审计单位的会计报表及其相关资料进行独立审查,并发表审计意见。"

会计师事务所的责任是提供独立的第三方审计,虽然其雇主是被审计单位,但主要责任是为第三方和公众利益服务。这样就容易产生矛盾,导致注册会计师在执业中不当行为的产生。

1. 注册会计师执业中存在的伦理问题

(1) 审计造假

注册会计师造假是一种典型的会计舞弊行为,是违背注册会计师执业准则的行为。注册会计师是为社会提供鉴证服务和会计服务的执业人员,应当具备良好的职业道德。但在执业过程中,存在注册会计师不能严格执行独立、客观、公正的职业道德准则的现象,如明知委托人的会计报表有重大错报和故意造假的行为,却不予指明。甚至无视职业道德的约束,直接参与伪造、编造会计凭证、会计账簿、会计报表,出具虚假的验资和审计报告。

(2) 采取不正当手段招揽客户

注册会计师承办业务,由其所在的事务所统一受理并与委托人签订委托合同,以事务所的名义承办业务。在市场经济条件下,通过各种竞争形式,可以使顾客得到价格最低、质量最好的商品和服务。然而,在注册会计师行业,无序的竞争往往削弱了注册会计师的独立性,降低其服务的质量。一些会计师事务所为了招揽客户,追求审计收入,不顾职业道德,无视审计的高风险性和复杂性,采取各种不正当手段竞争。如排挤竞争对手,随意降低收费标准,低价竞争屡禁不止,利用行政干预,搞行业垄断和地区封锁,以公关交际费、信息咨询费等各种名义支付高额的介绍费、佣金、手续费或回扣,与有关部门进行收益分成式的业务合作等。

(3) 承接不能胜任的业务

同其他行业一样,注册会计师首先应该具有一定的从业素质,使其能胜任专业工作。作为注册会计师还应当具有专业知识、技能或经验,能够胜任承接的工作。之所以要把专业胜任能力提高到道德层次,这是因为,注册会计师如果不能保持和提高专业胜任能力,就难以完成客户委托的业务。事实上,如果注册会计师缺乏足够的知识、技能和经验提供专业服务,就构成了一种欺诈。同时,注册会计师自身有无专业胜任能力,也是判定是否保持职业谨慎的首要标准。

在很多审计失败的案例中，一些注册会计师由于专业水平的限制，没能预见不合理的风险对他人的伤害；在计划和实施审计时，没能考虑到异常的情况和联系，因而也就没有采取措施来排除对发表审计意见有重要影响的疑问和问题，最终导致审计失败。

（4）泄露客户的商业秘密

保密是对注册会计师职业道德的基本要求。由于注册会计师工作的特点，他们有权接触客户所有的与审计及提供的其他服务相关的资料信息，这些资料信息往往都具有相当的商业价值，一旦外泄，就会给客户造成重大的经济损失。目前，绝大多数注册会计师都能遵守保密原则，但也有少数注册会计师没有注意到这个问题。例如，利用获知的客户信息买卖客户的股票，与客户发生意见分歧时，诉诸媒体等。

（5）收费不合理

按服务成果的大小决定收费标准。注册会计师的收费标准应以服务性质、工作量的大小、参与人员职位层次的高低等为主要依据。一般情况下，不得以服务成果的大小为条件来决定收费标准的高低。如果会计师事务所的收费多少以鉴证工作结果或实现特定目的为条件，那么注册会计师为了获得收费或多收费，往往会发表不恰当的意见，导致注册会计师赞同委托单位虚增收入的行为，削弱了注册会计师应有的独立性、客观性。

2. 注册会计师执业中存在的伦理问题的成因

一些注册会计师职业道德水平低下，社会公信力差，严重制约甚至威胁到我国注册会计师事业的生存和发展，严重地损害了投资者的合法权益和社会公共利益，审计质量低下，影响了审计职能与作用的充分发挥，损害了其职业信誉，人为地加大了审计成本，助长了某些单位非法经营行为的滋生，影响了社会经济秩序的稳定。造成目前我国注册会计师职业道德水平低下，社会公信力差的原因是多方面的，主要有以下几点：

（1）利益驱动

利益驱动是注册会计师职业道德低下的根本原因。在商品社会，利益是强大的推动杠杆。由于利益驱动，个别注册会计师在审计活动中把握不住自己，吃、拿、卡、要，收受贿赂，甚至与被审计公司共同造假，出具虚假的审计结论。他们由客观、公正、公平的裁判员，变成为插足公司企业业务、与公司企业利益一致的运动员，与被审计单位互相勾结、互相利用。

另外，当前各种规章制度建设尚不完备，一些违法违纪的成本较低。注册会计师帮助公司企业造假、护假，即使被查处，也仅仅可能被吊销执照，很少被起诉。他们权衡了利弊后认为风险固然不小，但是通过冒险可以获得更大的利益。

（2）注册会计师执业的环境不完善

首先是政府部门的干预。出于个人、部门、地区利益的考虑，一些地方政府部门为粉饰地方业绩，经常暗示甚至命令会计师事务所及会计师，出具不符合事实的审计报告。其次是相互攀比的从众心理。一些公司企业本来不具备上市条件，但在策划上市过程中，律师、券商、评估师等在虚假的材料面前都出具了证明，再苛求注册会计师遵守规则，那是很难做到的。最后是注册会计师缺少恪守职业道德的外在压力。目前，我国上市公司的证券交易是投资与投机并存，会计信息真实与否对股民并不重要，他们所关心的是股价上涨，有时他们也需要虚假的会计信息来烘托股价上涨，注册会计师恪守职业道德的压力无形中减轻了许多。

（3）审计制度本身存在缺陷

第一，会计师事务所由被审计企业自行聘用。会计师事务所由客户自行聘用，会计师事务所与客户由原来的监督与被监督关系，变成了客户与会计师事务所的雇用与被雇用的关系。客户变成了会计师事务所和注册会计师的主要经济来源，这时会计师事务所和注册会计师不得不迎合雇主的需要，偏离职业道德。

第二，会计师事务所对同一公司企业的审计年限过长。这很容易导致会计师事务所与客户关系过密，对保证审计的客观、公正及注册会计师职业道德建设不利。

第三，收费标准不合理。现行的行业惯例是客户向会计师事务所预支审计费用，会计师事务所在收入固定的情况下，付出的努力越多，其利润就会越低。这种审计收费形式与标准不利于鼓励注册会计师对数据进行深入调查与分析。

第四，会计师事务所同时向客户提供审计以外的服务。允许会计师事务所为客户提供管理咨询、税务服务、资产评估、会计咨询以及其他内容的服务的初衷是，希望借助注册会计师丰富的财务知识和经验，规范客户的会计业务和依法纳税等。但会计师事务所过度地介入客户的业务活动会促使其将自身与客户的"双赢"作为首要目标，而置法律、职责、良心及广大投资者的利益于不顾。

（4）注册会计师专业胜任能力低

注册会计师胜任力问题首先缘于其考核体制。1991年全国开始第一次注册会计师统一考试以前，中国注册会计师资格是通过考核而不是考试取得的。由于当时考核的标准弹性较大，所以早期通过考核取得执业资格的注册会计师的年龄偏大、知识结构参差不齐等。

另外还因为注册会计师知识陈旧。近年来，大量新型、复杂的经济业务不断涌现，知识、信息不断更新、发展，从而对注册会计师人员素质、知识结构提出了更高要求。然而不少注册会计师很难跟上时代的发展形势，加之考核制度留下的后遗症，注册会计师后续教育又跟不上，使得现有部分注册会计师的素质及其知识结构适应不了飞速发展的现实工作需要。

银广夏事件

2001年的8月暴发的银广夏事件令人震惊，人们想不到闻名于世的银广夏竟然是这样一个烂摊子。《财经》期刊以封面文章的形式刊发《银广夏陷阱》，引发中国证券市场的轩然大波。经过一年多时间的深入调查，记者在这篇文章中指出，银广夏过去两年股价暴涨的背后是"一场彻头彻尾的骗局"。文章发表不久，中国证监会就对银广夏正式立案稽查，多名涉案当事人被移交司法机关，银广夏股票从每股30多元直落到4元多，以16个跌停板创中国股市之最，持有银广夏股票的投资者遭受重创。

1994年6月17日，广夏（银川）实业股份有限责任公司以"银广夏A"的名字在深圳交易所上市。此后银广夏投资牙膏、水泥、白酒、牛黄、活性炭、葡萄酒、房地产，但收效并不显著。1996年公司开始治沙种草，创建闻名于世的银广夏麻黄草种植基地，银广夏由此踏上发迹的征程。

按照银广夏的公告，1998年天津广夏与德国诚信公司签订5600万马克的萃取产品出口供货合同，1999年出口合计1.1亿马克，2000年出口1.8亿马克，2001年天津广夏与德国诚信公司又签署出口协议三年期60亿元人民币。事实真相如何呢？从天津海关的资料中得到的资料显示：1999年天津广夏在全国各口岸出口额482万美元，2000年天津广夏在全国各口岸出口3.3万美元，2001年1—6月天津广夏出口额为零。

经中国证券监督管理委员会的检查，银广夏自1998年至2001年期间累计虚构销售收入104962.60万元，少计费用4845.34万元，导致虚增利润77156.70万元。其中：1998年虚增利润1776.10万元，由于银广夏主要控股子公司天津广夏1998年及以前年度的财务资料丢失，银广夏1998年度利润的真实性无法确定；1999年虚增利润17781.86万元，实际亏损5003.20万元；2000年虚增利润56704.74万元，实际亏损14940.10万元；2001年1—6月虚增利润894万元，实际亏损2557.10万元。银广夏上述行为，违反了1993年修订的《中华人民共和国会计法》第十条及1999年修订的《中华人民共和国会计法》第十三条的规定，构成《中华人民共和国证券法》第一百七十七条、《股票发行与交易管理暂行条例》（以下简称《股票条例》）第七十四条所规定的虚假陈述行为。

此外，证监委认为银广夏存在隐瞒重大事实，虚假披露信息行为，构成《中华人民共和国证券法》第一百七十七条、《股票条例》第七十四条所规定的虚假陈述行为。根据《中华人民共和国证券法》第一百七十七条的规定，对银广夏处以罚款60万元，并责令改正。

在银广夏丑闻曝光的前三年，中天勤会计师事务所均为银广夏出具了无保留意见的审计报告。财政部的处罚决定称，中天勤会计师事务所未能发现银广夏的严重财务问题，存在重大审计过失，严重损害了广大投资者的合法权益和证券市场"三公"原则，违反了《中华人民共和国注册会计师法》《独立审计准则》等注册会计师质量控制基本准则，依据《中华人民共和国注册会计师法》等有关条款，决定依法吊销签字注册会计师刘加荣、徐林文的注册会计师资格；吊销中天勤会计师事务所的执业资格，并会同证监会吊销其证券、期货相关业务许可证。

2003年9月16日，宁夏回族自治区银川市中级人民法院对银广夏刑事案作出一审判决，原天津广夏董事长兼财务总监董博因提供虚假财会报告罪被判处有期徒刑三年，并处罚金人民币10万元。同时，法院以提供虚假财会报告罪分别判处原银川广夏董事局副主席兼总裁李有强、原银川广夏董事兼财务总监兼总会计师丁功名、原天津广夏副董事长兼总经理阎金岱有期徒刑二年零六个月，并处罚金3万元至8万元；以出具证明文件重大失实罪分别判处被告人深圳中天勤会计师事务所合伙人刘加荣、徐林文有期徒刑二年零六个月、二年零三个月，并各处罚金3万元。

6.3.3　咨询中的伦理问题

随着审计风险、注册会计师法律责任的不断提高，审计市场的竞争日益激烈，世界各国尤其是经济发达国家的会计公司正逐步调整发展战略，由传统的审计服务逐步转型为全方位的专业服务组织，在传统的报表审计业务之外，扩展市场和提供多元化服务，以增加收入来源并降低风险，"管理咨询"服务应运而生。1954年，安达信联合 IBM 共同为 GE 安装使用工薪系统自动化的大型计算机，注册会计师事务所的咨询业务由此拉开序幕。

注册会计师业务呈多元化、全方位发展的趋势，其业务范围早已超出了传统的审计与税务业务领域，转而向各种类型的客户提供多种多样的咨询服务，如为客户的管理制度、业务流程、内部控制、信息技术、财务和经营战略等提供可行性建议或信息，以帮助客户减少潜在的风险和实现可持续发展。这种咨询业务成为注册会计师行业的一个业务突破点，尤其是进入20世纪90年代后咨询业务逐渐发挥出其巨大的增值潜力，呈现出强劲的发展势头。

从管理咨询服务的供给方注册会计师来说，注册会计师在从事审计服务时必须要详尽地了解委托人的全部情况，因而，与其他专业咨询服务机构相比，由注册会计师在从事审计服务的同时提供管理咨询服务，不仅具有市场进入优势，同时，也具有相应的成本优势。从管理咨询服务的需求方注册会计师的委托人来说，如果管理咨询是一种必需的支出，那么，将其交由同时从事审计的注册会计师，与另外寻找一家咨询机构相比，同样既节省人力，也节省财力。

对于咨询业务，亦称非审计服务，是否影响审计独立性存在不同的观点。

一种观点认为，非审计服务会影响审计的独立性，主要理由是：

（1）非审计服务实质上影响审计的独立性。持该观点的人认为，审计监督的对象是决策行为或决策者，而注册会计师提供非审计服务（尤其是提供管理咨询服务）时，事实上就在某种程度上起了决策者的作用，因此在既提供审计服务又提供非审计服务时，实质上是自己监督自己，监督行为自然难以客观、公正、独立。

（2）非审计服务至少影响形式上的审计独立性。持该观点的人认为，即使管理咨询不会影响实质的独立性，也会影响形式上的独立性。因为注册会计师在为管理层提供管理咨询的过程中，在第三关系人的眼里，肯定会在某些方面表现为不独立。形式上的独立由于其可观察性而给相关利益者以信心、以证据，从而和实质性独立一样重要。

（3）非审计服务容易使注册会计师与客户公司形成共同利益。持这种观点的人认为，即使注册会计师不被视为决策者，但由于他具有双重身份，同客户建立了密切的联系，这种联系促使客户和注册会计师的短期利益保持一致。希望咨询结果被采纳的天生愿望，使注册会计师在逻辑上和感情上都被卷入咨询建议付诸实施的过程和结果。

另一种观点认为，非审计服务不会影响审计的独立性，主要理由是：

（1）提供非审计服务是做大做强事务所的重要途径。持该观点的人认为，提供非审计服务使事务所经营多角化，财务上更趋安全，且不断发展壮大。这样就更有能力承受失去某个客户造成的损失，从而利于提供审计服务时注册会计师的独立性。

（2）非审计服务与审计服务的目的、手段及对象都不同，因此它不会与审计服务相冲突，不会损失独立性。

（3）注册会计师的独立性是相对的，不是绝对的。如果要绝对独立，甚至可以说审计向客户公司收费、对客户进行连续审计等都不能发生。在世界上实际上不存在绝对的、纯粹的独立性。①

2000年，安然事件暴发，安达信向安然公司收取了高达5200万美元的费用，其中咨询服务的收入是2700万美元。安达信自安然公司1985年成立以来就一直担任安然公司的审计师，安达信不仅为安然公司提供财务报表审计服务还同时提供咨询服务。安然公司是安达信的第二大客户，此外，安然公司和安达信事务所之间的人员有很密切的关系。

安然事件后，各国增加了对会计师事务所从事咨询业务的限制。2002年7月25日，美国国会通过了《萨班斯-奥克斯利法案》（*Sarbanes-Oxley Act*）。7月30日，该法案经美国总统签署后，正式成为法律并生效。为了提高注册会计师的审计质量，重树注册会计师的形象，法案对审计独立性作了专门而详细的规定。如禁止执行公众公司审计的会计师事务所为审计客户提供列入禁止清单的非审计服务，对于未明确列入禁

---

① 刘骏. 非审计服务与审计独立性[J]. 当代财经, 2005, (9): 119-122.

止清单的非审计服务也要经过公司审计委员会的事先批准。该法案对非审计服务禁止的范围大为扩大。

注册会计师的咨询业务同其他专业服务一样，应遵循一定的职业准则，这是保证咨询活动质量及职业信誉的前提。

在美国咨询服务委员会制定的《咨询服务准则》[1]中规定，注册会计师在向客户提供咨询服务时应满足：

1. 独立性准则。当注册会计师向同一客户既提供咨询服务，又提供审计等鉴证服务时，必须遵守独立性准则的要求，以避免两种服务的同时提供对审计独立性的损害。

2. 在执行某项具体的咨询服务时，应满足适用于注册会计师提供所有服务的四项一般技术准则：职业胜任、职业关注、计划和监督、充分相关的证据。

3. 鉴于咨询服务的非鉴证性，其工作性质和范围主要是根据客户的需求来决定的这一区别于其他服务的独特性，所以在《咨询服务准则》规定，注册会计师在提供任何一种咨询服务时都应做到：

（1）维护客户利益。通过对客户客观、公正的了解，完成预期目标，实现客户的利益。

（2）和客户签订协议。注册会计师应与客户签订一个书面或口头协议，以确定：双方的责任，所提供咨询服务的性质、范围和局限，以及在协议期间，若环境发生变化应修改协议的内容等。

（3）与客户进行交流。注册会计师在执行咨询业务时，若出现以下现象，应及时通知客户：在保持客观、公正的基础上可能产生的利益冲突；与合约范围或利益有关的重大限制；重大的发现或事件。

此外，注册会计师在提供咨询服务时所获得的客户信息，在未经客户同意以前，不许提供给任何第三者。因为这些信息对客户来说是商业机密，如果注册会计师将此泄露给第三者，就可能会损害客户的利益。所以，对客户的信息予以保密也是注册会计师的责任。

6.4　威胁和冲突的处理

6.4.1　威胁的识别、评估和处理

《国际会计师职业道德守则》要求职业会计师识别、评估和处理对遵守基本职业道德原则构成的威胁。[2]

---

[1] 美国注册会计师协会网站，www.aicpa.org/members/div/mcs/stds/sscs.htm.
[2] https://www.ifac.org/system/files/publications/files/IESBA-Handbook-Code-of-Ethics-2018.pdf.

1. 识别威胁

了解事实和情境因素，包括任何可能妨碍遵守基本职业道德原则的专业活动、利益和关系，是职业会计师识别威胁的首要工作。由职业、法律法规、公司或雇用组织确立的、可以增强职业会计师道德行为的条件、政策和程序，也可能有助于识别威胁。

典型的威胁包括：

（1）自身利益威胁（self-interest threat）：财务或其他利益将不当影响职业会计师的判断或行为的威胁。

（2）自我复核威胁（self-review threat）：职业会计师对先前做出的判断，或者对职业会计师自身以及其所在会计事务所或雇用机构内的其他人以往所从事的活动（这些活动会对当前的判断产生影响），不做适当评估的威胁。

（3）倾向性威胁（advocacy threat）：职业会计师为提升客户或雇用组织的地位而损害客观性的威胁。

（4）熟悉性威胁（familiarity threat）：由于与客户或雇用组织有长期或密切的关系，职业会计师过于同情他们的利益或过于认同他们的工作的威胁。

（5）恐吓性威胁（intimidation threat）：由于实际或感知的压力，包括受到的不当影响，职业会计师无法客观地履责的威胁。

2. 评估威胁

当职业会计师识别了对遵守基本职业道德原则的威胁后，应评估这种威胁是否处于可接受的水平。

3. 处理威胁

如果对遵守基本职业道德原则的威胁超出了可接受的水平，职业会计师应消除这些威胁或将其减少到可接受的水平，包括：

（1）消除造成威胁的情境因素，包括利益或关系。

（2）实施保障措施，将威胁减少到可接受的水平。

（3）拒绝或终止特定专业活动。

6.4.2 应对道德冲突问题的思路和方法

《中国注册会计师职业道德守则第 2 号——职业道德概念框架》第四章道德冲突问题的解决，提出了解决道德冲突问题的思路和方法，主要内容如下：[①]

在遵循职业道德基本原则时，注册会计师应当解决遇到的道德冲突问题。

---

① http://www.cicpa.org.cn/Professional_standards/Professional_ethics/yifabu2/201211/W020100202340140782244.pdf.

在解决道德冲突问题时，注册会计师应当考虑下列因素：

（1）与道德冲突问题有关的事实；

（2）涉及的道德问题；

（3）道德冲突问题涉及的职业道德基本原则；

（4）会计师事务所制定的解决道德冲突问题的程序；

（5）可供选择的措施。

在考虑上述因素并权衡可供选择的措施的后果后，注册会计师应当选择适当的措施。如果道德冲突问题仍无法解决，注册会计师应当考虑向会计师事务所内部的适当人员咨询。

如果与所在会计师事务所或外部单位存在道德冲突，注册会计师应当确定是否与会计师事务所领导层或外部单位治理层讨论。

注册会计师应当考虑记录涉及的道德冲突问题、解决问题的过程，以及做出的相关决策。

如果某项重大道德冲突问题未能解决，注册会计师可以考虑向注册会计师协会或法律顾问咨询。

如果所有可能采取的措施都无法解决道德冲突问题，注册会计师不得再与产生道德冲突问题的事项发生牵连，在这种情况下，注册会计师应当确定是否退出项目组或不再承担相关任务，或者向会计师事务所提出辞职。

上述解决道德冲突的原则不仅适用于注册会计师，对其他会计人员也有指导作用。

【本章提要】

1. 会计伦理是指建立在会计关系上的伦理要求，处理与会计相关的利益主体的原则和准则，该原则和准则要反映会计服务各利益主体的要求和利益。

2. 国际会计师联合会提出的职业会计师应遵守的五项基本道德原则是：诚信、客观性、专业胜任能力和应有的谨慎、保密性、职业行为。

3. 我国注册会计师职业道德守则包括：诚信、独立性、客观和公正、专业胜任能力和应有的关注、保密、良好职业行为。

4. 会计信息失真，即财务会计报告所反映的数据、情况（说明、披露）与会计主体经济活动的实际状况和结果不一致，包括特定项目信息与实际不符，整体信息相对于事实不完整、不充分。会计信息失真对信息使用者和社会会产生严重危害。

5. 注册会计师执业中可能出现的伦理问题包括审计造假、采取不正当手段招揽客户、承接不能胜任的业务、泄露客户的商业秘密、收费不合理等。

6. 咨询业务作为注册会计师的主要业务之一，对注册会计师行业的发展一直起着

"双刃剑"的作用，一方面它有利于会计师事务所增加收入、分散风险；另一方面有可能影响审计的独立性。

7. 职业会计师应识别、评估和处理对遵守基本职业道德原则构成的威胁。

8. 在解决道德冲突问题时，应当考虑下列因素：与道德冲突问题有关的事实；涉及的道德问题；道德冲突问题涉及的职业道德基本原则；会计师事务所制定的解决道德冲突问题的程序；可供选择的措施。

【重要概念】

会计伦理
会计师职业道德
客观性
独立性
诚信
专业胜任力
应有的谨慎
保密
会计信息失真
故意性失真
能力性失真
自身利益威胁
自我复核威胁
倾向性威胁
熟悉性威胁
恐吓性威胁

1. 会计活动的利益相关者有哪些？
2. 有哪些典型的利益冲突？
3. 国际会计师联合会提出了哪五项道德原则？
4. 美国管理会计师协会对管理会计和财务管理从业人员提出了哪些要求？
5. 美国注册会计师协会提出了哪些职业道德原则？
6. 我国注册会计师职业道德守则包含哪些内容？

7. 什么是会计信息失真？
8. 会计信息失真有何危害？
9. 会计信息失真是如何产生的？
10. 注册会计师执业中的伦理问题有哪些？
11. 对于咨询业务是否影响审计独立性存在不同看法，你支持哪种观点？
12. 什么是自身利益威胁？
13. 什么是自我复核威胁？
14. 什么是倾向性威胁？
15. 什么是熟悉性威胁？
16. 什么是恐吓性威胁？
17. 如何处理妨碍遵守基本职业道德原则的威胁？
18. 解决道德冲突时应考虑哪些因素？

案例 1　马丽的困惑

马丽是国内某大型会计师事务所有限公司的项目经理。每年的 11 月底至次年的 4 月中旬都是马丽工作最为繁忙的一段时间。所里对上市公司的预审、年审都集中在这一时段，新老客户项目的审计计划制订、具体工作实施、报表的合并汇总、期后事项与审计调整的调查与沟通，等等，让马丽不时只能依靠浓茶或者咖啡来提神。

转眼间又到了可以休年假的四月末了，可是马丽的内心很不平静。最近发生的一件事情让她不时地困惑并询问自己："我做的也许是正确的事，可我是道德的吗？"

事情要从去年底马丽的审计团队对于 B 公司（某 A 股上市公司的子公司）进行预审时发现的问题说起：11 月底，在 B 公司现场做审计的审计师发邮件给马丽说，发现了一笔金额达 330 万元的审计调整，可直接导致该公司今年的利润增加 330 万元。利润的增加看起来是利好消息，可是其深层次的原因却足以让 B 公司的财务经理张华丢掉饭碗。原来，张华为了每年年底的绩效考核均能拿到比较好的成绩，在前年公司效益比较好的时期提了一笔金额为 330 万元的资产减值准备（虚减了公司的当年利润），并准备在今后效益不好时冲回。

为了这件事，张华几次打电话与马丽沟通。张华向马丽坦白了他这样做的初衷，并说，如果这笔审计调整被公布，会对张华的事业和家庭造成双重打击。马丽也侧面了解到，张华的爱人刚刚生了小孩，还是双胞胎。张华恳求马丽网开一面，并说，上次来审计的主审没有"注意"到这笔账目的错误，马丽完全可以视为这笔账务是合理的，等等。

其实经过几次工作上的接触，马丽知道了张华是自己的校友，并对于张华的为人以及工作能力都是比较认同的。而且马丽自己也是个母亲，她也明白张华被解雇会对于他的家庭和小孩产生不小的影响。至于上次B公司的主审王敏，也是马丽的朋友。如果这笔调整一出，势必对于王敏的工作前途也会有一定的影响。

经过激烈的思想斗争，马丽最终还是做出了坚持进行审计调整的决定。在年报出具后的不久，马丽就听到了张华辞职的消息。她有些担心，目前不容乐观的经济形势下张华能否在短时期内找到工作。而与此同时，马丽也有些困惑：我做得对吗？

讨论题

马丽做得对吗？理由是什么？

案例2　独立财务顾问的独立性

香港证监会发布的《收购及合并守则》以及香港联合交易所发布的《上市规则》规定，所有在中国香港上市的企业如要进行涉及关联方的交易（交易本身达到一定体量的情况下）或其他某些重大的特定类型的交易（如上市、并购重组、处置资产等）时，为了保证中小股东的利益，必须聘请拥有香港证监会持牌的金融机构作为独立财务顾问就此交易给予独立董事以及独立小股东们公平及合理的核查意见。

根据规定，"证券公司、证券投资咨询机构或者其他财务顾问机构受聘担任上市公司独立财务顾问的，应当保持独立性，不得与上市公司存在利害关系"，独立财务顾问通常需要对企业及交易对手（买方或卖方）进行尽可能的尽职背景调查，包括但不限于了解公司近年来的运营情况、行业调查、财务数据分析、交易的背景及缘由、买卖的资产情况、对价的合理性、对企业的财务影响等。然而在实际操作过程中，由于独立财务顾问的服务费用由企业承担，给客观、公正、独立地给出意见带来了严峻的挑战。

独立财务顾问有寻求短期的利益和维持长期的合作，以及希望核查意见被采纳的强烈愿望，同时，往往与核查对象建立了密切的联系，使得独立财务顾问无论从逻辑上还是感情上都会尽可能帮助上市公司顺利地完成项目。尽管独立财务顾问函件会由香港联交所或证监会进行审核，并且一旦出现问题，独立财务顾问需要承担一定的后果，但是如若财务顾问的尽职调查没有发现可疑点，则可以规避承担责任的风险。因此在实际操作过程中，独立财务顾问与上市公司会有一种约定俗成的默契，即不会提出有关可能存在风险点的问题，企业也不会主动提供相关的资料，以保证独立财务顾问的函件不会透露相关的信息，来躲避监管机构以及中小股东的察觉。

讨论题

1. 独立财务顾问在给出客观和公正的核查意见方面遇到的难题是什么？
2. 怎样增强独立财务顾问的核查意见的客观性和公正性？

互 联 网 +

第 7 章

环境保护中的伦理问题

【本章学习目的】

通过本章学习，您应该能够：
- 理解人类与环境的关系
- 分析环境的代际、国内及国际的公平性
- 了解人类面临的环境问题
- 理解企业的环境保护责任

7.1 人类与环境的关系

人类在技术进步与生产发展的基础上逐步改造着自然界，改变着我们生存的环境，这是"人之为人"的优势。然而，每一次改造都为人类和自然带来许多的不幸，随着人类生产力水平的不断提高，这种不幸也变得越来越严重。恩格斯早就警告过："我们不要过分陶醉于我们人类对自然界的胜利。对于每一次这样的胜利，自然界都对我们进行报复。"[①]

自工业革命以来，人类征服自然的能力大大加强，科学技术的运用推动了社会经济的迅速发展。然而，与此相伴的环境问题也成为社会的重大问题，其中环境污染问题最为突出，诸如：由煤、石油、光化学造成的空气污染，由污水造成的水污染，由工业垃圾及生活垃圾造成的固体污染，由现代交通工具和工业设备造成的噪声污染，由火力发电站和原子能发电站造成的热污染，以及核能工业废弃物造成的放射性污染等，都严重地破坏了人类赖以生存的自然环境，对人类的健康造成严重危害，同时也制约着经济、社会的进一步发展。

例如，1952 年 12 月 5—8 日，伦敦上空的浓雾受到反旋气流的影响，温度逆增，致使烟雾中心的三氧化二铁促使二氧化硫氧化，产生硫酸泡沫，凝结在烟尘或凝聚源上形成酸雾，酸雾进入人的呼吸道系统导致发病或死亡，4 天内因此死亡的达 4000 多人，其中 45 岁以上的人死亡最多，为平时的 3 倍，因支气管炎、冠心病、肺结核及心

---

① 马克思恩格斯选集[M]. 第 4 卷. 北京：人民出版社，1995：383.

脏衰竭死亡者分别为平时的 9.3 倍、2.4 倍、5.5 倍、2.8 倍，肺炎、肺癌、流感等死亡率也成倍增长。该事件过后的两个月内，还陆续死亡了 8000 多人。这便是震惊世界的"伦敦烟雾事件"。①

再如，苏联的"切尔诺贝利核泄漏"事故，至今仍令人谈核色变。1986 年 4 月 6 日，苏联基辅市郊的切尔诺贝利核电站因 4 号反应堆爆炸起火，致使大量放射性物质外泄，核污染面积覆盖周围 100 多个村庄，甚至殃及邻国。当时官方报道 2 人丧生。但据西方报道，死亡人数超过 2000 人。1992 年 6 月，基辅再次公布数据，承认已有 6000～8000 名乌克兰人死于核辐射。留在那里的人中，贫血及肠胃病患者大大增加，儿童免疫力下降，发病、死亡率上升，牲畜畸形，土地、牧草及水因核污染而不能再使用。

"发展必然付出代价"，历来是人类所面临的各种恒久而常新的社会矛盾现象之一。环境污染问题是现代工业文明的产物，它是技术达到一定水平而又不完善所带来的副产品。要想从根本上解决环境污染的问题，人类必须转变以往以自我为中心的观念，在发展生产、提高自身生活水平的同时，注意生态环境的保护与改善。

根据传统的观点，人类出现在地球之后，逐渐由单纯依赖环境生存发展到着手改造自然与环境，不断提高自身的能力，一跃成为地球乃至整个世界的主宰。人类的意志决定着一切，人类的行为都以自己的意志为主，而其他的一切包括环境资源以及其他生物都处于从属的地位，都要被人类利用或改造，为人类服务。

基于这种观点，与人类生存、发展密切相关的企业，它的一切活动也要以人类的意志为转移，而很少顾虑其他因素的兴衰存亡，人类为满足自身的需要而不断对环境进行索取和掠夺，从而导致了一系列问题的出现：环境被污染、生态被破坏、资源被迅速消耗等。尤其是工业革命以来，随着工业化、城市化，以及科学技术的发展，人类在经济发展的数量和规模上都取得了巨大的成就，创造了前所未有的物质财富。但是，企业过度地消耗资源与能源，向环境排放大量的污染物和废弃物，破坏了生态平衡和人类赖以生存发展的地球环境，使人们面临着一系列重大的全球性生态环境问题。

经过不断地思考，人们开始放弃人与自然对立的传统观念并提出了新的观点，即人类不应再是世界的主宰，他们只能作为地球生态系统的一分子，参与整个生态系统的活动，人类与其所在的环境共同构成一个相互关联的整体，人类的活动必然要依据整体的法则而进行，同时也要受到其所在整体的制约。这种共同的法则与制约不是有形的，而是存在于人们内心世界的伦理道德意识。

这种新的伦理观，不仅承认人类是整个生态系统中最有智慧和知识的一部分，是自然的一部分，毁灭了人类赖以生存的环境也就等于毁灭了人类自己；它还承认环境

---

① 韩国刚，侯代军.超载的环境——困境与抉择[M]. 长春：吉林大学出版社，1994：187.

为人类提供的资源是有限的，自然环境的容量是有限的，人类在寻求发展、改造自然的时候也必然要尊重自然。

7.2 环境公平

7.2.1 代际的公平

资源的开发利用，尤其是不可再生资源的开发利用同样也涉及一个公平性的问题。人类存在于地球上，也必然要继续不断地繁衍下去，那么子孙后代也需要有良好的自然环境和充裕的自然资源以供他们生存发展，但是，众所周知，资源是有限的、稀缺的，而环境又在超载的情况下不断地恶化，留给未来的只是日益恶劣的环境条件和极为稀少的自然资源。这一切对于未来的子孙后代们来讲，是有失公平的。由于当代人在资源与环境的开发利用方面处于主宰地位，那么，当代的企业是否可以无节制地消耗资源、破坏环境而置子孙后代的需求于不顾呢？

传统的经济发展模式要求企业仅仅为满足当代人的需求而生产，没有或很少考虑到后代人的需求。因而企业也仅仅为了追求短期内的经济效益而盲目地消耗大量的自然资源。尤其是一些不可再生资源或一些必须经过很长时期才能形成的资源（如煤、石油等），这些资源本身就是短缺的，而且再生能力极低或为零。资源的大量消耗与资源的稀缺性之间的矛盾日渐突出。然而企业在市场机制的驱动下，仍然继续大量地消耗着自然资源进行生产，同时排出污染物，破坏着人类生存的自然环境，威胁着后代人的生存和发展。

从伦理上讲，未来各代人都享有同当代人同样的权利，同样要提出他们对资源和环境的要求，而且，根据公平性原则，任何一代人都不能在资源和环境问题上处于支配地位，即要使各代人都有同样的权利选择社会空间。这就要求当代人在考虑自己需求和消费的同时，也要对未来各代人的需求和消费负起历史的责任。现代的企业，要在公平性原则的基础上，从伦理观念出发，既要考虑当代人的合理需求，组织生产；又要为后代人的生存和发展留有余地，而不应再一味地追求眼前利益，盲目生产而忽视人类生存和发展的长远利益。要做到局部利益和整体利益相统一，为人类美好的未来奠定良好的物质基础。可持续发展论认为，人类有能力使发展持续下去，也能够保证在满足当前需要的同时而不危及满足下一代需要的能力。目前的技术状况和环境与资源虽然对持续发展具有制约作用，但是人类能够通过对技术和社会组织的管理与改善，开辟通向经济发展新时代的道路。因此，无论是为了保护环境而使经济实现"零增长"或"负增长"，还是以牺牲环境为代价来换取经济的高速增长，都是不可取的。人类并不能为了后代而停止使用资源，保护资源与有效利用资源并不是相互矛盾的。企业在使用资源的时候要尽力提高资源的利用率并努力为后代提供可以替代的资源予以补偿。

从代际正义的角度看，我们至少应考虑两个因素：第一，作为同一个物种，后代人的基本需要与我们的基本需要是大致相同的，因而满足这些基本需要的条件也是基本相同的，即都需要安全的食物、洁净的饮用水、清洁的空气、足够的土地以及一个有利于身心健康的功能健全的生态系统。第二，不能想当然地认为后代人一定能够通过技术进步而获得我们今天认为是十分稀缺的资源的替代品，更不能依据那些有可能出现也有可能不出现的技术进步来制定我们的能源政策，因为假如那些技术进步没有在我们期望的时间出现，后代人的生命和安全就会陷入难以想象的灾难之中。

据此，我们有理由认为，对于我们是十分稀缺的资源，对于未来的几代人大致也是十分稀缺的。例如，那些直接决定着人们的基本生活质量，而且目前已呈现出衰竭趋势的可再生资源，如淡水、森林、耕地等，不可再生资源如石油、天然气、煤炭等石化燃料，属于严重匮乏的资源；濒危物种也可以视为一种严重匮乏的资源。此外，我们还可以从逆向思维的角度，把那些严重威胁着当代人和后代人的身体健康和生命安全的有毒有害废弃物，如各种持久性有机污染物和核废料，以及各种生态灾难如全球气候变暖，理解为某种特殊的"负资源"。

7.2.2　国内的公平

我国的"环境公平"问题在多个层面显现出来：首先是城乡不公平。由于城乡垃圾处理设施的显著不平衡，农村的环境污染程度明显加强。城市的环境改善是以牺牲农村环境为代价的，通过截污，城市水质改善了，农村水质却恶化了；通过转二产促三产，城市空气质量改善了，近郊污染却加重了；通过简单填埋生活垃圾，城区面貌改善了，城乡接合部的垃圾二次污染却加重了。农村在为城市装满"米袋子""菜篮子"的同时，出现了地力衰竭、生态退化和农业环境污染等现象。其次，区域不公平。"几十年来，中国资源富集的不发达地区源源不断地将资源输往发达地区，如今积累了发展力量的发达地区却没有给予不发达地区足够的补偿……我们对西部地区不断提出限制发展、保护环境的要求，而保护的成果却主要被发达地区无偿享用。近年来的南水北调、森林禁伐、西部地区退耕还林，最直接的受益者是发达地区。环保上的区域不公平是明显的，'谁受益谁补偿'的原则没有得到落实。"最后，阶层不公平。"从环境上看，富裕人群的人均资源消耗量大、人均排放的污染物多，贫困人群往往是环境污染和生态破坏的直接受害者。富裕人群可以通过各种方式享受医疗保健，以补偿环境污染给生活质量带来的损害；贫困人群却没有能力选择生活环境，更无力应对因污染而带来的健康损害。"[①]

[①] 潘岳. 环境保护与社会公平[N]. 科技日报，2004-10-28.

7.2.3　国际的公平

各国占用、消耗自然资源的数量存在悬殊差别，即存在明显的不公平，发达国家对物质和能源的消费与发展中国家相比有天壤之别。占世界人口 26%的工业国家，消耗了世界能源、钢材、其他矿物、纸的 80%，木材的 40%。占世界人口 5%的美国和加拿大，消耗了世界能源的 27%，以指标来衡量则更为明显。1990 年，经济合作与发展组织（OECD）国家的人均能源消费量为 5179 kg 当量油，而低收入国家只有 339 kg；前者的人均水耗量是 1230 m^3，而后者仅有 498 m^3。[①]从伦理学的观点来看，发达国家的这种消耗不仅剥夺了发展中国家发展所需的资源，同时也造成了世界环境的衰退，是不符合公平性原则的。

这种不公平现象有着深刻的历史原因：18 世纪 60 年代以来，以英国为代表的西欧国家掀起了工业革命，以大规模的机器生产代替家庭、作坊式的手工劳动，生产力得到空前提高。同时，由此引发的对于资源需求的无限膨胀使得西欧殖民者开始了全球范围内掠夺资源的残酷而血腥的行为。以英国为例：一方面，对殖民地的残酷掠夺成为英国资本原始积累的最重要源泉；另一方面，殖民地又是英帝国赖以生存的基础。仅 1757—1857 年的 100 年间，英国从印度掠夺的财富就超过了 10 亿英镑，使印度沦为英国的原料产地。澳大利亚沦为殖民地后成为英国的铜矿和金矿基地，南非的开普敦则成为英国供应轮船用煤的存储池。在大肆掠夺的同时，英国殖民者还通过取得殖民地土地和矿藏不得租给他人的特权，牢牢控制了世界各地的原料。[②]当时，英国在控制世界资源方面有着无与伦比的优势，这一点连英国人自己都感到沾沾自喜。英国经济学家杰文斯 1865 年说道：北美和俄国的平原是我们的玉米地；芝加哥和敖德萨是我们的粮仓；加拿大和波罗的海是我们的林场；澳大利亚、西亚有我们的牧羊地；阿根廷和北美的西部草原有我们的牛群；秘鲁运来它的白银；南非和澳大利亚的黄金则流到伦敦；印度人和中国人为我们种植茶叶；而我们的咖啡、甘蔗和香料种植园则遍及印度群岛；西班牙和法国是我们的葡萄园；地中海是我们的果园。这种殖民地的隶属关系养肥了发达国家，却使得落后国家的自然资源基础遭到严重的破坏。

第二次世界大战之后，发达的工业化国家进入了所谓的"消费社会"，经济繁荣刺激着人们的消费欲望，而需求刺激着生产。遗憾的是，以机械化、自动化为代表的工业生产力，在从自然界获取物质资料上采取的却是一种野蛮和强硬的态度，造成了资源和能源的巨大浪费，也进一步拉大了发达国家和发展中国家在自然资源消耗方面的差距。

---

① 陈基湘，姜学民. 试论自然资源分配的公平性[J]. 资源科学，1998，（3）：3-7.
② 何贤杰，邓国平. 资源与发展[M]. 武汉：湖北教育出版社，1998：42.

《世界自然宪章》(以下简称《宪章》)中提出,由于自然资源的过度消耗和利用不当,以及人民及国家之间未能建立一种适当的经济秩序,因而使自然系统退化,进而导致经济、社会和文明的政治体制走向崩溃,对珍贵资源的竞争会产生冲突,而保护自然和自然资源却能对正义和维护和平做出贡献。《宪章》还强调:人类需要在国家和国际的水平上,个人和集体的水平上以及私人和公共的水平上采取适当的措施保护自然并促进此领域的国际合作。①

总之,发达国家的过度消费建立在少数国家对国际资源经济和非经济的剥夺之上,不仅威胁到发展中国家的未来发展,也严重威胁着世界的资源、生态和持续发展。这一切,对发展中国家来讲,是极为不公平的。

发达国家要尽可能地减少对全球公共资源的影响和破坏,并且勇敢地承担起其在早期工业化过程中对环境污染和生态破坏的责任。同时,还要在科学技术、环境保护方面加强同发展中国家的合作,努力设法缩小与发展中国家的差距,使人类能够在一个和谐的环境中共同发展和进步。

蚂 蚁 森 林

2016年8月27日,蚂蚁金服面向旗下支付宝平台的用户正式上线了"蚂蚁森林"。用户在"蚂蚁森林"页面注册开通账户后,其日常生活中的低碳减排行为将自动被测算为该用户的个人碳减排量——在"蚂蚁森林"页面中则体现为相应克数的"绿色能量",用于"浇灌"手机界面中的虚拟树。而在虚拟树"长成"之后,蚂蚁金服再联合公益组织以用户的名义在现实世界种下一棵实体树,或者维护相应面积的保护地。

上线仅两三个月时间后,蚂蚁森林的注册用户数就达到了六七千万之多。这不仅是由于公益项目天然的亲和力,也得益于一些社交互动和游戏元素的加入。2017年春节的集五福活动成为"蚂蚁森林"的爆发点。注册用户数量激增,短短几天时间内一举突破2个亿的规模。到2019年8月底为止蚂蚁森林的用户数已经突破5亿,继续保持高速增长的势头。

"蚂蚁森林"产生了多重的碳减排价值。以种下一棵梭梭树的过程为例——首先,用户个人在养成虚拟树期间的绿色低碳行为将减少17.9千克的个人碳排放量;其次,蚂蚁金服及合作公益组织以该用户名义种下的一棵梭梭树,一生内又将通过光合作用吸收二氧化碳17.9千克。此外,一棵梭梭树可以固定约10平方米的沙漠,其根系可

---

① 王伟. 生存与发展——地球伦理学[M]. 北京:人民出版社,1995:287-288.

用于嫁接肉苁蓉等珍贵中药材,为阿拉善盟农牧民提供有效的抵御荒漠化、维持生计的手段。更有意义的是,用户在"蚂蚁森林"平台种下一棵真正的树平均需要坚持3个月的低碳减排行动。长时间减排行为的实践有助于帮助用户养成绿色低碳的生活习惯。

根据蚂蚁金服公开的数据,截至2019年8月底蚂蚁森林上线3年时,"蚂蚁森林"平台注册用户数已经超过5亿,线下植树的范围也从内蒙古阿拉善盟逐渐扩展到鄂尔多斯、库布齐、甘肃、通辽、武威、兰州等地。累计种植实体树木1.22亿棵,实现碳减排量792万吨。

"蚂蚁森林"取得成功的主要原因,在于它在以下几个方面对传统公益模式进行了改进与创新:

在项目宣传推广方面,借助支付宝自身的平台优势及互联网营销手段,迅速扩大了项目的受众人群及社会影响力。蚂蚁森林用户规模从0增长到2亿只用了半年不到的时间。对于以往任何一家公益组织来讲,这都是无法想象的高速度,充分体现了互联网传播的爆发力。

在募捐手段上,突破了传统公益模式由捐赠人直接出资的模式。"蚂蚁森林"模式鼓励公众以环保的形式参与环保公益,将各类参与者的低碳行为转化为相应数量的碳排放量,并最终折算成相应数量的资金,用于支持公益项目。项目的最终出资方包括个人、相关企业、组织等,覆盖范围更广。在提升公众对公益项目参与程度的同时,将个人用户、相关企业、公益组织、政府等组合成一个有机的整体,共同推进公益项目的进展。

改变捐赠人的日常行为模式。"蚂蚁森林"在荒漠中种下了大片的实体森林,但影响更大的是亿万用户日常的环保行动。在"蚂蚁森林"模式中,每个人都可以利用日常碎片化的时间和行为参与环保,改善个人身边的微环境,促进环保公益新生态的形成。

在项目后期反馈与监督上,充分发挥互联网企业的在线优势,给参与者及时、多角度的反馈,方便用户监督并进一步提升公益项目黏性。用户可以在"蚂蚁森林"的活动页面看到自己种下的树,随时关注自己种下的小树苗的成长,甚至可以透过卫星图像查看当地环境的变化。公益活动形式的多样化不仅提高了公益项目的透明度,而且进一步推动了环境保护的社会化参与程度。

〔资料来源:祝运海,梅新蕾. 蚂蚁森林:用"好玩"做环保公益[N]. 中国经营报,2020-03-16.〕

7.3 环境问题

环境对人类的影响自古有之,自近代工业革命以来,随着人类经济活动的扩大和科学技术的广泛应用,环境问题对人类生活的影响也愈加明显。从最初的影响人类生存质量，至危及人类的生存基础，又发展到毁灭人类的局部文明甚至威胁到整个人类的存在。当前，环境问题已日益成为世界关注的焦点。

7.3.1 大气污染

大气污染是指大气中污染物或由它转化成的二次污染物的浓度达到了有害程度的现象。大气污染物的种类很多，其物理和化学性质非常复杂，毒性也各不相同，主要来自矿物燃料燃烧和工业生产。前者产生二氧化硫、氮氧化物、碳氧化物、碳氢化合物和烟尘等；后者因所用原料和工艺不同而排放出不同的有害气体和固体物质（粉尘），常见的有氟化物和各种金属及其化合物。农业施用的农药飞散进入大气，也会成为大气污染物。

大气中有害物质的浓度越高，污染就越重，危害也就越大。污染物在大气中的浓度，除了取决于排放的总量外，还同排放源高度、气象和地形等因素有关。污染物一进入大气，就会稀释扩散。风越大，大气湍流越强，大气越不稳定，污染物的稀释扩散就越快；相反，污染物的稀释扩散就慢。在后一种情况下，特别是在出现逆温层时，污染物往往可积聚到很高浓度，造成严重的大气污染事件。降水虽可对大气起净化作用，但因污染物随雨雪降落，大气污染会转变为水体污染和土壤污染。

世界卫生组织 2018 年发布的数据显示，全球多地空气污染状况依然严重。每年全球据估计有多达 700 万人死于室外环境和室内空气污染；世界上每 10 个人中就有 9 个正在呼吸含有高浓度污染物的空气。从全球空气污染的地域情况来看，目前主要的空气污染集中在亚洲和非洲，其次是东地中海区域、欧洲和美洲。[①]

2018 年，我国 169 个地级及以上城市平均优良天数比例为 70.0%，平均超标天数比例为 30.0%。[②]

7.3.2 温室效应与臭氧层破坏

大气中某些痕量气体（主要有二氧化碳、甲烷、臭氧、氧化亚氮、氟利昂等）的含量增加，引起地球表面平均气温上升的现象即为温室效应。能引起温室效应的痕量气体称为温室气体。太阳辐射透过大气，除很少一部分被吸收外，大部分到达地面，地表又以红外辐射形式向外辐射，被大气中的二氧化碳等温室气体和水蒸气所吸收，从而阻止了地球热量向空间的散发，使大气层增温，增大了热效应。大气温室效应增强，地面温度升高加快。

---

① https://www.who.int/news-room/detail/02-05-2018-9-out-of-10-people-worldwide-breathe-polluted-air-but-more-countries-are-taking-action.
② 中华人民共和国生态环境部. 2018 中国生态环境状况公报[R]. http://hbdc.mep.gov.cn/hjyw/201905/W020190529623961370601.pdf.

目前最重要的温室气体是二氧化碳，其次是甲烷、臭氧。由于煤、石油和天然气燃料使用量的增加，使大气中二氧化碳增多；又因植被、森林的破坏日益严重，使植物光合作用消耗大气中的二氧化碳大量减少，造成二氧化碳的浓度快速增加。

2013年9月30日，联合国政府间气候变化专门委员会（IPCC）第一工作组在瑞典首都斯德哥尔摩发布了《全球气候变化第五次评估报告》(前四次分别是在1990年、1995年、2001年和2007年发布的)。报告指出，全球气候系统变暖的事实是毋庸置疑的，自1950年以来，气候系统观测到的许多变化是过去几十年甚至近千年以来史无前例的。全球几乎所有地区都经历了升温过程，变暖体现在地球表面气温和海洋温度的上升、海平面的上升、格陵兰和南极冰盖消融和冰川退缩、极端气候事件频率的增加等方面。全球地表持续升温，1880—2012年全球平均温度已升高0.85℃。[①]

由于来不及适应气候的转变，一些动植物种类可能灭绝，农作物将减产，气候变暖会使极地冰雪融化，海平面将升高，从而使沿海城市和海被大片淹没，影响全球1/3人口的生活，导致一系列不可逆转的后果。

臭氧是由三个氧原子组成的气体，飘浮在地球上空，吸收并挡住了99%以上有害于人体和其他生物的紫外线，是人类及其他生物生存的"保护衣"。然而，自1984年南极上空出现臭氧空洞以来，南极上空的臭氧层的破坏已达40%～50%，并继续向北延伸，引起人们极大的关注。臭氧层的破坏是由于使用"氯氟烃"（即"氟利昂"）引起的。它是1930年美国杜邦公司研制成功而广泛应用于冰箱和空调的制冷剂、家用喷雾剂、泡沫塑料的发泡剂、电脑工业的净化剂以及机械工业的推进剂。臭氧层中臭氧浓度减少1%，会使地面增加2%的紫外线辐射量，导致皮肤癌的发病率增加2%～5%。紫外线辐射大量增加，还会导致黑色素瘤、白内障等疾病的发病率增高；同时也加剧了"温室效应"，导致平均气温升高，而且紫外线的增加抑制了农作物的生长，危及海洋生物，威胁人类的生存。

7.3.3 酸雨

酸雨作为一个环境问题，大约出现在20世纪50年代。那时，美国的东北部和欧洲地区就存在酸雨的危害。到了20世纪60年代后期，酸雨的范围扩大了，并且在北欧的瑞典、丹麦等国出现了明显的危害。20世纪70年代以后，酸雨迅速蔓延至几乎所有国家。

酸雨对环境有多方面的危害。酸雨破坏土壤的结构和营养，使土壤贫瘠化，危害植物的生长，使作物减产。据估计，美国和加拿大每年因酸雨造成的农业损失达160

[①] 沈永平，王亚国. PICC第一工作组第五次评估报告对全球气候变化认知的最新科学要点[J]. 冰川冻土，2013，(5)：1068-1076.

亿美元。酸雨对森林也有很大的破坏性。据统计，欧洲大约有 6500 万公顷的森林遭酸雨污染危害，德国森林受酸雨危害的面积由 1982 年的 8%扩大到目前的 52%，中欧有 100 万公顷的森林枯萎死亡。酸雨还严重腐蚀建筑物、工业设备、仪器以及损害人体健康。

酸雨在一些地区不仅成为重大的经济问题，而且成为一个重大的政治问题，国与国之间因酸雨引起的纠纷日益增多。欧洲各国和美国、加拿大等国的首脑多次磋商酸雨的防治问题，但进展缓慢。称之为"空中死神"的酸雨，正在全球各地蔓延，严重地威胁着人类的生存与发展。

我国是继欧洲、北美之后，在世界上出现的第三大酸雨区。2018 年，酸雨区面积约 53 万平方千米，占国土面积的 5.5%，其中，较重酸雨区面积占国土面积的 0.6%。酸雨污染主要分布在长江以南—云贵高原以东地区，主要包括浙江、上海的大部分地区、福建北部、江西中部、湖南中东部、广东中部和重庆南部。[①]

7.3.4 水体污染

由于人类活动排放的污染物进入河流、湖泊、海洋或地下水等水体，使水和水体底泥的物理、化学性质或生物群落组成发生变化，从而降低了水体的使用价值，这种现象称为水体污染。

按污染物划分，污染类型包括病原体污染、需氧物质污染、植物营养物质污染、石油污染、热污染、放射性污染、有毒化学物质污染、盐污染。按水体划分，污染类型包括河流污染、湖泊（水库）污染、海洋污染以及地下水污染。

早期的水体污染主要是由人口稠密的大城市的生活污染造成的。产业革命以后，工业排放的废水和废物成为水体污染物的主要来源。随着工业生产的发展，水污染范围不断扩大，污染程度日益严重。20 世纪 50 年代以后，在一些水域和地区，由于水体严重污染而危及人类的生产和生活。20 世纪 70 年代以来，人们采取了一些防治污染措施，部分水体的污染程度虽有所减轻，但全球性的水污染状况还在发展，尤其是工业废弃物对水体的污染还具有潜在的危险性。若干水资源因受到污染而降低或丧失了使用价值，使水资源更加短缺。

2018 年，我国长江、黄河、珠江、松花江、淮河、海河、辽河七大流域和浙闽片河流、西北诸河、西南诸河监测的 1613 个水质断面中，Ⅰ类占 5.0%，Ⅱ类占 43.0%，Ⅲ类占 26.3%，Ⅳ类占 14.4%，Ⅴ类占 4.5%，劣Ⅴ类占 6.9%。监测水质的 111 个重要湖泊（水库）中，Ⅰ类水质的湖泊（水库）7 个，占 6.3%；Ⅱ类 34 个，占 30.6%；Ⅲ类 33 个，占 29.7%；Ⅳ类 19 个，占 17.1%；Ⅴ类 9 个，占 8.1%；劣Ⅴ类 9 个，占 8.1%。

---

① 中华人民共和国生态环境部. 2018 中国生态环境状况公报[R]. http://hbdc.mep.gov.cn/hjyw/201905/W020190529623961370601.pdf.

2018年，监测水质的111个重要湖泊（水库）中，Ⅰ类水质的湖泊（水库）7个，占6.3%；Ⅱ类34个，占30.6%；Ⅲ类33个，占29.7%；Ⅳ类19个，占17.1%；Ⅴ类9个，占8.1%；劣Ⅴ类9个，占8.1%。[①]

7.3.5 海洋污染

海洋污染是对生活在海洋中或依赖于海洋的任何有机体的重要威胁。人类影响海岸和海洋栖息地的形式有很多种，其中包括：通过农业径流和排水管道向海洋排放营养物，工业和农业向海洋排放有毒化学物质，石油运输泄漏以及固体废物排放等。

有毒物质通过各种途径进入海洋环境。重金属、杀虫剂和酸雨不仅威胁海岸和海湾系统，而且威胁到海洋中的生命。重金属有多种存在形式，其中一些是能够溶于海水的。这些可溶性混合物的存在形式可能并不是它们最初被排放到环境中的存在形式，从而也就使人们难以判断它们的来源。很多重金属通过工业排放物进入环境中。化工厂、冶炼厂和金属矿尤其如此。人们通过食用受污染的鱼或贝壳类动物等直接或间接方式，使健康受到损伤。

最受公众关注的海洋污染源之一是石油产品。大量的油泄漏可以使一个地区受到毁灭性污染。后果同样严重的是清洁船底和船舱所造成的对海洋的原油排放。由于油港和炼油厂需要建在海岸边，这些海岸地区受到油泄漏的危害很大。海洋生命由此受到的危害是巨大的，每年因此而丧生的海鸟达几十万只。

船只每年排入海洋的惰性固体废物有数百吨。其中，塑料和聚苯乙烯对海洋生命的影响是致命的。塑料经常会在水中漂浮数百千米，而且会存在很多年，并经常被鱼、龟和哺乳动物误食，从而影响到这些动物的进食并可能造成它们的窒息。

由于人类在几千年来一直沿着海岸生活，并将海洋作为废物倾倒场，所以海洋所受的影响是最大的。更为不利的是，这些近岸水体是大多数商业鱼类和贝壳类动物在海洋生态系统中的产卵和哺育地。对海洋的破坏将产生巨大的不利影响。

7.3.6 "绿色屏障"锐减

历史上，森林和林地曾占世界陆地面积的2/3，面积达76亿公顷。在过去的很多年中，由于过度砍伐，地球森林植被缩小了1/3。"森林生态危机"越来越严重，水土流失、土地退化、水旱灾害气候反常等自然灾害，往往由此而生。森林减少还使得2000多种动植物面临灭绝的威胁，并且由于森林减少将削弱吸收二氧化碳的生态环境基础，全球气温将加速升高。

---

① 中华人民共和国生态环境部. 2018中国生态环境状况公报[R]. http://hbdc.mep.gov.cn/hjyw/201905/W020190529623961370601.pdf.

干旱、半干旱地区（包括一部分半湿润地区）生态平衡遭到破坏而使绿色原野逐步变成类似沙漠的景观，结果产生沙漠化的土地。目前，遭受沙漠化破坏的土地面积越来越大，全世界每年约有 600 万公顷土地发生沙漠化。产生沙漠化的因素有自然因素和人为因素：自然因素有干旱、地表形成的松散砂质沉积物、大风的吹扬等；人为因素有过度放牧、过度垦殖、过度砍伐和不合理地利用水资源等。这两大因素综合作用于脆弱的生态环境，使植被遭到破坏，导致风沙活动加剧和沙丘的形成，沙漠化开始出现和发展，结果，土地资源遭到破坏，可供农牧的土地面积减少，土地资生能力退化，造成农牧生产能力降低和生物生产量下降。

根据第五次全国荒漠化和沙化监测结果，我国荒漠化土地面积 261.16 万平方千米，沙化土地面积 172.12 万平方千米。[①]

7.3.7 "三废"问题

各种工业企业所排放的有害物质，就其性质种类是多种多样的。但无论它们差别多大，从其物理形态上划分，大体可分为气体、液体、固体。一般称为废气、废液、废渣，即工业"三废"。地球上的垃圾越来越多，化学、金属、石油、橡胶、塑料和其他一些工业都会产生有害废物。这些废物，特别是固体废物在发达国家中是特别严重的问题，因为这些国家所产生的废物量大而废物场地有限。废物通常被倒掉，或是在焚化炉和水泥炉中烧掉。同样，在发展中国家，废物的产生量也在迅速增加，并有可能成为空气和水污染的主要原因。据估计，全世界危险废物每年以 5 亿吨的速度增加，全世界湖泊、河流、水井直接受害，有毒物质、垃圾、废料污染的威胁和造成的祸害有增无减，尤其是核废料产生的放射性污染，会导致人们白血病、癌症等绝症的发生。巨大的垃圾污染源使得地下水中铅及氯化物的含量增高，土壤受到侵蚀，超过环境的自我净化能力，严重威胁人类的健康。

7.3.8 生物多样性下降

生物多样性包括遗传（基因）多样性、物种多样性和生态系统多样性三个层次。

生物资源支撑着人类的生存和发展，并且使人们能够适应环境的需求的变化。生物多样性是一个地区内基因、物种和生态系统多样性的总和。据联合国环境署估计，全球大约有 500 万种到 3000 万种生物。目前人类描述过的生物大约有 140 万种，利用的仅为 150 种左右。人类食物的 90% 来自被驯化和培育的 20 种动植物。

生物资源是人类财富的巨大宝库。但是，目前由于人类过度砍伐森林特别是热带

---

① 中华人民共和国生态环境部. 2018 中国生态环境状况公报[R]. http://hbdc.mep.gov.cn/hjyw/201905/W020190529623961370601.pdf.

雨林，致使生物的生境丧失，再加之生物资源的过度开发、环境污染、全球气候变化以及工业、农业的影响，生物种类正在急剧减少，现在每天以 100 多种到 200 多种的速度消失。

物种灭绝意味着地球上一部分生物多样性无可挽回的、令人遗憾的损失。灭绝可能是一种自然过程，由于：（1）某些灾难性事件；（2）生物之间相互作用，如竞争、疾病和捕食；（3）长期的压力；（4）经常受到干扰。但是，由于近来加剧的人类活动成为环境变化中起决定性作用的力量，地区、区域乃至全球范围的物种灭绝速率急速提高。在现代，人类成为物种灭绝的主要因素，其原因有三：（1）过度获取；（2）捕食者、竞争者和疾病的影响；（3）生态环境的破坏，尤其是热带森林的砍伐。近 200 年内，由于人类影响，地球上灭绝了大约 100 种哺乳动物、160 种鸟、其他许多已知分类的物种，另外还有不计其数的未经描述的热带物种。

7.3.9 资源短缺

人类在自然资源的利用方面大体经过三个阶段：第一阶段，人类的生活资料主要靠大自然恩赐；第二阶段，人类的生活资料一方面主要靠大自然的恩赐，另一方面开始按自身需要，利用自然资源；第三阶段，人类在利用自然资源的同时，制造新的合成材料。后一阶段随着人类改造自然环境能力的提高，对自然资源的开发和利用更为广泛，更为深入。尤其是自 18 世纪工业化开始，人类对自然资源的开发和利用加速，消耗量猛增，开发和利用结构发生了较大的变化，能源和矿藏资源日益成为影响人类生活的重要因素。"二战"以后，由于人口的空前增长，地球上的自然资源也以空前的速度被消耗，土地资源减少，淡水资源缺乏并被污染，世界森林面积急剧减少，资源和能源的消耗量越来越接近其储量和潜力。随着世界人口的增长，全球的工业产值和能源使用量必将持续增长。

从总量来说，我国在世界上属于资源大国，国土面积居世界第三位，草场面积居世界第三位，水资源居世界第六位，可开发水能居世界第一位，森林蓄积量居世界第五位。然而，就人均资源占有量而言，我国又远在世界平均水平之下，我国人均占有的煤炭、耕地、水、天然气、石油分别只占世界平均水平的 79%、40%、25%、6.5%、6.1%。[①]

7.3.10 环境承载压力大

在过去的几个世纪中，世界人口正趋于膨胀到可得的食物、水和空间所允许的最大数量。当人类超出其环境承载力时，有时会导致疾病、饥荒或战争等灾难性的毁灭。

[①] 江泽民. 对中国能源问题的思考[J]. 上海交通大学学报，2008，（3）：345-359.

通常，通过技术革新，包括农业、灌溉和机械化等各方面，每一次革新都有效地扩展了环境承载力。在过去的千万年间，人口数量上升得非常缓慢，到公元1000年，人口开始以指数增长。人口翻番，从2亿增长到4亿，曾经需要1000年时间（从公元200年到公元1200年），而按照目前的速度，我们的人口加倍只需要40年时间。联合国经济和社会事务部发布的报告显示，2030年世界人口将从目前的77亿增至85亿，2050年达到97亿。①自从18世纪以来，人口理论家已经越来越多地警告说：我们目前的增长模式将带领我们走向严重的超载，可能最终会永久地破坏我们的环境并导致随之而来的毁灭。

吉化"11·13"特大爆炸事故

2005年11月13日下午1时45分，位于吉林市龙潭区遵义东路的中石油吉林石化公司双苯厂硝基苯精馏塔发生爆炸，在随后的2个小时内，厂内又接连发生5次爆炸。事故导致该厂新苯胺装置、1个硝基苯储罐、2个苯储罐报废，导致苯酚、老苯胺装置等四套装置停产。爆炸造成8人死亡，60人受伤，直接经济损失6908万元，并引发松花江水污染事件。吉林石化爆炸案的灾难影响力，以及带来的连环危机，对自然环境的污染和给人们带来的恐慌远远超过了一般灾难。

2005年11月14日10时，环境检测发现，吉化公司东10号线入江口水样有强烈的苦杏仁气味，苯、苯胺、硝基苯、二甲苯等主要污染物指标均超过国家规定标准。松花江九站断面检测出以苯、硝基苯为主的污染物。

吉化爆炸后的苯类污染物流入松花江，硝基苯超标28.08倍。整个污水团长度约80公里，以每小时约2公里的速度向下游移动，受污染的松花江水流过的江面总长度为1000多公里。19日21时污染团进入黑龙江省境内。水中的苯超标2.5倍，而硝基苯超标达103.6倍。11月24日凌晨5时许到达哈尔滨市四方台取水口。26日凌晨，污染高峰基本流过哈尔滨市区江段，完全通过哈尔滨市共用了40小时左右。

2005年11月21日，哈尔滨市政府下发停水通知。11月21日中午起，哈尔滨市陷入了前所未有的恐慌，饮用水、水容器、啤酒、牛奶、饮料等统统遭遇抢购，甚至八宝粥、罐头、速冻水饺等快餐食品和擦手的湿纸巾也未能幸免。在短短1天之内，哈尔滨市民把1.6万吨的纯净水存货全部抢购一空，相当于平时100天的供应量。

国务院事故及事件调查组认定，中石油吉林石化分公司双苯厂"11·13"爆炸事

---

① 尚绪谦. 2050年世界人口将达97亿[N]. 人民日报，2019-06-19（16）.

故和松花江水污染事件是一起特大生产安全责任事故和特别重大水污染责任事件。

爆炸事故的直接原因是：硝基苯精制岗位外操人员违反操作规程，在停止粗硝基苯进料后，未关闭预热器蒸汽阀门，导致预热器内物料气化；恢复硝基苯精制单元生产时，再次违反操作规程，先打开了预热器蒸汽阀门加热，后启动粗硝基苯进料泵进料，引起进入预热器的物料突沸并发生剧烈震动，使预热器及管线的法兰松动、密封失效，空气吸入系统，由于摩擦、静电等原因，导致硝基苯精馏塔发生爆炸，并引发其他装置、设施连续爆炸。

爆炸事故的主要原因是：中国石油天然气股份有限公司吉林石化分公司及双苯厂对安全生产管理重视不够、对存在的安全隐患整改不力，安全生产管理制度存在漏洞，劳动组织管理存在缺陷。

污染事件的直接原因是：双苯厂没有事故状态下防止受污染的"清净下水"流入松花江的措施，爆炸事故发生后，未能及时采取有效措施，防止泄漏出来的部分物料和循环水及抢救事故现场消防水与残余物料的混合物流入松花江。

污染事件的主要原因：一是吉化分公司及双苯厂对可能发生的事故会引发松花江水污染问题没有进行深入研究，有关应急预案有重大缺失；二是吉林市事故应急救援指挥部对水污染估计不足，重视不够，未提出防控措施和要求；三是中国石油天然气集团公司和股份公司对环境保护工作重视不够，对吉化分公司环保工作中存在的问题失察，对水污染估计不足，重视不够，未能及时督促采取措施；四是吉林市环保局没有及时向事故应急救援指挥部建议采取措施；五是吉林省环保局对水污染问题重视不够，没有按照有关规定全面、准确地报告水污染程度；六是环保总局在事件初期对可能产生的严重后果估计不足，重视不够，没有及时提出妥善处置意见。

7.4 企业的环境保护责任

7.4.1 为什么说企业有环境保护责任

首先，企业的一举一动对环境有影响，有影响就有责任。企业作为经济组织，其从事的一切活动不可避免地受到环境的影响和制约，同时企业的经营活动也深刻地影响着周围的环境。尽管不是所有的环境问题都是由企业引起的，但企业对环境的影响不可低估，例如，工业排放占废气中主要污染物排放量的近九成（见表7-1）。

表7-1 2014年全国废气中主要污染物排放量

二氧化硫（万吨）				氮氧化物（万吨）				
总量	工业源	生活源	集中式	总量	工业源	生活源	机动车	集中式
1974.4	1740.3	233.9	0.2	2078.0	1404.8	45.1	627.8	0.3

资料来源：《2014中国环境状况公报》

其次，环境问题是全人类面临的紧迫问题，每个人、每个组织都有责任为环境保护做出贡献，企业当然也不例外。而且，在环境保护方面，企业具有专长，对于很多环境问题，特别是企业造成的问题，企业更了解问题产生的原因及治理的方法，因而更有专业能力来消除对环境的消极影响。

7.4.2 企业的环境保护工作

1. 绿色经营

企业应当奉行绿色经营理念。所谓绿色经营，是指企业适应社会经济可持续发展的要求，把节约资源、保护和改善生态与环境、有益于消费者和公众身心健康的理念，贯穿于经营活动的全过程和各个方面，以实现企业利益和社会利益的有机统一。

企业不仅要从自身做起，搞好本企业内部的环境保护工作，同时还要积极参与社会性的环保公益活动，成为环境保护运动的主力军，为人类拥有更洁净的生存空间而作出自己的贡献。

2. 清洁生产

"清洁生产"将整体预防的环境战略持续应用于生产过程、产品和服务中，以增加生态效率和减少人类及环境的风险。主要包括：（1）对生产过程，要求节约原材料和能源，淘汰有毒原材料，减少所有废弃物的数量和毒性。（2）对产品，要求减少从原材料提炼到产品最终处置的全生命周期的不利影响。（3）对服务，要求呼吁环境因素纳入设计和所提供的服务中去。

"清洁生产"包括清洁的生产过程和清洁的产品两方面的内容，即不仅要实现生产过程的无污染或不污染，而且生产出来的产品在使用和最终报废处理过程中也不对环境造成损害。它通过产品设计、原料选择、工艺改革、技术管理、生产过程、产品内部循环等环节的科学化与合理化，使工业生产最终产生的污染物最少，从而实现经济效益、环境效益与社会效益的相对统一。

发展"清洁生产"工艺不仅可以缓解我国资源及能源短缺的问题，同时，我国工业发展所带来的严重污染及环境遭到破坏的问题也可以得到进一步的解决，为企业带来良好的经济效益，为社会及人类提供优质的环境，同时也为后代的可持续发展提供强有力的保障。

3. 废物不废

废物并不是真正的废物，它也是一种资源，是一种被"错置"的资源。通过对废物的回收、加工、再生利用，它完全可以变为社会的财富。那样，既节约了资源，又防止对环境的污染。由于原材料的物质成分具有多样性、复杂性，对于单一性的对象产品，其可利用的物质绝不是一次就可以耗尽的，未耗尽的可利用物质经回收处理可成为工业生产中的原材料。随着科学技术的进步，经过二次、三次、四次乃至更多次的回收利用而残留下来的废物依然可能被利用。现代生产追求的目标应该是：废物在量上达到最小的限度，在质上对生物机体无毒无害。这样才能提高资源的有效利用率，更好地防治污染、保护环境。

实践证明，利用废旧物资作为资源来生产产品，比之开发矿产或是生物资源来生产同样的产品，投资较少，资金回收期短，而且能消除污染，改善环境。因此，我国企业应该大力发展废物资源化以及资源的循环利用，增加回收网点，完善回收体系。通过对废物的循环再利用，有效地控制污染的产生及扩散，同时，还可提高资源的有效利用率，为子孙后代留下更多、更宝贵的自然资源，创造更好的自然环境，以保证"可持续发展"战略的顺利进行。

【本章提要】

1. 人与环境关系的现代观点认为，人类与其所在的环境共同构成一个相互关联的整体，人类的活动必然要依据整体的法则而进行，同时也要受到其所在整体的制约。

2. 环境的代际公平性要求当代人在考虑自己需求和消费的同时，也要对未来各代人的需求和消费负起历史的责任。

3. 要逐渐消除城乡之间、区域之间、阶层之间存在的环境不公平性。

4. 环境的国际公平性要求发达国家要尽可能地减少对全球公共资源的影响和破坏，并且勇敢地承担起其在早期工业化过程中对环境污染和生态破坏的责任。

5. 人类面临大气污染、温室效应与臭氧层破坏、酸雨、水体污染、海洋污染、"绿色屏障"锐减、"三废"问题、生物多样性下降、资源短缺、环境承载压力大等重大环境问题的严峻挑战。

6. 企业之所以应该承担环境保护责任，一是企业对环境有影响，而有影响就有责任；二是企业是社会的一分子，应当承担保护人类共同家园的责任。

7. 企业应当把节约资源、保护和改善生态与环境、有益于消费者和公众身心健康的理念，贯穿于经营活动的全过程和各个方面。

【重要概念】

代际的公平性
国际的公平性
大气污染
温室效应

气候变暖
臭氧层破坏
酸雨
生物多样性
环境承载力
绿色经营
清洁生产

1. 什么是人与环境关系的传统观点？
2. 什么是人与环境关系的现代观点？
3. 怎样看待代际的公平性？
4. 从环境角度看，国内的不公平性体现在哪些方面？
5. 怎样看待国际的公平性？
6. 典型的环境问题有哪些？
7. 为什么说企业有环境保护责任？
8. 什么是绿色经营理念？
9. 什么是清洁生产？

案例1 难以达到的标准

亚洲某国（以下简称 C 国）的有些标准是很多年前制定的，即使是现在，虽经几次修改，许多方面已与国际接轨，但因各种原因仍有很多地方有待进一步完善。其中有一个绿色节能指标是约十年前制定的，因为一直以来其非强制性标准要求过严，超出了业内实际能达到的水平，于是很多业内权威人士认为该标准必须调整后才能推广。但不知从何时起，C 国政府因能源紧张，明令政府采购的项目所有机电类产品必须拥有该绿色节能标识以为该国节能作出贡献。作为能源耗电行业的世界领头企业 A 公司，其销售人员得知此政策后，为了拓展 C 国政府采购项目业务，擅自送了其公司的几个常规主打产品去检验，竟然幸运地拿到了证书。

A 公司市场部得知此事后，对销售部的做法很不以为然，认为该节能标准超出了它们产品的技术规范，就算样品通过了标准测试，其大规模生产的产品很难都完全达到 C 国节能标准要求。甚至从理论上讲，目前世界上设计最好的产品如果随机抽取也很难达到 C 国过严的节能要求（远高于国际相关标准）。根据 A 公司的企业文化和质量方针，其出厂的所有产品必须 100%地满足所有声称的技术水平和标准。该市场部还认为该国检测机构虽然已发了证书，但它们仍保留对任何售后的产品进行质量抽检，一旦被查出，将对 A 公司的品牌形象产生很大的负面影响，同时也是对消费者不负责任。而销售部则认为，如果利用该证书，可以为公司每年创造 30%的业绩增长（约 3000 万美元的营业额，超过 600 万美元的利润）。而用同样"特殊送样"的办法，好多同行企业都已拿到了该证书，并从政府采购项目中获利，有了大幅度的业绩增长。某些销售员还认为，既然标准本身也有问题，且有可靠消息称该国标准机构正考虑适当降低节能标准，想必该国检测机构对出厂的产品不会查得那么严，过去一年里的经验也说明了这一点：那些产品能耗差很多的品牌都大摇大摆地打上了绿色节能标志，且也"高枕无忧"，为啥我们就必须那么谨慎呢？即使被查出，我们还可以向客户辩解，并得到客户的理解。

讨论题

1. 销售部的做法是否合乎伦理？
2. A 公司应该怎么做呢？

案例 2　S 厂的困境

S 厂是一家典型的中国小微企业，位于东部某地级市一个偏远郊区，包括车间工人在内，只有二十来个员工。工厂从事的是干燥剂的加工生产，主要用于药品、电子产品或其他商品的防潮。

干燥剂本身无毒无害，生活中必不可少。但是在干燥剂加工过程中，不可避免地涉及噪声、粉尘以及胶黏剂等有毒化学品和 VOC 的排放。2018 年在整个中国大地刮起环保风暴，这个小厂虽然地处偏远，却也受到了影响，而最为致命的就是停产。停产就意味着没有收入，企业没有利润，工人没有工资。

这家工厂的老板在广东打工的那些年，看到了太多外乡年轻人无所事事，混迹于网吧，没钱了就去偷抢犯罪。他想着一定不能让自己家乡的年轻人也变成这样，希望家乡的年轻人能够有事可做，年长的也能够老有所依，于是回家办了这个厂。这家企业在微利的干燥剂行业中，十年来没赚到多少钱，但是为镇里提供了税收，为村里解决了就业。现在，他一筹莫展："我已经 50 多岁了，当初在广东打工回来，攒了点钱，就办了这个厂，不想能赚多少钱，就希望能为家乡父老办点儿事。我虽然没读过多少书，但是还晓得穷则独善其身，达则兼济天下的道理。我就这么点能耐，不想为社会能做多大的贡献，就想着能为厂里的二十来个工人负责，让他们能够有事可做，有饭可吃，不用去干些违法的事儿，不给社会增加负担就行。但是我现在也不得不在监察人员离开后，偷偷摸摸地开工，因为实在撑不下去了。厂撑不下去了，这些个工人咋办？"

讨论题

1. S 厂的老板该怎么办？
2. 该案例的启示是什么？

附录 A 《联合国人类环境宣言》

联合国人类环境会议于 1972 年 6 月 5 日至 16 日在斯德哥尔摩举行，考虑到需要取得共同的看法和制定共同的原则以鼓舞和指导世界各国人民保持和改善人类环境，发布了《联合国人类环境宣言》。

共同的信念：

1. 人类既是他的环境的创造物，又是他的环境的塑造者，环境给予人以维持生存的东西，并给他提供了在智力、道德、社会和精神等方面获得发展的机会。生存在地球上的人类，在漫长和曲折的进化过程中，已经达到这样一个阶段，即由于科学技术发展的迅速加快，人类获得了以无数方法和在空前的规模上改造其环境的能力。人类环境的两个方面，即天然和人为的两个方面，对于人类的幸福和对于享受基本人权，甚至生存权利本身，都必不可缺少的。

2. 保护和改善人类环境是关系到全世界各国人民的幸福和经济发展的重要问题，也是全世界各国人民的迫切希望和各国政府的责任。

3. 人类总得不断地总结经验，有所发现，有所发明，有所创造，有所前进。在现代，人类改造其环境的能力，如果明智地加以使用的话，就可以给各国人民带来开发的利益和提高生活质量的机会。如果使用不当，或轻率地使用，这种能力就会给人类和人类环境造成无法估量的损害。在地球上许多地区，我们可以看到周围有越来越多的说明人为的损害的迹象：在水、空气、土壤以及生物中污染达到危害的程度；生物界的生态平衡受到严重和不适当的扰乱；一些无法取代的资源受到破坏或陷于枯竭；在人为的环境，特别是生活和工作环境里存在着有害于人类身体、精神和社会健康的严重缺陷。

4. 在发展中的国家中，环境问题大半是由于发展不足造成的。千百万人的生活仍然远远低于像样的生活所需要的最低水平。他们无法取得充足的食物和衣服、住房和教育、保健和卫生设备。因此，发展中的国家必须致力于发展工作，牢记他们优先任务和保护及改善环境的必要。为了同样目的，工业化国家应当努力缩小他们自己与发展中国家的差距。在工业化国家里，环境一般同工业化和技术发展有关。

5. 人口的自然增长继续不断地给保护环境带来一些问题，但是如果采取适当的政策和措施，这些问题是可以解决的。世间一切事物中，人是第一可宝贵的。人民推动着社会进步，创造着社会财富，发展着科学技术，并通过自己的辛勤劳动，不断地改造着人类环境。随着社会进步和生产、科学及技术的发展，人类改善环境的能力也与日俱增。

6. 现在已达到历史上这样一个时刻：我们在决定在世界各地的行动时，必须更加审慎地考虑它们对环境产生的后果。由于无知或不关心，我们可能给我们的生活幸福所依靠的地球环境造成巨大的无法挽回的损害。反之，有了比较充分的知识和采取比较明智的行动，我们就可能使我们自己和我们的后代在一个比较符合人类需要和希望的环境中过着较好的生活。改善环境的质量和创造美好生活的前景是广阔的。我们需要热烈而镇定的情绪，紧张而有秩序的工作。为了在自然界里取得自由，人类必须利用知识在同自然合作的情况下建设一个较好的环境。为了这一代和将来的世世代代，保护和改善人类环境已经成为人类一个紧迫的目标，这个目标同争取和平、全世界的经济与社会发展这两个既定的基本目标共同和协调地实现。

7. 为实现这一环境目标，将要求公民和团体以及企业和各级机关承担责任大家平等地从事共同的努力。各界人士和许多领域中的组织，凭他们有价值的品质和全部行动，将确定未来的世界环境的格局。各地方政府和全国政府，将对在它们管辖范围内的大规模环境政策和行动，承担最大的责任。为筹措资金以支援发展中国家完成它们在这方面的责任，还需要进行国际合作。种类越来越多的环境问题，因为它们在范围上是地区性或全球性的，或因为它们影响着共同的国际领域，将要求国与国之间广泛合作和国际组织采取行动以谋求共同的利益。会议呼吁各国政府和人民为着全体人民和他们的子孙后代的利益而作出共同的努力。

以这些共同信念为基础的 26 项原则包括：

1. 人类有权在一种能够过着尊严和福利的生活的环境中，享有自由、平等和充足的生活条件的基本权利并且负有保护和改善这一代和将来的世世代代的环境的庄严责任。在这方面，促进或维护种族隔离、种族分离与歧视、殖民主义和其他形式的压迫及外国统治的政策，应该受到谴责和必须消除。

2. 为了这一代和将来的世世代代的利益，地球上的自然资源，其中包括空气、水、土地、植物和动物，特别是自然生态类中具有代表性的标本，必须通过周密计划或适当管理加以保护。

3. 地球生产非常重要的再生资源的能力必须得到保持，而且在实际可能的情况下加以恢复或改善。

4. 人类负有特殊的责任保护和妥善管理由于各种不利的因素而现在受到严重危害的野生生物后嗣及其产地。因此，在计划发展经济时必须注意保护自然界，其中包括野生生物。

5. 在使用地球上不能再生的资源时，必须防范将来把它们耗尽的危险，并且必须确保整个人类能够分享从这样的使用中获得的好处。

6. 为了保证不使生态环境遭到严重的或不可挽回的损害，必须制止在排除有毒物质或其它物质以及散热时其数量或集中程度超过环境能使之无害的能力。应该支持各国人民反对污染的正义斗争。

7. 各国应该采取一切可能的步骤来防止海洋受到那些会对人类健康造成危害的、损害生物资源和破坏海洋生物舒适环境的或妨害对海洋进行其他合法利用的物质的污染。

8. 为了保证人类有一个良好的生活和工作环境，为了在地球上创造那些对改善生活质量所必要的条件，经济和社会发展是非常必要的。

9. 由于不发达和自然灾害的原因而导致环境破坏造成了严重的问题。克服这些问题的最好办法，是移用大量的财政和技术援助以支持发展中国家本国的努力，并且提供可能需要的及时援助，以加速发展工作。

10. 对于发展中的国家来说，由于必须考虑经济因素和生态进程，因此，使初级产品和原料有稳定的价格和适当的收入是必要的。

11. 所有国家的环境政策应该提高，而不应该损及发展中国家现有或将来的发展潜力，也不应该妨碍大家生活条件的改善。各国和各国际组织应该采取适当步骤以便就应付因实施环境措施所可能引起的国内或国际经济后果达成协议。

12. 应筹集资金来维护和改善环境，其中要照顾到发展中国家的情况和特殊性，照顾到它们由于在发展计划中列入环境保护项目而需要的任何费用，以及应它们的请求而供给额外的国际技术和财政援助的需要。

13. 为了实现更合理的资源管理从而改善环境，各国应该对它们的发展计划采取统一和协议的做法，以保证为了人民的利益，使发展保护和改善人类环境的需要相一致。

14. 合理的计划是协调发展的需要和保护与改善环境的需要相一致的。

15. 人的定居和城市化工作必须加以规划，以避免对环境的不良影响，并为大家取得社会、经济和环境三方面的最大利益。在这方面，必须停止为殖民主义和种族主义统治而制订的项目。

16. 在人口增长率或人口过分集中可能对环境或发展产生不良影响的地区，或在人口密度过低可能妨碍人类环境改善和阻碍发展的地区，都应采取不损害基本人权和有关政府认为适当的人口政策。

17. 必须委托适当的国家机关对国家的环境资源进行规划、管理或监督，以期提高环境质量。

18. 为了人类的共同利益，必须应用科学和技术以鉴定、避免和控制环境恶化并解决环境问题，从而促进经济和社会发展。

19. 为了更广泛地扩大个人、企业和基层社会在保护和改善人类各种环境方面提出开明舆论和采取负责行为的基础，必须以年轻一代和成人进行环境问题的教育，同时应该考虑到对不能享受正当权益的人进行这方面的教育。

20. 必须促进各国，特别是发展中国家的国内和国际范围内从事有关环境问题的科学研究及其发展。在这方面，必须支持和促使最新科学情报和经验的自由交流以便解决环境问题；应该使发展中国家得到环境工艺，其条件是鼓励这种工艺的广泛传播，而不成为发展中国家的经济负担。

21. 按照《联合国宪章》和国际法原则，各国有按自己的环境政策开发自己资源的主权；并且有责任保证在它们管辖或控制之内的活动，不致损害其他国家的或在国家管辖范围以外地区的环境。

22. 各国应进行合作，以进一步发展有关它们管辖或控制内的活动对它们管辖以外的环境造成的污染和其他环境损害的受害者承担责任赔偿问题的国际法。

23. 在不损害国际大家庭可能达成的规定和不损害必须由一个国家决定的标准的情况下，必须考虑各国的现行价值制度和考虑对最先进的国家有效，但是对发展中国家不适合和具有不值得的社会代价的标准可行程度。

24. 有关保护和改善环境的国际问题应当由所有的国家，不论其大小，在平等的基础上本着合作精神来加以处理，必须通过多边或双边的安排或其它合适途径的合作，在正当地考虑所有国家的主权和利益的情况下，防止、消灭或减少和有效地控制各方面的行动所造成的对环境的有害影响。

25. 各国应保证国际组织在保护和改善环境方面起协调的、有效的和能动的作用。

26. 人类及其环境必须免受核武器和其他一切大规模毁灭性手段的影响。各国必须努力在有关的国际机构内就消除和彻底销毁这种武器迅速达成协议。

互 联 网 +

扫描此码 自学自测

第 8 章

国际经营中的伦理问题

> 【本章学习目的】
>
> 通过本章学习，您应该能够：
> - 认识在国际层次制定共同伦理规范的必要性
> - 理解人类命运共同体思想
> - 理解跨国公司在国际经营中应遵守的基本伦理规范
> - 理解综合社会契约论
> - 了解国际经营中的典型伦理问题
> - 了解文化差异对伦理问题敏感度的影响
> - 了解中外伦理文化的差异

8.1 国际经营中的伦理准则

8.1.1 对共同伦理规范的需要

在国际经营中，跨国公司必须面对这样的问题：东道国的伦理规范和经营方式是否会和母国的有所不同？如果伦理规范有差异，应该以哪一种规范为准？

一个极端是，跨国公司在国外经营时继续奉行本国的伦理标准，可以称之为伦理优越主义。另一个极端是，跨国公司在国外经营时奉行他国的伦理标准，即入乡随俗，可以称之为伦理相对主义。伦理相对主义认为，没有哪一种文化的伦理比其他任何文化的伦理都好，因此，不存在国际的权利和对错。例如，如果沙特阿拉伯主张大多数管理岗位不能雇用妇女，否则违法，那么，在那里经营的跨国公司就应该接受并采用这一准则，即使这样做违反了本国的准则。还有，如果东道国没有环境保护法，根据这一观点，跨国公司就无须顾忌环境标准。这两种主张都有失偏颇，比较合理的做法是把两者结合起来。具体怎么结合是摆在理论工作者和实际工作者面前的一项艰巨任务。

由于缺乏合适的国际背景，以及不同国家和地区间的政治、经济、文化、宗教等各个方面的差异，难免会产生伦理冲突和困境。伦理困境有可能出现在任何层级上：个人层次、企业层次、行业层次、国家层次以及国际层次。

每个层次都有其自身的问题。然而，任何层次的伦理困境也许都需要伦理置换的技巧。所谓伦理置换（ethical replacement），是指通过寻求在有别于出现伦理困境的层次上的解决办法，去解决某个困境。在个人层次上个人所遭遇的困境，也许只能在公司层次上才能找到解决办法；公司的困境也许要求行业结构的改变，以确保公平竞争的条件；行业的困境也许要求国家政策或立法的改变；国家的伦理困境，比如污染问题，也许要求国际层次上结构或协议的改变；而国际层次上的困境，有时也许只能通过在国际层次和国家层次的同步活动去解决。

按照伦理置换的方法，跨国公司在经营中遇到国家间伦理问题时，国际性的伦理规范的存在就是解决此类伦理困境的必要条件。对发达国家的企业而言，国际范围的协议或规范的存在有利于它们解决在经营中遇到的伦理冲突和困境；对于不发达国家的企业而言，则有利于它们维护自己的利益。

尽管理查德·T.迪乔治认为在发达国家之间的贸易和商务活动中，由于双方都有合理和充分的背景制度（所谓背景制度，是指一个国家的法律、政治和社会体制，例如，美国的企业，受到来自各种法律、可接受的企业经营方式、共享的价值观念的约束，还受到工会、消费者组织、环保组织，以及许多其他非正式组织和制度的限制。企业正是在这样一个称之为"背景制度"的框架下运作的），能够保证双方各自的利益不受到伤害，所以企业只要遵从双方的背景机制经营就不会有伦理问题产生。抛开这一观点的合理性不说（因为还有文化等不可见的因素在起作用），这种观点与建立一套通用的原则也没有冲突。因此，不管所在国家是否有合适的背景机制，给企业制定一套能坚持、维护和用以指导其活动的清楚明白的原则有利于指导企业合乎伦理地开展国际经营。

8.1.2 人类命运共同体思想

习近平总书记在2015年9月28日第七十届联合国大会一般性辩论上的讲话中，首次对外系统阐释了"人类命运共同体"思想。这一思想包括五大支柱：

一是政治上要建立"平等相待、互商互谅的伙伴关系"。《联合国宪章》贯穿主权平等原则。世界的前途命运必须由各国共同掌握。世界各国一律平等，不能以大压小、以强凌弱、以富欺贫。

二是安全上要营造"公道正义、共建共享的安全格局"。要摒弃一切形式的"冷战"思维，树立共同、综合、合作、可持续安全的新观念。要推动经济和社会领域的国际合作齐头并进，统筹应对传统和非传统安全威胁，防战争祸患于未然。

三是经济上要谋求"开放创新、包容互惠的发展前景"。缺乏道德的市场，难以撑起世界繁荣发展的大厦。富者愈富、穷者愈穷的局面不仅难以持续，也有违公平正义。要用好"看不见的手"和"看得见的手"，努力形成市场作用和政府作用有机统一、相互促进，打造兼顾效率和公平的规范格局。大家一起发展才是真发展，可持续发展才是好发展。要实现这一目标，就应该秉承开放精神，推进互帮互助、互惠互利。

四是文化上要促进"和而不同、兼收并蓄的文明交流"。文明相处需要和而不同的精神。只有在多样中相互尊重、彼此借鉴、和谐共存，这个世界才能丰富多彩、欣欣向荣。不同文明凝聚着不同民族的智慧和贡献，没有高低之别，更无优劣之分。要尊重各种文明，平等相待，互学互鉴，兼收并蓄，推动人类文明实现创造性发展。

五是环境上要构筑"尊崇自然、绿色发展的生态体系"。人类可以利用自然、改造自然，但归根结底是自然的一部分，必须呵护自然，不能凌驾于自然之上。要解决好工业文明带来的矛盾，以人与自然和谐相处为目标，实现世界的可持续发展和人的全面发展。要牢固树立尊重自然、顺应自然、保护自然的意识，坚持走绿色、低碳、循环、可持续发展之路。

8.1.3 《联合国千年宣言》倡导的价值和原则

在 2000 年 9 月召开的联合国大会上，通过了《联合国千年宣言》。该宣言阐明了价值和原则，并提出了和平、安全与裁军，发展与消除贫穷，保护我们的共同环境，人权、民主和善政，保护易受伤害者，满足非洲的特殊需要，加强联合国等方面的目标。

宣言的"价值和原则"部分提到：

我们认为某些基本价值对二十一世纪的国际关系是必不可少的。这包括：

自由。人们不分男女，有权在享有尊严、免于饥饿和不担心暴力、压迫或不公正对待的情况下过自己的生活，养育自己的儿女。以民心为本的参与性民主施政是这些权利的最佳保障。

平等。不得剥夺任何个人和任何国家得益于发展的权利。必须保障男女享有平等的权利和机会。

团结。必须根据公平和社会正义的基本原则，以公平承担有关代价和负担的方式处理各种全球挑战。遭受不利影响或得益最少的人有权得到得益最多者的帮助。

容忍。人类有不同的信仰、文化和语言，人与人之间必须相互尊重。不应害怕也不应压制各个社会内部和社会之间的差异，而应将其作为人类宝贵资产来加以爱护。应积极促进所有文明之间的和平与对话文化。

尊重大自然。必须根据可持续发展的规律，在对所有生物和自然资源进行管理时谨慎行事。只有这样，才能保护大自然给我们的无穷财富并把它交给我们的子孙。为了我们今后的利益和我们后代的福祉，必须改变目前不可持续的生产和消费方式。

共同承担责任。世界各国必须共同承担责任来管理全球经济和社会发展以及国际和平与安全面临的威胁，并应以多边方式履行这一职责。联合国作为世界上最具普遍性和代表性的组织，必须发挥核心作用。

默克公司的选择

1893年前后,有欧美人士经过非洲与南美洲赤道附近的河流两岸村庄时,发现了一个令人震惊的现象:村庄里的很多成年人,尤其是男性成为盲人;其他成年男女的视力也存在或多或少的问题。这种病多发生在河流边,因此被命名为河盲症。1926年前后,找出了幕后凶手——河里生长的黑蝇及其传播的盘尾丝虫。1995年世界卫生组织的一项统计显示,全球约有2700万人感染了盘尾丝虫,其中有近30万人因此失明,80万人患视觉障碍。

河盲症是当地人的噩梦。为了治疗这种病,人们想了很多种方法。国际卫生组织以及当地政府和村民,组织过毒杀黑蝇的行动,剧毒的杀虫剂被大批量地投入河水中,黑蝇一度在这些地区减少,但是一直没有灭绝。而且,由于对杀虫剂抗药性的适应,黑蝇的数量并没有得到长期遏制。也有人发明了药物舒拉明来杀死成虫,但是,药物有令人难以忍受的毒副作用,且住院治疗费用昂贵,多数贫穷的村民无法承担。

1981年,默克公司将研发成功的一种兽用杀虫药伊维菌素投入市场,从1983年开始,该药成为世界动物用药冠军长达二十多年,给默克公司带来了巨额的利润。人们还发现,伊维菌素治疗马的盘尾丝虫病效果很好,由于马的盘尾丝虫与引起河盲症的盘尾丝虫的亲缘关系接近,默克公司的科学家们开始尝试生产人类可以使用的药品。

在世界卫生组织等国际组织的协助下,默克公司开始了伊维菌素治疗人盘尾丝虫病的临床试验。1983年,在法国一个非洲前殖民地的盘尾丝虫病高危地区,试验取得了良好的效果,盘尾丝虫成虫虽然不能被杀死,但是可以被抑制,成虫繁殖的幼虫则可以被杀死。令人振奋的是,伊维菌素并不需要很大的剂量,一年服用一两次药片即可达到预期效果,药片可以室温保存、用水送服。如果长期服用此药,人们身体内的盘尾丝虫幼虫基本可以被消灭,这就可以从根本上杜绝黑蝇四处传播幼虫带来的灾难。

1978年,默克公司就已经是世界上最大的药品生产厂商之一。这一年,默克公司的销售额达到了19.8亿美元,净利润则达到了3.07亿美元,在海外的销售额占到总销售额的47%。同时,默克公司的产品研发成本也十分高昂。一般来说,平均需要12年的时间,以及2亿美元的投入,才能带来一种畅销新药的上市。从1975年到1978年,默克公司投入了将近十亿美元用于产品研发。每一个投入都需要相应的回报,兽用伊维菌素的研发成功给默克公司带来了丰厚回报,但是人用伊维菌素的研发,则令其在销售上遇到很大的麻烦。

河盲症病人基本都在贫穷的赤道非洲、中南美洲,即使成本价销售的药品,对于当地人来说都非常昂贵。为了收回成本，默克公司也联络过一些国际基金、国际组织、第三世界国家，希望有国家或者组织为此买单，但都无功而返。默克公司的高层为此发生了争论，有人认为在人用伊维菌素的研发中，因为有了兽用伊维菌素的研发基础，研发的成本已经大大降低，产品可以较为廉价地生产，可以因此实施慈善式的药品免费或打折发放，以救助患者。有人则从公司利益的角度出发，反对亏本经营，而且谈到即使药品免费送出去，也可能给默克公司造成大麻烦，因为人用伊维菌素同样可以作为兽药使用，如果药品被截留、进入黑市，冲击的还是默克公司兽用伊维菌素的销售和巨额利润。

在救助生命还是保障利润的矛盾时刻，默克公司总裁乔治·默克（George W. Merck）最终作出了决定，他说："我们永远不要忘记药是为人服务的，不是首先为了利润的，利润是之后的事情。如果我们一直牢记这些原则，这些原则就永远不会在我们公司消失。我们把这些原则记得越牢固，我们产品发挥的作用就越大。"由此默克公司决定，从1987年开始，免费生产和配送人用伊维菌素到河盲症疫区，同时默克公司也请求国际组织、当地政府和私人组织帮助建立药品配送系统。

从1987年到2003年的16年时间中，有统计表明，默克公司捐赠了超过7亿片伊维菌素药片，伴随着这些药品的发放，还有相应社会网络的建立，从默克公司到国际组织、相应国家、城市、乡村、志愿者、村民，组成了一个庞大的不断延伸的网络，使得治病救人的药片可以投放到所需要的地区和个人。世界卫生组织1988年的一份调查认为，默克公司的壮举，每年救助了数以千万的生命，使得60万人免于失明。

〔资料来源：摘自王硕，徐保云. 救治河盲症，确立了默克公司的公益形象[J]. 国际公关，2016，（3）：74-76.〕

8.1.4 跨国公司的责任

1990年，金星国际（Vesper International）和牛津欣克塞中心（Hinksey Center of Oxford）在美国旧金山举行了一个主题为"正当的利润：走出道德迷宫"的会议。与会者来自企业经理、工人、消费者团体、学术界、宗教组织等，具有广泛的代表性。会议的目的是揭示跨国公司中价值观与决策的关系。三天会议的一个重要成果是提出了用来帮助跨国公司进行国际经营决策的准则，明确了跨国公司在12个领域的责任：

（1）与东道国合作寻求互利互惠，致力于与东道国建立长期的关系；

（2）尊重和保护基本的人权；

（3）充分、公正地披露所有与利益相关者和公众利益有关的信息；

（4）达到认可的环境标准，保护生态环境，有效利用自然资源；

（5）在健康的工作环境中生产能充分满足安全标准的产品和服务；

（6）承认员工有组织起来集体进行讨价还价谈判的权利；

（7）通过公正的雇用、工作保障、安全、无歧视的工作环境、再培训以减小裁员和关闭工厂带来的冲击，促进员工的福利；

（8）通过以公平合理的价格提供高质量的产品和服务谋求长远利润；

（9）在恰当的层次和恰当阶段，让利益相关者参与决策；

（10）为制定和实施内部伦理准则提供领导和资源；

（11）是尊重当地的做法和习惯还是奉行公司自身的伦理准则，取决于哪一种做法对当地更有利；

（12）尊重国际法，支持制订和实施能达成广泛国际共识的国际企业行为准则。①

8.1.5 理查德·T.迪乔治的国际经营七准则

理查德·T.迪乔治给出了美国跨国公司在发展中国家经营时应遵循的七条最基本的准则。迪乔治之所以选择美国的跨国公司在发展中国家的经营为对象，是因为：①跨国公司在发展中国家比在发达国家受到更多的批评；②这类情况缺乏平等的机制。在这种情况下，需要对跨国公司的行为进行约束；③对美国公司的批评并不都是合理的伦理要求。这些准则有助于区分合理和不合理的伦理要求。事实上，给出所谓的准则的最终目标也正是使企业能够用这些标准去判别和指导自己的行为，以实现伦理竞争。

准则1：跨国公司不应造成任何故意的直接的伤害

这条准则要求跨国公司在发展中国家经营时要考虑公司以外的其他人的利益。也就是说，如果交易涉及的另一方不能保证第三方的利益，合乎伦理地经营的跨国公司就应当责无旁贷地保证受公司活动影响的该国百姓的利益不受到伤害。

准则2：跨国公司应当为东道国带去利益而不是伤害

这条准则基于这样一个假设，即发展中国家与发达国家相比总是无力保护自身的利益。如果美国的跨国公司给东道国造成了伤害，"会加剧东道国与美国之间地位的悬殊；会以损害穷国的代价去给富国带来好处；会加剧发展中国家对更多发达国家的依赖；并且最终会进一步加剧世界范围的紧张状态"。"从总体上来说，这种行为将带来伤害而不是利益。"因此，当发展中国家的劣势显著时，跨国公司就不能忽视这种伤害的可能性，应当同时为自己和东道国谋利益。这里所说的国家的利益应当包括普通百姓的利益。

但迪乔治同时认为："假如给该国带去的好处大于给它带去的任何损害（因污染、资源迅速耗尽、砍伐森林导致生态灾难、当地工业基础的破坏或诸如此类的伤害），那么这种交换就是公平的，表明比较优势的原则得到了合法的执行。"

---

① Carroll, A. B., Buchholtz, A. K. Business and Society: Ethics and Stakeholder Management [M]. 4th ed. Cincinnati, Ohio: South- Western Publishing Co., 2000: 201.

准则3：跨国公司的活动应当为东道国发展做贡献

这条准则比准则2更进一步，也是更高的要求，它的意义在于，若不能促进欠发达国家的发展，它们就会依然处于欠发达状态，而跨国公司却从这些国家获得利益，这样就无法消除差距问题，从而形成了一种典型的压榨行为。

迪乔治界定了这里所讨论的发展的含义。他指出："在国际商务的语境中，发展通常指工业的发展"。因此对发展的促进通常就会表现为知识、技术和技能的转让和分享，或者跨国公司为了开展业务和东道国工业发展的需要而帮助改善道路设施、住宅建设、运输和通信等。

迪乔治也指出，不是所有的国家都向往工业化发展，所以这一过程必须充分考虑到东道国的目的和意图，而不能把自己的发展概念强加于人。此外，还必须注意个人发展和产业发展的协调和一致，产业的发展不能以个人发展机会的丧失为代价。

准则4：跨国公司应当尊重其雇员的人权

这一准则和第一条一样具有普适性。所谓的尊重雇员的人权，指的是"在对工人的严重剥削不受法律阻止甚至还习以为常的地方，这种严重剥削应当受到道德的适当阻止"。事实上这是给跨国公司在雇员的人权方面设置了一条底线。

有些人权是得到公认的。1948年的联合国《世界人权宣言》列出了人权的基本需要。这个文件包括30个具体的章节，阐述了通用的人权。第23章主要涉及了商业和营销的内容：

（1）每个人都有工作的权利，有被雇用的自由选择的权利，有获得公平的良好的工作环境的权利，有得到失业保护的权利。

（2）每个人都有获得同工同酬的权利。

（3）每个工作的人都有获得公正的和满意的报酬以保证他和他的家庭的现时应得的尊严，并且如果必要的话，通过其他社会保护的方式获得补充的权利。

（4）人人有为维护其利益而组织和参加工会的权利。

所谓给出一条底线并不是固定不变的，因为权利在不同国家的具体实施是可以有所不同的。所以，应该承认同一种权利在不同国家的具体实现可能会有所不同。但是承认这种差异不能导致对人权的侵犯。

准则5：只要当地文化不违背道德准则，跨国公司就应当尊重它

跨国公司往往代表着一种强势文化。由于它们在实力和财富上的优势，如果它们有意强行推销它们的文化时，往往会损害当地的传统价值与文化。因为这种文化或价值观的输入常常更多地带来强势文化中的糟粕而不是精华。比如许多美国公司带入发展中国家的一些美国人自己已经抛弃的文化。在这个意义上，迪乔治称这条准则是第一条准则的一个具体运用。

这条准则的一个假设前提是跨国公司并不是东道国的公民。对东道国的文化，符

合道德的自然应该受到尊重，不符合道德的，公司也不应该盲从（第四条准则），但是公司也不应该用自己的文化价值观去改变东道国的价值观。

准则6：跨国公司应当缴纳其公平分摊的税款

这一准则针对性很强。因为在实际操作中，许多跨国公司通过种种手段逃避税款，例如国际价格操纵、转账支付和摆脱任何国家的管制。这些方法和手段可能是违法的，也可能在法律上是没有问题的，但是从伦理角度来讲，存在着缺陷。这里的纳税指的是正当的、合理的税负。

准则7：跨国公司应当与当地政府合作开发和实施公正的背景机制

这一准则强调了跨国公司协助建立国际层级的背景机制的责任和义务。在国际商务中，跨国公司是主要的参与者，它们是全球一体化的重要组成部分和推动者，由于它们的特殊地位和能力，跨国公司对良好的国际背景机制的形成有着天然的优势和不可推卸的责任。与当地政府的合作正是这一行为的必要步骤。[①]

8.1.6 经济合作与发展组织的跨国公司准则

经济合作与发展组织（OECD）的跨国公司准则是对跨国公司的一系列自愿性建议，至2005年已经受到30个成员国政府和8个非成员国政府（阿根廷、巴西、智利、爱沙尼亚、以色列、拉脱维亚、立陶宛和斯洛文尼亚）的采纳。这些准则的目的在于保证跨国公司与其从事经营的国家的政策和社会相一致。其主要包含一个前言和十个条款，它们覆盖了一些最重要的主题。

这一准则的目标是确保跨国公司的业务符合政府各项政策，强化企业与其所营业的社会之间相互信任的机制，帮助改善外国投资环境，加强跨国公司对可持续发展做出的贡献。跨国公司能够借助此准则开发出获取可持续发展的最佳措施，这种可持续发展是将经济目标和社会的、环境的目标相一致的。然而，为了达到这样的状态，需要有一个公开、竞争性而且适当管制的市场条件。准则加入国政府的共同目标是鼓励跨国公司对经济发展、环境保护和社会进步作出积极贡献，并尽可能减少跨国公司各种业务可能遇到的困难。

十个条款主要包含以下内容：

（1）概念与原则。企业遵守这一准则是自愿并且非法律强制性的。反对将准则用于保护主义目的。

（2）一般政策。当企业在另外的国家经营时，需要考虑一些基本的政策：以实现可持续发展为目的，促进经济、社会和环境的发展；尊重企业行为影响到的人员的人权；通过与当地社区，包括商业从业者的密切合作来增强当地的能力；等等。

[①] 理查德·狄乔治. 国际商务中的诚信竞争[M]. 翁绍军，马讯，译. 上海：上海社会科学院出版社，2001：79-84.

（3）信息发布。企业应保证及时、定期地发布涉及其活动、结构、财务状况和业绩的可靠和相关的信息，并应在发布信息、会计和审计业务上执行高标准，还鼓励企业在非财务信息方面同样执行高标准，包括可能存在的环境与社会报告。

（4）劳资关系。准则建议企业关注员工权利。尊重雇员由其工会和其他合法代表所代表的权利，为有效取消童工做出贡献，为取消所有形式的强制或强迫劳动做出贡献，不因种族、肤色、性别、宗教、政见、民族血统或者出身对其雇员施加歧视性就业与职业待遇，雇用当地人员并提供充分的培训。

（5）环境。企业应在其业务所在国家的法律、规定和行政惯例框架内，并在考虑到相关的国际协定、原则、目标及标准的情况下，适当考虑保护环境、公共健康和安全的需求，并在通常情况下以能够促进更广泛的可持续发展目标的方式开展其活动。准则建议建立和维持适合本企业的环境管理系统。另外，要给员工提供适当的环境健康和安全方面的教育和培训，促进发展具有环境意义和经济效率的公共政策。

（6）反对行贿。企业不应该直接或间接地提出、许诺、给予或者索要贿赂或其他不正当利益，以获得或保持商业或者其他非正当优势。报酬应该是由于合法的服务而付出的，增加透明度和提升对反腐败重要性的认识；同样重要的是，不要向公职候选人、政党或其他政治组织非法捐款。

（7）消费者利益。在对待消费者时，企业应根据公平的商业、营销和广告惯例行事，并应采取所有合理步骤，以确保其提供的商品或服务的安全性与质量。还要尊重消费者隐私，并对私人信息予以保护。

（8）科学技术。为促使跨国公司的活动与其经营所在国的科技相协调作出努力，同时，促进在东道国的恰当的技术转移和培训，使每个人都从技术进步中获益。

（9）竞争。企业应在适用法律和规定框架内，以竞争的形式开展活动。避免用以下方式与竞争对手达成或执行反竞争协定：①固定价格；②非法操纵投标（合谋投标）；③制定产量限制或定额；④通过分配消费者、供应商、商业领地或贸易范围而分享和分割市场。

（10）税收。企业通过及时履行纳税义务为东道国的公共财政作出贡献是十分重要的。特别地，企业应遵守其开展业务的所有国家的税收法律和规定，并竭尽努力从形式和实质上依照这些法律和规定行事。[①]

8.1.7 综合社会契约论

托马斯·唐纳森（Thomas Donaldson）和托马斯·W.邓斐（Thomas W. Dunfee）于1994年在《管理学会评论》上发表文章，提出了综合社会契约论（Integrative Social Contracts

---

① 参见经济合作和发展组织网站 www.oecd.org。

Theory）[1]，1999年出版了《有约束力的关系——社会契约论视角的企业伦理》[2]一书。

功利主义原则、义务论、美德论给出的是通用性的指导，难以反映不同国家、行业、职业、企业等群体的特殊性，综合社会契约论试图同时考虑通用性和特殊性。

之所以称之为综合社会契约论，是因为把两种契约整合在一起了。一种是规范性契约（normative contract），也可称之为宏观社会契约（macrosocial contract），作为契约的制定者，人们同意用来指导经济活动的原则就是宏观社会契约。另一种是在特定群体中实际存在的契约（extant contract），或者说是微观社会契约（microsocial contract）。群体可以是国际组织、国家、行业协会、职业协会、企业、企业部门等。事实上，群体会制定契约，即群体道德规范，并要求其成员遵守，如联合国全球契约，考克斯圆桌委员会商务原则，经济合作与发展组织（OECD）的跨国公司准则，会计师职业道德，行业的自律守则，企业的行为守则等。

宏观社会契约包括以下原则：

（1）赋予当地群体道德自由空间，以便通过微观社会契约为群体成员制定道德规范。

（2）微观社会契约必须是在群体成员同意且有退出群体的自由的基础上建立的。

（3）要使微观社会契约成为群体成员的义务，该契约必须与超级规范（hypernorm）相一致（即不能违背超级规范）。超级规范是人类生存所必需的基本原则，适用于所有群体而不是特定的群体，它们为评价群体规范提供了依据。群体的道德自由不应当是无限制的，超级规范是用来限制群体的道德自由的。

（4）如果符合上述三项原则的微观社会契约之间有冲突，则必须遵循与宏观社会契约精神相一致的优先性规则。

优先性规则包括：

（1）对于仅在群体内部发生的交易，如果对其他人或社会没有较大的不利影响，应该由群体的规范支配。例如，一位美国公司经理在北京与中国企业谈判时，就该遵循中国的规范和礼节。

（2）只要对其他人或群体无较大不利影响，已有的可以解决优先权问题的群体规范就应适用。例如雇用中国员工的美国公司就应遵循美国机会平等规范，因为这一规范对中国雇员没有不利影响。

（3）作为规范来源的群体规模越大、越开放，其规范的优先权越大。如发展中国家建立的合资企业就应当遵循发达国家对工厂的安全和卫生标准。

（4）维护交易所处的经济环境所必需的规范应优先于有可能破坏这种环境的规范。如合资厂应按照发展中国家水平支付工资，而不是发达国家的水平，因为那样可能会破坏发展中国家现有的经济关系。

---

[1] Donaldson, T., Dunfee, T. W. Toward a Unified Conception of Business Ethics: Integrative Social Contract Theory [J]. Academy of Management Review, 1994, 19(2): 252-284.

[2] Donaldson, T., Dunfee, T. W. Ties that Bind: A Social Contract Approach to Business Ethics [M]. Boston, MA: Harvard Business School Press, 1999.

（5）当存在多种互相矛盾的规范时，规范间的一致性提供了确定优先权的基础。为大多数规范所共同接受的规则应优先得到尊重，如禁止雇用童工。

（6）明确的规范通常应优先于不太明确的比较笼统的规范。[①]

8.1.8 国际经营中的伦理评价

曼纽·G.维拉斯奎认为，在评价国外经营的政策和行为时，虽然必须考虑当地的法律、法令、经营惯例、发展水平、文化等因素，但也不能简单地不加分析地接受当地的标准，跨国公司的管理者仍然必须进行伦理分析。那么，在评价国外经营中的政策和行为时，要考虑哪些因素呢？维拉斯奎列举了以下问题：

1. 在当地的文化背景下，公司的该政策或行为意味着什么？根据当地的文化，该政策或行为是伦理上可接受的吗？是否严重违背了功利主义原则、权利原则、公正原则、关怀原则，以至于在伦理上不可接受？从美德论角度看，该政策或行为是否有利于实践和促进高尚的品德？

2. 考虑到东道国的技术、社会、经济发展水平以及政府为促进发展正在采取的措施，公司的该政策或行为的结果，从功利主义原则、权利原则、公正原则、关怀原则和美德论角度看，是伦理上可以接受的吗？在东道国的环境中实施发达国家中更严厉的法律或惯例，对东道国及其发展会造成伤害吗？是否更加符合功利主义原则、权利原则、公正原则、关怀原则？是否有利于实践和促进高尚的品德？

3. 如果公司的该政策或行为是东道国政府的法律、法令允许甚至要求的，那么需要问一下，该政府是否真正代表该国所有公民的意愿？该政策或行为违背功利主义原则、权利原则、公正原则、关怀原则了吗？从美德论角度看，是否应该受到谴责？

4. 如果从本国的标准衡量，公司的该政策或行为涉及的当地的做法在道德上是有问题的，如性别歧视、行贿等，那么需要问一下，不采用这种做法，在东道国中从事经营是否可行？如果不可行，需要进一步问一下，这种做法对功利主义原则、权利原则、公正原则、关怀原则的违背是否严重到了要从该国撤出的程度？从美德论角度看，这种做法的危害是否已大到要从该国撤出的程度？[②]

8.2 国际经营中的典型伦理问题

跨国公司在国际经营时，往往会面对不同国家之间在经济发展水平、法律规则、民族文化等多方面的差异，由此可能会带来一些典型的伦理问题。

[①] Fritzsche, D. J. Business Ethics: A Global and Managerial Perspective[M]. Machinery Industry Press, McGraw-Hill, 1998: 46.

[②] Velasquez, M.G. Business Ethics: Concepts and Cases[M]. 4th ed. Upper Saddle River, NJ: Prentice-Hall, 1998: 142-143.

8.2.1 市场歧视

这主要指跨国公司同样的产品在不同国家的销售和服务不同的问题。这些问题的产生往往是在售出的产品发生问题之后,企业对不同市场的消费者的待遇差别问题,而跨国公司往往以没有相应的法律规定为理由来推脱自身的责任。

一个典型的案例是 2000 年 5 月的东芝笔记本电脑事件。①关于东芝笔记本电脑里的软驱控制器半导体微码存在瑕疵的问题 10 年前就已经被给东芝提供该部件的 NEC 发现,并告知了美国公众,而东芝没有反应。直到 1999 年 3 月,两名东芝的美国用户因该瑕疵"可能引起存盘错误而导致数据破坏",向得克萨斯州联邦地区法院提起集团诉讼。1999 年 10 月,东芝便与 50 万美国用户达成和解协议。2000 年 3 月,具体内容出台,和解金总额达 10.5 亿美元。

李先生在美国购买了东芝笔记本,自然也了解这一事件的来龙去脉。2000 年他回国到一家新成立的网站"千龙新闻网"工作,发现国内很多朋友也在用东芝笔记本,却没人知道此事。李先生认为东芝是故意隐瞒。于是,5 月 8 日,"千龙网"开通首日,他在"千龙网"贴出文章《TOSHIBA,还要蒙中国消费者多久》,引起极大的反响。

在媒体地毯式轰炸报道的同时,东芝及其中国大陆地区总代理联想公司没有动静。5 月 22 日,东芝副总裁古贺正一赴北京召开新闻发布会进行辩解,其要点有三:

(1)虽然不能否认在极度高负荷的极限操作环境下软驱控制器发生存盘错误的极微的可能性,但是在过去 15 年东芝销往世界各地的 1500 万台笔记本电脑中,没有出现过任何 1 件以软驱控制器为起因而发生类似现象的投诉。

(2)东芝之所以在美国进行赔偿是因为从美国法律角度来看,即使没有实际发生损害,只根据其可能性就可能认为损害赔偿。一旦败诉,存在被判高达 100 亿美元规模的巨额赔偿的风险。

(3)东芝已经向联想做了说明,并自 1999 年底开始,东芝中国公司的网页上提供了"补丁软件"给用户下载。但对网页上的相关说明何以长达 7 个月只有英文,直到新闻发布会前一天才改成中文的问题,东芝未作解释。

这些辩解表明,东芝不认为它对中国的用户需要承担任何赔偿责任。此后,中国消费者协会邀请法律专家及有关部门负责人,就东芝事件进行座谈。对于东芝是否应当向中国消费者赔偿,多数专家持肯定看法。

8.2.2 转移价格

转移价格又称内部调拨价格或转让价格,是跨国公司依据其全球战略目标,在母

---

① 中关村在线 http://topic.zol.com.cn,人民网 http://www.people.com.cn。

公司与子公司间或各子公司之间进行关联贸易时使用的价格。这种价格在很大程度上不受国际市场供求关系的影响，它不是独立的买卖双方按自由竞争的原则确定的价格，也不是由生产成本决定的，依据的是跨国公司的整体战略，由公司特定管理部门以行政方式确定。跨国公司利用转移价格的最终目的是实现公司整体的利润最大化。通过转移价格，跨国公司进行内部与关联交易时，可以系统地操纵价格，转移利润，从而逃避所得税或者关税。由于转移价格是在跨国公司内部进行，所以具有一定的隐蔽性。

跨国公司采用转移价格的手段之一就是提高在高税率国家（地区）的子公司的成本，降低在低税率国家（地区）子公司的成本，从而实现利润转移，降低公司整体应缴纳的税收额。其中，提高高税率国家子公司的成本往往可以通过在跨国公司内部高价进口原材料、低价出口产成品，从而降低子公司的利润，甚至制造亏损，但是，这种方式无疑造成了东道国税收方面的重大损失。

跨国公司还利用转移价格逃避东道国的价格控制。[①]东道国政府对价格实行控制一般是通过制定最低销售价、最高销售价或制定中准价允许有一定幅度浮动的形式实现的，其目的在于维护本国市场秩序，维护当地生产者和消费者的合法权益。但是，跨国公司可以借助转移价格避开这一限制。比如，当东道国政府限制跨国公司以"倾销"价格在当地市场低价销售时，母公司可以采取低转移价格策略，给子公司供应低廉的原材料、零配件以及各种服务等来降低子公司的成本，使子公司能够用相应的低价销售，在激烈的价格竞争中击败对手，从而控制并占有当地市场。这样做对跨国公司整体而言，仍然可以达到获取高额利润的目的。

8.2.3 有害产业转移

这个问题包含两个方面：有害产业的生产转移和有害产品的销售转移。

有害产业生产转移的一个突出例子就是环境污染密集产业从发达国家向发展中国家的转移。由于发达国家加强了对一些污染行业的控制和管理，对制造污染的行为惩罚力度加大，而舆论对环保方面的呼声也越来越高，一些有严重环境污染的企业在国内生产经营的成本过高，已经不能在本国继续经营。而在其他一些国家，特别是广大发展中国家，由于经济落后，人们对于经济发展的渴望远远大于对环境恶化的厌恶，所以他们希望和欢迎外国资本的进入，而不是很在意其是否会产生污染。同时，发展中国家往往在法律制定方面有所滞后，或者，即使制定了相关法律也没有有效地执行，人们也没有深刻意识到环境污染对于社会发展的危害，所以一些跨国公司就利用不同国家之间法律等方面的差异，将这些产业向发展中国家转移，利用这些国家的政策漏

---

① 周永. 转移价格在跨国公司中的作用及其限制——揭开跨国公司巧取豪夺的面纱[J]. 上海大学学报（社会科学版），2002,（1）：69-74.

洞，继续从事经营活动，而将生态成本转嫁到发展中国家。

8.2.4 品牌控制

这种现象主要发生在跨国公司与东道国企业所组建的合资企业中。跨国公司在进入东道国的初期，与东道国企业进行合资，在获得控制权后，将合资企业的资源主要用于推广自身原有的品牌，其品牌价值在此过程中获得大幅提升，而对东道国企业的品牌则采用闲置的方式，不投入或者很少投入资金来对其进行宣传和维护，几年以后，这一品牌的市场价值就缩水了，甚至被市场遗忘了。

中外合资企业中的品牌控制主要是指跨国公司利用其拥有著名的商标和品牌的优势，将之转让给合资企业使用，并极力利用它来排挤和取代中方原有的品牌，从而达到控制合资企业的产品生产与销售，甚至控制整个产品市场的目的。而这种现象在实践中并不少见。实际上许多外国商标原来在中国的知名度并不高，它们在我国的知名度往往是通过中方原有的销售渠道进行大力宣传后才获得的。例如，1988 年，广州肥皂厂与美国 P&G 合资成立了中国宝洁公司后，该厂原有的著名商标"洁花"就停止使用了，而改用"飘柔""海飞丝""潘婷"等外方商标。合资企业每年投入超亿元的广告宣传费，全部用于外方品牌的宣传。由于合资企业只拥有上述外方品牌在合资期限内的使用权而无所有权，因此这种品牌增值最终为外方所有。

有近百年历史的上海家用化学品厂，曾经仅"美加净"一个品牌占有的化妆品就超过全国的 10%。1990 年与美国庄臣公司合资后，"美加净"与"露美"两个商标有偿转让给合资企业，但外方却将这两个品牌冷冻起来，束之高阁不予使用，只使用美方的品牌。很快，不少商店就失去了这两个牌子的踪影，最后上海家化只好重新花巨资将这两个产品买回来。①

雀巢公司推销婴儿奶粉

1867 年，雀巢公司首次开发并销售一种喂养早产婴儿的乳制品。起因是当时早产儿因不能进食而迫切需要这样的产品。

婴儿喂养食品是较晚推出的产品，是作为母乳替代品在 20 世纪 20 年代早期开发出来的。婴儿喂养奶以牛奶为原料，是为六个月以下的婴儿特别生产的。该产品经科学配方，接近最理想的婴儿食物——母乳。

"二战"后，婴儿喂养奶的销售大量增长，随着发达国家 4300 万婴儿的出生，1957

---

① 成志明. 中外合资企业管理中的协调与控制[M]. 南京：江苏人民出版社，1999：66-67.

年达到销售高峰,之后,婴儿出生率开始下降,一直持续到70年代。结果,婴儿喂养奶的销售额和利润也大幅度下降。因此,该行业开始寻找新的市场。新市场存在于发展中国家,包括非洲、南美洲和远东的发展中国家,因为这些国家的人口仍在增长。

雀巢公司在众多发展中国家一直是进攻型的营销者。除消费者外,它的促销活动还面向医生及其他医疗人员。婴儿喂养奶的直销形式多种多样。广告宣传渗透各种媒介,包括广播、报纸、杂志和广告牌——甚至使用了安有扬声器的大货车。婴儿喂养奶成为继烟草、肥皂之后第三类广告宣传最多的产品。

雀巢广泛散发免费产品样品,奶瓶、奶嘴和量匙。并在一些国家,通过"奶护士"直接与顾客接触。

雀巢雇用了200名妇女作"奶护士"。她们曾是注册护士、营养专家或者接生员。批评者们认为,这些"奶护士"实际上是伪装的促销人员,她们去看望妇女,赠送给她们样品,试图劝说这些母亲停止母乳喂养。工作服使她们获得高信任度,因而对没经验的顾客而言,这些人过于具有说服力。

向医生及其他医疗人员推销这些产品引起了争议。这种类型的推销手段通常是选派新产品推销员,与儿科医师、儿科护士,以及其他相关医护人员讨论产品质量和产品特性。这种推销员是一种传教士式的销售代表,选派他们是企业的一种寻常行为。他们将海报、图表、样品这些材料无偿提供给医生、医院和诊所。医生和医院其他人员还得到公司赞助,到各地去参加医学会议。在发展中国家的婴儿喂养奶市场,雀巢保持了10%到50%的重要市场份额。

发展中国家母乳喂养渐少,奶瓶喂养渐多,有关研究资料分析提供了三个原因。

首先,社会文化环境在变,包括都市化、社会习惯变化以及日益频繁的就业流动性。婴儿喂养奶被认为是社会流动性的代表物,是最摩登的产品之一,是先进医学的产物。奶品包装的正面印有白种婴儿的笑脸图样,告诉人们富有的白人母亲正是用这种产品喂养孩子的,因而这种产品一定更好。那些发展中国家的高收入消费者仿效西方做法,率先购买婴儿喂养奶。奶瓶喂养被视为有地位的表现,因而较低收入的群体也乐于仿效。

其次,保健专业人士也是促进奶瓶喂养倾向的一个因素。许多医院和诊所都同意使用婴儿喂养奶。妇女在医院的头回经历可能就是生产。于是,她在医院接受的任何产品或者礼物都意味着已经得到医院的认可。而且,医院的行为被视为良好,是值得仿效的。按照惯例,婴儿一出生就要与母亲隔离12小时至18小时,其间,不管母亲是否打算人乳喂养,医院都要对婴儿统一奶瓶喂养。

最后,就是婴儿喂养奶厂家的营销、促销行为,人们普遍认识到,这些国家初为人母的妇女最容易被广告说动。1969年对巴巴多斯120名妇女做了一项调查,结果发现在这些得到过免费样品的人中，有 82%后来购买了同一牌子的产品——不论样品是从医院还是在家里得到的。

1951 年，新加坡 3 个月的婴儿约有 80%靠母乳喂养；到 1971 年，只有 5%。1966 年，墨西哥母乳喂养婴儿的母亲人数与 6 年前相比下降了 40%。在智利，1973 年靠奶瓶喂养的 3 个月以下的婴儿死亡率是母乳喂养的婴儿的 3 倍。此外还有大量数据说明奶瓶喂养婴儿发病率高，死亡率也高。

发展中国家的大批消费者生活在贫困之中，卫生条件差，医疗保健不健全，而且他们大都是文盲。因此不可避免地不当使用婴儿喂养奶。水源来自遭污染的河流或者普通水井，打水的器皿也不清洁。电冰箱被视为奢侈品，燃料价格昂贵。

于是，奶粉与脏水混合，盛入未经消毒的奶瓶。而且母亲们往往用过多的水加以稀释，以便多用些时间。牙买加一家医院的一位医生举了个例子：一个母亲有两个婴儿，一个 4 个月大，一个 18 个月大，全靠奶瓶喂养，结果造成营养不良。一罐喂养奶最多只够一个 4 个月婴儿吃 3 天。但这位母亲对奶粉加以稀释，喂养两个孩子长达 14 天。这位母亲未受过教育，家庭贫困，也没有自来水和电，身边另有 12 个孩子。

早在 20 世纪 70 年代初期，就有人怀疑婴儿奶粉生产者对发展中国家的婴儿高死亡率负有责任，因为他们使那些读不懂产品说明或不能恰当使用产品的人也购买了他们的产品。医药界专业人士、行业代表以及政府官员开始在许多国际会议上讨论婴儿喂养奶与因产品使用不当而导致的婴儿死亡之间的可能联系，但此时公众还没有意识到这个问题。

到了 1974 年，一个名为"消灭贫困之战"的英国慈善组织出版了一本 28 页的小册子，书名是《婴儿杀手》。在这本书中，该组织批评瑞士的雀巢和英国的联合盖特这两个跨国公司在非洲轻率地进行营销活动。随着这本小册子的出版，广大公众不仅开始意识到这个问题，而且开始越来越关注这个问题。

不到一年，这种关注程度就增强了。设在德国的第三世界工作小组出版了《婴儿杀手》的德语译本，并且作了一些改动。德文版的标题改成了《雀巢是杀害婴儿的刽子手》。雀巢公司提出控告，轰动了整个世界。

迫于对本行业与日俱增的责难，雀巢和其他公司改变促销活动，至少是在宣传品上。变动是在国际婴儿食品工业委员会（这个组织是 1975 年由 9 家婴儿食品生产商联合成立的，其中包括雀巢）的支持下进行的。变动包括如下内容：产品宣传承认母乳是最佳婴儿食品；婴儿喂养奶作为补充品来宣传，并且广告中应建议顾客向专业人士咨询；护士工作服只有专业护士才能穿。

但是自我调整明显没能有效缓和各方责难。国际婴儿食品行动网提供的材料证实，从 1977 年到 1981 年，发生了 1000 多次违背"准则"的事例。

1977年7月，雀巢继续违反准则的行为经报道后，美国组织了一次联合抵制活动；不久发展到其他9个国家。

雀巢公司是联合抵制活动的众矢之的，因为它占有50%的世界市场份额，同时由于它比其他参与同样商业行动的公司吸引了更多的反面宣传。

婴儿喂养奶行动联盟和联合抵制者们的要求是：

全面停止使用"奶护士"。

停止分发一切免费样品。

停止向卫生保健行业推销婴儿喂养奶。

停止直接向顾客推销、宣传婴儿喂养奶。

联合抵制不久就得到美国450多个地方团体和宗教团体的支持。它们宣称，这是美国历史上最大规模的非工会性质的联合抵制行为。成千上万的人们在各种请愿书上签名，要求把雀巢产品从超级商场的货架上撤下。有些杂货商表示默许，同意不再销售"品尝者的选择"这类产品。联合抵制活动也冲击了大学校园。喊着"砸碎雀巢"的口号，人们抵制的产品从牛奶到茶叶、咖啡以及热巧克力。

雀巢最初的策略是将联合抵制和广泛的谴责当成一种公关问题来对待。该公司的公关部升级为企业责任办公室。世界最大的公关公司，希尔和诺尔顿公司也被雇来助其一臂之力。雀巢邮寄了30多万份资料给美国牧师们，指出他们对雀巢的谴责是错误的。最后，著名的公关专家丹尼尔·J.艾多曼也被招至旗下。他建议公司保持低姿态，设法得到第三方的支持。

1981年，在改善公司形象、结束公众批评的努力失败后，雀巢解雇了它的两家公关公司，自己承担起恢复声誉的重任。忽略形势的"鸵鸟政策"于事无补；公众谴责非但未曾减弱，反而有所加强。对批评者横目怒斥也只能使形势更加恶化。该公司准备另辟蹊径，自己建立起讲人道、负责任的商业成员的信誉。

最初的步骤之一就是签署世界卫生组织关于销售母乳替代产品的公约——另外三家美国生产商直到两年之后才这样做了。公约的规定需自觉遵守，如不许向母亲们分发样品，也不许向广大公众做广告宣传。

下一步，雀巢寻求一个道德组织为自己遵守公约的行为做担保，它最后选定了婴儿喂养奶卫理公会特别工作组。

公司多方努力，重塑形象，与媒体打交道也转变为"开诚布公的方式"。

最后制定的最为有效的补救策略是，成立由医疗专家、牧师、民权领袖和国际政策专家组成的10人小组，公开监督雀巢遵守世界卫生组织公约的情况，对有关营销行为的投诉进行调查。这就是成立于1982年5月的雀巢婴儿喂养奶审计委员会。曾任国务卿、副总统候选人和缅因州民主党参议员的埃德蒙·S.马斯基接受该委员会主席一职,因此它的信誉一下就树立起来了。

雀巢公司同意,在所分发的教学材料中,应表明有关喂养奶与母乳在社会、健康方面的关系问题;雀巢婴儿喂养奶标签上要明确注明使用受污染的水调制的奶有危险,母乳是婴儿最好的食物;禁止向健康组织的官员赠送个人礼品(这有点向人行贿,寻求优待的意味);最后,向医院分发的免费喂养奶限于提供给不能喂养孩子的妇女。

1984年初,在面对抗议者们长达10年的对抗和长达7年的联合抵制之后,除一些死硬派仍拒绝与雀巢和解外,大多数团体同意暂时中止联合抵制。

雀巢业务损失的后果难以准确计算。该公司估计,联合抵制的一个直接后果是造成利润损失4000万美元。然而,业务损失远不止这些。在联合抵制开始之前的数年中,由于消费者转向声誉更好的公司购买替代品牌产品,该公司的业务就受到了影响。诚然婴儿食品业务只占雀巢全球销售额的3%。但这一部分产品的公众形象不好,整个企业集团的其他产品也就跟着受了牵连。

〔资料来源:罗伯特·F.哈特利.商业伦理[M].胡敏,等,译.北京:中信出版社,2000: 158-176.〕

8.3　中外伦理文化差异

8.3.1　文化差异与对伦理问题的敏感度

荷兰学者杰尔特·霍夫斯坦德(Geert Hofstede)对文化作了大量研究,其文化框架包括五个维度:①个人主义/集体主义;②权力距离;③不确定性回避;④男性化/女性化;⑤长期化/短期化导向。

1. 个人主义/集体主义

个人主义/集体主义指数反映了人们为促进自我利益的行为取向。强调个人主义的文化反映了一种以"自我"为中心的思维,强调自我或个人成就;而集体主义文化则反映的是一种以"集体"为中心的思维,一般强调个人服从集体。这一维度的得分衡量了个人主义的程度。

2. 权力距离

权力距离指数衡量人们对社会不平等的容忍度,即人们对上下级之间的权力不平等状况的容忍度。在权力距离指数较高的国家,人们往往倾向于接受等级制,其成员会视势力、操纵力及世袭权为权力的来源;另一方面,在权力距离指数较低的国家,人们珍视平等,并视知识和尊重为权力来源。

3. 不确定性回避

不确定性回避指数反映了社会成员对模棱两可或不确定性的容忍程度。不确定性回避指数较高的文化往往难以忍受不确定,因而对新思想或新行为持怀疑态度。其社会成员往往显得较为忧虑、紧张，并且较为关注安全感和行为的规范性以求减少不确定性。相反，不确定性回避指数较低的文化则与较弱的忧虑、紧张相关，易于接受反常规的思想和不同的观点，并且乐于冒险。

4. 男性化/女性化

男性化/女性化指数反映了人们对成就或创业的一种倾向。具有较高男性化/女性化指数的国家往往呈现出这样的文化特征：充满自信，喜欢自我表现，追逐金钱和社会地位等。而男性化/女性化指数较低的文化则与多变的性别角色及性别间平等相联系，强调相互服务和相互依赖。在这一维度的得分衡量了其男性化的程度。

5. 长期化/短期化导向

长期化/短期化导向指数衡量一种文化是强调未来还是强调过去和现在。长期化导向代表了追求未来回报的价值观，特别是坚定不移和节俭。而短期化导向强调过去和眼前，特别是尊重传统、留面子和履行社会义务。

表8-1 若干国家的霍夫斯坦德文化五维度得分

国家和地区	权力距离指数	不确定性回避指数	个人主义/集体主义指数	男性化/女性化指数	长期化/短期化导向指数
中国内地	80	30	20	66	118
法国	68	86	71	43	39
德国	35	65	67	66	31
英国	35	35	89	66	25
中国香港	68	29	25	57	96
日本	54	92	46	95	80
韩国	60	85	18	39	75
中国台湾	58	69	17	45	87
美国	40	46	91	62	29

〔资料来源：Cateora, P. R., Graham, J. L. International Marketing [M]. 12 ed. New York, NY: McGraw-Hill/Irwin, 2005: 154-155.〕

兹亚德·史瓦丹（Ziad Swaidan）和琳达·P.海斯（Linda A. Hayes）探讨了霍夫斯坦德文化理论框架与跨文化伦理之间的关系，在结合前人研究的基础上，提出了5条假设[①]：

假设1：个体主义者比集体主义者对伦理问题更加敏感。

个体主义/集体主义维度对个体的道德推理有强烈的影响。这一维度在伦理上的一个启示是：个体主义社会的人们经常质疑其社会中已经建立的伦理标准，而集体主义

---

① Swaidan, Z., Hayes, L. A. Hofstede Theory and Cross Cultural Ethics Conceptualization, Review, and Research Agenda[J]. Journal of American Academy of Business, 2005, 6 (2): 10-15.

文化的成员则是盲目地接受这些伦理标准。另一个含义是：集体主义者更愿意为了维护群体的荣誉而采用"掩盖手段"，而这一"掩盖手段"可能并不被认为是不道德的。比如，如果说谎会使群体获益的话，集体主义者可能会接受它，而个体主义者则更可能认为说谎违背了社会规范，是严重违反道德的事。

假设2：男性化的个体不如女性化的个体对伦理问题敏感。

男性化维度在伦理上的含义主要体现在人们怎么看待进取心和伦理上可接受的行为之间的关系。与女性化的个体相比，男性化的个体更能容忍攻击性的、有疑问的行为。人们认为某种行为不合伦理最常用的理由是贪婪和好竞争等，而这些都是男性化个体的特征，野心、个人获取金钱和对成功的追求是导致不道德行为的最主要因素。同时，物质主义负相关于消费者的高伦理标准。另外，男性化的管理者会雇用与组织的攻击性目标相一致的人员。而女性化的个体更关注伦理问题，不太能容忍那些攻击性的、由金钱驱动的行为。

假设3：高权力距离的个体不如低权力距离的个体对伦理问题敏感。

权力距离在伦理决策上的一个重要的含义就是在上级压力下下属是否会做出不道德行为。另一个含义就是高权力距离的个体会遵守其伦理准则，而低权力距离的个体则不大会遵守其群体的伦理准则。与相对高权力距离国家（印度和韩国）的管理者相比，来自低权力距离国家（美国）的管理者将那些有疑问的商业行为看得更不道德。

假设4：高不确定性回避的个体比低不确定性回避的个体对伦理问题更加敏感。

过去的研究表明低不确定性回避的个体更可能去冒风险，而从伦理的角度看，冒风险的倾向与不道德行为高相关，他们强调"实质胜过形式"，认为如果对群体有利可以考虑破坏规则。而另一方面，高不确定性回避的个体更希望有一种书面的规则的存在，在行为上，高不确定性回避的个体会以"没有这方面的规定"为借口，从事不符合伦理的行为。

假设5：长期化导向的个体比短期化导向的个体对伦理问题更加敏感。

和来自短期化文化的个体相比，长期化文化下的个体更消极地看待"走捷径"获取短期利益这种方式在伦理上的影响。这些表明长期化导向的个体比短期化导向的个体更加理想化。

8.3.2 中西伦理文化比较

伦理文化，作为人类意识形态的产物，在人类的生存与发展过程中都起着十分重要的作用。但由于它对个人、群体乃至社会的影响都在潜移默化之中，因而其作用通常容易被忽略。

下面将从人与自然、个人利益与群体利益、竞争与和谐、道德教育与制度约束这四个有代表性的方面着手，对中西伦理文化的差异做一初步的比较。

1. 人与自然

人与自然的关系是中国古代思想家们思考的重心，中国传统的伦理观念认为人伦效法自然，"人法地，地法天，天法道，道法自然"，人与自然天地存在着一种不可分割的统一关系。自然包罗万象，而人乃万物之灵长，天地之心。可见，古人认为，人与自然是"你中有我，我中有你"，互包互容的关系。因此"天人合一""天地合德"对中国伦理道德思想有着重大的影响。中国所崇尚的"天人合一"追求一种人与自然环境和谐交融，亲密友善的境界，认为人不仅要爱人，还要爱万物，"仁者以天地万物为一体"①，追求人与自然关系的和谐一致。这种"天人合一""天地合德"的道德境界不仅对塑造中国人的许多仁爱忠恕美德具有重要的意义，而且对于保持中华民族的和谐稳定也有不小的贡献。

西方传统文化在人与自然的关系上强调战胜自然，驾驭自然。在古希腊文化构架中，人与自然的紧张对立，是依据个体意志的张扬，碰撞现实世界来缓解的。而中国文化的天人紧张，是通过"反身而诚"，净化身心，提炼修养境界来完成的。②

2. 个体与群体

中国伦理文化强调对秩序的维护，因而所反映的是重社会整体的文化，是以社会为目的的价值取向。而西方伦理则更倾向于实现人本身的需求，是以个人为目的的价值取向。

3. 竞争与和谐

西方传统伦理重于竞争，中国则偏重于中庸、和谐。千百年来，中庸之道一直流淌于炎黄子孙的血液之中。对于"中庸"的含义，《中庸》中有明确记载，即于两端（过和不及）取其中，不偏不倚，既不"过"，也不"不及"。应当看到，中庸注重一种和谐，不走极端的方式。它强调要通过折衷调和的方法，达到一种平衡与稳定，实现最合理的状态。它长久以来都被奉为中国人调节人际关系的重要原则。

而在西方，虽然在古希腊时代的一些伦理思想家也有主张中庸、和谐的，但是它并没有变成西方的传统的道德品格。在西方伦理传统中，一直占据主导地位的是以竞争求生存的道德观。

4. 道德教育与制度约束

说中国古代的教育即"教化"，虽言过其实，但教育以德教为主，却是事实。而德教的关键在于启发人们内在的"良心""良知"，因此，德教目的的实现，必须通过个人道德修养的途径。③坚持"德教"与"修身"合一，这是中国传统道德教育思想的一

---

① 程氏遗书·卷二上.
② 钟明善，朱正威. 中国传统文化精义[M]. 西安：西安交通大学出版社，1999：107.
③ 朱贻庭. 中国传统伦理思想史[M]. 上海：华东师范大学出版社，2003：29.

大特点。

　　这种传统思想的形成主要源于中国古代占主流地位的德性主义人性论。其主要倾向是以"性善论"为主体的德性主义。"性善论"是中国传统儒家思想的重要基础，认为人天生具备向善的要求和为善的能力。由于宗法制的存在和正统儒家在中国思想史上的统治地位，使"人之初，性本善"的德性人性论，成了中国人对人性见解的传统观念。也正是在"性善论"的影响之下，强调个体的道德修养成为必然。而既然"善"根植于人性之中，则"人皆可为尧舜"。人之为善，不需外在的强力作用，这一方面会轻视制度对人的约束作用。

　　而西方从自然主义人性论出发，认为人与生俱来就有各种欲望，使得人们一心只为了追求自己的幸福，满足自己的欲望。因此必须用制度来约束人的行为而不能仅通过道德教育、自身修养的方式。

【本章提要】

　　1. 伦理优越主义认为本国的伦理优于他国的伦理，因而跨国公司在国外经营时继续奉行本国的伦理标准。伦理相对主义则认为没有哪一种文化的伦理比其他任何文化的伦理都好。这两种观点都是片面的。

　　2. 习近平提出的人类命运共同体思想内涵包括：要建立"平等相待、互商互谅的伙伴关系"，要营造"公道正义、共建共享的安全格局"，要谋求"开放创新、包容互惠的发展前景"，要促进"和而不同、兼收并蓄的文明交流"，要构筑"尊崇自然、绿色发展的生态体系"。

　　3. 《联合国千年宣言》倡导的价值和原则包括自由、平等、团结、容忍、尊重大自然、共同承担责任等。

　　4. 理查德·T.迪乔治提出了跨国公司应该遵循的七条准则：不应造成任何故意的直接的伤害；应当为东道国带来利益而不是伤害；应当为东道国发展做贡献；应当尊重雇员的人权；只要当地文化不违背道德准则，跨国公司就应当尊重它；应当缴纳其公平分摊的税款；应当与当地政府合作开发和实施公正的背景机制。

　　5. 托马斯·唐纳森和托马斯·W.邓斐提出的综合社会契约论，对于国际经营中应遵循的行为准则有指导意义。

　　6. 跨国公司在国际经营时，面临的典型伦理问题包括市场歧视、转移价格、有害产业转移、品牌控制等。

　　7. 在人与自然的关系、个体与群体的关系、竞争与和谐、道德教育与制度约束等方面，中西方伦理文化存在明显差异。

【重要概念】

伦理优越主义

伦理相对主义

伦理置换

人类命运共同体

宏观社会契约

微观社会契约

超级规范

个人主义/集体主义指数

权力距离指数

不确定性回避指数

男性化/女性化指数

长期化/短期化导向指数

1. 试述伦理优越主义和伦理相对主义的局限性。
2. 何谓伦理置换？
3. 习近平人类命运共同体思想的内涵是什么？
4. 《联合国千年宣言》倡导哪些价值和原则？
5. 根据金星国际和牛津欣克塞中心的提议，跨国公司应该承担哪些责任？
6. 理查德·T. 迪乔治给出了跨国公司在发展中国家经营时应遵循的七条基本准则，你对这些准则有何评价？
7. 经济合作与发展组织的跨国公司准则主要包含哪些内容？
8. 什么是宏观社会契约？什么是微观社会契约？两者有何区别？
9. 宏观社会契约包括哪些原则？
10. 什么是超级规范？
11. 处理微观社会契约冲突的原则有哪些？
12. 按照维拉斯奎的观点，应该如何对国际经营行为进行伦理评价？
13. 跨国公司在国际经营中可能面临哪些典型的伦理问题？
14. 为什么说个体主义者比集体主义者对伦理问题更加敏感？
15. 为什么说男性化的个体不如女性化的个体对伦理问题敏感？
16. 为什么说高权力距离的个体不如低权力距离的个体对伦理问题敏感？

17. 为什么说高不确定性回避的个体比低不确定性回避的个体对伦理问题更加敏感?
18. 为什么长期化导向的个体比短期化导向的个体对伦理问题更加敏感?
19. 中西方伦理文化有何差异?

案例 1 耐克广告

2004 年 11 月下旬,耐克篮球鞋广告片《恐惧斗室》在央视体育频道和地方电视台播出。

男主角是 NBA 巨星——勒布朗·詹姆斯。内容是该篮球运动员进入一个五层高的建筑,逐层挑战对手,直至取得最后的胜利……

第一个场景:詹姆斯走到一楼大厅内。这里有一个擂台,台阶旁还立着两个石狮子。突然从空中落下一位中国人模样的老者,身穿长袍。两个人随后开始"争斗"。突然,詹姆斯做出一个杂耍般的动作,从背后将篮球扔出,经柱子反弹将老者击倒,后跃起上篮得分。

第二个画面:詹姆斯来到二层。这里到处飘着美钞和身穿中国服饰的妇女。飘浮的女子与敦煌壁画中的飞天造型极其相似。这些女子暧昧地向主人公展开双臂。不过,随着詹姆斯扣碎了篮板,"飞天形象"随之粉碎。

在名为"自鸣得意"的第四单元,篮板旁出现了两条中国龙的形象,二龙吐出烟雾和阻碍詹姆斯的妖怪。不过,詹姆斯几个动作晃过所有障碍,投篮得分。

其他两个场景没有"中国元素"出现。

这则广告充满了故事性、情节性和生动性。该广告播出后,引起了广泛争议。

公众的反应

为新产品做电视广告本来是件十分常见的事情,但许多观众看过这则广告片后,却感到心里很不舒服。有人表示:"看到出现的中国人都被击败了,还有中国的图腾龙的形象。觉得这有损中国人形象,说明中国人无能……广告中把飞天形象和美元放在一起,玷污了中国文化,甚至是侮辱了中国人。"

也有人认为,"观众的争议主要源于国家间的文化差异。"广告中出现的中国人形象,不能说就是故意的行为,也许是想更贴近中国受众。观众的争议主要源于国家间的文化差异,广告通过美国文化表现主题,并战胜了中国"文化",年轻人很容易被广告所吸引。但不容否认,对中国文化的不了解,对中国人心理的不了解,导致广告没有尊重中国文化,没有尊重中国的民族形象。

还有人认为,作为一个外国公司,人家只会从本国国情出发;作为一个商业行为,人家只会从自身利益出发。没有义务为别人的形象和名誉去考虑的义务,只要所做广告不违反《广告法》,广告公司就有权进行。说到底,耐克公司的作为只能说广告中略带些文化歧视。能否在中国播出,关键在于中国相关部门和单位的态度。既然政府允许了，就不可以粗暴地让广告撤下，否则损失由谁来负？

然而似乎反对之声更为激烈，据不完全统计：对于该广告有70.48%的人会感到不舒服，无所谓占17.14%，值得欣赏占12.38%。

电视台的反应

播放此广告的电视台一位业务经理表示，在5个画面中只有两个是中国人形象，且都是动画合成，"应该不存在侮辱中国人的意思。"她表示，广告播出并不违反《广告法》。

耐克公司起初的反应

耐克公司对此发表声明称：耐克希望借助《恐惧斗室》这一广告鼓励年轻人直面恐惧，勇往直前。针对记者提出的中国人认为这则广告有侮辱中国人之嫌的疑问，耐克公司公关部表示，广告创意者从没有侮辱的意思，但他们表示，他们不会因此撤掉这则广告，他们想努力跟消费者沟通，希望大家能理解广告的原始创意。

结局

虽然耐克公司发誓不会停播，电视台认为这是合法的，但是最后耐克公司还是看到了最不愿意看到的结局——禁播。

2004年12月3日，国家广电总局向各省、自治区、直辖市广播影视局（厅），中央电视台发出《关于立即停止播放〈恐惧斗室〉广告片的通知》，《通知》指出，近来，一个名为《恐惧斗室》的耐克篮球鞋广告片，在广大观众中引起强烈不满。经审看，该广告违反了《广播电视广告播放管理暂行办法》第六条"广播电视广告应当维护国家尊严和利益，尊重祖国传统文化"和第七条"不得含有……亵渎民族风俗习惯的内容"的规定。因此请速通知所辖各级播出机构立即停播此广告。同时，要健全广告内容审查制度，坚决杜绝一切不良广告的播放。

在国家广电总局发出停播耐克广告片《恐惧斗室》的通知后，耐克首次作出书面致歉。据称，此次是耐克广告历史上第一次被政府叫停。耐克公司表示，对《恐惧斗室》广告在部分消费者中所引起的顾虑深表歉意。耐克无意表达对中国文化的任何不尊重。自1982年进入中国市场以来，耐克公司一直非常重视中国消费者。《恐惧斗室》广告创意是借助包括中国香港20世纪70年代功夫片等不同电影风格并融合当今青少年文化的时尚元素。耐克希望借助此广告鼓励年轻人直面恐惧，勇往直前。青年只有坚持并战胜恐惧，战胜自我，才会不断成长。耐克作为一个领先国际体育品牌公司，其广告创意一贯注重与青少年文化的结合。我们在创意任何广告的时候都非常注重消费者。

讨论题

1. 这则广告在伦理上说有问题吗？
2. 为什么会出现这样的问题？

案例 2 美国工厂

2008 年 12 月 23 日，平安夜前一天，陪伴俄亥俄州代顿市莫瑞恩地区近 90 年的通用汽车工厂宣布关门，数千人失去工作。2015 年，来自中国的企业家曹德旺在通用汽车工厂旧址上投资修建了福耀玻璃美国代顿工厂，重新雇用当地的美国工人，开始生产汽车玻璃。在生产过程中，因中美双方在企业管理、文化习惯等方面的差异，再就业的美国工人当中，有很多人逐渐开始由感恩到抱怨，嫌工资太低，加班，受了工伤，不被尊重，等等，部分工人按照既定的工作思维，坚持要组建工会。而中国的老板和管理者们却充满无奈，由于美国的工人生产效率太低，工厂一直处于亏损状态。不过，最终大家弥合了分歧，并在全球化过程中受益。2019 年 8 月 21 日在美国上映的纪录片《美国工厂》（American Factory）从一个侧面反映了这一过程。2020 年该片获得第 92 届奥斯卡"最佳纪录片奖"。

观看这部纪录片或阅读相关介绍材料，然后回答以下问题：
1. 在福耀玻璃美国代顿工厂，出现了哪些分歧？
2. 这些分歧背后存在何种价值观冲突？
3. 如何从伦理角度看待这些分歧和冲突？

附录 A 《2030 年可持续发展议程》

联合国 193 个会员国在 2015 年 9 月举行的历史性首脑会议上一致通过了可持续发展目标，《2030 年可持续发展议程》于 2016 年 1 月 1 日正式启动。新议程呼吁各国采取行动，为今后 15 年实现 17 项可持续发展目标而努力。时任联合国秘书长潘基文指出："这 17 项可持续发展目标是人类的共同愿景，也是世界各国领导人与各国人民之间达成的社会契约。它们既是一份造福人类和地球的行动清单，也是谋求取得成功的一幅蓝图。"

这 17 个可持续发展目标是：

目标 1 在全世界消除一切形式的贫困

目标 2 消除饥饿，实现粮食安全，改善营养状况和促进可持续农业

目标 3 确保健康的生活方式，促进各年龄段人群的福祉

目标 4 确保包容和公平的优质教育，让全民终身享有学习机会

目标 5 实现性别平等，增强所有妇女和女童的权能

目标 6 为所有人提供水和环境卫生并对其进行可持续管理

目标 7 确保人人获得负担得起的、可靠和可持续的现代能源

目标 8 促进持久、包容和可持续的经济增长，促进充分的生产性就业和人人获得体面工作

目标 9 建造具备抵御灾害能力的基础设施，促进具有包容性的可持续工业化，推

动创新

目标 10　减少国家内部和国家之间的不平等

目标 11　建设包容、安全、有抵御灾害能力和可持续的城市和人类住区

目标 12　采用可持续的消费和生产模式

目标 13　采取紧急行动应对气候变化及其影响

目标 14　保护和可持续利用海洋和海洋资源以促进可持续发展

目标 15　保护、恢复和促进可持续利用陆地生态系统，可持续管理森林，防治土地荒漠化，制止和扭转土地退化，遏制生物多样性的丧失

目标 16　创建和平、包容的社会以促进可持续发展，让所有人都能诉诸司法，在各级建立有效、负责和包容的机构

目标 17　加强执行手段，重振可持续发展全球伙伴关系

互 联 网 +

第三部分 促进企业道德行为的途径

第 9 章

社会与企业道德

【本章学习目的】

通过本章学习，您应该能够：
- 理解莱斯特的道德决策过程模型
- 理解曲维诺的个人与情境交互作用模型
- 理解琼斯的道德问题强度影响模型
- 了解有限道德意识对道德决策的影响
- 了解自我损耗对道德决策的影响
- 了解自我服务偏差对道德决策的影响
- 了解道德推脱对道德决策的影响
- 理解企业道德建设体系
- 了解社会层次促进企业道德的措施

9.1 道德决策模型

道德决策或伦理决策（ethical decision making）是指伦理相关的决策，而不是合乎伦理的决策。

9.1.1 莱斯特的道德决策过程模型

J.R.莱斯特（J.R.Rest）提出了道德决策的四要素模式——道德意识、道德判断、道德意向和道德行为。[①]

道德意识（ethical awareness）是指决策者意识到具体决策情景具有伦理含义或涉及伦理问题。没有伦理意识，就不可能有道德决策过程。所以，伦理意识是关键的第一步，决策者应意识到行为对他人有利害影响，而且应意识到有不同的方案可供选择。

道德判断（ethical judgment）是指决策者对决策方案进行伦理上的对错评价。有

---

① Rest, J. R. Moral Development: Advances in Research and Theory [M]. New York: Praeger, 1986.

些方案的伦理评价很容易做，有些则要复杂一些，需要运用伦理学理论进行分析。

道德意向（ethical intention）是指决策者从事道德或不道德行为的意愿。道德判断会影响道德行为意向，但其他个人、组织和环境因素也会影响道德行为意向。

道德行为（ethical behavior）是指决策者从事了合乎道德或不道德的行为。

9.1.2　曲维诺的个人与情境交互作用模型

1986年，琳达·K.曲维诺（L. K. Trevino）从个人和情境相互作用的角度探讨了影响道德决策的个人因素和组织因素及其作用机制，其理论框架如图9-1所示。

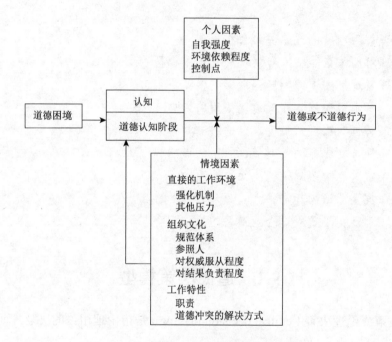

图9-1　曲维诺的个人与情境交互作用模型

〔资料来源：Trevino, L. K. Ethical Decision Making in Organizations: A Person-Situation Interactionist Model [J]. Academy of Management Review, 1986, (3): 601-617.〕

曲维诺提出的个人和情境因素交互作用模型以道德困境的存在开始，进而形成道德意识阶段，个人的道德认知阶段决定了个人怎样看待道德困境、决定了他认为什么是正确的或者错误的决策过程。然而，正确和错误的认知并不足以解释和预测道德决策行为，个人和环境的其他因素和认知因素相互作用决定了个人对道德困境如何做出反应。

个人因素包括自我强度（ego strength）、环境依赖程度（field dependence）、控制点（locus of control），这些个人因素对个人关于什么是正确和错误的认知有影响。

所谓自我强度是与自信或者自我调节技巧相联系的概念。自我强度强的人更能抵制冲动，能够依照自己的意志行事，所以自我强度高的人在处理道德认知和道德行为的关系中具有连续性，他们更倾向于做他们认为正确的事情。

环境依赖程度指个体对环境依赖的程度，该模型认为依赖环境的个体会最大可能地利用外界信息来指导自己的行为，而不依赖环境的个体具有更大的自主性，在组织环境模糊时，依赖环境的人比不依赖环境的人更加利用组织外部的信息做出选择。

控制点是指对事情结果如何归因，一个持"内部控制论"的人相信事情的结果是由自己努力造成的，而持"外部控制论"的人认为生活中的事情是由命运、运气等外在原因造成的。"外部控制论"者对道德行为或不道德行为的结果更少归因于个人的责任，而更多地归结于外部的力量。"内部控制论"者对事情的结果承担责任，依靠自己内部关于正确和错误的决定指导自己的行为。持内部控制论的管理者比持外部控制论的管理者在道德判断和道德行为之间表现出更多的连续性和相关性。

影响道德决策的组织环境因素包括直接工作环境（奖惩强化、其他压力）、组织文化（规范体系、伦理守则、有影响力的个人、服从权威、对结果承担责任）和工作性质等。组织因素通过工作经历影响个人的道德发展。

在特定的道德发展阶段，个人不是一个空白的状态，而工作本身的特性和组织文化对个人的道德发展起着作用。组织文化对个人的道德发展起作用是通过允许组织成员承担决策责任和工作职责实现的。例如，在一种民主的组织文化里，鼓励组织成员做出决定，在组织结构中的低层就解决各种冲突，并且考虑各种利益和观点，这种文化实际上提高了个人的道德认知发展；而在一个专制的或者机械的组织内，角色是严格规定的，决策是依据正式的权威做出的。当组织内部具有一套规范体系时，对于什么是道德的行为或者不道德行为，组织成员更具有一致的认同，而在一种弱文化中，组织成员更倾向于依靠亚文化规范对道德或者不道德行为进行指导。当组织文化鼓励个人意识到自己的行为后果并且对之负责时，道德判断和道德行为之间存在高相关性和一致性，而且只有当伦理守则和组织文化相一致并且强制执行时，伦理守则才会明显地影响道德或者不道德的行为，同时管理者的道德或者不道德行为会明显受权威的要求和有影响力的人的行为的影响。另外，外部的压力如时间、稀有资源、竞争或者个人成本等会对管理者的道德行为产生负面的影响。

9.1.3 琼斯的道德问题权变模型

1991年，托马斯·M.琼斯（Thomas M. Jones）从分析道德问题本身特性对道德决策的影响，建立了一个以道德问题为导向的组织内个人道德决策模型，其理论框架如图9-2所示。

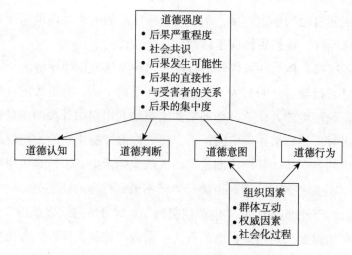

图 9-2　琼斯的道德问题权变模型

〔资料来源：Jones, T. M. Ethical Decision Making by Individuals in Organizations: An issue-Contingent Model [J]. Academy of Management Review, 1991, (2): 366-395.〕

琼斯认为道德选择不只是个人的决策，也是组织内社会学习的决定，提出道德强度（moral intensity）对道德决策的各个阶段都有影响，道德强度是道德问题特征的总括，包含六个方面，即后果的严重程度、社会共识、结果发生的可能性、后果的直接性、与受害者的关系和后果的集中度。[①]

（1）后果的严重程度（magnitude of consequences）：某种行为的受害者或受益者受到多大程度的伤害或得到多少利益？

（2）社会共识（social consensus）：多少舆论认为这种行为是恶的或善的？

（3）后果发生的可能性（probability of effect）：行为实际发生和将会引起可预见的危害或利益的可能性有多大？

（4）后果的直接性（temporal immediacy）：在该行为和它所期望的结果之间，持续的时间有多久？例如，减少现有退休人员的退休金，比减少现有年龄在 40~50 岁的雇员的退休金具有更为直接的后果。

（5）与受害者的关系（proximity）：一个人觉得（在社会、心理或物质上）与该行为的受害者或受益者有多接近？

（6）后果的集中度（concentration of effect）：行为对有关人员的集中作用有多大？例如，拒绝 10 名要求每人得到 1 万美元担保金的政策，比拒绝 1 万名要求每人得到 10 美元担保金的政策，影响更为集中。

---

① Jones, T. M. Ethical Decision Making by Individuals in Organizations: An Issue-Contingent Model [J]. Academy of Management Review, 1991, (2): 366-395.

人们所受的伤害越大，认为行为是恶的舆论越强，行为发生和造成实际伤害的可能性越高，从行为到后果的间隔时间越短，个人感觉与行为受害者越接近，问题强度就越大。当一个伦理问题对管理者很重要时，我们有理由期望管理者更可能采取符合道德的行为。

琼斯认为，人们更经常意识到具有高道德强度的道德问题，而高道德强度的道德问题比低道德强度的道德问题会带来更高的道德推理（道德发展处于高层次水平），并且道德行为意向的建立更经常出现在道德强度较高的情况下，同时道德问题具有的道德强度高时，道德行为更容易被观察到。

该模型认为组织因素从两个方面影响着道德决策和行为：产生道德行为意向和从事道德行为。隐性的组织压力会影响个人的道德行为意向，显性的组织因素可能导致道德的或不道德的行为。

该模型的第一个特点就是增加了影响道德决策的因素，提出道德问题本身也是影响因素之一，而且是很重要的影响因素。当我们在进行道德决策时，必须重视道德问题或道德困境本身的特性给道德决策带来的影响。

该模型的第二个特点是提出组织因素对道德认知和道德判断并没有影响，只在建立道德意图和实施道德行为这两个阶段才会施加影响，并且组织因素的影响体现在群体互动、权威因素和社会化过程中。

9.2　为什么"好"人会做出不道德决策

为什么"好"经理会做出不道德的决策？索尔·W.盖勒曼（Saul W. Gellerman）认为，这些"好"经理存在4种错误认识，以至于做出错误的决策：①认为该行为没有违背法律和伦理；②认为从事该行为是个人或企业的最佳利益所在；③认为从事该行为是"安全的"，不会被发现或曝光；④认为该行为对企业有利，企业会原谅甚至保护行为者的。[①]

有不少心理学研究发现可以用来解释为什么"好"人会做出不道德决策，而知道了原因，有助于个人、企业、社会各层次采取针对性的措施，以减少不道德行为。

9.2.1　有限道德意识

很多时候，人们并不是不能辨别伦理上的对错，也不是有意要做不合乎伦理的事情，而是根本没有意识到有伦理问题存在，即根本没有意识到所要做的决策具有伦理含义，是一个伦理决策，而不纯粹是一个商业决策。

---

① Gellerman, S. W. Why "Good" Managers Make Bad Ethical Choices [J]. Harvard Business Review, 1986, July/August: 85-90.

这是因为，人的道德意识是有限的（bounded ethicality）。有限认知是一种普遍存在的倾向，这种倾向把重要且相关的信息排除在决策之外。当人们思考未来的行为时，很难预测人们需要面临的实际情况，一般的原则和态度引导着人们的预测，此时，人们只看到了森林，而看不到树木。当面临实际情况时，人们的行为受到细节的驱动，而不是抽象的原则，于是，只看到树木，却看不到森林。在做决策的那一刻，人们的本能反应非常强烈，抑制了其他的想法。人们想帮助自己的公司保持其市场份额，或者人们想获得利润和奖金。当考虑如何面对一个有竞争性的谈判对象时，谈判者受到"胜利"的激励，不想让竞争对手占自己的便宜，当实际在进行谈判时，谈判者只是想能够达成交易，而不至于两手空空离开。[①]日常工作中的各个方面——目标、回报、合规制度、非正式压力，都会促使人们的道德意识丧失，即道德思维从决策制定过程中消失。[②]

当企业成员在决策时缺乏道德意识，把一项决策仅仅当成"商业决策"而不是"道德决策"，不道德行为的发生概率就会增加。

9.2.2 自我损耗理论

罗伊·F.鲍迈斯特（Roy F. Baumeister）等人于 1998 年提出了自我损耗（ego depletion）概念。自我损耗是指，个体由于实行先前意志活动而造成实行后续意志活动的意愿和能力暂时下降的现象。

鲍迈斯特等人的观点包括：①个体实行意志活动（包括控制过程、主动选择、发起行为和克服反应等）需要消耗资源；②这种资源是有限的；③实行意志活动的成功与否受到这种资源多少的影响，资源越充足，越容易成功；④实行意志活动的过程是暂时性消耗资源的过程，经适当休息之后，这种资源能够得到恢复；⑤实行不同意志活动所需的资源是相同的，一系列看似不同和无关的活动共享这一种资源，如果在意志活动中消耗了资源，就会减少在另一种意志活动中的实际可用资源。[③]

个体自我控制是自我损耗的过程。在企业中，各种需要自我控制的活动无处不在，自我损耗不可避免。自我损耗理论为个体自我控制为什么会失败给出了一种解释。自我损耗在认知上会抑制个体的理性思考能力，使个体在决策时更依赖直觉系统，更倾向于冲动决策，更注重即时回报，更少考虑长期影响。有时候人们会面临困难的道德选择，之所以困难，可能是因为我们难以做出是非判断，可能是因为道德与眼前利益

---

① 马科斯·H.巴泽曼，安·E.坦柏伦塞. 发现你的道德盲点[M].李洪涛，译.上海：格致出版社，上海人民出版社，2012：56-58.

② Tenbrunsel, A. E., Messick, D. M. Ethical Fading: The Role of Self-Deception in Unethical Behavior [J]. Social Justice Research, 2004, 17 (2): 223-236.

③ Baumeister, R. F., Bratslavsky, E., Muraven, M., Tice, D. M. Ego Depletion: Is the Active Self a Limited Resource [J]. Journal of Personality and Social Psychology, 1998, 74 (5): 1252-1265.

发生了冲突，这时特别需要进行冷静的理性的思考，要把长远影响考虑进去，但自我损耗妨碍了这样的思考和分析，因而会使人做出错误的选择。

个体的自我控制能力强、动机水平高、推理能力强等有利于降低自我损耗，而工作时间长、工作压力大、工作时受到干扰多、人际关系紧张、睡眠不足等都会增加自我损耗。

9.2.3　自我服务偏差

虽然人有自卑的一面，但社会心理学的一个重要发现是，自我服务偏差（self-serving bias）普遍地存在着，而且这一结论得到了大量研究的支持。

1. 将成功归因于自己的能力和努力，将失败归因于运气和外在因素

我们总是将成功与自我相联系，而刻意避开失败对自我的影响。当得知自己成功后，人们乐于接受成功的荣耀，把成功归结为自己的才能和努力，却把失败归咎于诸如"运气不佳""问题本身就无法解决"这样的外部因素。

2. 与他人相比，认为自己更好

戴维·迈尔斯（David G. Myers）列举了大量研究发现，涉及工作能力、聪明才智、赡养父母、健康、道德等多个方面。[①]例如，在道德方面，大多数经营者认为自己比其他经营者更讲道德。

3. 盲目乐观

由于相信自己总能幸免于难，我们往往不去采取明智的预防措施。

4. 虚假普遍性和虚假独特性

为了进一步增强我们的自我形象，我们常常表现出一种奇怪的倾向：我们会过高或过低地估计别人会像我们一样思考和行事。如果我们的行为不佳，我们会认为这是正常的，我们会倾向于过高地估计别人会像我们一样思考和行事。这种现象被称为是虚假普遍性。例如，当某个人对别人说谎后，他便开始觉得其他人也是不诚实的。而当我们获得成功时，容易发生虚假独特性，即我们会把自己的才智和品德看成是超乎寻常的，以满足自我形象。

自我服务偏差容易使人做出错误的道德选择。抵制不道德行为的诱惑并不总是顺利的，当我们遇到挫折时，由于存在"将成功归因于自己的能力和努力，将失败归因于运气和外在因素"的倾向，可能使我们轻易地放弃努力；"与他人相比，认为自己更好"使人过高估计自己的道德而过低估计他人的道德，进而会削弱不断提升自身道

[①] 戴维·迈尔斯. 社会心理学[M]. 第8版. 侯玉波，乐国安，张智勇，译. 北京：人民邮电出版社，2009：49.

德的意愿和努力;"盲目乐观"可能导致人们认为自己从事不道德行为不会被发现,或者即使被发现也不会被处罚,或者即使被处罚也不会很重,从而更可能作出道德上的冒险行为;"虚假普遍性"使人过高地估计不道德行为的普遍性,进而认为讲道德行不通,以及认为大家都这么做,法不责众。

9.2.4 道德推脱

有人从事了不道德行为,会感到羞愧、内疚,为了减少和避免羞愧、内疚的发生,会促使自己尽量从事道德行为,避免不道德行为。也有人通过道德推脱使自己从事不道德行为而不感到羞愧、内疚。

阿尔伯特·班杜拉(Albert Bandura)从社会认知理论的角度首先提出了道德推脱(moral disengagement)概念,并试图运用道德推脱来解释为什么个体在做出不道德行为后甚至不会产生应有的心理内疚和痛苦的反应。

道德推脱是行为者对违反自身道德标准的行为进行辩护的心理过程。人们使用这些方法,是想以某种自我保护的方式来诠释自己的行为。班杜拉指出,那些拥有坚定道德原则的人在采取恶劣行为时,有几个途径可以使其不会对自己的行为产生愧疚或悔恨的感觉[①]:

道德辩护(moral justification)是指用一个更高层次的目的来重新解释原本不道德的行为。

委婉命名(euphemistic labeling)是指使用"经过美化"的词汇来缓和或掩饰那些与道德相抵触或令人讨厌的行为对他人的冒犯。

优势对比(advantageous comparison)是指将自己的行为与他人更可憎的行为作对比,从而避免了自我轻视的感觉。

责任转移(displacement of responsibility)是指将行为责任归结为他人。

责任扩散(diffusion of responsibility)在其他人都以同一方式行事时,这一机制的存在使人们容易去从事并接受那些应受谴责的行为。当每个人都有责任时,也就没有人承担责任了。

漠视或扭曲结果(disregard or distortion of consequences)是指将行为带来的危害最小化。

去人性化(dehumanization)是指无视他人的人性的一面,会使恶劣地对待这些人变得较容易。

谴责归因(attribution of blame)声称自己的不道德行为是由他人的行动所导致的。

---

① Bandura, A. Mechanisms of Moral Disengagement [A]. In W. Reich (Ed.). Origins of Terrorism: Psychologies, Ideologies, Theologies, States of Mind [C]. Cambridge: Cambridge University Press, 1990: 161-191.

9.3 促进企业道德行为的体系

9.3.1 影响企业负责任行为的因素

1. 坎贝尔的观点

约翰·L.坎贝尔（John L. Campbell）于2007年在《管理学会评论》（*Academy of Management Review*）上发表文章，基于制度理论提出了企业从事负责任行为的条件。坎贝尔所说的负责任行为是指满足底线责任的行为：第一，不有意做有可能损害利益相关者的任何事情；第二，如果公司的确对利益相关者造成了损害，一旦发现必须加以改正。该文发表后产生了广泛影响，2017年荣获《管理学会评论》十年最佳论文奖。具体地说，他提出了8个命题[①]：

命题1：在企业财务业绩不良且经济形势不佳，短期内获利的可能性有限的时候，则企业更不可能负责任地行事。

命题2：在过度竞争和过少竞争环境中，则企业更不可能负责任地行事。

命题3：如果有明确的严格实施的有关负责任行为的法律法规，特别是当这些法律法规是通过企业、政府及其他利益相关者之间谈判、协商后制定的，则企业更可能负责任地行事。

命题4：如果有有效运行的行业自律机制，特别是当行业如果不自律会受到政府干预或者会面临行业危机，以及当政府支持这种行业自律时，则企业更可能负责任地行事。

命题5：如果有民间的独立组织，如非政府组织、社会运动组织、机构投资者、媒体等在监督企业行为，并在必要时，会采取行动，则企业更可能负责任地行事。

命题6：如果要求企业承担社会责任的要求内化在面向企业界的出版物、商学院的课程设置，以及企业管理者参加的教育项目之中，则企业更可能负责任地行事。

命题7：如果企业是某些协会或组织的成员，且这些协会或组织是为了促进负责任的行为而建立的，则企业更可能负责任地行事。

命题8：如果企业与工会、雇员、社区、投资者以及其他利益相关者有制度化的对话，则企业更可能负责任地行事。

2. 爱泼斯坦的观点

埃德温·M.爱泼斯坦（Edwin M. Epstein）认为有6种社会控制方式，可以单独或联合起来运用以促进企业负责任的行为[②]：

[①] Campbell, J. L. Why Would Corporations Behave in Socially Responsible Ways? An Institutional Theory of Corporate Social Responsibility [J]. Academy of Management Review, 2007, 32 (3): 946-967.

[②] Epstein, E. M. The Good Company Rhetoric or Reality: Corporate Social Responsibility and Business Ethics Redux [J]. American Business Law Journal, 2007, 44 (2): 207-222.

（1）法律（law），包括各种法律法规、司法裁决等。

（2）亲和团体（affinity group），包括行业协会、职业协会、宗教组织等，这些组织为其成员制定了行为准则。

（3）自律（self regulation），企业自愿地接受非政府性组织制定的行为准则，如联合国全球契约等。

（4）伦理规范（ethical precepts），来自于宗教传统、哲学、传统和习俗。

（5）敏锐的负责任的媒体（vigilant and responsible media）。

（6）公民社会（civil society）。

3. 范图尔德的观点

罗布·范图尔德（Rob van Tulder）指出，社会关系塑造了社会，但是也有必要对社会关系进行监管和协调，有三种协调机制——国家、市场和公民社会可以用来规范社会关系。

国家通过法律进行规范，市场机制通过竞争、利润、收益进行规范，公民社会通过参与和集体行为进行规范。这些机制既能单独发挥作用，又彼此相互作用，从而决定了社会作为整体行使职能的形式。国家通过立法提供了构建社会的法律框架。市场主要在一定的法律框架范围内，通过将投入（如自然资源、劳动力和资金）转化为产出（如产品、服务、经济增长、就业和收入）为社会创造价值和福利。公民社会，包括家庭、志愿组织、社会团体、教会和工会，通过规范的制定和分享，满足建立关系和社交的需要。

企业实践总是在一系列协调机制的作用下展开的。除了竞争机制，企业也需要处理与其他两种机制的关系。[①]换句话说，国家、市场和公民社会这三种机制都会对企业行为产生影响。

4. 利益相关者的影响

利益相关者具有经济影响力、政治影响力和社会影响力。[②]利益相关者可能出于三种动机——工具性动机（instrumental motives）、关系性动机（relational motives）和道义性动机（morality-based motives）对企业施加压力，促使其履行社会责任。[③]J.弗鲁姆（J. Frooman）基于资源依赖理论提出了利益相关者可能对企业施加影响的策略——撤回策略、附加条件策略、直接策略和间接策略。[④]撤回策略是指利益相关者为了使企

[①] 罗布·范图尔德. 动荡时代的企业责任[M]. 刘雪涛，曹蓁蓁，姜静，译. 北京：中国经济出版社，2010：6-10.

[②] Freeman, R. E., Harrison, J. S., Zyglidopoulos, S. Stakeholder Theory: Concepts and Strategies [M]. Cambridge, UK: Cambridge University Press, 2018: 32-39.

[③] Aguilera, R. V., Rupp, D. E., Williams, C. A., Ganapathi, J. Putting the S Back in Corporate Social Responsibility: A Multilevel Theory of Social Change in Organizations [J]. Academy of Management Review, 2007, 32 (3): 836-863.

[④] Frooman, J. Stakeholder Influence Strategies [J]. Academy of Management Review, 1999, 24: 191-205.

业改变某种行为而不再提供资源给企业的策略；附加条件策略是指利益相关者继续向企业提供资源但附加了条件的策略；直接策略是指利益相关者自身操控提供给企业的资源；间接策略是指利益相关者与他人结成同盟，由同盟来操控提供给企业的资源。正因为利益相关者能够对企业履行社会责任施加影响，人们呼吁利益相关者也应负起责任，负责任的投资（socially responsible investing）、负责任的消费（socially responsible consumption）、负责任的采购（socially responsible purchasing）等应运而生。

9.3.2 个人、企业、社会三层次体系

如果企业不认为道德与企业经营有关，就不可能履行道德责任；如果企业意识到有道德责任，但不能做出正确的道德判断，也不可能履行道德责任；如果企业意识到了道德问题，而且也能做出正确的道德判断，但是，不认为企业有道德责任，仍然不可能履行道德责任；如果企业意识到了道德问题，也能做出正确的道德判断，而且，认为企业有道德责任，但是没有履行责任的能力和环境条件，还是不可能履行道德责任。

促进企业履行道德责任，就是要增强企业的伦理问题意识、道德判断能力、履行道德责任的愿望、履行道德责任的能力。

1. 企业层次

企业履行道德责任有三个层次的含义：①企业生产和提供的产品和服务符合社会需要；②企业成员有伦理问题意识，有道德判断能力，有道德责任意识，选择合乎道德的行为，以及企业的研发、生产、销售、人力资源管理、财务管理、物流等各项活动不损害他人或对他人有益；③企业目的陈述、企业价值观、企业战略选择、企业日常决策、企业制度设计、企业领导行为中体现伦理要求，并能保证做出正确的伦理判断，以及促进伦理要求得以落实的直接领导、制度和文化。

可是，企业为什么愿意在目的陈述、企业价值观、战略选择、日常决策、制度设计、企业领导行为中体现伦理要求，并保证作出正确的伦理判断，以及采取促进伦理要求得以落实的直接领导、制度和文化呢？要靠个人（内部力量）和社会（外部力量）。

2. 个人层次

企业是由人组成的，企业的行为归根到底是人的行为，企业的意愿归根到底是人的意愿，特别是企业领导人的意愿。个人的伦理意识越强，越会促进企业伦理问题意识、道德责任意识的树立及道德判断能力的增强，反过来说，企业的伦理问题意识、道德责任意识和道德判断能力增强了，可以促进个人伦理问题意识、道德责任意识和道德判断能力增强，它们是相互促进、相互增强的。

人的自律能力是有限的。诱惑和压力不断加大，能够坚持自律的人越来越少。此

时，除了提升自律能力外，要清醒地认识到，自己只是凡人，自律能力是有限的，不仅不能排斥他律，而应该主动寻求他律。企业也一样。

3. 社会层次

企业是存在于社会之中的。社会环境会对企业履行道德责任产生重要影响。

企业比学校、政府部门、军队等组织更可能出现道德问题，未必是企业从业人员一定比其他组织的人员的道德素质低，更可能的解释是，企业履行道德责任的难度比其他组织大。如果我们对难度没有充分的认识，就不可能提出针对性的应对思路。

追求利润最大化这种企业目的界定，一方面，使得企业追求利润最大化变得理所当然，考虑道德反而显得不合时宜，企业缺乏来自自身和外界的讲道德的压力；另一方面，使得工作缺失了意义。而企业从业人员缺乏工作意义，精神回报少，对物质回报要求更高。

企业从事不道德行为的诱惑、压力很大，而个体企业的自制力有限。运用各种力量促进组织履行道德责任，对任何组织来说都是适用的，对于企业来说，尤其必要，因为企业履行道德责任难度更大。

稻盛和夫进军通信领域

稻盛和夫在《活法》一书中写道：

20 世纪 80 年代中期以前，国营企业电电公司垄断了通信领域。后来，政府决定引进"健全的竞争原理"，开展自由化工作，降低与外国相比较高的通信收费。

于是，电电公司向民营化企业转变，改名为 NTT 公司，同时，其他公司也可以新加入电气通信事业。也许是因为害怕和到那时为止一手遮天该领域的企业竞争，所以没有出现新加入的企业。这样官办变为民办也只是徒有虚名，没能引起充分的竞争，国民也没有享受到降低收费的实惠。

"那我来做吧！"我认为具有风险企业特质的京瓷公司正适合迎接这样的挑战。

对手是 NTT 公司，我们不但处于蚂蚁与大象的不利之战中，而且行业也完全是一个未知的领域。但是，袖手旁观不能发挥任何竞争的作用，所谓降低收费对国民来说最终只不过是画饼充饥。看来，只能由我来做这个理想主义的堂吉诃德了。

但是，我没有马上报名申请。因为此时我首先要严格扪心自问自己参与这项事业的动机里是否混杂了私心。每晚就寝前，我必定审视自己的参加意图。"你加入电气通信事业真是为了国民吗？是否混杂了为公司或个人谋利益的私心？或者，是否是为了受到社会的关注而自我表现呢？动机是否纯粹、没有一丝污点？"

我这样反复自问自答。也就是说，一次又一次地扪心自问"动机如何，私心如何"，拷问自己的动机的真伪。

半年后，我终于确信自己毫无邪念，于是，下决心成立了DDI公司。当时尚有另外两家公司申请参与进来。三家公司中以京瓷公司为基础的DDI公司最为不利。原因很简单，因为我们不但没有通信事业的经验和技术，而且通信电缆和天线等基础设施必须从零开始建设，销售代理店网络的建立也必须从零起步。

但是，我们并没有被困难吓倒，公司开始营业不久，DDI公司业绩一直遥遥领先于同期参与的其他企业。无论当时，还是现在，很多人都问其中的原因，我的答案只有一个：是希望有益于国民的、无私的动机才带来这样的成功。

自DDI公司创业以来，只要有机会，我就经常对职工说："为了国民，把长途电话费降下来吧！""让仅有一次的人生过得更有意义吧！""现在我们得到了百年难逢的好机遇，感谢机遇的惠顾，并珍惜机遇吧！"

于是，在DDI公司，所有职工同有一个"工作不是为了自己而是为了国民"的纯真志向，衷心希望事业成功并全身心投入到工作当中去。因此，我们不但得到代理店的支援，而且得到客户的广泛支持。

在DDI公司创业后不久，我也给一般员工提供按票面额购买股票的机会。因为我想，DDI公司迅速成长发展，迟早要上市，我要用获得资本收益的方式去报答员工的辛勤劳动和表达我本人的感谢之恩。

另外，我作为创业者，原本可以持有更多的股权，但是，实际上，我连一份股票都不曾持有过。因为在DDI公司创业之际，我不想掺杂任何私心。

假如我那时哪怕只持有一份股票，别人也会认为我到底还是为了赚钱，而且DDI公司其后的发展也会与现在不同。

〔摘自稻盛和夫. 活法[M]. 周庆玲，译. 北京：东方出版社，2005：139-142.〕

9.4 社会层次促进企业道德行为的措施

要改善企业道德状况，法律调节、政府监管、舆论监督与引导、企业及个人自律都是不可或缺的。如果不顾企业经营的现实环境，只会一味地批评企业，一味地对企业提要求，而不去讨论在什么范围内企业有责任，哪些是企业的责任，哪些是政府、媒体、公众、利益相关者的责任，是不公平的，也不可能取得效果。因此，需要研究制约企业讲道德的外部因素以及营造使企业讲道德成为可能的环境条件。

9.4.1 加大对违法及严重不道德行为的打击力度

加大打击力度无疑是呼声最高，最迫切需要解决的。

1. 加大对违法行为的打击力度

法律是人们最低必须共同遵守的行为规范，违法的行为往往是严重的不道德行为，若违法行为都能逃脱惩罚或只是受到轻微的惩罚，就不能奢望人们遵守更高层次的伦理规范了。加大打击力度固然要增强查处的广度，尽可能使违法者和严重不道德者都受到惩罚，但这样做成本很高，实际上更有效、更经济的办法是加大惩罚的力度。例如，2004年11月发生的陈家山矿难，遇难者人数达到166人。陈家山煤矿已发生"着火"险情，本应停止生产，但为了赶产量，不顾工人反对，仍组织生产。一个根本原因在于在利益面前，这种严重不道德行为的成本太低。能源紧张导致煤炭价格一路走高，停产一天损失上百万元，而1名矿工的死亡赔偿金不足6万元，一些私人小煤矿甚至只赔偿1万元就可了断。相反，如果煤矿要被停产，责任人要被追究刑事责任的话，情况就会不一样了。

2. 加大对道德名义下的不道德行为的打击力度

在不少人眼里，道德通常与"虚伪"联系在一起，之所以如此，是因为一些人满口"伦理、道德"，实际做的却是违法或严重不道德的事情，人们一再被愚弄，到了听到"伦理、道德"也反感的程度了。解决的办法是对欺世盗名的企业和个人给予严厉处罚。

3. 加大打击力度要触及违背诚信者的根本利益和长远利益

一些地方建立信用档案，对不讲信用者列入"黑名单"，就比单纯的一次性处罚的力度要大得多。

诚信机制之所以难以建立，是因为目前社会中的交易中的博弈实质上并非是重复的，虽然人们在日复一日地参加市场交易，但是每次交易的对象都不尽相同，而且不同的交易对象并未共享有关信息。如果信息完善的话，一个人在和A的交易中，无论是守信的良好记录，还是失信的劣迹，都会被下一个交易对象B所获知，B就会据此采取相应的措施，决定是否和他交易。这样，一个人和不同人之间的市场交易活动就变成了无限重复的过程，对失信行为的惩罚机制就能建立起来。

4. 加大打击力度要排除地方保护主义的干扰

地方保护主义，关键在于对地方领导人的业绩评价标准。地方经济发展了，就是领导人的政绩。至于经济发展中有多少是制假售假、环境污染等的"贡献"，则没有人过问。如果能把一个地区的制假售假、环境污染与地方领导人的业绩考评挂钩，如制假售假、环境污染达到一定程度，地方领导人就要引咎辞职，甚至要追究法律责任，还会不重视吗？

5. 要加大舆论监督力度

舆论不仅可以谴责违法的行为，对不违反字面上的法律，但违背伦理的行为同样可以并且应该谴责。舆论也不需要像法律制裁那样往往需要很长时间，它可以迅速地对不道德行为做出反应，尤其是在信息技术日益发达的今天，其作用将愈发强大。媒体曝光对企业声誉进而对经济效益的影响并不亚于法律打击的影响。

6. 除了加大法律惩罚力度和舆论监督力度外，还要靠全民的觉醒和参与

普通老百姓照样握有很大的打击不道德企业行为的权利。比如，我们每个人都是消费者，如果我们不购买不道德企业生产的产品和提供的服务，它们就难以为继。如果我们在受到不公正对待时都能挺身而出，不公正行为就会少得多。只有全民的觉醒和参与，才能使违法者和严重违背道德者防不胜防，大大增加违法和不道德行为的风险和成本，从而达到抑制和减少不道德行为的目的。

葛兰素史克（中国）投资有限公司

历史悠久的葛兰素史克（GlaxoSmithKline，以下简称 GSK）与中国公众的日常生活紧密相关，从缓解感冒症状的"新康泰克"，到镇痛的"芬必得"，再到慢性乙肝治疗药物"贺普丁"，以及大量的疫苗类产品，GSK 在中国的产品在其所属领域几乎都是市场占有率第一的产品。

2009 年 1 月马克锐（Mark Reilly）就任葛兰素史克（中国）投资有限公司（简称 GSKCI）处方药事业部总经理后，为了完成 GSK 总部下达的高额销售增长指标，全面倡导"以销售产品为导向"的经营理念，强调"没有费用，就没有销量"的销售手段，先后组建和扩充了多个销售部门，将贿赂成本预先摊入药品成本。

在处方药和疫苗销售过程中，GSKCI 下属各药品生产企业与经营相关各部门全面参与，建立自营药品销售、外包药品销售、"冷链"（疫苗）销售、大客户团队销售、危机公关五条"贿赂链"，形成了医药代表贿赂医生、地区经理贿赂大客户、大区经理贿赂 VIP 客户、市场部贿赂专家、大客户部贿赂机构的贿赂网，贿赂销售行为涉及全国各地。

为了保证更多药品进入医保目录和医院药房，通过医生开处方实现销售增长，马克锐专门成立了"大客户团队"，每年的公关预算费用近千万，主要任务是对全国几乎所有三甲医院和部分二甲医院主管药品的副院长和药剂科主任进行"关系维护"。从 2009 年到 GSK 涉嫌贿赂事件爆发时，"大客户团队"这一 GSK 核心销售团队的规模已经从最初的 10 多人扩展到 50 多人。

为了刺激增加销售额，GSKCI采取多种方式鼓动销售员工"轻合规，重销售"，不

但向员工提供高额销售费用，还制定了奖惩制度，完成销售指标获得高额奖金，完不成者则面临着被解雇或无法升迁的命运。

在这种畸形的考核目标和制度导向下，GSKCI下属销售员工采用各种方法进行贿赂活动。马克锐等公司高管人员组织各部门，在各种公开场合和行政执法部门检查中，极力回避和掩护贿赂销售行为，努力维护行贿费用的资金输出渠道。

为抢占市场份额，GSKCI通过贿赂设置排他性障碍，提高药品市场销量，在2010年"贺普丁"专利保护到期、大量国内仿制药即将大量上市的背景下，GSKCI先后实施所谓"长城计划""龙腾计划"，行贿数千万元，并明确要求不得采用国产同类药品。实施"长城计划"后，不少医院不再采购"贺普丁"国内同类药品。

据湖南某市级医院的肝病中心副主任李某供述，从2012年3月起，GSKCI为了刺激"贺普丁"的销量，每开出一盒给他20元，每增加一名病例入组（给一名新病人开"贺普丁"）给他100元。他每月可以开出150~200盒，增加5~8名病例。而GSKCI医药代表在每次按月送钱的同时，还会递上一张"讲课单"让他签字，言明这是"讲课费"。

送礼、行贿等项目，走财务明账行不通，暴露后还会受到总部和内审部门的处理。公司高管要用钱，常常会通过旅行社走账，方式则是内部培训会或者半年会这样的会务形式。比如原本只组织了30个人的会议，报账时，旅行社按企业的意思，虚增20人，按50个人报账。这些虚增套取的现金，一部分被高管非法侵占，据为己有；一部分留在旅行社账上，作为行贿的"备用金"，用以维护医院领导、医生关系，或者对政府职能部门官员行贿，或用于消费、旅游。

GSK在中国市场销售额从2008年的23亿元增长到2012年的70多亿元，增长冲到了25%，远超其欧美主要市场接近10%的增速，也在很大程度上高于中国市场其他跨国制药公司。

马克锐在中国的"销售奇迹"，由此得到了公司总部的高度认可，职位一路高升，2012年11月接任GSKCI董事长、总经理兼法定代表人。2009年GSK开全球总经理大会时，马克锐还坐在最后一排，后来很快坐到了第一排，全球CEO还点名让他发言介绍"中国经验"。

但是，好景不长，2013年6—7月间，因涉嫌严重商业贿赂等经济犯罪，GSKCI四名高管被依法立案侦查，分别涉及法务、人事、市场和营销。

2014年9月19日，湖南省长沙市中级人民法院依法对葛兰素史克（中国）投资有限公司和马克锐等人对非国家工作人员行贿、非国家工作人员受贿案进行宣判。法院经审理查明，被告单位GSKCI为扩大药品销量，谋取不正当利益，采取贿赂销售模式，以多种形式向全国多地医疗机构的从事医务工作的非国家工作人员行贿，数额巨大。GSKCI被判处罚金人民币30亿元，成为迄今为止中国开出的最大罚单。数位被告人被分别判处有期徒刑二到三年。其中，前中国业务负责人马克锐被判处有期徒刑三年，缓刑四年，并处驱逐出境。

当天，葛兰素史克总公司在其官方网站发表道歉信。信中称，葛兰素史克总公司完全认同中国司法机关依法认定的事实和依据，服从中国司法机关的依法判决，并向中国患者、医生、医院和中国政府、全体中国人民深刻道歉，对由此造成的损害深感痛心和愧疚，对由于受到葛兰素史克（中国）投资有限公司非法调查而受到伤害的有关人员也深表歉意。

葛兰素史克（中国）投资有限公司的违法行为同样严重违背了葛兰素史克总公司的规章制度，完全背离了价值观和行为准则。这些行为未能及时被发现并被制止，葛兰素史克总公司深感遗憾并深刻反省，从中吸取教训，采取具体措施全面整改葛兰素史克（中国）投资有限公司运营中存在的问题，尽一切努力重新赢得中国人民的信任。

9.4.2 加大对道德行为的支持力度

为了促使企业遵守伦理规范，在加大对不道德行为的打击力度的同时，还应增强对道德行为的支持力度。

不少人把道德看成纯而又纯，高而又高的东西，把为得到好报而讲道德视为是动机不纯，是不道德的，因此，认为讲道德不能考虑好报不好报的问题。其实，为了自身得到好处而讲求道德在道德上是可以接受的。

趋利避害是人的本能。对一些人来说，逃避惩罚，寻求奖赏是其选择道德行为的原动力。换句话说，即使一个人不懂或并不关心什么是道德的，什么是不道德的，但如果不道德的行为会受到惩罚，道德的行为会得到奖赏，那么，出于逃避惩罚，寻求奖赏的考虑，也会选择道德行为。因此，对道德行为的奖赏与对不道德行为的惩罚一样，是促使普通企业更多从事道德行为，更少从事不道德行为的重要措施之一。从美国在20世纪80年代，特别是20世纪90年代以来的经验看，对道德行为的支持力度加大不能不说是企业伦理受到企业界重视的一个重要原因。社会在让不讲道德的企业付出高昂代价的同时，应该努力使讲求道德的企业得到好报。

促进企业道德行为可以从多方面入手。

第一，在法律追究企业违法行为时，把是否有预防、查处、惩罚不法行为的机制，作为加重或减轻处罚的一个重要依据。例如，1991年开始生效的《美国量刑指南》（*US Sentencing Guidelines*）规定，如企业能向法院证明自己建立有这种机制，则可以减轻处罚。首先，决定基础罚金额，其次，根据法人的责任评价点数算出对法人应处的罚金额的上限和下限。最后，根据基础罚金额及对法人应处罚金额的上、下限，算出具体的罚金额。其中，犯罪危害性的程度是确定法人的基础罚金额的根据，而组织本身的责任则是确定法人责任点数的根据。一旦能确定对该法人的基础罚金额和该法人自身的责任点数，便能推算出对该法人应当判处的罚金额的上限和下限来。按照《量刑指南》的设计，对各个法人的责任点数的多少有重要影响的是法人自身的具体情况对其构成人员的犯罪所持态度。其中，如果有下列所定事由的存在，便应加重法人的责任点数。①法人的高级管理职员参与了犯罪及容允或故意放任犯罪的发生；②法人屡犯同样的罪行；③法人故意妨害政府的犯罪调查；④法人违反法院的命令实施犯罪。反之，如有下列事由存在的话，应减轻法人的责任点数。①尽管有违法行为存在，但该法人制定有有效的守法纲领；②法人向政府自首其犯罪行为；③法人积极协助政府的调查活动；④法人坦承其罪行并表示愿对该行为负责等。由于轻重之间差别很大，引得企业纷纷请企业伦理咨询顾问为本企业建立道德支持系统。

第二，政府支持。报纸上不时有这样的报道，说是面对光天化日之下的犯罪行为，或者需要救助时，众多的围观者竟无动于衷，人们不禁要问：现在的人怎么啦？但我们更应该问的是为什么会造成这种局面的？曾经有这么一件事。一个女青年晚上独自在街上行走，一个歹徒上前抢夺她身上的包，并要非礼她，她本能地开始叫喊。此时，一个骑车路过的男青年，听到求助声，马上下车与歹徒搏斗，歹徒用刀一阵乱刺后脱身逃跑。男青年身负重伤，虽经抢救，保住了生命，但丧失了劳动能力和生活自理能力。女青年及其家人始终没有去看望这位男青年，当地有关部门表彰了男青年的勇敢行为，见义勇为基金会奖励他5000元。但这点钱对于男青年来说可谓杯水车薪。在迫不得已的情况下，男青年要求被救的女青年赔偿他的损失，协商不成后告上了法庭。我们说公民应该见义勇为，我们指责人们对坏人坏事无动于衷，说"什么是应该的"是容易的，"指责人们无动于衷"也不难，可是这并不能完全解决问题，我们需要思考为什么会出现这种情形，如果"英雄流血又流泪"的情况还继续的话，见义勇为的风气就不可能形成。

第三，制定标准、指南。1997年10月，美国一家非政府组织"社会责任国际"（Social Accountability International，SAI）发布了一份社会责任标准，即SA8000。2001年12月发布了SA8000修订版。1997年，成立了民间的全球报告倡议组织（Global Reporting Initiative，GRI），其使命是要编制一套可信与可靠的社会责任报告框架。2000年发布《可持续发展报告指南》，2002年、2006年、2013年分别发布了指南的第2版、第3版、第4版。2004年6月21日至22日，国际标准化组织（ISO）社会责任标准国际研讨会在瑞典斯德哥尔摩举行，启动了社会责任国际标准ISO26000的制定工作。2010年11月1日正式颁布。2010年8月，一个专门致力于发展"整合报告"框架及编制标准的国际机构国际整合报告理事会（International Integrated Reporting Committee，IIRC）成立。

第四，评选有道德责任感的企业。《财富》从1983年起每年评选年度10个全美最受欢迎的公司（America's Most Admired Corporations）。评价标准中包括吸引、培养和留住人才的能力，对社区和环境承担的责任等。现在，越来越多的公司把在《财富》公司声誉评价中获得好评列为公司目标之一。

美国于 1997 年设立了 Ron Brown 企业领导奖（Ron Brown Award for Corporate Leadership），每年一次，由总统颁发，以表彰在支持员工和社区方面的突出表现。要想获得该奖，企业高层必须坚定地支持企业公民活动，企业公民成为企业共享的价值观，并与成功的经营战略融为一体。获奖活动必须是最佳的实践，即是独特的、创新的和有效的，对活动所要服务的人群有显著的、可衡量的影响，而且应该是可持续的、可行的，可以被其他企业采用，从而给美国社会带来广泛的社会和经济利益。企业可以申请"员工"类别或"社区"类别。在员工类别中，涵盖的领域包括员工队伍多元化、支持家庭、个人发展与培训、健康、工作场所安全等。在社区类别中，包含的领域有教育与发展、经济发展、环境管理、社区活动等。

2004 年《21 世纪经济报道》和《21 世纪商业评论》开始举办年度"中国最佳企业公民"评选活动，评选标准包含六个方面：公司治理和道德价值、员工权益保护、环境保护、社会公益事业、供应链伙伴关系、消费者权益保护。《中国新闻周刊》在 2005 年首次发起了年度"最具责任感的企业"评选活动，要求"最具责任感的企业"的候选企业在下述五项上具有突出的表现：①引领潮流，带动进步，是行业内具有影响力的企业；②遵守法律，遵守交易规则，公平竞争；③尊重人权，关爱生命，为员工和消费者提供良好服务；④爱护环境，节约资源，注重生态平衡；⑤关心弱势群体，热心慈善事业，促进社会和谐。并从劳动权益、环境保护、社会责任管理体系、消费者权益、企业信誉、社会公益活动、依法纳税等几个方面进行评价。诸如此类的评选只要程序公正、方法科学合理，评选出来的确实是社会责任表现优秀的企业，就能起到鼓励先进及引领和示范作用。

第五，出版消费指南，向消费者推荐有社会责任感的企业及其生产的产品。比如，1986 年美国经济优先委员会（the Council on Economic Priorities）编撰出版了题为《美国企业良心评价》（Rating America's Corporate Conscience）一书，该书对大量的企业及其产品，根据若干履行社会责任业绩指标进行评价。1994 年推出了第二本，书名为《为了更美好的世界：有社会责任感的购买的简便快捷指南》（Shopping for a Better World: The Quick and Easy Guide to All Your Socially Responsible Shopping），其评价涉及以下方面：环境，慈善捐款、社区利益、妇女地位、少数民族地位、家庭利益、工作场所、信息发布。尽管这些指标未必合理（事实上，他们也在不断修正之中，1994 年的评价指标与 1986 年的就有差异），但这样的书在引导消费者通过购买，支持具有社会责任感的企业，从而对企业的行为施加影响方面的作用却不可低估。

第六，开展企业伦理教学。AACSB 认证和 EQUIS 认证是两项最具全球影响力的商学院认证。AACSB（The Association to Advance Collegiate Schools of Business）要求商学院通过教育使毕业生，无论是本科生、硕士生还是博士生，都应具有识别伦理问题、进行道德判断，并以负责任的方式解决问题的知识和能力。EQUIS（EFMD Quality Improvement System）标准由欧洲管理发展基金会（European Foundation for Management Development，EFMD）制定，该标准对商学院的目标、教学、研究、服务、管理等各个方面都提出了伦理、责任和可持续发展的要求。

2007年，来自不同国家的60位大学校长、商学院院长和有关组织的代表，发起成立了"负责任的管理教育原则倡议组织"（Principles for Responsible Management Education，PRME），提出了涉及商学院目标、理念、方法、研究、合作、对话等6个方面的原则，呼吁商学院要帮助学生提升能力，使他们成为未来商业和社会可持续发展价值观的缔造者，并能更好地服务于一个包容和可持续发展的全球经济。

2017年，为了实现2015年通过的《多哈宣言》，联合国毒品和犯罪问题办公室（the United Nations Office on Drugs and Crime，UNODC）发起了一项包括"教育促进正义"在内的雄心勃勃的全球方案，"教育促进正义"（Education for Justice，E4J）旨在通过小学、中学和大学层次的教育活动，预防犯罪和促进守法文化。其中，"正直与伦理"（Integrity and Ethics）是大学层次的教育内容之一。UNODC组织世界上众多国家和组织的专家，为各个层次的教学内容编制了教学指南，供人们免费使用。

【本章提要】

1. 莱斯特的道德决策模型包含伦理意识、伦理判断、伦理意向、伦理行为等四个环节。

2. 曲维诺认为，个人与组织因素交互作用影响道德决策。

3. 有限道德意识、自我损耗、自我服务偏差和道德推脱理论对理解人的道德决策以及促进企业道德行为有启示。

4. 坎贝尔从八个方面提出了影响企业从事负责任行为的条件。

5. 琼斯认为，道德问题强度影响道德决策，道德问题强度可以从后果的严重程度、社会共识、结果发生的可能性、后果的直接性、与受害者的关系和后果的集中度等六个方面进行衡量。

6. 爱泼斯坦认为有6种社会控制方式可以对企业负责任行为施加影响。

7. 范图尔德认为市场、政府、公民社会是三种规范社会关系和行为的主要机制。

8. 利益相关者可以对企业负责任行为施加影响。

9. 从组织外部看，需要从加大对违法及严重不道德行为的打击力度和加大对道德行为的支持力度两大方面入手，为企业讲道德创造一个良好的环境。

【重要概念】

道德决策

道德意识

道德强度

自我强度

环境依赖程度

控制点

有限道德意识

自我损耗

自我服务偏差

道德推脱

道德辩护

委婉命名

优势对比

责任转移

责任扩散

漠视或扭曲结果

去人性化

谴责归因

1. 什么是道德决策？
2. 莱斯特的道德决策模型由哪四个环节构成？
3. 根据琼斯的观点，问题的道德强度可以从哪六个方面来衡量？
4. 什么是自我强度？自我强度高低对道德决策有何影响？
5. 内部控制论者还是外部控制论者在道德判断和道德行为之间表现出更多的连续性和相关性？
6. 什么是有限道德意识？
7. 有限道德意识对企业道德决策有何影响？
8. 什么是自我损耗？
9. 自我损耗对企业道德决策有何影响？
10. 什么是自我服务偏差？
11. 什么是虚假普遍性？

12. 什么是虚假独特性？
13. 自我服务偏差对企业道德决策有何影响？
14. 什么是道德推脱？
15. 班杜拉提出了哪些道德推脱机制？
16. 道德推脱对促进企业道德行为有何启示？
17. 坎贝尔提出了哪些影响企业从事负责任行为的条件？
18. 爱泼斯坦提出了哪6种影响企业负责任行为的社会控制方式？
19. 范图尔德的观点对理解影响企业道德行为的因素有何启示？
20. 利益相关者可能对企业负责任行为施加影响吗？为什么？
21. 加大对违法及不道德行为的打击力度，需要从哪些方面入手？
22. 可以采取什么措施以增强对道德行为的支持力度？

案例1 怀孕员工与公司之间的冲突

2017年3月，A公司新招聘了一名大客户经理孙女士，面试时HR旁敲侧击问过是否考虑生二胎，孙女士表示没有计划。当年9月份的时候，孙女士告知公司HR，她意外怀了二胎。由于年龄偏大（35岁），所以怀孕以后就申请在家办公，每周到公司2~3天。虽然孙女士尽最大努力完成工作，但是由于身体原因，工作效率依然受到影响，导致项目进度滞后，引发客户的不满。

公司领导本来对孙女士在短期内就怀孕就有微词，收到客户不满的投诉后，就让HR以孙女士不能胜任工作为由将其劝退，并答应补偿N+1。但是孙女士对公司在自己特殊时期不予体谅也心存不满，双方沟通无果后，干脆请了长期病假在家安心养胎。无奈，公司只能再新招一名员工来接替孙女士的工作。

2018年4月，孙女士顺利产下二胎，8月份结束产假到公司上班。此时，其原来的客户都已经有同事在负责，不适合再移交给孙女士。刚好公司新开拓了墨西哥客户，就交给孙女士负责。9月，由于业务需要，需要出差2周拜访客户，洽谈业务与后续合作。由于孙女士产后需要哺乳，因此委婉拒绝公司的安排。公司领导认为2周的时间不算长，员工应该为了公司的利益做出适当的妥协，因此对孙女士的拒绝甚是不满，于是指示HR后续扣除其所有奖金，变相降薪，甚至再次让HR私下去劝退孙女士。

孙女士在工作上不甚开心，因此在9月底接受了劝退，但是离职后又觉得拿到的赔偿太少，于是一周后到劳动局申请仲裁。理由是：公司在其哺乳期间将其辞退违反了《劳动法》第四十二条。《劳动法》第四十二条规定，劳动者在孕期、哺乳期等用人单位不得依照本法四十条、四十一条的规定，解除劳动合同。而公司的立场则是，双方已经达成孙女士主动离职的协议，所以不能算作是解雇孙女士。双方僵持不下，有几次孙女士甚至带着家人到公司讨要说法。

讨论题

1. A 公司对待孙女士的做法是否合乎伦理？
2. 个人、企业、政府应当怎样做才能更好地保护怀孕女员工的利益？

案例 2　信息化项目失败谁之过？

甲公司是位于东部沿海某省的一家服装企业，拥有自己的服装加工厂和市场品牌，在该省细分市场拥有 40% 的市场占有率，2017 年营业收入约 1.3 亿。X 是甲公司主导信息化工作的高层管理人员，汇报给董事长 D。

乙公司是一家以企业信息化服务为主的 IT 服务企业，以 SAP ERP 实施服务为主。在本案例中乙公司为甲公司客户提供 IT 规划，基于 SAP 的流程梳理，系统开发和实施培训服务。F 是乙公司服装行业专家，负责对接甲公司的信息化方案设计与实施推进工作。

在董事长 D 的积极推动下，2017 年甲公司被成功列入工业 4.0 试点企业，政府将为甲公司的信息化投入进行政策性补助，因此甲公司在此背景下积极启动信息化项目，并开始与乙公司进行接洽沟通。

在接洽过程中，乙公司服装专家 F 认为，甲公司的营收规模以及内部管理标准化尚不具备实施大型复杂性 SAP ERP 的基础，于是专家 F 在乙公司内部进行汇报，认为经过评估后甲公司暂不适合启动大型信息化项目，如果在此时投入会造成资金、人员等资源的巨大浪费。

乙公司内部经过多轮的会议讨论，最终出于促成生意的角度考虑，继续坚持推进项目，并且使用各种片面性的案例，引导客户在当前时间点引入大型的 ERP 软件实施，希望达成与甲公司的实施合作，并通过合作获取收入。专家 F 在公司的授意下，改变初衷积极引导客户下决心进行投入。

在乙公司内部讨论期间，专家 F 从专业角度出发，给甲方公司信息化管理人员 X 已经阐明当前信息化选择的风险，并且在一定程度上表明，甲公司目前并不具备项目实施的基础。

甲方信息化管理人员 X 具有较好的信息化背景，理解并且基本认同专家 F 的意见，但是出于对职业生涯的考虑（引入大型 SAP ERP 实施，将为 X 职业生涯增添重要的资历），X 有意忽视专家 F 的意见，并且导向性地汇报给董事长 D，劝导 D 下决心积极推动企业信息化工作。

董事长 D 也有一定的信息化背景，但是非专业出身，其决定的基础来源于下属信息化分管人员 X 的意见，且本次项目的投入将由政府政策性补助，甲公司自身负担比较低，所以在下属 X 的积极建议下，董事长很快下定决心投入近 5000 万元，引入 SAP ERP 等外围一大批信息化软硬件，开展企业信息化工作。

2017年5月甲方信息化项目按计划如期启动,作为甲方信息化实施的服务方乙公司自项目开始就认为项目无法达到预期,项目过程中为降低自身风险,逐步控制投入。项目在2017年12月陷入推进的僵局,甲乙双方因为各种分歧宣告项目失败,项目停滞。因项目采购的一大批软硬件被闲置,造成大量的资金损耗浪费,当地政府也因为对甲方的项目补助造成较大经济损失。

讨论题

1. 项目失败是怎么造成的?个人、企业、政府各有什么责任?

互联网+

第10章

企业道德管理

【本章学习目的】

通过本章学习，您应该能够：
- 区分合规管理策略与道德管理策略
- 理解通过管理职能促进企业道德的方法
- 了解利益相关者管理
- 理解通过道德文化建设促进企业道德的途径
- 理解道德对管理的促进作用
- 解释卓越道德成为可持续竞争优势来源的理由
- 了解实施战略性社会责任的途径
- 理解创造共享价值的思路

10.1 合规管理策略与道德管理策略

琳·S. 佩恩（Lynn S. Paine）区分了合规管理策略（compliance approach）和道德管理策略（integrity approach），两者在奉行的行为标准、目标、领导、方法和行为假设等方面存在差异。[①]

表 10-1 合规管理策略与道德管理策略比较

	合规管理策略	道德管理策略
行为标准	遵从外部施加的行为标准	公司自身选择的行为标准
目标	避免违法行为	促进负责任的行为
领导	律师主导	管理者主导，律师、人力资源管理人员等参与
方法	教育，减小决策者的自行决定空间，审计和控制，惩罚	教育，领导，担责，组织系统和决策过程，审计和控制，惩罚
行为假设	受自我物质利益驱动的人	受自我物质利益、价值观、理想和同事影响的社会人

〔资料来源：Paine, L. S. Managing for Organizational Integrity[J]. Harvard Business Review, 1994, March/April: 113.〕

---

① Paine, L. S. Managing for Organizational Integrity[J]. Harvard Business Review, 1994, March/April: 106-117.

佩恩指出，法律合规管理（即仅仅以法律作为行为标准的合规管理）有以下局限性：

（1）有些合法的行为从伦理上看可能是有严重问题的；

（2）法律合规管理把人视为是只考虑个人物质利益得失，而不关心道德正当性的理性人，但研究表明，遵从法律受一个人对道德正当性的认识的影响；

（3）法律通常不能激发人去追求卓越。

佩恩主张应实行道德管理策略，并列举了有效的道德管理的特征：

（1）公司倡导的价值观富有意义且进行了清晰的沟通和传播；

（2）公司领导认同这些价值观并身体力行；

（3）公司倡导的价值观与管理决策相融合，并体现在组织的活动之中；

（4）公司的制度和结构支持和强化这些价值观；

（5）公司各级管理者具有做出合乎伦理的决策的知识和能力。

安·E. 坦伯伦塞（Ann E. Tenbrunsel）和戴维·梅斯克（Messick）研究发现，合规制度的实施有可能会促使不道德行为的发生，这与合规制度的初衷恰恰相反。当没有合规制度时，大部分人把决定当成一个道德决策，在这种情况下，人们好像在寻找着"什么才是正确的事情"的答案。相反，当合规制度出现时，大部分实验对象认为他们在做一个商业决策。在这种情况下，他们关心的问题是，我被发现的概率有多大？如果被发现，我要付出多少成本？加大违规成本，可以减少违规行为，但是，与力度不够的合规制度的情况类似，在强有力的合规制度下，大部分参与者认为是否遵守诺言是一个商业决策，而不是道德决策。取消合规制度会变好吗？合规制度倾向于把道德决策转变为商业决策，即使合规制度取消了，这种观念依然留存着，当一项强有力的合规制度被废除了，违规的成本变得微不足道时，不道德行为更有可能出现。所以，他们建议，要促进建立一种弘扬道德的管理制度，确保员工在决策时能从道德角度思考问题，而不是仅仅算计遵守合规制度的得失。[①]

总之，即使只是为了减少和消除不道德行为，仅仅靠合规制度，特别是单纯以法律为行为准则的合规制度是不行的。制定合规制度时应把底线伦理要求考虑进去，不仅如此，还要倡导伦理意识和道德追求。而如果为了通过道德管理，发挥道德在企业发展中的作用，更不能仅仅依靠合规管理策略了。

10.2　企业道德管理过程

从管理职能角度看，所谓道德管理，是指通过对组织资源和组织成员的工作进行计划、组织、领导、控制，制定组织希望达到的道德目标，并尽可能以好的效果和高

---

① Tenbrunsel, A. E., Messick, D. M. Sanctioning Systems, Decision Frames, and Cooperation[J]. Administrative Science Quarterly, 1999, 44 (4): 684-707.

的效率实现道德目标的过程。[①]

如同质量管理是对质量形成过程的管理，目的是要改善产品和服务质量一样，道德管理可以理解为对道德形成过程的管理，其目的是通过管理措施使组织成员及整个组织的道德达到组织期望的程度。

道德管理可以从计划、组织、领导、控制等四个方面来展开。

10.2.1 计划工作

计划工作包含三大部分内容：一是企业道德层次定位；二是企业倡导并要求所有员工遵守的伦理规范；三是决策的伦理分析。

1. 企业道德层次定位

与质量管理相似，尽量减少不合格品是质量管理最基本的任务，至于说质量要高到什么程度，各个企业看法不尽相同，有些企业追求质量高标准，有些则满足于合格就行。同理，有些企业追求道德高标准，有些则只求做到不受谴责、制裁就可以了。

有企业要把自身的道德定位在不受谴责、制裁无可非议。当然，就像在日趋激烈的市场竞争中，仅仅做到减少和消除不合格的产品或服务，很难具有竞争力，还必须不断提高产品或服务的质量，减少和消除不道德经营行为是道德管理的最基本任务，在不道德经营行为比较普遍时，做到这一点很不容易。然而，对于旨在追求卓越经营的企业来说，仅仅做到"没有不道德行为"就显得不够了，只有道德价值较高的经营行为才能取得独特的竞争优势。

2. 企业伦理守则

早在 1935 年，强生公司的创始人罗伯特·伍德·强生就撰写了一本名为《真实的考验》的小册子，他在书中敦促同时代的企业家们信奉一种"新的企业哲学"，强生先生将这一哲学归纳为公司对顾客、雇员、社区和股东所负有的责任。1943 年，强生公司首次发布了"我们的信条"，较为详细地勾勒出了这些责任的内涵。到 20 世纪 80 年代，随着企业伦理在欧美的兴起，企业伦理守则作为一种道德管理的工具，被越来越多的公司采用，据美国企业伦理中心（Center for Business Ethics）1992 年所做的调查，美国 90%以上的大公司都有正式的伦理守则，据 KPMG2000 年的调查，加拿大有 85%的公司制定了伦理守则。

按照详细程度分，企业伦理守则可分为一般规范和具体规范。前者往往以企业使命、宗旨、企业精神等形式规定下来，后者则以行为规范的形式出现。

企业伦理守则是全体企业成员应该遵守的道德规范，因此，应以多种方式让全体员工参与规范的制定，以增强认同感和执行规范的自觉性。

[①] 周祖城. 论道德管理[J]. 南开学报（哲学社会科学版），2003，(6)：92-100.

企业伦理守则的有效性取决于以下五个方面：企业伦理守则意思表述的清晰度；领导者对实施企业伦理守则的支持度；企业伦理守则实施范围的宽广度；其他企业制度对企业伦理守则的保障度；企业伦理守则与企业价值观的契合度。

3. 企业决策的伦理分析

决策的伦理分析，是指管理者需要从伦理的角度去发现问题和机遇，并且对决策方案进行伦理评价。

第三章介绍的伦理学理论可用于决策的伦理分析。这里从实用的角度讨论一下企业决策的伦理分析。

（1）伦理核查

四问题核查

肯尼斯·布来查德（Kenneth Blanchard）和诺曼·V. 皮尔（Norman V. Peale）在1988年出版的《道德管理的力量》一书中提出了"这合法吗""长、短期利益平衡吗""自我感觉如何"这三个伦理核查项目。在此基础上，可以再加一个核查项目"这能为利益相关者接受吗？"

- 这合法吗？即行为会违反法律和公司的方针吗？
- 长、短期利益平衡吗？即决策是否兼顾了短期利益和长远利益？
- 能为利益相关者所接受吗？
- 自我感觉如何？我的行为是否将使我感到骄傲？假如我的决定曝光给公众（如在报上登出来），我会感觉很好吗？假如我的亲人知道了，我会感觉很好吗？

六问题核查

- 如果该决策成为明天的要闻，我会感到高兴吗？
- 该决策符合公认的伦理准则吗？
- 该决策会给自身、他人和社会带来好的结果吗？
- 如果每个人都这么做会怎样？
- 该决策对个人品格或公司品格有什么影响？
- 该决策与我的价值观和做人原则相一致吗？[①]

伦理核查项目的优点是简单实用，无须掌握在不少人看来比较抽象的伦理原则，便可做出大致符合伦理的决策。缺点是存在一定的局限性，作为完整的伦理评价是难以胜任的。可用于较为次要或者简单的问题，或者作为重要或复杂问题的初步分析。

（2）满意层次的追求

上述四个核查项目是用来避免明显的或严重的不道德行为的，而不是激发企业及员工的道德意识追求道德高标准的。

---

① http://www.ethics.org.au/about/what-is-ethics.

所谓伦理上满意层次的追求，是指在伦理上达到了较高或很高的水准，其行为不仅不会受到舆论的谴责，相反会得到舆论的赞扬、鼓励，能给企业带来良好声誉的方案。①

- 符合社会整体利益

"道德的发展史表明，道德一开始就是一种调整个人利益与社会集体利益的行为规范。道德原本的用意，在于维护社会共同利益的尊严。实际上，道德的崇高和价值就在于它是共同利益的维护者。"②

- 有利于人过上更好的生活。

人类的一切活动归根到底是为了人，为了人过上更加美好的生活。

- 弘扬美德

一个在伦理上满意的方案不仅不应违背美德，而且应能弘扬美德，有利于人的全面发展。

- 与利益相关者共赢

共赢必然是能为利益相关者接受的，但能为利益相关者接受的未必都能达到共赢。所以"与利益相关者共赢"比"能为利益相关者接受"要高一个层次。

- 符合企业长远经济利益

一方面，如果利益相关者受到了不公正的对待，其正当利益受到了损害，在一个较长的时间内有足够的时间进行报复。利益相关者的报复，将直接或间接地损害企业的利益。另一方面，企业对利益相关者负责，从而带来良好的声誉、较高的顾客满意度和员工忠诚度等，进而对经济效益产生影响也需要一定的时间。所以，越是符合企业长远经济利益的方案，在伦理上出问题的可能性越小，达到伦理上满意层次的可能性越大。

10.2.2 组织工作

1. 伦理主管

第一个伦理主管出现在1985年，当时位列美国第二大的国防部建设承包商——通用动力公司（General Dynamics）因为不合理的开支而被政府指控，海军部长约翰·莱曼命令在全体通用动力公司管理层和雇员中建立并实行严格的伦理守则。伦理主管就是为了实行这个命令而建立的。此后，一些大企业纷纷设置伦理主管职位。1992年，伦理主管协会（Ethics Officer Association）成立。

伦理主管的职责有：检查员工是否遵守企业的伦理守则；检查员工是否遵守包括

---

① 周祖城. 企业决策的伦理评价模型[J]. 决策借鉴，2001，(3)：11-15.
② 魏英敏. 新伦理学教程[M]. 北京：北京大学出版社，1993：250-251.

各种法律法规在内的与经营有关的规章制度；指导员工进行决策判断；同时也负责员工的伦理教育计划，使他们在面对伦理问题的时候能够坚持道德原则。

2. 伦理委员会

从不同的角度来看，伦理委员会在企业中所扮演的角色各不相同，这与它所要解决的问题性质有密切关系。

委托人角色：因为委员会是一个专业性很强的组织，任何人都可以向其咨询关于伦理方面的问题，或者将问题委托给委员会得到适时的指导，企业在作决策的时候少不了这样的咨询和指导，而通常这些建议都会有非常好的效果。因此，委员会对公众扮演的是一个委托人的角色。

专家角色：争论通常发生在双方对于问题并不明确的时候，正是因为有不确定，不明白之处才会有争论的存在。那么解决争论最好的途径就是找一个"明白的人"，这个"人"就是一种专家的角色。委员会中集聚了很多具备专业知识的人才，他们就是专家，可以来评判争论的焦点和矛盾所在。

法官角色：伦理委员会也扮演着类似法官的严肃角色，尤其是当它有权定期检查和评价企业是否履行义务时，它的权力相当大，可能因为它的否决就可以使整个决策项目处于停滞状态，除非进行修正或者履行了委员会认为应该履行的义务之后。

督促者角色：要求企业做出伦理努力：委员会的日常工作，主要是权衡、评价和督促，督促企业做出伦理努力，督促企业不断完善自身。

3. 招募道德素质较高的新人

智商、情商的重要性已为人们所认识，但对德商（道德商数），认识上还不一致。是否可以说，人才的标准＝德商＋情商＋智商，这当然是一种简单化的描述，但颇能说明问题。

一个人道德品质的形成是一个长期的过程，是从小就开始的，到了工作年龄，道德品质基本形成。虽然，以后还可以改变，但如能找到符合企业道德水准要求的人，岂不省去许多麻烦？因此，在招聘时，就要考察应聘者的道德素质。把企业伦理守则给应聘者看，使他们明白企业对员工的道德要求。

4. 伦理培训

社会心理学研究表明，当人们公开宣扬某一种观点的时候，他们就倾向于在行动上与这种观点保持一致，即使他们以前根本不信奉这种观点。因而，为了使员工树立企业提倡的伦理观念，有必要对他们进行伦理培训。

在培训中，宜先向员工说明讲求企业伦理是世界管理发展的趋势，许多优秀企业经验表明，讲究企业伦理对员工、企业、社会都带来好处，然后再进行教育，就容易接受。

企业伦理培训要以企业伦理守则为依据。在教育中，单纯的说教、灌输乃至惩罚都可能引起被教育者的逆反心理，而讨论交流的方式，提出各种选择方案引导被教育者作出选择是积极的方法，使被教育者感到态度的转变是自己的选择，而不是被迫做出的改变。

教育方式越生动形象越容易影响被教育者。因此，企业伦理教育除了课堂教育外，要采取灵活多样的活动，如参观访问、典型事例分析、演讲比赛、辩论赛等。

企业伦理是处理相互关系的行为规范，然而，平常，我们总处于某一方，对另一方缺乏了解，所以，长期处于一方的我们对一些行为规范是没有深切的体会的。那么，就换位思考一下，或者有条件的话，临时换个位子，例如，工人当一天厂长，销售人员做一回顾客，就能收到意想不到的收获。

10.2.3 领导工作

企业员工的道德水准受诸多因素的影响，那么，什么因素影响最大呢？对此，美国学者分别于1961、1977、1984年做了三项研究。雷蒙德·C. 巴姆哈特（Raymond C. Baumhart）于1961年对1500名《哈佛商业评论》的读者（皆为管理者）做了一项调查，要求被调查者对所列五项可能影响员工道德的因素根据影响程度大小进行排序。这五项因素是：①上司的行为；②同事的行为；③本行业的伦理惯例；④正式的组织政策；⑤个人的经济状况。1977年，斯蒂夫·布莱纳（Steve Brenner）和伊尔·莫兰德（Earl Molander）调查了1200名《哈佛商业评论》的读者，他们在以上五个因素的基础上补充了一个因素——社会的道德风气。1984年，巴里·Z. 普斯纳（Barry Z. Posner）和华伦·H. 舒密特（Warren H. Schmidt）对1400名管理者进行了调查，要求对上述六个因素进行排序（1表示影响最大，6表示影响最小）。三项研究的调查结果见表10-2。

表10-2 影响员工道德的因素及程度

因素	1984年研究 N=1443	1977年研究 N=1227	1961年研究 N=1531
上司的行为	2.17（1）	2.15（1）	1.9（1）
同事的行为	3.30（2）	3.37（4）	3.1（3）
本行业的伦理惯例	3.57（3）	3.34（3）	2.6（2）
社会的道德风气	3.79（4）	4.22（5）	/
正式组织的政策	3.84（5）	3.27（2）	3.3（4）
个人的经济状况	4.09（6）	4.46（6）	4.1（5）

〔资料来源：Carroll, A. B. Business and Society: Ethics and Stakeholder Management[M]. 2nd ed. Cincinnati, Ohio: South-Western Publishing Co., 1993: 137.〕

在三项研究中,"上司的行为"均名列第一,即它是影响程度最高的一个因素。从20世纪60年代初到80年代中期,企业内外部环境发生了很大的变化,这一结论却始终没变,而且显著地领先于第二个因素,是很能说明问题的。

为什么突出上司的"行为"而不是上司的"言词"呢?托马斯·J.彼得斯和小罗伯特·H.沃特曼有过这样的论述:"我们平日为人处世,看来好像公开表达信念于我们至关重要,其实行动比言词更能说明问题。事实表明,无论何时何地,谁也欺骗不了谁。人们从我们行为的细枝末节里,留神观察并仔细找出各种行为模式,而且他们都很聪明,不会轻信我们那些与行动哪怕稍有不符的话。"[1]管理者越是细小的、不经意的言行越是员工关注的对象。

行动是最具说服力的,特别是在危机时刻,即企业利益与利益相关者的利益发生严重冲突时,是继续遵循伦理守则还是把伦理守则搁置一边,对员工的影响最大。要想使员工坚守企业伦理守则,管理者就必须在任何时候都旗帜鲜明地固守企业伦理守则。

关于管理者道德素质的重要性,我国先贤有许多精辟的论述。孔子曰:"其身正,不令而行;其身不正,虽令不从。""政者,正也。""苟正其身矣,于从政乎何有?不能正其身,如正人何?"[2]"君子之德风,小人之德草,草上之风,必偃。"[3]孟子认为,"以力服人者,非心服也,力不赡也。以德服人者,心悦而诚服也。"[4]

值得一提的是伦理型领导(ethical leadership)。乔治·恩德勒(Georges Enderle)于1987年提出了伦理型领导概念。他指出,伦理是领导的一个重要维度,伦理型领导有两项任务:一是清晰地指出每项管理决策中都具有的伦理含义;二是提出并论证伦理原则。[5]进入21世纪,伦理型领导越来越受关注。斯尔克·A.埃森柏斯(Silke A. Eisenbeiss)认为,伦理型领导包含设置和追求合乎伦理的目标,并以合乎伦理的方式对他人施加影响。[6]迈克尔·E.布朗(Michael E. Brown)等人把伦理型领导定义为,在个人行为和人际关系中展示合乎伦理的行为,并通过双向沟通、强化和决策促使下属合乎伦理地行事。[7]这一定义包含两个维度,一是领导者自身的行为要合乎伦理;二是要向下属施加影响使他们的行为也合乎伦理。

除了伦理型领导,还有变革型领导(transformational leadership)、真实型领导

---

[1] 托马斯·J.彼得斯,小罗伯特·H.沃特曼.成功之路[M].余凯成,等,译.北京:中国对外翻译出版公司,1985:77.

[2] 论语·子路.

[3] 论语·颜渊.

[4] 孟子·公孙丑上.

[5] Enderle, G. Some Perspectives of Managerial Ethical Leadership[J]. Journal of Business Ethics, 1987, 6(8): 657-663.

[6] Eisenbeiss, S. A. Rethinking Ethical Leadership: An Interdisciplinary Integrative Approach[J]. Leadership Quarterly, 2012, 23(5): 791-808.

[7] Brown, M. E., Trevino, L. K., Harrison, D. A. Ethical Leadership: A Social Learning Perspective for Construct Development and Testing[J]. Organizational Behavior and Human Decision Processes, 2005, 97(2): 117-134.

（authentic leadership）、基于价值观的领导（values-based leadership）、服务型领导（servant leadership）、负责任的领导（responsible leadership）等，这些领导概念的一个共同特点是，都把合乎伦理作为不可或缺的一部分。

10.2.4 控制工作

首先，要设定恰当的目标。在控制指标方面，在经济评价的同时，还要考虑一些非经济因素，如顾客满意度、环境保护、员工的缺勤率、离职率、员工士气、公众对企业的态度、企业对社会的贡献等。为了减少不道德经营行为，控制标准必须是切实可行的，即跳一跳能够达到的。如果标准定得过高，员工就可能迫于压力而去走歪门邪道。除了标准要恰当以外，更重要的是，要明确实现工作标准必须以不违反企业伦理守则为前提，换句话说，要把不违反企业伦理守则作为控制标准的一部分。如果忽视这个前提，一味强调达到过高的控制标准，难免会出现偏差。反之，若坚持这个前提，再尽量把具体工作做得好些，就能兼顾利润与道德，短期利益与长远利益。

其次，要衡量企业的实际道德状况。只有对实际道德状况有比较客观的把握，才能采取针对性的措施。衡量企业的实际道德状况其实就是企业道德测评或审计的问题。

最后，要赏罚分明。人们愿意从事会受到奖励的事情，而逃避会遭到惩罚的行为。因此，应奖励那些模范遵守企业伦理规范的行为和个人，惩罚那些违反企业伦理规范的行为和个人，而且奖励与惩罚的力度要足够的大。

10.3 利益相关者管理

10.3.1 利益相关者类型

戴维·韦勒（David Wheeler）和玛丽亚·西拉帕（Maria Sillanpaa）把利益相关者分为直接利益相关者（primary stakeholder）和间接利益相关者（secondary stakeholder）。直接利益相关者包括：所有者、普通员工和管理者、顾客、社区、供应商和其他合作伙伴。间接利益相关者包括：政府、公共组织、社会压力团体、新闻界和学术界、工会、竞争者。[①]由于直接利益相关者与组织有直接的利益关系，所以往往更受重视。而实际上，有时间接利益相关者也能对组织施加重大的影响。

R. K.米切尔（R. K. Mitchell）、B. R.阿格尔（B. R. Agle）和 D. J.伍德（D. J. Wood）根据正当性、影响力和紧迫性对利益相关者进行了分类。

正当性（legitimacy）是指利益相关者对企业提出某种要求的合理性。

---

① Wheeler, D., Sillanpaa, M. The Stakeholder Corporation: A Blueprint for Maximizing Stakeholder Value[M]. London: Pitman Publishing, 1997: 167.

影响力（power）是指利益相关者能够对企业施加影响的能力。

紧迫性（urgency）是指利益相关者需要企业对他们的要求给予关注或回应的急迫程度。

这三个特性的不同组合构成了8类利益相关者，见图10-1。

1——潜在的利益相关者（dormant stakeholder）
2——可自由对待的利益相关者（discretionary stakeholder）
3——苛求的利益相关者（demanding stakeholder）
4——主要的利益相关者（dominant stakeholder）
5——危险的利益相关者（dangerous stakeholder）
6——依赖的利益相关者（dependent stakeholder）
7——决定性的利益相关者（definitive stakeholder）
8——非利益相关者（non stakeholder）

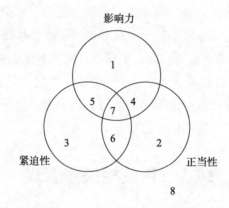

图 10-1　基于三个特性划分的利益相关者类型

〔资料来源：Mitchell, R. K., Agle, B. R., Wood, D. J. Toward a Theory of Stakeholder Identification and Salience[J]. Academy of Management Review, 1997, 22(4): 853-886.〕

10.3.2　利益相关者管理原则

克拉克森原则（Clarkson Principles），又名"利益相关者管理原则"，内容包括：

原则1：管理者应该承认和积极地监控所有合法的利益相关者的关注点，并应该在决策和运营中恰当地考虑他们的利益。

原则2：管理者应该倾听利益相关者并与之公开地交流，了解他们各自的关注点和贡献，以及他们由于与企业发生联系而可能承受的风险。

原则3：管理者应该采用对每个利益相关者的关注点和能力敏感的过程和行为模式。

原则4：管理者应该认识到利益相关者之间付出和回报的交互作用，并在考虑他们各自的风险和脆弱性的基础上，力求在他们之间公平地分配企业行为的收益和负担。

原则 5：管理者应该和其他实体（包括公共的和民间的）通力合作，从而保证将企业活动所带来的风险和伤害最小化，当风险和伤害不可避免时能够获得恰当的补偿。

原则 6：管理者应该彻底避免可能危及不可剥夺的人权（如生命权）的行为，或者会引起以下风险的行为：如果被清楚地了解后，明显不会被相关的利益相关者所接受。

原则 7：管理者应该承认以下两者的潜在冲突：①他们自己作为利益相关者的角色，②他们对利益相关者的利益在法律和道德上的责任，并且应该通过公开的沟通、恰当的报告和激励体系，必要时还可以采用第三方评价，来处理这样的冲突。[1]

10.3.3 利益相关者管理框架

R. E. 弗里曼（R. E. Freeman）等人认为，有效的利益相关者管理，首先需要识别利益相关者，然后需要有高质量的利益相关者信息，最后制定既能为利益相关者创造更多价值，又能给企业带来竞争优势的企业使命、战略、价值观和具体措施。具体地说，其利益相关者信息和管理框架包括以下内容[2]：

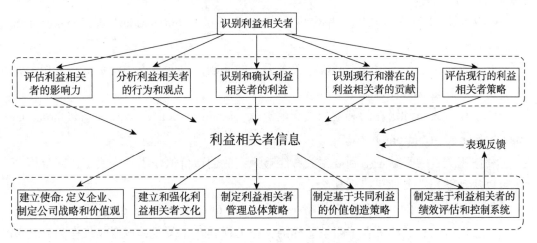

图 10-2 利益相关者管理框架

〔资料来源：Freeman, R. E., Harrison, J. S., Zyglidopoulos, S. Stakeholder Theory: Concepts and Strategies[M]. Cambridge, UK: Cambridge University Press, 2018: 31.〕

（1）识别利益相关者（identification of stakeholders）

利益相关者是受企业活动和产出影响且会影响企业目标实现的个人和群体。一些

---

[1] Post, J. E. Global Corporate Citizenship: Principles to Live and Work By[J], Business Ethics Quarterly, 2001, 12(2): 143-153.

[2] Freeman, R. E., Harrison, J. S., Zyglidopoulos, S. Stakeholder Theory: Concepts and Strategies[M]. Cambridge, UK: Cambridge University Press, 2018: 15-68.

利益相关者直接参与企业价值创造过程，如投资者、员工、顾客、供应商、当地社区等；另外一些并不直接参与价值创造过程，如竞争者、媒体、政府官员、非政府组织等。利益相关者是有情感、偏见、欲望、需要和利益，以及不同的经历、认知能力、观点、技能和背景的人，他们既不总是理性的，也不只是考虑自己的。

（2）评估利益相关者的影响力（assessment of stakeholder power）

利益相关者影响力是指利益相关者对企业战略和决策施加影响的能力，包括经济影响力、政治影响力和社会影响力。经济影响力是指利益相关者拥有企业所需的资源进而对其施加影响的能力。政治影响力是指利益相关者对事关企业利益的政治过程施加影响的能力。社会影响力是指利益相关者对关涉企业利益的社会舆论施加影响的能力。

（3）分析利益相关者的行为和观点（stakeholder behavior and perspective analysis）

要分析三类利益相关者行为：现行的行为；未来可以帮助企业实现更高目标的行为；潜在的可能损害企业目标实现的行为。不要轻易地做出利益相关者"不讲理"的判断，可能是因为利益相关者有不同的利益诉求，也可能是因为利益相关者受到外部因素的影响，还可能是因为利益相关者拥有不同的价值观，应努力去理解利益相关者。

（4）识别和确认利益相关者的利益（identification and validation of stakeholder interests）

要通过多种途径了解各类利益相关者关心的问题，也就是说，要了解利益相关者希望从企业这里获得什么。

（5）识别现行和潜在的利益相关者的贡献（identification of current and potential stakeholder contributions）

利益相关者的贡献是指利益相关者能够为企业创造价值作出什么贡献，即分析企业可以从利益相关者那里得到什么。

（6）评估现行的利益相关者策略（assessment of current stakeholder strategies）

企业现行的利益相关者策略是怎样的？是无视利益相关者，或者仅仅作为公共关系来处理，还是默默地把利益相关者利益考虑进去，抑或是主动地与利益相关者对话、沟通，并把利益相关者的利益考虑进去？

（7）建立使命：定义企业、制定公司战略和价值观（creation of mission: business definition, enterprise strategy, & values）

通过为顾客提供产品和服务来定义企业，通过能为利益相关者做什么来确定企业的目的，公司战略和价值观应当反映企业对社会的责任。

（8）建立和强化利益相关者文化（creation and reinforcement of a stakeholder culture）

利益相关者文化是公司文化的重要组成部分。利益相关者文化的核心是企业共享的关于如何看待利益相关者的信念、价值观和假设。

（9）制定利益相关者管理总体策略（development of generic strategies for managing stakeholders）

从相对的战略威胁和相对的合作潜力两个维度进行分析。

战略威胁小，合作潜力大时，宜采用"进取型策略"（offensive strategy）。由于风险极小，任何创造价值的机会都可以一试。

战略威胁大，合作潜力小时，宜采用"防御型策略"（defensive strategy）。由于对企业创造价值的潜在威胁大，企业应确保该利益相关者感受到自己受到了公平合理的对待，任何错误，无论是真实发生的还是该利益相关者感受到的，都应该立即纠正，而且要慷慨行事。

战略威胁小，合作潜力小时，宜采用"维持型策略"（hold strategy）。需要注意的是，维持不是忽视。

战略威胁大，合作潜力大时，宜采用"转变型策略"（swing strategy）。关键是，要让该利益相关者参与到企业决策过程之中，让他们感受到自己是公司这个大家庭的一员。

（10）制定基于共同利益的价值创造策略（development of value-creating strategies based on common interests）

根据利益相关者普遍最为关心的问题，制定价值创造策略。可能的策略包括：直接回应某个利益相关者的议题，或者回应某个利益相关者的利益相关者（如顾客的顾客）的某个重要议题；企业与利益相关者联合创造价值的项目；企业自身采用创新的策略，以更有效率和有效果的方式开展工作。

（11）建立基于利益相关者的绩效评估和控制系统（creation of stakeholder-based performance measures and control system）

首先要制定相关的基于利益相关者的目标，然后再建立相应的绩效评估和控制系统。

方太的儒道经营

创建于1996年的方太集团（以下简称"方太"）始终专注于高端厨电领域，致力于为追求高品质生活的人们提供优质的产品和服务，打造健康环保有品位有文化的生活方式，让千万家庭享受更加幸福安心的生活。2017年，方太厨电销售收入（不含税）突破100亿元。从50亿元到100亿元，方太仅仅用了3年。截至2018年，方太以独特的创新模式、优越的品牌价值，连续五年荣登亚洲品牌500强。

"方太是一家以使命、愿景、价值观驱动的独特企业",董事长兼总裁茅忠群这样定义方太。他认为,"把办企业的目的想清楚了,企业办起来才会轻松,否则每天都很纠结。"做企业要有自己的"三观":即企业的使命、愿景和价值观。使命回答为什么创办这家企业,愿景回答企业要成为什么,价值观回答企业信奉什么。方太的使命是"为了亿万家庭的幸福",愿景是"成为一家伟大的企业(具有四个特征:顾客得安心,员工得成长,社会得幸福,经营可持续)",核心价值观是"人品、企品、产品三品合一"。

2003年前后,方太就提出了"让家的感觉更好"的企业使命。这一使命包含两层意思:一是通过高品质的产品让顾客家的感觉更好;二是让方太这个企业大家庭的感觉更好,让全体方太人追求物质和精神的幸福。当很多企业追求股东利益最大化时,茅忠群追求的是员工和顾客利益第一,"只有员工和顾客满意了,股东自然能有收益。"

在2018年的年度发布会上,茅忠群提出了新的企业使命——为了亿万家庭的幸福。他认为,企业有两种:一般的企业只是把产品的创新做好,满足并创造消费者需求,从而获得销售与利润增长;而伟大的企业不仅要做好产品,还要导人向善。同时,方太提出了"家庭幸福观"——衣食无忧、身心康宁、相处和睦、传家有道。"衣食无忧"靠劳动、靠奋斗;"身心康宁"靠饮食有节(洁)、睡眠充足、锻炼适度、心情平和、福德厚积;"相处和睦"强调处理好夫妻关系、父子关系、兄弟关系;"传家有道"的核心是行善积福,"有益于人则为善"。

方太创立以后的前10年一直在学习和应用西方的管理,但后来发现,世界上任何一个强国的管理都是根植于本土文化基础上的,中国的管理也应当如此。为了探索适合中国企业的管理之道,茅忠群从2004年起学习中国传统文化,四年之后,方太开始全面导入基于中国传统文化的管理理念,逐渐形成了"中学明道,西学优术,中西合璧,以道御术"的经营哲学,信奉"品德领导(为政以德,譬如北辰,居其所而众星共之;其身正不令而行,其身不正虽令不从)"、"德礼管理(道之以政,齐之以刑,民免而无耻;道之以德,齐之以礼,有耻且格)"、"仁道经营(修己以安人)"。

举一个例子。在实行儒道管理之前,方太把员工的工作失误分为ABC三等,C类错误最轻但也最普遍,占员工违纪违规数量的绝大部分。当时公司对于C类错误的处罚措施是罚款20元,结果闹出笑话,有人交完罚款后说"这次交你100元,把后面4次包了"。

儒家文化认为"不教而杀谓之虐",推演开来,作为企业管理者,对员工首先要尽到教育的责任,然后再配合制度进行管理。因此,方太针对此类错误推出了一套新的规定:取消20元的罚款,员工犯错后,直接主管要去找员工谈一次话。谈话时间不必太长,点到而止;也不要马上训斥,而是从仁义的角度出发,询问员工犯错的原因。这样一来,员工内心也会愧疚,改正的内驱力便由此生发。大家一开始还担心,不罚款还不得闹上天，但事实是，方太之后连续监测了四年的C类错误，发现此类错误出现的数量每年下降50%。

方太把员工管理归纳为"一者五感"。"一者"是指"倡导全体方太人成为快乐的奋斗者"。"五感"分别是安全感、归属感、使命感、成长感、成就感。安全感来自于员工的待遇和劳动的安全；归属感来源于信任、授权以及文化的认同；使命感有三个层面，一是企业的使命，二是本身工作岗位的意义，三是个人的梦想；成长感来自于能力的提升，人格的完善；成就感来源于企业、同事、客户和上司给予的认可。要实现五感，需将儒家文化推行下去。

方太有一个"五心理论"，即提供让顾客动心、放心、省心、舒心、安心的产品和服务。方太认为，每个人的工作都是让别人获得幸福。

产品部负责人认为，水槽洗碗机的整个研发过程，深刻体现了方太文化的价值。

当方太决定投身洗碗机研发时，研发团队从中国用户的洗碗行为开始研究，跑了1000多个用户家庭后，思路才逐渐清晰。在此期间，团队发现所有的问题都发生在水槽里。于是，一个创新的想法萌生了：做一个水槽洗碗机。水槽洗碗机一举解决了传统洗碗机的七大痛点。一是不额外占用厨房空间，将水槽、洗碗和清洗果蔬的功能实现三合一；二是解决了安装困难的问题；三是取放方便，避免弯腰弓背；四是将洗碗时间由原先的90分钟缩减到30分钟内；五是"开放式双泵、无管路结构"的创新设计避免了二次污染和污垢淤积；六是无须用漂洗剂；七是解决了用户对果蔬农残的顾虑。

方太的团队给自己的要求是：要让顾客在动心之后用得放心、舒心、省心，产品必须可拆洗、可清洗。这样一来大大提高了技术难度，现成的泵和电机将无法使用。团队重新开发了一套系统，使整个上市时间足足推后了8个月。在产品部负责人看来，"虽然上市晚了，但是如果不坚持，良心过不去。某些看不见的地方会很脏，用户无法清洁。如果企业不说，用户也只能被动接受。现在，我们可以做到问心无愧了。"

对企业来说，创新是生命。有人对中国传统文化能否支持创新有疑问，而茅忠群却认为，仁爱之心是创新的最大源泉。他基于儒家文化提出了"创新三论"：创新的源泉是仁爱，创新的原则是有度，创新的目标是幸福。

茅忠群说，"我们学习传统文化，目的就是把员工的仁爱之心开发出来。员工拥有爱心，就会自发为消费者做很多事情。""我们心灵里有一个最大的宝藏，宝藏里有无限的智慧、无限的能量、无限的仁爱和无限的慈悲，只是我们不知道。为什么不知道？因为一般人都有私欲，正是这些欲望遮蔽了这个宝藏，就像乌云挡住了太阳一样。"孔子曰，"仁者爱人"。也就是说，仁爱就是对人类真诚的热爱，尤其是对消费者及用户发自内心的一种关爱。这种关爱，不只是单纯地让用户喜爱，而是让用户安心，让用户的家人安心，给用户及其家庭带来使用的幸福感。社会上的很多创新，甚至具有强大影响力的技术创新，尽管处于顶尖水平，也很受客户喜爱，甚至还创造了巨大的经济效益,却没有给人类带来福祉、给使用者带来"安心",甚至引发了家庭的纠纷、消费者的沉溺及诸多社会问题,更有甚者,有的创新还有反人类的倾向。这类创新就不是源于仁爱的创新。茅忠群认为,"从仁爱之心出发的创新对社会能起到积极的推动,而出于功利之心的创新,只把市场和流量作为检验标准,则很有可能让社会走上歪路,这是无度的创新。"方太的产品研发、技术创新首先是基于让客户安心、放心的初心,基于对亿万家庭幸福的关注,而不是达到技术领先的什么国际水平或国家技术标准,也不是追求拥有多少知识产权,更不是为了击败竞争对手。

"风魔方"就是这种理念的产物。中国厨房由于烹饪习惯影响,大量的煎炒烹炸、猛火热油,使整个厨房烟熏火燎,而油烟当中有很多的致癌物。2010年,中央电视台报道说厨房油烟加剧家庭主妇患肺癌的风险。看到报道后,茅忠群当即决定,彻底改变油烟机的开发方式,不再以风量、风压这些量化指标作为开发的目标。因为在他看来,这些量化指标与消费者的健康之间,并不存在必然的相关关系。对消费者而言最关键的是什么?是健康问题。怎样才能把油烟真正地抽干净,是需要考虑的第一要素。方太提出,要开发世界上吸油烟效果最好的吸油烟机。简单说就是要开发不跑烟的油烟机。为此方太在研发上做了很大的努力,开发了三年,直到2013年推出侧吸式的"风魔方",产品一上市就受到追捧。

茅忠群说,"如果企业家想在自己的企业推行传统文化,首先发心要正。所谓发心正,就是不能抱功利心来看这件事情,不能把传统文化纯粹当成服务于管理改善的工具。""当一个企业没有太多的功利心,不以追逐财富为唯一的目的时,反而就没了太多的危机。""我平时不太看销售数据、利润数据,不太关心。我关心的是文化,是战略,是研发,关心这些。我相信只要战略对了,研发出色,产品好了,销售和利润是水到渠成的。"

10.4 企业道德文化建设

企业道德文化的核心是企业员工有关道德的共享观念,这些观念被实践证明行之有效,因而被认为是正确恰当的,也因此被传授给新进成员,作为理解、思考和解决问题的方法和行为的指南。

10.4.1 道德观念形成

塑造企业道德文化仅仅了解什么是道德显然是不够的,重要的是,领导者首先要在头脑中逐渐形成一套关于道德的基本观念或看法。那么,关于道德的观念或看法应该包含哪些方面内容呢?

主要有以下六个方面：

关于道德与企业发展关系的看法。道德与企业发展是什么样的关系？具体地说，讲道德是企业发展中必不可少的还是可有可无的？是企业成功的保证还是障碍？讲不讲道德是一个全局性的问题，还是一个局部性的问题？是一个长远的问题还是一个权宜的问题？这些问题事关道德在企业发展中的地位，必须给予明确的回答。一个企业如果不从战略的高度去认识道德，很难能始终如一地坚持道德。所谓从战略的高度去认识道德，就是把讲道德看作为企业发展中必不可少的东西，看作为企业成功的保证，把讲不讲道德当作一个重大的、全局性的、长远性的问题去对待。

关于道德与法律关系的看法。企业经营中必然要面对道德和法律问题的，道德与法律作为行为规范有何异同？作为调节手段又有什么联系与区别？道德、法律与行为底线是何关系？企业经营是不是只要不违法就无可指责？如果诸如此类的问题不想清楚，企业道德文化建设必然是模糊的。无论是只想满足于道德底线，还是想以道德高标准来建设企业文化，都既需要法律的约束，又需要道德的规范和指引。

关于道德与利益关系的看法。首先，道德与利益应该是怎样的关系？是通过讲道德的方式获取利益，还是通过不讲道德的方式获取利益，还是只考虑利益而不论是否符合道德要求？这里所谓的"应该"，不是社会怎么提倡的，而是企业领导者怎么认为的。对于想塑造道德文化的企业而言，答案应该是明确的：应当以合乎道德的方式获取利益。其次，道德与利益之间事实上存在怎样的关系？这里所说的"事实"是企业领导者眼中的"事实"。由于讲道德取得成功的例子很多，不讲道德获利的例子也不少见，所以，不同的企业领导者看到的"事实"并不相同。真正重视道德文化塑造的企业领导者眼中的"事实"是：讲道德能带来利益。"应当以合乎道德的方式获取利益"和"讲道德能带来利益"两者可以相互促进。一方面，因为坚定了"应当讲道德"，即使遇到讲道德需要付出代价，而不讲道德却可以获得利益时，也能坚持下去，而一旦对内形成了道德文化，对外树立了道德形象，则道德促进利益的作用就会越来越显现；另一方面，因为坚信讲道德最终能获利，才能毫不动摇地主张"应当讲道德"。

关于道德与管理关系的看法。道德只是个人的事情，抑或也是组织的事情、管理者的事情？如果道德只是个人的事情，那么企业及管理者就没有必要去管，更谈不上有意识地去塑造道德文化。怎么看这个问题呢？可以从两个方面去分析，一则，道德是个战略问题，事关企业兴衰，组织、管理者不能袖手旁观；二则，员工每时每刻都能感受到组织环境的力量，多数不道德经营行为，究其根源，都可以追溯到管理上的问题，如由于不能实现业绩目标而产生的压力、激励机制不当、控制不力、招募不细致、培训不够等，组织、管理者应该对此承担起责任。因此，道德不只是个人的事情，它可以管理而且应该通过管理来提升企业及员工的道德水平，各层次管理者，尤其是最高层管理者不仅自身要讲道德，而且对下属是否讲道德负有责任。

关于讲道德的对象的看法。对谁应该讲道德？是仅仅对某个或几个特定的利益相关者，如员工、顾客讲道德，还是对包括投资者、员工、顾客、供应商、政府、公众在内的所有利益相关者讲道德？这也是塑造道德文化过程中必然要面对的问题。企业与利益相关者之间存在着相互依存的关系：企业需要利益相关者的支持、合作，利益相关者需要借助于企业实现自身的目的。一种理想的状态是企业与利益相关者之间形成共赢的局面。而道德无疑是赢得利益相关者支持与合作的基石。这就是说，建立在对所有利益相关者讲道德基础上的文化是一种在高水平上促进企业健康发展的文化。而促进企业健康发展正是道德文化建设努力追求的目标。而且，很难想象，对一部分利益相关者讲道德，而对另外一部分不讲道德的企业，能形成真正的道德文化。

关于讲道德的条件的看法。讲道德的条件取决于外部还是企业自身？外部决定论者认为，是否有条件讲道德取决于企业外部；自身决定论者则认为，是否有条件讲道德取决于企业内部的因素，如管理者的决心和全体员工的努力程度。即使外部条件不理想，企业也可以讲道德并取得成功。在讲道德的程度和范围方面，适当考虑环境条件并非不可以，某种程度上说，讲道德是相对的，而不是绝对的。但如果总是希望外部条件改善后再讲道德，那就不可能真正开始企业道德文化建设。什么叫外部条件具备了，本身很难说清楚，任何时候，外部环境中总有不如人意的地方，也就总有"等等再建设"的理由。即使勉强做了，也会是犹豫的、摇摆的、不全力以赴的。另外，从管理角度看，假如条件真的具备了，企业讲道德便会变得是件很普通的、大多数企业都能轻易做到的事情，那样一来，道德文化可能带来的竞争优势也就不复存在了。因此，塑造企业道德文化，就要树立这样的观念：是我要讲道德而不是外部要我讲道德，即使外部环境中有这样那样的问题，营造企业道德文化，树立道德形象仍然是能够做到的。

10.4.2　道德观念传播

如果管理者形成了对道德的看法，但没有能清楚地表达出来，让员工充分地了解，那就只能是管理者自身的观念，而不能成为共享的观念，当然就不可能形成一种企业文化。

道德观念传播的五大问题：

（1）何时传播

一是在招聘员工时，向应聘者传播公司所倡导的道德观念，并希望应聘者在决定是否接受职位时考虑到能否认同这些观念，这样录用的新员工更易于接受公司倡导的观念。

二是当员工新加入公司时，新员工迫切需要了解企业，而企业则希望新员工尽快熟悉公司期望的态度、价值观和行为模式。道德观念传播应该成为新员工教育的最重要内容之一。

三是日常的传播。观念需要不断重复，才能加深理解，所以需要有定期（如一年一度）的较正式的传播和不定期的传播。

（2）谁来传播

决定由谁来传播，不仅要考虑谁能把观念阐述得更准确，还要考虑传播者的职位是否与公司想要传达的道德的重要性相称。如果一方面说，道德是一个重要的战略问题；另一方面，却始终只是由职能部门人员来传播道德观念，员工有理由怀疑公司领导者真的认为道德有那么重要吗？

人力资源部门当然要参与观念传播，但既然是一个战略问题，是管理者的事情，那么，传播道德观念的责任必须由公司领导、各部门负责人来承担。特别是对新员工的道德培训，应该由公司最高领导亲自出面。

（3）向谁传播

一是向员工传播，即向公司上下所有人传播道德观念。

二是向合作伙伴传播。这样做的好处是，向合作伙伴表明，公司将以道德的方式与之合作，同时，也希望合作伙伴支持公司的道德政策和行为，这样一来，既有利于与合作伙伴建立起互相信任的关系，又强化了企业道德文化。

三是向公众传播。一般地说，企业道德文化建设是面向企业内部的，但是，向社会公开公司倡导的观念也不失为一种辅助手段：一方面，不给自己留后路，借助于社会监督来强化讲道德的决心；另一方面，有利于树立良好声誉，声誉带来效益，而效益又进一步促进道德行为。

（4）传播什么

一是让每一位员工都清楚地了解公司倡导的观念及提出这些观念的理由，这些观念的理由越充分，员工越能接受；二是公司道德政策，前面讨论的道德观念比较笼统，还应该制定比较具体的公司道德政策，以便更好地指导实际工作；三是让他们了解公司讲道德的历史、故事和得到的社会承认，使员工引以为豪；四是了解有疑问时的处理方式，违反道德观念、政策的危害及可能受到的处罚。

（5）如何传播

应该运用多种方式来传播，下面是一些可能采取的方式：公司领导人签署一份道德宣言；在公司网站中应占有显著的位置，内容可包括公司的道德宣言，道德观念，道德政策，道德故事，因讲道德而获得的社会承认，道德问题在线受理等；面对面的培训和互联网上的培训，针对可能出现的问题编写成案例，作为培训材料，培训结束时应采取适当形式的考试；编写道德手册（含道德宣言、道德政策、道德故事等），发给每位员工；公司通信开辟道德论坛。

10.4.3 道德观念强化

员工需要从书面的材料和领导者的言辞来了解公司倡导的观念，但是人们对纸上写的，嘴上说的东西仍然是抱有怀疑的。塑造企业道德文化，关键是要让员工相信企业倡导道德是当真的，这是最困难、最费时的。

强化道德观念需要企业及领导者从以下五个方面入手：

（1）领导者的行为

身体力行。塑造企业道德文化，重要的不是领导者说了什么，写了什么，而是做了什么。

言行一致。员工易仿效领导者的行为，并通过他们的行为寻找线索、揣摩他们所欣赏的行为。如果企业希望改变自身的文化，就必须在领导层中身体力行。领导者应坚持不懈地把自己倡导的观念付诸行动，而且必须做得众所瞩目，尽人皆知才行。

说话算数。本来员工对公司倡导的观念将信将疑，领导者需要用说话算数来证明给员工看，更何况，说话算数是"讲道德"的内在要求，所以说话算数对塑造道德文化来说尤为重要。

（2）选人与用人

选什么人、用什么人，反映出领导者的价值观。员工从领导者选人、用人中可以看出其真正看重的东西是什么。如果真心想塑造企业道德文化，那么在选人、用人时，就必须把道德素质作为不可或缺的条件考虑进去。

（3）奖励与惩罚

奖惩制度明确了企业员工的哪些行为可以获得嘉奖，哪些行为会受到惩罚，从而对企业中其他员工产生足够的影响力。领导者建立的薪酬体系反映了在组织中何为受到褒奖和期望的行为，因此，如果在一个看重道德的企业中，企业员工的诚实和正直就必定会得到奖励，这种奖励机制就传达给整个企业一个信息，企业所推崇和鼓励的是怎样一种行为。对背信者的处罚应该是公平的，一视同仁的。与自己亲近的人，职位较高的人，有贡献的人，如果违背企业倡导的观念，一样要受到处罚。实际上，对这些人的处罚更能起到教育和引导作用。

（4）涉及道德的事件的处理方式

张瑞敏砸冰箱，以树立质量意识，是尽人皆知的故事。其实类似的故事还有很多。这些事例的共同特点是，在普通人眼里是小事一桩，但在领导者眼里，却是大事，员工与领导的观念发生了冲突，通过"小题大做"，把观念差异放大了，形象化了，使员工记忆深刻，往往能起到很好的效果。

（5）应对危机和处理利益冲突的方式

面对危机，企业领导的价值观将被激发到表层，随着危机的迫近，领导者也就有了能和整个企业交流什么是企业真正的价值观的机会。

总之，企业道德文化是由企业领导者真正信奉的东西决定的。如果领导者真正相信什么，传播和强化是最自然不过的事情，在此基础上，再辅之以一定的技巧，可以使传播和强化更快、更有效、更深入。如果并非真正相信什么，那么必定会流露出来，必定会被员工所发现，员工也必定会受其影响的。

安然公司的文化

安然公司成立于 1930 年，于 1985 年以 24 亿美元兼并了两家休斯敦天然气公司，并改名为安然公司。安然利用 1988 年政府对能源市场的价格不再监管的机会，以及电力市场反常的大好时机，经过十年左右的发展，逐渐从一个天然气管道输送公司，转型为面向华尔街专门从事交易的能源经纪公司。在 2001 年宣告破产之前，公司成为世界上最大的能源、商品和服务公司之一，2000 年披露的营业额达 1010 亿美元之巨，公司连续六年被《财富》评选为"美国最具创新精神公司"。

随着安然产品、服务的演变，企业文化也随之变化。在取消管制和充满革新的环境下，安然也在企业文化中表现出一种充满扩张直至极限的特点，正如安然首席执行官 Jeffry Skilling 始终鼓励员工要做到独立、变革和野心，这也契合企业文化中主张的观点。安然文化中极注重个人主义、野心和投机取巧，而缺乏有同情心和责任感的领导者，这样一个企业，最终于 2001 年 12 月 2 日正式向法院申请破产。

企业领导在培育和形成企业文化中，是最重要的因素。他们的影响可以应用于企业道德气氛的形成。按照埃德加·薛恩（E. Schein）的领导力对道德决策的五个影响机制，我们来看看安然的中高层领导是怎样影响企业文化的形成的，并看看企业文化如何使安然员工做出种种违反道德的行为。

（1）注意力（attention）

第一项机制注意力是指企业运营中的什么因素会引起领导的注意，久而久之，这些注意力就会成为员工的行动标准。安然公司中，中高层领导对业绩的追求和关注令员工们相信，这就是领导者价值取向，在这样一个潜移默化中，道德和规范就成为获得更大的经济利益的障碍。

Jeffry Skilling 曾被描述为一个"彻底被万能的美金驱使的领导"，Skilling 认为，"最重要的就是金钱，你可以用金钱买到忠诚"。安然高层的注意力明显地反映在对于利润、权力、贪婪和影响力的关注上，他们要求他们的员工也要关注自己的业绩底线，即最低要使自己的业绩达到某个水平，否则就可能遭到解雇。一位安然的员工这样描述他工作的环境，"公司中创造出一种故意打破规定的气氛，比如，我们办公室的休假政策就是，只要你的业绩完成了，想怎么休假就怎么休假，想休多久就休多久。这令人力资源管理部真要疯了。"

另一个领导者注意力的例子是安然的前首席财务官 Andrew Fastow，他要求安然允许他个人及他最钟爱的员工投资于关联交易中，从而中饱私囊，这种行为多少会留下蛛丝马迹，让企业中其他员工得知，并给员工带来清楚的信息，企业的领导者关注的是个人得利，是建立在企业成本上的个人得利，这严重地挑战了企业的伦理守则。从这一点上，我们可以看到，尽管安然也拥有它们标榜的道德规范，但是在具体的工作中，就将其抛诸脑后，伦理守则完全不能发挥作用，甚至成为与企业成员行为相对立的可笑摆设。

（2）应对危机的反应（reaction to crisis）

第二项机制是企业领导对于危机状况的反应，因为面对危机，企业领导的价值观将被激发到表层，随着危机的迫近，领导者也就有了能和整个企业交流什么是企业真正的价值观的机会。当安然面对如何保持现有的增长速度的危机时，领导者表露出的文化倾向就是看中利润，甚至可以以任何事物作为代价。运用关联交易作为增加利润的手段是风险极大的，但如果市场对其期望下降则将导致股价短期内的跳水，唯一的办法就是迎合这种不切实际的高期望，在这样的情况下，不出事才怪呢。

一旦安然丑闻曝光，安然高层就忙着转移视线、寻找替罪羊，Jeffry Skilling 甚至说，尽管他有哈佛商学院的文凭和商业经验，但他从不知道安然的会计账目如此复杂，他甚至在安然事件完全曝光之前，以个人原因匆匆走人，留下一个烂摊子给众多员工。企业的另外一些高层也在安然股价大跳水之前将其手中的股票全部脱手。

安然的另一场危机在于对会计违规行为的承认。起初，企业领导试图否认这个问题；而后，开始掩盖能证明其违规行为的证据；再后，他们开始玩互相责怪的游戏，"大难临头各自飞"不说，还将责任互相推卸，可想而知，安然领导层的所倡导的道德行为态度和企业文化是何等的弱不禁风、难以服众。

（3）领导示范（roles modeling）

第三项机制是领导者对于不道德行为的接受程度和情况，也就是企业领导者自身行为。在安然的案例中，我们可以看到安然公司也有他们的伦理守则，并且在年度报告中强调沟通、尊重、诚实和卓越，然而，鲜有证据可以证明，安然的领导者身体力行了这样的价值观。相反，他们的行为反映出的是违反法律进行关联交易以保证企业的资信以及为私人谋利成风的个人主义。例如，在 2001 年 10 月，安然公司为了关联交易，消除了 12 亿美元的股东权益，这样做的目的在于依次消除之前外界对其关联交易的猜疑，企业高层就是在这样的"拆东墙补西墙"中寻求利润的虚假增长，而不愿从根本上鼓舞企业员工士气，在运营中增强自身盈利能力。

在这样的领导者行为下，企业员工感受到的企业文化完全不是伦理守则和年度报告中所描述的那么和谐，也使企业员工在工作中，也始终以一种"业绩高于一切、追求短期效益"的态度投入工作。

（4）薪酬分配（allocation of rewards）

第四项机制被称为"薪酬分配"，指企业员工的哪些行为可以获得上司的嘉奖，从而对企业中其他员工产生足够的影响力。安然的薪酬体系被一些评论家认为是"不顾一切地赢利"模式，企业领导者倡导的是一种只要持续不断地创造利润、不考虑道德因素的行为。安然的前副总裁 Louise Kitchen 就曾经动用应该全部作为奖金分配的基金去推动新网络建设，并因为其成功而受到奖赏。

安然公司的奖励机制也造成了企业中不道德工作的风气，在企业内部，业绩出色就会成为全公司关注的焦点，而业绩不佳就会被认为是"可笑的"；员工忽视企业规范的存在，只要业绩出色想怎么休假就怎么休假；团队合作也荡然无存，有的只是个人为个人利益的拼杀。安然公司对于业绩出色的奖金也高得离谱，每年有 100 万美元以上；而在每年的汽车日，奖励给业绩出色的员工的汽车也是奢华无比。在这样的环境下，无怪人人看中的都是业绩和个人利益。

（5）录用和辞退原则（criteria of selection and dismissal）

最后一项机制是领导者在录用和辞退员工时的取舍标准。安然高层对于录用新员工的标准是"最好的、最聪明的和能在激烈的竞争中生存的"；Skilling 对于录用员工的态度是"有野心、贪婪的、不顾一切换取成功的"，领导层要求新员工的价值观和他们所倡导的企业的价值观相一致，而他们忽略的，正是可贵的道德素质，比如忠诚、勤奋。

安然对于员工有严格的要求，对于业绩排名最后的 15%~20% 的员工将很可能被解雇，而那些业绩最差的员工们，也被认为是"办公室的耻辱"，这创造出了一种不信任的企业环境。而另一方面，在安然内部，对于直抒己见的员工是不能容忍的，Sherron Watkins 写给 Kenneth Lay（Jeffry Skilling 辞职后任安然首席执行官）一些匿名投诉信，就被勒令没收电脑并搬到其他办公室。在这样压力巨大而气氛压抑的环境中，企业员工只能夹紧尾巴做人，拼命为提高业绩动脑筋。

10.5 道德与利益相结合

关于道德与利益有两种典型的看法：一是认为两者是对立的，认为不讲道德能赚钱，讲道德要吃亏；二是认为两者是统一的，讲道德能获利，不讲道德要受损。这两种观点都是片面的。对立论无法解释为什么取得长期卓越经营业绩的企业往往也有良好的企业道德。同样，如果说讲道德总能带来利益，也就不需要一再倡导企业讲道德了，只要鼓励企业追求利益就可以达到弘扬道德的目的了。

事实上，讲道德有时的确意味着作出牺牲，不讲道德有时确实获得了利益。但同样不可否认的是，讲道德与追求利润两者兼得，甚至相互促进，而不讲道德导致企业衰败的例子也比比皆是。一种恰当的说法是，道德经营与企业利益之间存在着复杂的动态关系。企业讲道德未必能带来利益，但是，讲道德与利益也不是截然对立的，在一定条件下是可能一致的，特别是当我们从整体的、长远的眼光来看待利益的话。

企业必然是要追求利润的，这是它的性质决定的，同时，它又应该讲求伦理，这是社会的要求。由于企业既有赢利的责任，又有讲道德的责任，怎样使两者同时并举，特别是怎样做到两者相互促进，相得益彰，是摆在经营者面前具有挑战性的任务。

也正因为道德经营与企业利益之间存在着复杂的关系，且企业既要追求利润又要讲道德，所以探究道德与利益结合的可能性及实现途径十分必要。

10.5.1 企业道德对管理的促进作用

1. 衡量管理工作有效性的标准

可以通过考察以下四个方面的实现程度来衡量管理工作的有效性：

第一，正确的决策。理查德·L. 达夫特（Richard L. Daft）指出："经理人员的职责就是发现问题，对如何解决问题做出决策，跟踪决策的结果以决定是否需要做出新的决策。优秀的决策是优秀管理中至关重要的组成部分，因为它决定了公司如何解决问题，如何分配资源和怎样实现组织的目标。"[1]决策的重要性怎么强调也不过分。如果决策失误，那么越是努力实施决策，越是在浪费组织的资源。

第二，吸引、留住人才，充分调动员工的积极性。人才对组织的重要性越来越为人们所认识，杰弗里·菲弗（Jeffrey Pfeffer）认为，"在当今残酷的商业竞争环境中，为了夺取竞争的胜利，公司如何管理其劳动力队伍可能是唯一重要的影响因素。"[2]管理工作的显著特点之一是通过他人来完成工作。首先，要能吸引人才、留住人才，然后要激发员工的工作责任心、积极性，使平凡的人做出不平凡的业绩。当组织中的每一个人都做出不平凡的业绩，成为一个卓越的人时，这样的组织必定是充满活力和具有竞争力的。

第三，人、部门、组织之间的协调。自从人们开始组成群体来实现个人无法达到的目标以来，管理工作就成为协调个人努力必不可少的因素了。人类为了生存和发展，需要有组织（有共同目标的人群集合体），这是因为组织有潜在的优势：它能使单个人所做不到的变成做得到；它能通过分工，取长补短，从而取得比单个人所能取得的效

---

[1] 理查德·L. 达夫特. 管理学[M]. 韩经纶, 韦福祥, 等, 译. 北京: 机械工业出版社, 2003: 259.

[2] Pfeffer, J. Producing Sustainable Competitive Advantage Through the Effective Management of People[J]. Academy of Management Executive, 1995, (1): 157-180.

果之和大得多的整体效果；它能超越个人的生命而持续不断地发展。然而集体中的个人如果互相拆台，结果合力抵消，集体活动的成效就小于单个人所能取得的成效之和。因此要使这些潜在的优势转变成现实的优势，就需要协调。个人之间需要协调，个人与部门、组织之间需要协调，部门与部门之间需要协调，部门与组织之间也需要协调。协调如此重要，以至于哈罗德·孔茨把协调上升到"管理的本质"来看待，他说："把协调看作管理的核心，似乎是更确切些，因为把个人的力量协调起来，以完成集体目标，是管理的宗旨。"[①]

第四，不断创新与变革。企业内外部条件一直在变化之中，在唯一不变的是变化的环境中，创新和变革不是可有可无的小问题，而是事关生死存亡的大问题。

2. 企业道德增强管理有效性的途径

（1）有助于制定正确的决策

良好的企业道德至少可以从三个方面促使管理者做出正确的决策。

首先，管理者良好的道德品质是正确决策的前提。

不能说管理者道德品质良好肯定能做出正确的决策，信息不全、预测错误、判断不准、评价方法不当，都可能导致决策失误。但是，道德素质是正确决策的必要条件。如果管理者道德素质不高，或把自身利益置于企业利益之上，以权谋私，或对企业不负责任，轻率决定，或投机取巧，想通过损害利益相关者利益的方式获得企业或自身利益，或刚愎自用，听不进不同意见，使下属不敢说真话，从而得不到正确的信息，上述任何一种情形都将导致决策的失误。相反，如果管理者道德素质较高，就会有一种责任感，会慎重考虑决策的方方面面问题，就能尽量客观、公正地做出判断，就能倾听各方面的意见，下属也乐于参与决策，所有这些都有利于管理者作出正确的决策。

其次，掌握决策的伦理分析方法有助于做出正确的决策。

有些决策失误不是技术上不可行，经济上不合理，甚至也不违法法律条文，而恰恰是由于伦理上不可行而造成的。管理者如果仅仅有良好的道德素质，而缺乏必要的决策的伦理分析的能力，仍然有可能因伦理上的不可行而导致决策失误。Penny 公司的前任首席执行官唐纳德·V. 赛伯特（Donald V. Siebert）对于伦理的重要性发表过如下见解："如今绝大多数的管理者都是讲道德和诚实的。但是，有时我们可能会埋头于数学模型、销售计划和季度收入，以至于忘掉了成功企业的一个基本事实——从长远来看，最好的企业决策是建立在最合乎道德的判断之上的。"[②]

最后，企业道德文化可以起到制约作用。

文化是通过组织成员在解决内外部问题过程中不断学习而形成的，文化一旦形成

[①] 哈罗德·孔茨，海因茨·韦里克. 管理学[M]. 张晓君，等，译. 北京：经济科学出版社，1998：2.
[②] Lacznizk, G. R., Murphy, P. E. Ethical Marketing Decisions: The Higher Road[M]. Allyn & Bacon, 1993: 280.

后，反过来会对组织成员的行为起到导向、规范和制约作用。因此，良好的道德文化一方面会对决策者的行为起到规范和制约作用，促使其公正地做出决策；另一方面，在处理决策中涉及的对待利益相关的问题方面，起到导向的作用。

（2）有助于吸引、留住人才，激发员工的工作热情

人不仅有物质需要，还有精神需要，而且随着人类社会的不断进步，人们的这种需要越来越丰富，越来越强烈，因此要吸引并留住人才，光有物质条件是远远不够的，还需要对人才的尊重、理解、信任、关心、培育，还需要企业具有良好的道德形象。一般来说，人才面临的生存压力较小，对工作单位的选择余地较大，因而更在意公平、公正的工作环境，更关注自身价值的体现。而自身价值高低不仅仅表现在报酬多少，也包括对社会贡献的大小，因此，他们更愿意从事有较高社会价值的工作。

托马斯·J. 彼得斯和小罗伯特·H. 沃特曼指出："罗切斯特大学的爱德华·德赛（Edward Deci）以反复的实验证明，只有那些能产生内在性激励的条件才能促使人们养成对任务的持久的责任感。说得明白点，就是德赛发现，只有当人们认为某一任务本身是值得去从事的，他们才能真正把它视为己任。"[1]彼得·M. 圣吉明确指出："当人类所追求的愿景超出个人的利益，便会产生一股强大的力量，远非追求狭窄目标所能及。组织的目标也是如此。"[2]斯蒂芬·P. 罗宾斯和玛丽·库尔特也认为，员工通过他们的工作和他们的工作场所寻求他们的存在意义、目的和社会群体的归属感。员工在工作场所中度过了每天除睡眠以外的大部分时间，因而希望从工作中获得更多的东西。人们寻求更深刻地理解他们是什么，以及他们为什么处于地球的这个位置。员工面对越来越多的不确定性和压力，希望寻求某种寄托。他们希望从生活中得到更多的东西，希望活得有意义，希望自己是某种比自身更伟大的事物的一部分，而不仅仅是稳定的工作和收入。[3]

良好的企业道德可以从以下几方面激发员工的工作热情：

第一，员工自身道德素质高，工作责任心、创造性和积极性就高，自觉地积极地投身于有意义的工作之中。

第二，管理者以身作则产生的影响力。一般地说，影响力的来源有五个：法定权、奖励权、惩罚权、专长、表率力。表率力来自管理者的品德和作风。

第三，道德文化的作用。当一个组织，能够向其成员清楚地提示生活于这个组织中的价值和意义时，人们的工作潜能就会得到惊人的释放。

---

[1] Peters, T. J., Waterman, R. H. In Search of Excellence: Lessons from America's Best Run Companies[M]. New York: Warner Books, 1982: 72.

[2] 彼得·圣吉. 第五项修炼——学习型组织的艺术与实务[M]. 郭进隆，译. 上海：上海三联书店，1994：197.

[3] 斯蒂芬·P. 罗宾斯，玛丽·库尔特. 管理学[M]. 第7版. 孙健敏，等，译. 北京：中国人民大学出版社，2004：48.

（3）有助于促进个人、部门、组织之间的协调

目标、计划、政策、结构、制度、文化等都是协调个人、部门、组织之间努力的手段，企业道德促进协调体现在以下两个方面：

如果员工有良好的道德品质，就能设身处地为他人着想，相互信任，相互帮助，这样，即使有分歧、有误解也能及时得到解决。相反，如果以自我为中心、互相猜忌、尔虞我诈、勾心斗角，纵然有完善的制度，也不可能协调好相互关系。

企业中强的合乎道德的文化，不仅有凝聚功能和激励功能，还能起到导向和协调作用。道德文化的协调功能通过共享的价值观来实现，如果组织成员对个人与个人之间，个人与部门、组织之间，部门与部门、组织之间等关系应该怎么处理有一个相同的或相似的看法，关系的协调就变得简单了。组织成员的行为受组织风气的影响，因此道德文化的协调功能还能通过群体的压力来实现。通过批评、孤立、疏远那些以自我为中心、行为出格、相互关系紧张的员工，赞扬、关心、亲近设身处地为他人着想、行为正派、相互关系融洽的员工，促进个人、部门、组织之间的协调。

（4）有助于推进创新与变革

变革是有阻力的，一般认为，这种阻力来自以下几个方面：本位利益约束，对领导者、对变革的预期目标等缺乏理解和信任，对未来不确定性的担忧，不同的评估和目标。克服阻力的措施通常包括沟通和教育、参与、谈判、强迫、高层经理支持。[①]虽然这些措施也是需要的，但员工良好的道德品质和优秀的企业道德文化更为关键。

员工有良好的道德品质，就能顾全大局，不至于斤斤计较；管理者有良好的道德品质，意味着会出于公心发起变革，会尽可能考虑到员工的利益，且做到处事公正。而为他人着想、公平、公正、顾全大局等正是优秀的企业道德文化的所内在要求。

如果企业及管理者能为员工着想，而员工又能顾全大局，则能相当程度地打破本位利益约束；如果管理者能出于公心做事，且处事公正，就能赢得员工的理解与信任；如果企业及管理者能为员工着想，就能最大限度地降低对未来不确定性的担忧；如果员工有良好的道德品质，就能坦诚相待，即使对变革的预期利益有不同看法，也能及时地加以沟通。

10.5.2 基于卓越道德的竞争优势

组织资源或能力要想成为可持续竞争优势的来源，需要具备三个条件：一是有价值，即这种资源或能力是有利于提高竞争能力的；二是稀缺性，即同行业中拥有这种资源或能力的企业很少；三是难以模仿性，即竞争对手不可能轻易获得这种资源或能力。那么，卓越道德是否具备这三个条件呢？

---

① 理查德·L. 达夫特. 管理学[M]. 韩经纶，韦福祥，等，译. 北京：机械工业出版社，2003：355.

1. 卓越道德的价值

何谓卓越道德？对企业而言，卓越道德意味着企业成员和企业整体在从事企业各项活动，在处理与企业利益相关者关系的过程中，一贯地遵守较高或高的道德标准，企业及其成员通过良好的行为展现自己的品德。卓越道德不是一般地讲求伦理，而是要达到卓越的程度。这种卓越既有绝对的成分，如不能有不道德行为，也有相对的成分，即要比竞争对手更讲伦理。

一般地说，拥有卓越道德的企业有以下主要特征：

（1）具有超越自身利益的使命和目的

拥有卓越道德的企业把企业看作是社会的一分子，从企业在社会中的使命、职责，而不是所有者的利益要求，更不是管理者、普通员工的利益要求，来认识企业的使命和目的。

（2）合乎伦理地对待利益相关者

拥有卓越道德的企业能合乎伦理地对待利益相关者，即尊重他们的权利和正当的利益要求，为他们着想，公正地对待他们。

（3）实行伦理型领导

伦理型领导意味着管理者以身作则，处事公正，尊重人，关心人，帮助人，以良好的品德影响人、塑造人、激励人。

拥有卓越道德，有利于赢得政府支持、顾客满意、供应商合作、公众赞誉、投资者信任、员工倾力。对于卓越道德的重要性，强生公司董事长、首席执行官詹姆斯·贝克（James Burke）有过精辟的论述："首先，我相信，与我们有重要合作关系的人对信任、诚实、正直和道德行为有深刻而强烈的需求；其次，我相信，企业应该努力满足所有利益相关者的这种需求；最后，我相信，总体而言，那些最能始终不懈地坚持道德行为的企业比其他企业更能取得成功。"[1]

2. 卓越道德的稀缺性

稀缺性是成为竞争优势的必备要素之一。"如果一种特殊的资源和能力由众多竞争企业所控制，那么这种资源就不可能成为任何一家企业竞争优势的源泉。相反，具有价值但普遍存在的资源和能力是竞争均势的源泉。"[2]

卓越道德是稀缺的还是普遍存在的？

从现实情况看，不少人把经营与伦理割裂开来，甚至对立起来，不道德经营行为屡见不鲜，能严格遵守字面上的法律已属不易，能超越字面上的法律，进行伦理思考，

---

[1] Aguilar, F. J. Managing Corporate Ethics: Learning from America's Ethical Companies How to Supercharge Business Performance[M]. New York: Oxford University Press, 1994: 3-4.

[2] 安德鲁·坎贝尔，凯瑟琳·萨默斯·卢斯. 核心能力战略[M]. 严勇，祝方，译. 大连：东北财经大学出版社，1999：22.

从法律和伦理两个方面来自觉地规范自己的行为,并始终不渝地贯彻在企业各项活动中,更是难能可贵。可见,卓越道德是稀缺的。

从理论上说,即使越来越多的企业认识到企业伦理的重要性,在可以预见的将来,稀缺性也还是会存在的。这就像大家都知道高质量可以带来竞争优势,但高质量仍然不是普遍存在的,甚至还是比较稀缺的一样。这是因为,在追求伦理卓越的过程中,对程度和持之以恒的追求是无止境的。在程度上,超越自身利益的使命和目的,超越到什么程度?为利益相关者着想,着想到什么程度?实行伦理领导,实行到什么程度?这些方面都会有程度之别,而程度不同也就导致了企业伦理的卓越程度的差异,程度越高,越难做到,也就越稀缺。在时间上,始终一贯地从法律和伦理两个方面来自觉地规范自己的行为的时间越长,越不容易做到,因而也越稀缺。

3. 卓越道德的难以模仿性

拥有有价值的、稀缺的资源和能力的企业至少可以获得一种短期的竞争优势。如果竞争企业难以模仿这些资源和能力,则拥有这些资源和能力的企业就能够获得一种可持续的竞争优势。

模仿有三种方式:复制、替代和购买。复制是指一家模仿企业建立与被模仿企业相同的资源。替代是指用另一种具有同样竞争意义的资源代替某种资源。购买是指出钱买到某种资源。

卓越道德是不可替代的,原因很简单,因为不存在与卓越道德具有同样竞争意义的资源。卓越道德也是买不到的。卓越道德只有通过自身的努力才能建立起来。

一般讨论"难以模仿性",是从成本角度分析的,即如果竞争对手为模仿或复制某类资源或能力需要投入的时间、人力和财力很多,则处于成本劣势,表明这类资源"难以模仿"。然而,要获取卓越道德主要的却不是成本问题,而是观念问题及把伦理观念付诸行动的决心问题。虽然建立卓越道德也需要有投入(如需要有时间、人力和财力投入来制定、实施伦理守则,进行伦理培训和伦理控制等),但不是说只要投入了足够的时间、人力和财力就能建立起卓越道德的。卓越道德的特点决定了建立卓越道德的难度很大,要花费的时间也较长,也就是说,复制不是件容易的事情。

第一,必须是高层管理者的真心投入、身体力行,在遵守伦理上的以身作则,仅仅这一点就使不少企业领导人知难而退了。

第二,必须为全体员工所接受并体现在行动之中。企业工作要通过全体员工的共同努力才能做好,建立卓越道德也不例外。怎样才能使全体员工都遵守和实践企业伦理呢?除了领导者的示范以外,还需要有支持伦理行为的企业文化,把伦理分析引入决策分析之中,开展伦理培训,建立鼓励伦理行为、反对不道德行为的激励监督机制,等等,而这些都需要投入大量时间和精力。

第三,必须有牺牲眼前利益的决心。不能说不道德经营赚不到钱,在短期内,有时恰恰是不道德经营能赚到钱,而道德经营却要付出代价。这种诱惑是经常会出现的,那些没有长远眼光、没有坚定信念的企业是很难抵挡这种诱惑的。

第四,必须做出坚持不懈的努力。"讲求道德声誉的树立不仅取决于合乎道德地行事,而且还要被视为是这样。"[1]等到人们发现,某家企业通过卓越道德获得了竞争优势,实际上已经经历了一段时间,这一时间至少包含两部分:一是在建立卓越道德上的时间投入;二是企业的卓越道德被公众识别所需的时间。讲道德的声誉的建立需要时间,但声誉受损却只要片刻工夫。个别人、个别行为的不道德,可使企业的努力前功尽弃。一个企业做一件合乎伦理的事并不难,在一段时期里合乎伦理地经营也是有可能做到的,但要始终不渝地自觉地用法律和伦理来规范自己的行为,却不是轻易能做到的。

可见,卓越道德符合成为可持续竞争优势来源的三个条件——有价值、稀缺性和难以模仿性,因而是可持续竞争优势的一个来源。

基于卓越道德的竞争优势是一种新颖的竞争优势。随着竞争的加剧,品种、质量、成本上的差别化越来越难实现,卓越道德将成为一种新的竞争优势的来源。

基于卓越道德的竞争优势是一种可靠的竞争优势。尽管一个企业可以通过狠抓产品或服务或成本建立竞争优势,但是,如果没有卓越道德做基础,这种优势能否保持下去是值得怀疑的。试想,一个企业如果不是真正为顾客着想,能始终不懈地抓质量吗?如果企业管理者处事不公,以权谋私,员工会有积极性改善服务、降低成本吗?因此说,卓越道德是产品优势、服务优势、成本优势的基石。

基于卓越道德的竞争优势是一种可持续的竞争优势。卓越道德不是花钱就可以买到的,必须靠自己创造;卓越道德也不是一朝一夕就能建立起来的,需要长期的积累。所以,基于卓越道德的竞争优势不会被竞争对手轻易超越。而且,品种、质量、成本优势会因市场的变化或技术的突破而不复存在,但卓越道德则愈悠久愈有价值,可见,基于卓越道德的竞争优势是有生命力的竞争优势。[2]

斯坦福大学教授詹姆斯·C. 柯林斯和杰里·I. 波拉斯于1994年出版的《企业不败》(*Built to Last*,有的版本把其译为《基业长青》)堪称20世纪90年代以来关于美国杰出企业成功经验研究的权威之作。柯林斯和波拉斯经过广泛征求大型企业总裁的意见,筛选出了18家目光远大的公司和18家对照公司,他们通过对18家目光远大公司和18家对照公司长达6年的深入研究后得出结论:"与商业学院的教义相反,我们并没有发现,'最大限度地增加股东财富'或'牟取最大利润'是大多数目光远大的公司发展过程中最重要的推动力或最重要的目标。它们倾向于追求好几个目标,而赚钱

---

[1] De George, R. T. Competing with Integrity in International Business[M]. New York: Oxford University Press, 1993: 7.

[2] 周祖城. 基于卓越伦理的竞争优势[J]. 南开管理评论,2002,(2):59-62,66.

只是其中的一个——而且不一定是最重要的一个。实际上，在许多目光远大的公司看来，企业一直不只是一种经济活动，也不只是一种赚钱方式……我们对 18 对公司进行了详细分析，结果发现 17 对属于下面这种情况，即与其对应的公司相比，目光远大的公司受一套完整思想指导的特点一般更为明显，而单纯追求利润的特点不太明显。这是我们发现的目光远大的公司和其相对应的公司最明显的区别之一……不错，它们追求利润。然而，它们也追求范围更广泛、意义更深远的理想。追求利润不是最主要的，但是目光远大的公司在追求理想的同时又得到了利润。"①

10.5.3 战略性企业社会责任与创造共享价值

1. 战略性企业社会责任

战略性企业社会责任是指企业从战略层面把履行社会责任与企业经营活动相融合，进而追求企业与社会、利益相关者互利共赢的过程。

从战略决策角度看，了解自身的社会责任理念、管理及行为固然重要，发现自身在履行社会责任方面的优势和劣势，以及面临的机会与威胁，同样重要。战略管理的目的在于，为明天的经营创造并利用新的和不同于以往的机会。②

在战略性评价时，要回答四个关键问题：

（1）企业在履行社会责任方面有哪些当前的和未来的优势？
（2）企业在履行社会责任方面有哪些当前的和未来的劣势？
（3）企业在履行社会责任方面面临哪些当前的和未来的机会？
（4）企业在履行社会责任方面面临哪些当前的和未来的威胁？

所谓优势，是指企业在履行社会责任方面具有的有利条件。

所谓劣势，是指企业在履行社会责任方面具有的不利条件。

所谓机会，是指通过履行社会责任既促进企业发展又增进社会福利的可能性。识别与把握机会对于旨在追求卓越的企业来说，尤为重要。

所谓威胁，是指企业在履行社会责任方面存在不当行为并使企业利益受损的可能性。识别和消除威胁对任何企业来说都是至关重要的。企业在总体上或某个方面履行社会责任不足，或者社会责任履行状况并无明显不足，但缺乏有效的信息沟通，都是威胁的来源。特别要注意以下几种情况：①存在不合法的行为；②行为符合字面上的法律，但该法律的相关条文已存在明显局限，只是尚未修改而已；③法律并无明确禁止或根本没有相关规定，但不符合基本伦理要求；④与公众的期望有明显差异，一旦曝光，公众会感到受到欺骗；⑤本企业的社会业绩低于同行业的平均水平。③

---

① 詹姆斯·柯林斯，杰里·波拉斯. 企业不败[M]. 刘国远，等，译. 北京：新华出版社，1996：70.
② 弗雷德·R. 戴维. 战略管理[M]. 李克宁，译. 北京：经济科学出版社，2001：18.
③ 周祖城，王旭. 企业社会业绩内部评价体系研究[J]. 管理学报，2010，(3)：338-343.

一方面，企业社会责任是社会对企业的期望，而社会期望是发展变化的，在一个时期是负责任的行为，在另一个时期可能成为缺乏责任感的行为。另一方面，业务领域的开拓与确定、产品的开发、生产到销售，从管理措施的采取到取得实效，以及理念的更新并为组织成员所接受，都需要一定的时间，因此，为了使企业社会业绩始终能处于良好状态，需要前瞻性地了解社会期望的变化趋势。

行业内的相对位置对于利益相关者对企业的评价和反应有显著影响。例如，研究发现，在参照对象分别为企业社会责任水平处于行业落后的企业的产品和参照对象为企业社会责任水平处于行业中等的企业的产品时，消费者对企业社会责任水平处于行业领先的企业的产品的购买意向存在显著差异。可以按照行业领先、行业中偏上、行业中等、行业中偏下、行业落后等五个层次来评价本企业的社会业绩在行业内的相对水平。[1]

迈克尔·波特（Michael E. Porter）、马克·克雷默（Mark R. Kramer）在2006年12月的《哈佛商业评论》上发表了《战略与社会：竞争优势与企业社会责任的联系》的文章，阐述了战略与社会的结合，其主要观点包括[2]：

（1）企业与社会相互依存

无论是企业的领导人还是社会的领导人，都过分关注了企业与社会的分离，而对两者的整合关注不够。其实，企业与社会是一种相互依存关系，社会需要企业，企业也离不开社会。企业与社会相互依存意味着企业决策和社会政策必须遵循共同价值原则，也就是说，决策必须对双方都有利。如果企业或社会以牺牲对方利益为代价来获取自身利益，这将是一条危险的道路，短期内对一方有利长期看会损害双方的利益。

企业与社会相互依存有两种形式：

一种形式是由内而外的联系（inside-out linkages），即公司通过正常的公司活动对社会产生影响。公司价值链上的几乎每项活动都会对其所处的社会产生积极的或消极的影响。虽然公司越来越意识到诸如雇用实践、排放、垃圾处理等活动的社会影响，这些影响比管理者想象的要更加微妙、更加变化多端。社会影响的大小取决于所处的地区，同样的制造活动，在中国与在美国，社会影响差别就很大。

另一种形式是由外而内的联系（outside-in linkages），即外部的社会条件对企业产生影响。每个公司都在竞争环境中经营，这种竞争环境显著地影响公司实施战略的能力，从长远看尤其如此。社会条件是这一环境的关键组成部分。竞争环境受到的关注远比价值链的影响要少，但是对社会、对公司的战略影响却要大得多。健康的竞争环

---

[1] 周祖城，张漪杰. 企业社会责任相对水平与消费者购买意向关系的实证研究[J]. 中国工业经济，2007，(9)：111-118.

[2] Porter, M. E., Kramer, M. R. Strategy & Society: The Link Between Competitive Advantage and Corporate Social Responsibility[J]. Harvard Business Review, 2006, November/December: 77-92.

境对社会和公司都有益。

（2）实施战略性企业社会责任的途径

战略性企业社会责任是指能产生显著而独特的社会效益和企业效益的重大举措，它同时包含由内而外和由外而内两个方面，这是共同价值机会真正存在的地方。

由内而外。企业价值链包含了企业在开展业务的过程中所参与的各种活动：企业基础设施（财务报告制度、政府规定、经营透明度、政策游说）、人力资源管理（教育和职业培训、安全的工作环境、员工多样化和公平就业、医疗保险及其他福利、薪酬政策、员工解雇政策）、技术开发（和大学的关系、合乎道德的研究活动、产品安全、资源保护、回收再利用）、采购（采购和供应链活动、动物皮毛等生产要素的使用、自然资源的利用）、内部物流（运输造成的影响）、生产（排放物和废弃物、生物多样性和生态影响、能源和水资源使用、工人安全保障和劳资关系、有害材料）、外部物流（包装的使用和处置、运输造成的影响）、营销（促销、定价策略、客户信息、隐私保护）、售后服务（报废产品处置、耗材处理、顾客隐私保护）。

许多对社会和公司竞争力都有利的创新设想来自于产品提供过程和价值链之中，丰田对汽车排放的关注的响应便是一个很好的例子。丰田的 Prius，一种电和汽油的混合动力车，混合动力发动机排放的有害物质只占传统车辆的 10%，且只消耗传统车辆一半的汽油。这一创新型小汽车既带来了竞争优势，又有利于环境保护。2004 年 Prius 被《汽车潮流》(*Motor Trend*) 评为年度汽车，Prius 给丰田带来了领先地位，福特和其他汽车公司向丰田公司购买这种技术的许可。

由外而内。战略性企业社会责任还通过投资于有利于增强公司竞争力的社会环境来实现共同价值。竞争环境可以划分为四个领域：第一，可以获得的企业投入的数量和质量，如人力资源、交通设施；第二，竞争规则和激励措施，如保护知识产权、增加透明度、反对腐败、鼓励投资等；第三，受产品质量和安全标准、消费者权益保护、政府采购的公正性等影响的当地的需求规模及程度；第四，当地支持性行业的可获得性，如服务的提供者、机器的提供者。所有这些方面都可以是开展企业社会责任的机会，例如，招聘合适的员工的能力可能取决于许多公司可以施加影响的社会因素，如当地教育系统、住房条件、歧视状况和公共卫生设施。

一种互惠互利的关系是：公司的成功与社区的成功相互促进。通常，一项社会主题与公司业务联系得越紧密，运用公司资源和能力的机会越大，对社会的好处就越大。

整合由内而外和由外而内。单独地看，价值链创新和改善制约竞争力的社会环境，都是创造经济和社会价值的强有力手段，如果这两者相互作用，其影响将更大。价值链上的活动可以以一种有助于改善社会环境的方式来开展，同时，在竞争环境中的投资有助于减少对公司价值链活动的限制。例如，Marriott 为长期失业人员提供了 180 小时带薪的课堂学习和在岗培训，公司把它与支持当地社区服务组织结合起来，这些组织为 Marriott 寻找、筛选和推荐候选人。结果，对社区是很大的帮助，对 Marriott 来说，降低了招聘新进员工的成本。参加培训项目的人员中，90%的人在 Marriott 找到了工作。一年后，超过 65%的人仍然留在公司里，人员保留率显著地高于正常水平。

给价值主张创造一种社会含义。战略的核心是一个独特的价值主张，即公司能够满足目标市场的需求，而其他公司却无法做到。当公司赋予价值主张以社会含义，社会影响成为战略的一部分的时候，便产生了真正的战略性企业社会责任。

例如，美国全食公司（Whole Foods Market）的价值主张是面向关注食品和环境的顾客提供有机的、自然的健康的食品。社会主题对于该公司在食品零售业中实现差异化并维护较高价格起了关键作用。公司在采购时强调所属每家商店从本地采购。公司列出了近 100 种公司认为不健康或对环境有危害的成分，采购人员不能采购含有所列成分的食品，公司内部生产的食品也不能含有上述成分。例如，公司在烘制食品时只采用不经过漂白、不经过溴化处理的面粉。公司对自然和环境友好的承诺远不只是体现在采购环节。商店建造时使用的是天然的原材料，而且尽可能节约使用。公司预购了可再生的风能，相当于全公司所耗用的电力。变质的食品和可生物分解的垃圾运到区域性处理中心加以处理。公司的车辆使用生物燃料。即使是商店中使用的清洁用品也采用环境友好的产品。公司还捐赠成立了动物爱心基金会（Animal Compassion Foundation），开发更加自然、更加人道的家庭动物饲养方法。一句话，公司价值链上的几乎任何环节都强调价值主张的社会主题，把自己与竞争对手区分开来。

2. 创造共享价值

2011 年，迈克尔·波特和马克·克雷默进一步提出了创造共享价值的思想。[①]共享价值（shared value）是指能够增强企业的竞争力，同时改善企业所处的经济和社会环境的各项政策和经营举措。

企业可以通过创造社会价值来创造经济价值，主要途径有三种：重新构想产品与市场、重新界定价值链的生产率、促进当地集群的发展。

（1）重新构想产品与市场

庞大的社会需求包罗万象，医疗保健、改善住房、增加营养、照顾老人、加强金融安全、减少环境破坏等都是全球经济中尚未得到满足的需求。在构想产品与市场时，要问一问：我们的产品对顾客有益吗？对社会有益吗？

（2）重新界定价值链的生产率

社会进步与价值链生产率的提升并不矛盾，两者之间协调一致的程度远远超出了人们的传统认识。例如，通过技术改进、回收利用、废热发电等诸多举措，企业大大提高了能源利用率，并创造了共享价值。环境影响、能源利用、水资源利用、员工健

---

① Porter, M. E., Kramer, M. R. Creating Shared Value[J]. Harvard Business Review, 2011, January/February: 62-77.

康、工人安全、员工技能、供应渠道及供应商的生存能力等是与企业生产率关系最密切的社会领域。

（3）促进当地集群的发展

没有哪个企业是完全自给自足的。每个企业的成功都受到配套企业和周围基础设施的影响。企业的生产率和创新会受到当地"集群"的巨大影响。所谓"集群"是指某领域的企业、相关企业、供应商、服务提供商和物流设施在一个地区的集聚。集群中不仅有企业，而且还有各类机构，如研究机构、行业协会、标准化组织等。

无论在发展中国家，还是发达国家，建立集群的一个关键要素就是要形成公开透明的市场。而公开透明的市场，通常需要企业与合作伙伴携手共建，它能够使企业获得可靠的供应，并让供应商有动力提高质量和效率，同时大幅度提高当地民众的收入和购买力，最终促成经济和社会发展的良性循环。

【本章提要】

1. 合规管理策略和道德管理策略在行为标准、目的、领导、方法、行为假设等方面存在差异。

2. 从管理职能视角看，道德管理是指通过对组织资源和组织成员的工作进行计划、组织、领导、控制，制定组织希望达到的道德目标，并尽可能以好的效果和高的效率实现道德目标的过程。

3. 有效的利益相关者管理，首先需要识别利益相关者，然后需要有高质量的利益相关者信息，最后制定既能为利益相关者创造更多价值，又能给企业带来竞争优势的企业使命、战略、价值观和具体措施。

4. 企业道德文化的核心是企业员工有关道德的共享观念，这些观念被实践证明行之有效，因而被认为是正确恰当的，也因此被传授给新进成员，作为理解、思考和解决问题的方法和行为的指南。

5. 正确的决策，吸引、留住人才，充分调动员工的积极性，人员、部门、组织之间的协调，不断创新与变革，是衡量管理工作有效性的中间目标，企业道德有助于这些目标的达成，因而有利于提高管理工作的有效性。

6. 卓越道德是组织的资源，它具备有价值、稀缺性和难以模仿性三个条件，因而是可持续竞争优势的来源。

7. 正因为道德经营与企业利益之间存在着复杂的关系，而企业既要追求利润又要讲道德，所以有必要探究道德与利益结合的可能性及实现途径。

8. 通过由内而外、由外而内、整合由内而外和由外而内、给价值主张创造一种社会含义实现企业与社会的互利共赢。

9. 通过重新构想产品与市场、重新界定价值链的生产率、促进当地集群的发展，寻求既增强企业的竞争力又创造社会价值的途径。

【重要概念】

合规管理策略

道德管理策略

道德管理

企业伦理守则

伦理培训

伦理型领导

直接利益相关者

间接利益相关者

利益相关者管理原则

利益相关者信息

利益相关者管理

企业道德文化

卓越道德

战略性企业社会责任

创造共享价值

1. 合规管理策略和道德管理策略有何区别？
2. 合规管理策略有何局限性？
3. 有效的道德管理策略有何特征？
4. 什么是企业道德管理？
5. 有哪些伦理核查项目？
6. 伦理主管的职责有哪些？
7. 伦理委员会要扮演什么角色？
8. 领导行为在企业道德管理中有何作用？
9. 什么是伦理型领导？
10. 如何根据正当性、影响力和紧迫性对利益相关者进行分类？
11. 利益相关者管理的原则有哪些？
12. 利益相关者信息包含哪些方面？

13. 利益相关者管理策略有哪些？
14. 有哪些有关道德的观念或看法？
15. 如何传播有关道德的观念或看法？
16. 如何强化有关道德的观念或看法？
17. 企业道德与企业利益之间存在什么关系？
18. 企业道德对改善管理工作有效性有何作用？
19. 卓越道德具有什么内涵？
20. 卓越道德对员工的激励力量体现在哪些方面？
21. 为什么说卓越道德是难以模仿的？
22. 如何实施战略性企业社会责任？
23. 如何创造共享价值？
24. 彼得·德鲁克指出，"在任命高层管理人员时，再怎么强调人的品德也不会过分。事实上，除非管理者曾希望某个人的品质成为他的所有下属学习的典范，否则就不应该提拔这个人"，你对此有何评价？
25. 斯蒂芬·R.柯维指出："唯有基本的品德能够为人际关系技巧赋予生命。"你是否同意这种看法？为什么？

案例 1　房地产销售示范区的得失

房地产销售示范区，也称销售样板区、体验区，是指按照小区预期标准提前营造建筑、景观和室内场景，客户可以提前参观体验未来家园的生活实景，从而做到心中有数。自从中国房地产龙头企业提出示范区概念，国内地产商纷纷跟进。从"卖"沙盘、设计图纸到"卖"样板房、再到"卖"示范区，反映的正是从传统销售向体验式营销的逐步过渡。

示范区营造有双重作用，首先它是地产项目最好的形象广告，一个有格调、有质感、有细节的示范区，往往能一下打动客户，激发他的购买欲望。其次，实景示范区往往需要投入高成本，也是开发商实力和品牌态度的展示，更容易博得客户的信任与好感，缩短客户决策周期。

国内大多数城市规定楼栋工期达到正负零（完成地下部分）或一半层数完工时，可以拿到预售证，即可开卖期房。于是，最快速度边建设边开卖是开发商快速回笼资金的最佳选择，因此楼盘示范区大多会采用周边借地或局部不开挖地下室的形式做临时建筑，这是为了和大区互不干扰，加快施工进度所决定的。但这就引发了一个问题，即临时示范区做得再大再美也是会拆掉的。示范区占地规模一般小则几千平方米，大则几万平方米，建筑、景观、样板房往往都由设计师精心设计，材料反复甄选，耗费巨大财力与人力，但却是昙花一现的临时产物，从建设到拆除产生的大量"三废"给环境造成污染，社会资源也被极大浪费。

投入几千万元甚至过亿元的成本是否值得？业内普遍认为是值得的。因为示范区做得"更大""更豪"的楼盘，往往比周边楼盘售价更高，并且去化速度更快。举个例子，比如 2018 年位于杭州萧山的某项目住宅每平方米售价 31500 元，比周边高 500 元左右，可售住宅面积 25 万平方米，整体销售多卖 1.25 亿元，相较范区总体建造费用 1300 万，作为开发商这笔账是非常划算的，多一千万元甚至更高一点的投入换回更高利润以及更快去化。

但是作为购房客户，他们获得了什么？当他们被眼前展示的美好生活场景：具有强烈视觉冲击力设计的售楼处、各种珍贵苗木堆砌的五重景观以及充斥着各种奢侈品的精致室内场景所打动，咬紧牙花费比周边竞品更多的钱买下这个楼盘，满心期待两年后入住开始真实生活体验，结果往往大失所望。

示范区往往会有夸大产品优势而刻意回避劣势的倾向。例如，在某些郊区偏远的楼盘，刻意通过商业包装的形式营造热闹的商业街及生活配套带给客户未来生活便利的心理暗示，等入住后才发现配套往往仍是一纸规划，遥遥无期。

吸引客户购买必定需要更高品质的产品，而一旦客户完成购买后，实际的产品由于成本控制，必定会降低建造标准。毕竟房产不像普通商品，容易形成统一质量标准，客户买了不满意可以退换还可以拉黑商家，但房子这种商品总价高、兑现周期长、购买流程复杂，并且难以确立明确交付标准，尤其在小区景观及一些装饰材料上。因此，即使收房落差感大，品质不满意，往往也只能勉强接受。况且，在示范区，在不起眼的地方用小字标注的"仅为销售展示空间，实际以图纸/交付标准为准"一句话规避了诸多法律责任与客户投诉风险。

近些年由于地价上涨过快，而售价又受制于政府限价，地产商常常面临"面粉贵过面包"的现实窘境。因此严控建造成本成为各家开发商的当务之急。但是由于销售示范区这种形式已经深入人心，难以取消，而示范区巨大的成本必然转嫁到大区成本上。例如，有的示范区景观成本预算为 1000 元/平方米，而交付大区实际景观 600 元/平方米。有的开发商为追求示范区更大、更豪、更酷炫的效果，甚至会把示范区成本提高到 1500 元/平方米甚至 2000 元/平方米，此时为了平衡成本，只能将大区景观成本压缩到 300~400 元/平方米，甚至更低。大区成本腾挪到示范区，短期来看似乎通过内部平衡，拉动了销售速度，提升了产品溢价，但这种拆东墙补西墙的做法，给业主造成巨大伤害，如果几千万元的示范区成本投入到业主能够真实感受到的交付大区，比如小区景观中增加儿童活动设施、入户大堂增加休憩座椅、地下停车库增加新风防潮设备等会带给未来业主更多切身实惠。

讨论题

1. 该案例中涉及哪些伦理问题？
2. 怎样做才是伦理上可以接受的？

案例 2 三鹿奶粉事件

1. 辉煌的历史

三鹿集团前身是1956年2月16日成立的"幸福乳业生产合作社",经过几代人半个世纪的奋斗,在同行业创造了多项奇迹和"五个率先":1983年,率先研制、生产母乳化奶粉(婴儿配方奶粉);1986年,率先创造并推广"奶牛下乡、牛奶进城"城乡联合模式;1993年,率先实施品牌运营及集团化战略运作;1995年,率先在中央电视台一频道黄金时段播放广告;1996年,率先在同行业导入CI系统。

2007年4月《经济日报》的一篇题为《三鹿:奋发向上的企业文化》文章提到:成立50多年来,三鹿企业文化不断传承,不断丰富,形成了以人为本、勤俭奉公、务实创新和团队协作、诚信经营为主的企业文化。多年来,三鹿还有一个现象颇引人关注,那就是三鹿从不跟风、不炒作,诚信经营,坚持务实的发展模式。三鹿人认为,"诚信对于企业,就如同生命对于个人,没有了诚信,肯定不能获得长远发展。""诚实守信,换位思考"是三鹿经营的基本准则。三鹿对消费者、奶农、经销商和员工都严格恪守诚信这一基本准则。

企业先后荣获全国"五一"劳动奖章、全国先进基层党组织、全国轻工业十佳企业、全国质量管理先进企业、科技创新型星火龙头企业、中国食品工业优秀企业等省以上荣誉称号二百余项。三鹿奶粉产销量连续14年实现全国第一,酸牛奶进入全国第二名,液体奶进入全国前四名。三鹿奶粉、液态奶被确定为国家免检产品,并双双再次荣获"中国名牌产品"荣誉称号。2005年8月,"三鹿"品牌被世界品牌实验室评为中国500个最具价值品牌之一,2007年被商务部评为最具市场竞争力品牌。"三鹿"商标被认定为"中国驰名商标";产品畅销全国31个省、市、自治区。2006年位居《福布斯》评选的"中国顶尖企业百强"乳品行业第一位。经中国品牌资产评价中心评定,三鹿品牌价值达149.07亿元。2008年8月,由《华夏时报》主办,品牌中国产业联盟与新浪网、CCTV、中央人民广播电台等几十家媒体鼎力支持的"30年,谁在改变我们的生活"大型品牌发布会上,三鹿奶粉荣获"30年改变中国人生活的中国品牌"。

三鹿一直在快车道上高速行驶,创造了令人振奋的"三鹿速度",实现了跨越式发展。自"七五"以来,企业主要经济指标年均增长30%以上。

然而,2008年的三鹿奶粉掺杂三聚氰胺事件将这一切都彻底打碎。

2. 事件回放

2008年7月16日,甘肃省卫生厅接到甘肃兰州大学第二附属医院的电话报告,称该院收治的婴儿患肾结石病例明显增多,经了解均曾食用三鹿牌配方奶粉。

7月24日,河北省出入境检验检疫局检验检疫技术中心对三鹿集团所产的16批次婴幼儿系列奶粉进行检测,结果有15个批次检出三聚氰胺。

8月13日,三鹿集团决定,库存产品三聚氰胺含量在每千克10毫克以下的可以销售，10 毫克以上的暂时封存；调集三聚氰胺含量为每千克 20 毫克左右的产品换回三聚氰胺含量更大的产品，并逐步将含三聚氰胺产品通过调换撤出市场。

9 月 9 日，媒体首次报道"甘肃 14 名婴儿因食用三鹿奶粉同患肾结石"。当天下午，国家质检总局派出调查组赶赴三鹿集团。

9 月 11 日，除甘肃省外，陕西、宁夏、湖南、湖北、山东、安徽、江西、江苏等地也有类似案例发生。当天，三鹿集团股份有限公司工厂被贴上封条。

9 月 12 日，联合调查组确认"受三聚氰胺污染的婴幼儿配方奶粉能够导致婴幼儿泌尿系统结石"。同日，石家庄市政府宣布，三鹿集团生产的婴幼儿"问题奶粉"，是不法分子在原奶收购过程中添加了三聚氰胺所致。田文华表示，"这次的事情，是原料奶的收购过程中有人在谋取非法利益，我们检测非常严格。"

9 月 16 日，国家质检总局发布了全国婴幼儿配方奶粉三聚氰胺专项检查的阶段性检查结果：全国共有 175 家婴幼儿奶粉生产企业，其中 66 家企业已停止生产婴幼儿奶粉。此次专项检查对其余 109 家企业进行了排查，共检验了这些企业的 491 批次产品。专项检查显示，有 22 家企业 69 批次产品检出了含量不同的三聚氰胺，其他 87 家企业未检出。22 家企业中包括石家庄三鹿集团股份有限公司三鹿婴幼儿配方乳粉、青岛圣元乳业有限公司圣元婴幼儿配方乳粉、江西光明英雄乳业股份有限公司英雄婴幼儿配方乳粉、内蒙古蒙牛乳业（集团）股份有限公司蒙牛婴幼儿配方乳粉、广东雅士利集团股份有限公司雅士利婴幼儿配方乳粉、内蒙古伊利实业集团股份有限公司伊利儿童配方乳粉。

9 月 17 日，国家质检总局发布公告，决定从即日起，停止所有食品类生产企业获得的国家免检产品资格。田文华被刑事拘留；石家庄市市长冀纯堂被免职。

9 月 18 日，国家质检总局发布公告，决定废止《产品免于质量监督检查管理办法》，同时撤销蒙牛等企业"中国名牌产品"称号，并发出通知，要求不再直接办理与企业和产品有关的名牌评选活动。

9 月 22 日，免去吴显国的石家庄市委书记、常委、委员职务。同意李长江辞去国家质检总局局长职务。

10 月 9 日，温家宝签署国务院令，公布了《乳品质量安全监督管理条例》。

据卫生部统计，截至 2009 年 1 月 22 日，此次重大食品安全事故共导致 29 万余名婴幼儿出现泌尿系统异常，其中 6 人死亡。

截至 2008 年 10 月 31 日财务审计和资产评估，三鹿集团资产总额为 15.61 亿元，负债总额为 17.62 亿元，净资产为 –2.01 亿元。12 月 19 日，三鹿集团又借款 9.02 亿元，用于支付患病婴幼儿的治疗和赔偿费用。至此，三鹿集团净资产为 –11.03 亿元（不包括 10 月 31 日后，企业新发生的各种费用），已经严重资不抵债。

2009 年 2 月 12 日，石家庄市中级人民法院发出民事裁定书，正式宣布三鹿集团股份有限公司破产。

2009年1月22日，原三鹿集团董事长田文华以生产、销售伪劣产品罪，被石家庄市中院一审判处无期徒刑。原三鹿高管王玉良、杭志奇、吴聚生分别被判处有期徒刑15年、8年和5年。

2009年2月28日，全国人大常委会通过了《食品安全法》。

3. 为何添加三聚氰胺？

三聚氰胺是一种重要的有机化工中间产品，主要用来制作三聚氰胺树脂，具有优良的耐水性、耐热性、耐电弧性、阻燃性。可用于装饰板的制作，用于氨基塑料、黏合剂、涂料、币纸增强剂、纺织助剂等。三聚氰胺曾被认为"毒性轻微"，1945年的一个实验显示：将大剂量的三聚氰胺饲喂给大鼠、兔和狗后没有观察到明显的中毒现象。但动物长期摄入三聚氰胺会造成生殖、泌尿系统的损害，膀胱、肾部结石，并可进一步诱发膀胱癌。然而，2007年美国宠物食品污染事件的初步调查结果认为：掺杂了≤6.6%三聚氰胺的小麦蛋白粉是宠物食品导致中毒的原因，为三聚氰胺"毒性轻微"的说法打上了问号。

三聚氰胺的最大特点是含氮量很高，达66%；在植物蛋白粉和饲料中，每增加1个百分点的三聚氰胺，会使蛋白质测定含量虚涨4个多百分点。而其成本很低，"有人估算过，在植物蛋白粉和饲料中使蛋白质增加1个百分点，用三聚氰胺的花费只有真实蛋白原料的1/5"。

4. 乳业产业链生态

养奶牛不是一件容易事，并不能每天都能产生利润，因为奶牛产奶也就9个月时间，其中产奶高峰期一般只有3个多月，还有3个月没有任何利润的停奶期。由于饲料涨价太快，尤其玉米价格，即使在通辽这样的玉米基地，价格也翻了一番。如此算来，现在几乎每头奶牛有半年以上不能给奶农带来什么纯收入，甚至入不敷出。

每头成年奶牛全年需饲料款约为5286元，饲草费用为2190元，这样，每头成年奶牛全年饲草料费大约7476元，另外加上养殖场的水电费、防疫费、配种费、保险费、医疗费等，每头奶牛养殖成本需要9000多元，现在只有那些养上百头奶牛的农户才能赚个每头上千块钱，饲料涨个不停，在企业收奶不涨价的情况下，风险只会越来越大。

为了使自己的牛奶多卖些钱，奶农就开始往奶里掺水。但是变淡的牛奶很容易会被奶站测出来——奶站通常通过测定氮等元素的含量来给牛奶评级（这些指标的高低和牛奶蛋白质含量高低呈正比）。

后来，奶农就开始学会往牛奶中加尿素甚至氢氧化钠等物质，以提高氮等成分的含量。最后终于发展到掺杂三聚氰胺——一种很难被查出来的物质。

"在整个奶业产业链中，奶牛养殖生产、奶品加工、奶品销售三个环节利润比为1∶3.5∶5.5，这个数据是我在几年前算出来的。但从今天的趋势来看，这个比例还在恶化，分配比例大概在 0.8∶3∶6.2！"中国奶业协会理事王丁棉表示，与此相反，奶牛养殖生产、奶品加工、奶品销售三个环节的成本比例正好相反，为 6∶3∶1。

以一个日产量为 100 吨的中型乳品工厂进行计算，如果奶源自给率为 100%，则至少需要 7000 头牛，按照每头牛 1.5 万元的投资（每头牛成本为 1 万元，各种分摊 5000元）来计算，总投资大概为 1 亿元以上。但是工厂的设备投资，只要 5000 万元，仅为养殖生产的一半左右，销售环节的投入则更低，大约仅为设备投资的 1/3。

以整个产业链仅一成多的费用，就能撬动整个价值链当中收益最为丰厚的一块蛋糕，乳品企业正是借助这种极高的"杠杆率"，实现了跨越式的发展。

王丁棉表示，"过去 10 年内，蒙牛、伊利等乳制品企业，在奶源建设的投入上最多在 3 亿元左右，而在营销和生产基地的投入上，两家企业均达到了百亿以上。"

也正是因为这种"取舍"，让中国乳业在过去十年内取得了惊人的增长。从 1998 年至 2007 年，中国人均牛奶消耗量从 5.3 千克提升至 27.9 千克，奶制品工业生产总值也从 120 亿元增至 1300 亿元。

按这种"要市场，不要牧场"的发展模式，由于难以控制奶源质量，蕴含着巨大风险，直接造成了中国奶源发展速度与企业扩张速度明显失衡。中国奶业协会一位专家表示，企业扩张速度一度高达 30%，而奶源发展速度经常在 10% 左右。

奶源所蕴含的危机也在行业的快速发展中被迅速放大，直至三鹿的"东窗事发"。奶牛营养学博士乔富龙给我们揭开了更详细的内幕，在他看来，要讲清楚危机为什么发生在 2008 年秋，得从 8 年前讲起。

"2000 年时优质奶牛的价格不过 4000 多元一头，可是到了 2004 年，在'养奶牛致富'的炒作下，奶牛被炒到 1.2 万元到 1.8 万元一头。"

一边是奶牛成本虚高，一边是谷物饲料连年以超过 10% 的幅度涨价。不幸的是，在 2007 年上半年之前，国内乳制品企业多是用廉价的进口奶粉还原成液态奶，1 吨奶粉能加水还原出 8 吨多液态奶，原料奶因而被冷落，奶价连年徘徊在每千克 1.5 元~2.1元的低位。

泡沫的破灭，使奶牛价格在 2006 年掉到了 5000 元左右。在 2005 年至 2007 年上半年，许多乔富龙认识的奶农都给逼得宰牛、卖牛，否则活不下去了。全国大规模宰杀成乳牛和小母牛。

但就在此时，命运跟刚刚杀完牛的奶农们开了一个残酷的玩笑。

2007 年，在中国还原奶需求膨胀的刺激下，进口奶粉涨价狂潮掀起。天平顿时逆转。过去被冷落的原料奶，如今成了最受欢迎的利润来源。而这时，国内的奶牛已被杀得所剩无几。

一边是奶源紧缺，另一边是许多原先用进口奶粉生产高档配方奶粉的厂家，开始在国内建设奶粉厂或委托加工，与液体奶厂商争夺奶源。

一场抢奶大战由此在2007年冬季火热上演，各地奶价在2007年9月到12月份间暴涨了50%以上。乔富龙相信，疯狂的市场使"以奶站和奶贩为主体的掺杂使假到了最猖獗的地步"，因为乳品企业不得不降低收奶门槛，"那时如果哪家乳品企业坚持只收合格奶，那它就只有关门的份儿"。

5. 行业监管

乳品行业并非没有意识到质量的重要性，近年来一再作出诚信承诺。

2004年5月22日的《南方日报》报道：中国奶业协会七家会员单位——三鹿集团、伊利公司、光明乳业、蒙牛乳业、完达山、北京三元和雀巢公司联名发出"规范奶业行业行为，让广大消费者吃上放心奶"的倡议。

2005年6月24日的《齐鲁晚报》报道，乳品行业发布诚信承诺宣言，宣言中提到：乳品的消费与人们的生活息息相关，消费者需要有信誉有社会责任感的乳品厂家给他们提供健康、安全的乳产品，而我们这些乳品企业也有责任在市场出现诚信危机的时候勇敢地站出来向消费者保证，我们的产品您可以放心地喝，我们的企业是可以信赖的负责任的企业，我们要给广大消费者一个更为放心的乳品消费环境，会尽心尽力地为您的健康负责！

2008年9月23日，内蒙古蒙牛乳业（集团）股份有限公司、内蒙古伊利实业集团股份有限公司、光明乳业有限责任公司、圣元营养食品有限公司、施恩（广州）婴幼儿营养品有限公司、北京三元食品股份有限公司等全国109家奶制品生产企业和北京超市发连锁股份公司、北京美廉美连锁商业有限公司、华联超市股份有限公司、家乐福（中国）管理咨询服务有限公司、天津华润万家生活超市有限公司、苏果超市有限公司等全国207家流通企业，联合发布"中国奶制品产销企业质量诚信宣言"。

讨论题

1. 三鹿奶粉事件造成了什么危害？
2. 三鹿奶粉事件产生的根源是什么？
3. 三鹿集团本可以怎么做以避免该事件的发生？

互 联 网 +

扫描此码 自学自测

扫描此码 自学自测

第11章

个人与企业道德

【本章学习目的】

通过本章学习,您应该能够:
- 理解人应该追求的生活
- 区分愉悦与满意
- 区分终极性价值与工具性价值
- 了解我国传统的道德修养方法
- 理解目的性思考、系统性思考、换位思考、批判性思考、创造性思考
- 了解表达价值观的原则和信念

11.1 什么样的生活是人值得过的

企业管理者面临的压力大,诱惑也大,因而与普通人相比,其道德修养的难度更大,同时必要性也更加突出。

管理者必须思考一个问题:什么样的生活是值得追求的?

1. 幸福

人人都想获得幸福的生活。可是,什么是幸福?如何才能获得幸福呢?

亚里士多德在2500多年前就指出:"关于什么是幸福,人们就有争论,一般人的意见与爱智慧者的意见就不一样了。因为一般人把它等同于明显的、可见的东西,如快乐、财富或荣誉。不同的人对于它有不同的看法,甚至同一个人在不同时间也把它说成不同的东西:在生病时说它是健康;在穷困时说它是财富;在感到了自己的无知时,又对那些提出他无法理解的宏论的人无比崇拜。"现在关于幸福的歧见恐怕不比过去少。

再说如何实现幸福生活。积极心理学之父、曾任美国心理学会主席的马丁·塞利格曼(Martin Seligman)发现,"从20世纪60年代到21世纪初,每一个富有国家的资料都显示抑郁正急速蔓延,当今抑郁症的比率是40年前的10倍,而且患者年龄越来越小。这真是一个令人困惑的问题,因为所有客观的幸福指标都比以前好,我们有

更强的购买力、更高的教育程度、更好的营养和医疗设备、更普及的文艺娱乐等，但是人们主观幸福感却一路走低。这究竟是怎么回事？"①

这种状况的确令人沮丧。要是物质生活水平提高，人的幸福感就必然会相应提高，问题就简单了，我们只要一门心思提高物质生活水平就可以了。然而，事实并非如此。

人的两个特点可以一定程度解释为什么对物质的追求不能让人幸福。一个特点是适应。人的成功与失败、满意与不满的情感都是相对于先前的状态而言的。如果我们目前的状态降到我们先前所达到的水平之下，我们就会产生不满和挫败感，如果超过了先前的水平，则会体验到成功和满意感。物质生活水平提高，会使我们感到快乐，但我们很快会适应。此时，需要有更高的物质生活水平，才能使我们快乐，但是我们还是很快会适应。另一个特点是比较。我们大部分的生活是以社会比较为中心的。快乐不仅取决于我们与自己的过去相比较，而且还取决于自己与他人进行比较。我们通常将自己与和我们水平相当或者之上的同辈相比较。常见的向上社会比较的结果是相对剥夺，感到自己不如人家。因此，减少不满的一种方式是向下社会比较。

为了让人过上幸福生活，我们究竟该怎么做呢？塞利格曼给出了一个回答。

通常认为，愉悦即幸福。看到鲜花盛开，吃到美味佳肴，听到悦耳音乐，闻到清香缕缕，都会给人带来愉悦的感觉，不禁发出"真幸福啊"的感叹。

愉悦是人所需要的。按照塞利格曼的观点，"其实根本不需要专家告诉你如何在生活中制造愉悦，你比任何人都清楚自己对什么感兴趣，该如何追求愉悦。积极情绪的研究得出了三个概念——习惯化（habituation）、品位（savoring）和正念（mindfulness），它们可以帮助你增加生活中的愉悦。"具体地说，把能带给你愉悦的事情分隔开，避免习惯化；跟其他人分享你的愉悦；保留能愉悦记忆的东西；祝贺自己；打开所有感官通道，专注体味细节。放慢脚步，用心去感受生活，用新的角度去观察世界。

然而，愉悦等于幸福吗？塞利格曼的回答是"不"。

他说，"我认为不适当的自尊，受害者心理的蔓延，加上过度的个人主义，可能是造成抑郁流行的原因。也许还有一个原因就是过度依赖暂时快乐，每个富有的国家都不遗余力地创造着通往幸福感的捷径：电视、毒品、购物、滥交、商业化的体育运动、巧克力等。"又说，"如果我的人生充满了这种容易获得的愉悦，不需要我面对挑战，不需要我发挥优势，我会怎么样？我永远不知道自己有什么优势、潜能，永远不知道该如何面对挑战，而这种生活注定会导致抑郁。"

塞利格曼区分了愉悦和满意。"愉悦是立即的，来自你的感官，而且是暂时的。""虽然你感到愉悦，但是你很难将生活的乐趣建立在感官的满足上，因为这些都是暂时性的，一旦外在刺激消失，它们便很快跟着褪去。而且会对这些感觉产生'习惯化'

---

① 马丁·塞利格曼.真实的幸福[M]. 洪兰, 译.沈阳：万卷出版公司, 2010：123-124.

效应，以后就需要有更强、更多的刺激才能带来相同程度的愉悦。"

"满意无法从身体的愉悦中获得，也无法来自吸毒或任何捷径，只有在高尚的行为做完后才会自然产生。""满意来自于施展个人的优势和美德。"也就是说，拥有美德的人会享有真正的幸福。

有人会问："我怎样才会幸福？"塞利格曼认为，"这是一个错误的问题，因为如果你不能区分愉悦和满意，你就会完全依赖捷径，去寻求生活中容易得到的愉悦。"正确的问法是怎样的？是亚里士多德的问题，"什么是幸福的生活？"

塞利格曼对这个问题的回答是"找出你的优势并发挥它"。"优势"是指什么呢？是美德或者说实现美德的途径。

塞利格曼和其合作者研究了整个世界横跨3000年历史的各种不同文化后，归纳出了6个在他们看来放之四海而皆准的美德：智慧、勇气、仁爱、正义、节制、精神卓越。这是世界上所有宗教、所有哲学学派都支持的六种美德。但是这些美德太抽象了，无法测量，而且有很多途径实现这些美德，因此，他们在每个美德下面又进一步列出更具体的美德或者说实现较宽泛的美德的途径，即"优势"。

塞利格曼指出，"一个人优势的展现并不会减少身旁其他人展现的机会，别人反而会被这种高尚行为所激励，心中充满了敬仰而不是嫉妒。做一件你认为正确的事情会使你产生真正的积极情绪：骄傲、满足、欢乐、充实或和谐感。由于这个原因，优势和美德通常都以双赢的局面出现，当我们遵从优势和美德时，大家都可以成为赢家。"

塞利格曼还说，"利用你自己的优势所获得的幸福感是建立在真实基础上的，就像幸福需要建立在优势和美德之上一样，优势和美德也必须建立在一个更重大的事物上面；就像美好的生活会超越愉悦的生活一样，有意义的生活则会超越美好的生活。""一个人如果只是为他自己而活，那的确是一个很贫乏的生命。人类需要生活在意义和希望中。"

2. 生命意义

人不是不可以仅仅为自己活着，但是，如果仅仅为自己活着，就无法找到生命的真正意义。美国历史学家、哲学家威尔·杜兰特（Will Durant）指出，"生命的意义在于它能够给我们生产的机会，让我们为包括自身的更大的存在作出贡献……这种存在可以是任何群体，只要它能够呼唤个人潜在的高贵品质，让他有一种可以追求的事业，即使他死去，这种事业仍然会继续。……如果要赋予生命以意义，不管在哪一种情况下，它必须能够提升个人，让他走出自我，让他成为宏大蓝图的一个合作者。所谓意义与所谓满足的秘密在于要有一项明确的任务，让一个人投入全部的精力，使人生的内容比以往更丰富。"①

---

① 威尔·杜兰特. 论生命的意义[M]. 褚东伟，译. 南昌：江西人民出版社，2009：149.

奥地利心理学家阿尔弗雷德·阿德勒（Alferd Adler）对生命意义给出了非常明确的回答："每个人都努力想使自己变得重要，但是人的重要性在于他对其他人所做的贡献。如果一个人没有认识到这一点，他必然会误入歧途。""所有真正'生命意义'的标志在于：它们都是共同的意义——是他人能够分享的意义，也是他人能够接受的意义。""生命的意义是给团体作出贡献。""生命的基本意义在于对他人的兴趣以及与他人合作。他所做的每一件事，都似乎为其同类的利益所指导，而他克服困难所用的方法也不会损害他人的利益。"①

另一位奥地利心理学家维克多·E.弗兰克尔（Viktor E. Frankl）认为，"人总是指向或被指向某件事或某个人——一种等待实现的意义或另一个要面对的人，而不是他自己。一个人对于自己遗忘得越多——通过将自己献身于所服务的事业或者是他所爱的另一个人——他就越具有人性，就越能实现自我。"②

企业经营者需要思考的问题是：除了为自己，经营企业还为了什么？最常听到的说法是，为了企业内员工的利益。为员工的利益经营企业比单纯追求自身利益要进一步，这样的追求也会给予人一种持续的动力。然而，这样的追求仍然存在不足，因为，经营企业影响到的不只是员工，还有许多利益相关者，只考虑员工的利益而置其他利益相关者的利益于不顾，不能说是负责任的经营，也不能说是负责任的经营者。

所以，通过自身的努力，使利益相关者变得更好（至少没有损害任何利益相关者的正当利益），从而使社会变得更加美好，是经营者应该努力追求的目标，在追求这样的目标的过程中更能找到生命的意义，更能感到幸福。

3. 终极性价值与工具性价值

1973年，密尔顿·洛克奇（Milton Rokeach）提出了18个终极性价值（terminal values）和18个工具性价值（instrumental values）。③18种终极性价值反映了人类向往的终极状态，而18种工具性价值则反映了实现终极状态的品性和行为方式。

终极性价值

- 舒适的生活（a comfortable life）
- 令人兴奋的生活（an exciting life）
- 成就感（a sense of accomplishment）
- 和平的世界（a world at peace）
- 美丽的世界（a world of beauty）
- 平等（equality）
- 家庭安全（family security）

---

① 阿尔弗雷德·阿德勒. 生命对你意味着什么[M]. 周朗，译. 北京：国际文化出版公司，2007：13-14.
② 维克多·E.弗兰克尔. 追寻生命的意义[M]. 何忠强，杨凤池，译. 北京：新华出版社，2003：112-113.
③ Rokeach, M. The Nature of Human Values [M]. New York: The Free Press, 1973.

- 自由（freedom）
- 幸福（happiness）
- 内心和谐（inner harmony）
- 成熟的爱（mature love）
- 国家安全（national security）
- 快乐（pleasure）
- 永恒（salvation）
- 自尊（self-respect）
- 社会认可（social recognition）
- 真诚的友谊（true friendship）
- 智慧（wisdom）

工具性价值

- 有抱负（ambitious）
- 思想开阔（broad-minded）
- 能干（capable）
- 愉快（cheerful）
- 整洁（clean）
- 有勇气（courageous）
- 宽容（forgiving）
- 乐于助人（helpful）
- 诚实（honest）
- 有想象力（imaginative）
- 独立（independent）
- 有智力的（intellectual）
- 有逻辑的（logical）
- 关爱（loving）
- 服从（obedient）
- 有礼貌（polite）
- 有责任感的（responsible）
- 自我克制（self-controlled）

人类向往的终极状态是人类真正想要的东西，是构成好生活所不可缺少的，只拥有一些方面而缺少另一些方面，很难说是好的。而这些终极状态的实现并非没有矛盾，比如，为了拥有舒适的生活，需要挣钱，但是，如果沦为金钱的奴隶，不择手段地挣钱，那么就会失去内心和谐、社会认可、真诚的友谊，等等。所以，实际上，我们追求的是多重目标，要的是一种平衡的生活。

王石不行贿

万科企业股份有限公司成立于 1984 年，是中国内地首批公开上市企业之一。2003 年，万科销售收入 64 亿元，在境内上市房地产企业中位居第一。由 1984 年的创业，到 2004 年 6 月 30 日，万科总资产规模 136 亿元，净资产 56 亿元，并在过去 20 年实现持续增长。

2004 年 9 月 23 日，在北京中国大饭店举行的"中国企业 20 年论坛"上，万科企业股份有限公司董事长王石谈了经营万科 20 年的两点体会，第一点就是做一个人要有尊严，要有人格。1983 年到深圳创业的时候，社会上出现了拜金主义、物质至上、权钱交易的不正之风，但是王石认为，不能为了赚钱，为了物质生活的提高，而丧失自己的人格，坚持不行贿，也不受贿。王石坦言，在那个环境中坚持这样做是非常难的。现在很多企业家都说不是自己想行贿，想搞不正之风，而是你不给对方好处，你的合同就签不下来。但王石没有屈服，宁可企业被淘汰掉，也不做自己不愿意做的事情。他说，为什么万科能走到现在，能越做越好，越做社会的资源越向万科提供，是因为市场经济是契约经济、信用经济，不搞不正之风，恰恰符合了市场经济原则。

2003 年，在云南举行的一次全国企业家论坛会上，安排的议题是企业文化。王石在会上发言说，企业的社会责任非常重要。我们国家在迅速变化过程中，企业完全有可能很快地发展并挣到钱。但是你如果没有社会责任感，会将企业引向何处？在企业掌握了越来越多的社会资源的情况下，又会将社会引向何处？面对某些不正之风，王石说："我过去是这样做的，现在是这样做的，将来还会这样做：万科是决不会行贿的。"这时，北京的一个大企业的企业家说道，我相信王石先生是不行贿的，但是我想问你，中国的企业不行贿能发展吗？事实是，中国的企业不行贿是不能生存的。所以我行贿。这位企业家的发言赢得了全场 200 多名企业家热烈的掌声。这确实让王石很震惊。

不行贿真的不能生存和发展吗？通过万科本身的例子，王石坚定地说，不！其实这里包含着一个对中国未来市场的预期，他认为将来的市场会越来越规范化，透明化。那些"聪明"的企业现在做得不错，将来就有可能被淘汰掉。而那些守规矩的企业，现在虽然可能会做得苦一些，但将来会很快地适应市场的发展并处于优势地位，成为行业内的标杆。

万科通过适度负债扩张，全程透明开发，提供高品质服务和产品，追求合理利润率。企业家王石并不是这个行业中最能赚钱的人,不过,他有可能是房地产业赚钱时间最长的人。十几年来,竞争对手一个个倒下,稳健而保守的万科至今却依然不紧不慢地安全前行。

11.2 我国传统的道德修养方法

1. 学习求知

人的道德修养是与认知联系在一起的。在进行道德修养之前,往往会思考自己为什么要进行道德修养,为什么社会会要求个人遵守道德规范,如何才能使自己成为一个合乎道德的人等问题。这些问题的解决是与学习联系在一起的。

我国先哲特别强调学习对于道德修养的重要性。《大学》提出"物格而后知至,知至而后意诚,意诚而后心正,心正而后身修,身修而后家齐,家齐而后国治,国治而后天下平",并作了精辟的阐述。[①]

"所谓致知在格物者,言欲致吾之知,在即物而穷其理也。"获得知识的途径在于认识、研究万事万物,要想获得知识,就必须探究事物的规律,理解透彻。

"所谓诚其意者,毋自欺也。如恶恶臭,如好好色,此之谓自谦。"使自己的意念诚实,就是说不要自己欺骗自己。就如同厌恶污秽的气味那样不要欺骗自己,就如同喜爱美丽的女子那样不要欺骗自己,这就是心安理得。

"所谓修身在正其心者,身有所忿懥,则不得其正,有所恐惧,则不得其正,有所好乐,则不得其正,有所忧患,则不得其正。心不在焉,视而不见,听而不闻,食而不知其味。此谓修身在正其心。"之所以说修养自身的品性要先端正自己的心思,是因为心有愤怒就不能够端正;心有恐惧就不能够端正;心有喜好就不能够端正;心有忧虑就不能够端正。心思不端正就像心不在自己身上一样:虽然在看,却像没有看见一样;虽然在听,却像没有听见一样;虽然在吃东西,却一点也不知道是什么滋味。所以说,要修养自身的品性必须要先端正自己的心思。

"所谓齐其家在修其身者,人之其所亲爱而辟焉,之其所贱恶而辟焉,之其所畏敬而辟焉,之其所哀矜而辟焉,之其所敖惰而辟焉。故好而知其恶,恶而知其美者,天下鲜矣。"之所以说管理好家庭要先修身,是因为人们对于自己亲爱的人会有偏爱;对于自己厌恶的人会有偏恨;对于自己敬畏的人会有偏向;对于自己同情的人会有偏心;对于自己轻视的人会有偏见。因此,很少有人能喜爱一个人又看到那个人的缺点,厌恶一个人又看到那个人的优点。

"所谓治国必先齐其家者,其家不可教而能教人者,无之。故君子不出家而成教

---

① 大学.

于国。孝者，所以事君也；悌者，所以事长也；慈者，所以使众也。"之所以说治理国家必须先管理好自己的家庭，是因为不能管教好家人而能管教好别人的人，是没有的，所以，有修养的人在家里就受到了治理国家方面的教育：对父母的孝顺可以用于侍奉君主；对兄长的恭敬可以用于侍奉长者；对子女的慈爱可以用于统治民众。

"所谓平天下在治其国者，上老老而民兴孝，上长长而民兴悌，上恤孤而民不倍，是以君子有絜矩之道也。"之所以说平定天下要治理好自己的国家，是因为，在上位的人尊敬老人，老百姓就会孝顺自己的父母；在上位的人尊重长辈，老百姓就会尊重自己的兄长；在上位的人体恤救济孤儿，老百姓也会同样跟着去做。所以，品德高尚的人总是以身作则，推己及人。

还有其他很多论述，比如，"三人行，必有我师焉。择其善者而从之，其不善者而改之。"① "学而不思则罔，思而不学则殆。"② "毋意、毋必、毋固、毋我。"③ 即不要凭空猜测，不要绝对肯定，不要固执己见，不要自以为是。"有弗学，学之弗能，弗措也。有弗问，问之弗知，弗措也。有弗思，思之弗得，弗措也。有弗辨，辨之弗明，弗措也。有弗行，行之弗笃，弗措也。人一能之，己百之。人十能之，己千之。果能此道矣，虽愚必明，虽柔必强。"④ 要么不学，学了没有学会绝不罢休；要么不问，问了没有懂得绝不罢休；要么不想，想了没有想通绝不罢休；要么不分辨，分辨了没有明确绝不罢休；要么不实行，实行了没有成效绝不罢休。别人用一分努力就能做到的，我用百分努力去做；别人用十分努力就能做到的，我用千分努力去做。如果真能做到这样，虽然愚笨也一定可以聪明起来，虽然柔弱也一定可以刚强起来。

2. 内省自讼

内省自讼就是要提倡自省察实的道德修养。"见贤而思齐焉，见不贤而内自省也。"⑤ 看见贤人便想要向他看齐，看见不贤的人便要检查自己。"不患人之不知己，患不知人也。"⑥ 不担心别人不了解自己，只担心自己不了解别人。"不患人之不知己，患其不能也。"⑦ 不担心别人不知道自己，只担心自己没有本领。"君子有九思：视思明，听思聪，色思温，貌思恭，言思忠，事思敬，疑思问，忿思难，见得思义。"⑧ 君子要考虑九件事：看的时候要考虑是否看得分明，听的时候要考虑是否听得清楚，脸色要考虑是否温和，容貌要考虑是否谦恭，说话要考虑是否忠诚，做事要考虑是否谨慎恭敬，

---

① 论语·述而.
② 论语·为政.
③ 论语·子罕.
④ 中庸·第二十章.
⑤ 论语·里仁.
⑥ 论语·学而.
⑦ 论语·宪问.
⑧ 论语·季氏.

遇到疑问要考虑怎么向别人请教，愤怒时要考虑是否有后患，有所获得的时候要考虑是否合乎道德。孟子曰："爱人不亲反其仁，治人不治反其智，礼人不答反其敬。行有不得者，皆反求诸己，其身正而天下归之。"①孟子说："爱别人却得不到亲近，就应该反躬自省，自己是否足够仁德；治理百姓却没有治理好，就应该反躬自省，自己是否足够智慧；向别人施礼，可是别人却没有礼貌地应答，就应该反躬自省，自己是否足够恭敬。"

3. 克己自律

克己自律意味着道德主体不再把道德规范看成是一种外在的束缚或负担，而是能够将其转化为自身积极的、内化的意念，实现个体道德修养的完善。孔子说，"放于利而行，多怨。"②"躬自厚而薄责与人，则远怨矣。"③"志于道，据于德，依于仁，游于艺。"④立志向道，守德，依仁，熟练掌握技艺。"修己以敬"，"修己以安人"，"修己以安百姓。"⑤即修养自己，保持严肃恭敬的态度；修养自己，使周围的人安乐；修养自己，使所有百姓都安乐。"己所不欲，勿施于人。"⑥"夫仁者，己欲立而立人，己欲达而达人。"⑦孔子认为，能实行五种品德便是仁，这五种品德是："恭、宽、信、敏、惠。恭则不侮，宽则得众，信则人任焉，敏则有功，惠则足以使人。"⑧庄重就不会受到侮辱，待人宽厚就会得到众人的拥护，诚实守信就能得到别人的任用，敏捷勤快就能提高做事的效率，施行恩惠就能使唤动人。孟子曰："人皆有所不忍，达之于其所忍，仁也；人皆有所不为，达之于其所为，义也。人能充无欲害人之心，而仁不可胜用也；人能充无穿逾之心，而义不可胜用也。人能充无受尔汝之实，无所往而不为义也。"⑨孟子说："人都有所不忍心干的事，把它推及他所忍心去干的事上，就是仁。人都有所不肯去干的事，进而推及他所肯干的事上，就是义。一个人能把不想害人的心理推广开来，仁就用之不尽了。一个人能把不想偷盗的心理推广开来，义就用之不尽了。一个人能把不愿受人轻蔑的心理推广开来，那么无论到哪里，（言行）都是符合义的。"

4. 积善为德

良好的道德修养不可能是一日之间形成的，它必然要经过一个漫长而艰苦的过程。

---

① 孟子·离娄上.
② 论语·里仁.
③ 论语·卫灵公.
④ 论语·述而.
⑤ 论语·宪问.
⑥ 论语·卫灵公.
⑦ 论语·雍也.
⑧ 论语·阳货.
⑨ 孟子·尽心下.

"君子之道，辟如行远必自迩，辟如登高必自卑。"① 求取君子之道，就像走远路一样，必定要从近处起步；就像登高山一样，必定要从低处开始。"好学近乎知。力行近乎仁。知耻近乎勇。"② 喜欢学习就接近了智，努力实行就接近了仁，知道羞耻就接近了勇。不仅要重视大节，也要注重小节，做到"勿以恶小而为之，勿以善小而不为"。③

孟子曰："仁之胜不仁也，犹水胜火。今之为仁者，犹以一杯水，救一车薪之火也；不熄，则谓之水不胜火，此又与于不仁之甚者也。亦终必亡而已矣。""五谷者，种之美者也；苟为不熟，不如荑稗。夫仁亦在乎熟之而已矣。"④ 孟子说："仁胜过不仁就像水可以灭火一样。现在行仁之人，就像用一杯水去救一车燃烧的柴火；不能扑灭柴火，就说水不能战胜火，这些人就跟不仁之人非常相似了，结果连他们本来的那点仁也都会消失。"又说："五谷，是粮食中的好品种；如果不成熟，还不如荑草和稗草。仁，也要达到一定程度才行。"

有子曰："其为人也孝弟，而好犯上者，鲜矣；不好犯上而好作乱者，未之有也。君子务本，本立而道生。孝弟也者，其为仁之本与！"⑤ 有子说："孝顺父母，顺从兄长，而喜好触犯上层统治者，这样的人是很少见的。不喜好触犯上层统治者，而喜好造反的人是没有的。君子专心致力于根本的事务，根本建立了，治国做人的原则也就有了。孝顺父母、顺从兄长，这就是仁的根本啊！"

5. 慎独

慎独是儒家所提出的一种道德要求和道德修养方法，为什么要慎独呢？《中庸》曰："道也者，不可须臾离也，可离非道也。是故君子戒慎乎其所不睹，恐惧乎其所不闻。莫见乎隐，莫显乎微。故君子慎其独也。"⑥ 意思是，做人的道德原则是一时一刻也不能离开的。因而，品行高尚的人在别人看不见的时候，总是非常谨慎的，在别人听不到的情况下，总是十分警惕的。最隐蔽的东西最能看出人的品质，最微小的东西最能显示人的灵魂。所以，品行高尚的人，当他独自一人，无人监督时，总是非常小心谨慎地不做任何不道德的事。《大学》云："人之视己，如见其肺肝然，则何益矣。此谓诚于中，形于外，故君子必慎其独也。"⑦ 意思是，别人看你，就像能看见你的心肺肝脏一样清楚，掩盖有什么用呢？这就叫做内心的真实一定会表现到外表上来。所以，品德高尚的人哪怕是在一个人独处的时候，也一定要谨慎。

---

① 中庸·第十五章.
② 中庸·第二十章.
③ 三国志·蜀书·先主传.
④ 孟子·告子上.
⑤ 论语·学而.
⑥ 中庸·第一章.
⑦ 大学.

黄光裕的浮沉

黄光裕出生于广东潮汕,少时因家庭困难,初中没念完就被迫辍学。1986年,17岁的他与大他三岁的哥哥怀揣着借来的4000元钱北上内蒙古做生意。黄光裕后来回忆:经商是因为没别的路可走,并不是想着非得发大财才出去的。1987年于北京始创国美电器,20世纪90年代声名鹊起,且飞跃发展,国美连锁渐成行内顶级"大鳄"。2000年前后,黄光裕在立足主业的基础上,业务拓展到金融借贷、房地产等多个领域。2004、2005、2008年三度位居胡润百富榜榜首,在2006年《福布斯》中国富豪榜上排名全国第一。

黄光裕不会打高尔夫,几乎从不去娱乐场所;他缩短了一次在加拿大的度假行程,因为感到无趣;他每天工作13个小时,因为除此之外他不知道可以做些什么。2006年时,黄光裕在接受《环球企业家》采访时说,"我个人太忙了,没有什么理想。比较羡慕那些按时上班、按时下班、能正常休息的人。"

2008年7月,黄光裕曾说过,"对于那些关于个人生活、财富和快乐的理论,我考虑的时间越来越少。我想,一个人事业成功,会得到回报,于是获得快乐。人总得找个由头活着。不能说因为个人财富的增多而越来越不快乐,就不活了。"

有人问黄光裕做企业苦不苦,他说:要问苦不苦?苦啊,真苦啊,这么大的一个企业,10万名员工跟着你,每天早晨睁眼一算,这么多的房租、广告费、税金等,是个天文数字,而且天天都在发生,没办法。每晚一过12点又是另外一笔账,这是从苦的角度来讲;但是从乐的角度来讲,你是为社会做了一些事情,你现在肩负着10万名员工、最起码9万名员工家庭的责任,你要去干活的。

国美的象征是"鹰"。鹰的品格体现的是坚忍不拔,不惧险阻;目光敏锐,行动迅猛;高瞻远瞩,志向远大;渴望创新,勇于变革,这也是黄光裕所追求的。他说:"我做事的习惯、方向一旦明确,大概想好,有三分把握,我就敢去做。"

他似乎战无不胜。1999年,国美曾打破天津10家国营商场的联手阻击,取得新式连锁业态对传统商业渠道的首场胜利;2000年,它又轻松瓦解康佳、TCL等9家彩电企业的限价联盟,并在2004年坚持与空调老大格力分道扬镳。在很长一段时间内,国美不啻为家电制造商们的噩梦:当它想降价的时候,它就降价——而因此损失的利润却由后者买单;当它想收取新的卖场费时,它就开口索要——不同意?对不起,那就把你的产品从货架上撤下去。怀揣着数亿元的订单,它甚至可以要挟任何一家对其俯首贴耳的供货商。黄光裕把"薄利多销"和"规模效应"推向极致,但是,当这种低价建立在对产业链上端的无限索取与冲突之上，国美的急速扩张实际上是在以邻为壑。

在国美集团内部，黄光裕说一不二，甚至当有人在会议上对其说"不"时，会被他赶出会议室。在具体业务管理上，国美更倾向于用"负激励"的手法调动员工积极性，如果店员与顾客发生争执，只要顾客投诉，店员就会被立即开除。国美员工抱怨："国美迫切想要提升服务，完全忘记了员工，非常急功近利。"

"每次有重要政策出来，他总是要我们第一时间找来研究。"已经离职的一位国美高层告诉《环球企业家》。不过，黄光裕研究的是政策的漏洞，他告诫属下：被公众所认可的事情往往都是做不成的，公众认为不可能的事情往往都是能做成的。

关于黄光裕的灰色发迹史和财富积累模式的质疑从未平息过。2006 年时，黄光裕曾得到一次明确的"警告"——因早期创业的违规贷款问题，黄光裕与其兄黄俊钦遭公安部门调查。不过在 2007 年 1 月，国美电器公告称，警方针对黄光裕及其间接持有的鹏润房地产公司的"协助调查已经正式撤销"。但黄光裕并不因此而收敛，却反而意识到，他更需要编织的是一张安全网。他开始有意识地经营高层人脉。

在中国家电零售连锁领域，黄光裕最早发现了这一行业的金融潜能，并将其发挥到了极致。但可悲的是，处处都想打擦边球的做法成就了黄光裕，而最终他也被这种模式所终结。

2008 年末，黄光裕因涉经济犯罪案被拘，2010 年 8 月，因非法经营、内幕交易、单位行贿三罪，被判处有期徒刑 14 年，罚金 6 亿元，没收财产 2 亿元。

11.3 提升能力

11.3.1 学会思考

1. 目的性思考

通常我们会陷于日常事务而不能自拔，无暇思考整天忙忙碌碌究竟是为了什么。目的性思考要求我们多问几个为了什么——工作是为了什么？学习是为了什么？挣钱是为了什么？谋求晋升是为了什么？经营企业是为了什么？而且，还要追问根本性的目的或者终极性的目的，包括什么是人值得过的生活？什么是自己真正想要的生活？常常思考目的是什么，不至于在选择面前迷失方向。

2. 系统性思考

系统是指由若干相互联系、相互作用的部分组成，在一定环境中具有特定功能的有机整体。所谓系统性思考，是指整体的而非局部的思考，长远的而非短期的思考，动态的而非静态的思考。很多时候，我们做出不道德行为选择，恰恰是因为我们过于关注局部而忽视整体，过于关注短期而忽视长远，过于关注静态而忽视动态的结果。

3. 换位思考

换位思考，即站在他人的立场上去思考问题。我们通常站在自己的角度去思考问题，难以真正理解他人。如果能将心比心、设身处地地站在他人的角度上去思考问题，就能增进相互理解和宽容，减少损人利己的行为，改善人与人之间的关系。

4. 批判性思考

批判性思考，也可称之为质疑性思考，要求我们审慎地运用推理去判断他人的观点、主张，而不是不假思索的接受。在是否合乎道德，要不要讲道德，能不能讲道德等重大问题上，有太多的观点、主张，如果我们缺乏批判性思考能力，就难免会误入歧途。批判性思考的技能包括：判断信息是否恰当，区分理性的断言与情感的断言，区别事实与观点，识别证据的不足，洞察他人论证的陷阱和漏洞，独立分析数据或信息，识别论证的逻辑错误，发现信息和其来源之间的联系，处理矛盾的、不充分的、模糊的信息，基于数据而不是观点建立令人信服的论证，选择支持力度大的数据，避免言过其实的结论，识别证据的漏洞并建议收集其他信息，知道问题往往没有明确答案或唯一解决办法，提出替代方案并在决策时予以考虑，采取行动时考虑所有利益相关的主体，清楚地表达论证及其语境，精准地运用证据为论证辩护，符合逻辑地组织复杂的论证，展开论证时避免无关因素，有序地呈现增强说服力的证据。①

5. 创造性思考

创造性思考是指遇到问题时，能从多角度、多侧面、多层次、多结构去思考，去寻找答案，既不受现有知识的限制，也不受传统方法的束缚。很多时候，我们发现道德与利益发生冲突，陷入非此即彼的困境。实际上，如果我们能充分运用创造性思考，就有可能找到走出两难困境的途径。

11.3.2 表达价值观

表达价值观（Giving Voice to Values，以下简称 GVV），是玛丽·C.金蒂勒（Mary C. Gentile）博士自 2005 年起在美国百森学院（Babson College）进行的一项课程开发。2010 年，耶鲁大学出版社出版了金蒂勒博士的《表达价值观：当你知道什么是正确的时候，如何说出你的心声》（*Giving Voice to Values: How to Speak Your Mind When You Know What's Right*）一书。

GVV 基于这样一种理念：管理者已经形成了自己的价值观，他们可能只是需要机会去开发和实践追求这种价值观所需的技能和自信。因此，实践价值观，与其说是伦

---

① 布鲁克·诺埃尔·摩尔，理查德·帕克.批判性思维[M].朱素梅，译.北京：机械工业出版社，2012：3-4.

理问题，不如说是技能和实践问题。如果把开发新产品或开拓新市场所用的协商、劝说和数据分析技能运用到价值观问题上，那么就可以获得更有效的以价值观导向的行为和领导力。

1. GVV 的七项基本原则

（1）价值观：要知道和运用为数不多的、广泛接受的价值观，如诚实、尊重、责任、公正和同情等。

（2）选择：相信对于"表达你的价值观"，你是有选择自由的。了解过去经历中促使或妨碍你"表达你的价值观"的因素，有针对性地予以解决。同时，承认、尊重和诉诸他人的选择能力。

（3）接受：要意识到出现价值观冲突是正常的，这样就可以心平气和地、有效地应对这种冲突。反应过度会不必要地限制你的选择。

（4）目的：在冲突出现以前明确个人的和职业的目的是什么。同样，要诉诸他人的目的感。

（5）自我形象：明确自己是什么样的人，自己的优势在哪里，进而形成自己表达和实践价值观的方式。

（6）表达：用你最擅长、最适合当时情景的表达方式，在受人尊重的同事面前，练习"表达你的价值观"并寻求他们的指点和反馈。

（7）理由：预见典型的对不当行为进行合理化的理由，找出反驳理由。

2. GVV 的几个基本信念

当我们开始试图在工作场所表达我们的价值观之前，我们必须阐明我们的基本信念。

（1）我想这样做。

我们当中的大部分人期望在工作场所有效地表达和实践我们的价值观。

（2）我以前这样做过。

根据研究的结果和我们的亲身经历，不管个人和组织想要表达和实践价值观都不是件容易的事情。但即使是这样，大多数人都在某些情形下选择这么做了。

（3）我能做得更多，做得更好。

如果我们承认自己有选择表达和实践我们的价值观的自由的话，选择这么做可以提升我们表达自己价值观的能力、有效性和可能性。

（4）在某些情形下表达价值观会更容易。

锻炼我们个人表达价值观的"肌肉"并不否定选择和开发鼓励个人表达价值观的组织文化、政策和激励措施。事实上，努力发展这种文化、政策、激励措施正是表达价值观的体现。一个组织中有利于个人表达价值观的因素越多，个人越有可能选择表达其价值观。这是一个良性循环。

（5）如果我练习过如何做出回应，我更有可能这么做。

经常会听到很多"理由"来解释自己为什么没能够表达和实践价值观。但是，同样也有很多理由去反驳这样的借口。如果我们对这些反驳的理由足够熟悉，我们在需要时就能立刻运用，并用来改变谈话的方向和最后的决定。先前的对价值观冲突的事件的反思，可以加强我们在任何情况下自由选择的信心。

（6）我的经历很有价值。

正如我们愿意表达和实践我们的价值观，我们可以推己及人地想到我们的同事也有类似的想法。如果我们有对不按价值观行事的"理由"的可信的反驳，就可以鼓舞和推动他人按价值观行事。

（7）对于我们经常听到的未按价值观行事的"理由"，掌握对其可信的反驳，以及有技巧地表达这样的反驳，可以鼓励跟我有同样想法的同事去行动。但我并不可以假设我都知道这些人。

针对我们经常听到的未按价值观行事的"理由"，我们研究和实践如何反驳这些理由，其目的不仅在于加强我们的自信，而且在于加强我们同事的自信，因为他们面临同样的价值观冲突，却又不知如何表达他们尴尬处境。然而，我们无法简单地通过观察别人的行为确知有谁感受到了价值观冲突。因为我们已经阐述过，我们都有过选择压抑这些能明显"感知"的冲突的经历。

（8）我越是了解自己，越是能够发挥自己的优势，避免自己的缺点。

我越是了解我自己，越是能够预期和管理我们对于价值观冲突的回应。先前我们对自己性格和压力之下行为特征的反思能够让我们发挥优势，并建立机制让我们免受自己缺点的拖累。研究表明，这些"机制"必须是外在的，包括激励和惩罚措施，自动评审流程，透明化管理，预设的参谋团队等。对于自己的偏见的自我意识很重要，单凭内在的意识并不足以防止我们免受自己缺点的拖累。我们需要超越自我意识，走向行动和建立外在的机制。

（9）我并不是孤军奋战的。

我们可以利用我们个人的人际脉络建立自己的参谋团队；联合同事并从中获得有用的信息；有策略性地利用组织的层级关系。当然，我们必须因地制宜地选择最佳的方法。

（10）表达和实践您的价值观虽然并非总能获得成功，但却值得一试。

就像其他任何经营管理的举措一样，我们并非总能达成我们的目标。如果我们认为表达价值观能让我们收益颇丰，或是对价值观冲突的沉默会让我们付出昂贵的代价，不管成功与否，我们都会坚定地选择表达我们的价值观。为了有如此清晰的认识，我们应该认真地思考如下问题：我是谁，我的人生目标是什么，对我而言，什么是成功，什么是失败。我们也应该清楚地意识到，表达价值观会带来的风险。这样我们在做决策时，就会作出理智的选择，并做好准备处理决策带来的风险。

（11）表达我的价值观会帮我做出更好的决定。

人们很少能够确定一个行动是"正确"的，但如果我们能够对价值观冲突提出我们的顾虑，并与别人讨论，我们更可能做出最好的决定。

（12）我越是相信表达价值观是可能的，越会这么做。

当我们相信有效地表达和实践价值观是有可能的时候，我们会更倾向于这么做。如果我们关注表达和实践价值观的积极实例，花时间去建立我们的支持机制，练习反驳不道德行为的种种借口，我们可以成就更多的事情。这是又一个良性循环。[①]

【本章提要】

1. 企业管理者面临的压力和诱惑大，因而与普通人相比，其道德修养的难度更大，同时必要性也更加突出。对于个人道德修养，需要常常问自己：什么样的生活是人值得过的？什么是幸福？什么是生命意义？

2. 虽然幸福、生命意义是永恒的主题，需要不断探索，但也并非没有任何共识。一般认为，愉悦和满意都是幸福的来源，而满意是更可持续的幸福，只有跳出自我才能找到生命意义。

3. 终极性价值反映了人类向往的终极状态，工具性价值则反映了实现终极状态的品性和行为方式。人类向往的终极状态是人类真正想要的东西，是构成好生活所不可缺少的。

4. 中国传统的道德修养方法包括学习求知、内省自讼、克己自律、积善为德、慎独等。

5. 目的性思考、系统性思考、换位思考、批判性思考、创造性思考，有助于更好地回答为什么要讲道德，什么是道德的，如何促进道德等重要问题。

6. 懂得如何以恰当的方式表达自己的价值观，有利于解决价值观冲突。

【重要概念】

幸福

愉悦

满意

终极性价值

---

① Gentile, M. C. Giving Voice to Values: How to Speak Your Mind When You Know What's Right [M]. Yale University Press, 2010.

工具性价值
格物致知
诚意
正心
修身
慎独
目的性思考
系统性思考
换位思考
批判性思考
创造性思考
表达价值观

1. 满意带来的幸福与愉悦带来的幸福有何区别?
2. 如何获得满意带来的幸福?
3. 为什么说只有跳出自我才能找到生命意义?
4. 如果说只有跳出自我才能找到生命意义,那么如何保护自身利益呢?
5. 什么是终极性价值?
6. 什么是工具性价值?
7. 区分终极性价值和工具性价值有何意义?
8. 如何理解"格物、致知、诚意、正心、修身、齐家、治国、平天下"?
9. 如何内省自讼?
10. 为什么要克己自律?
11. 如何理解"修己以敬""修己以安人""修己以安百姓"?
12. 如何理解"志于道,据于德,依于仁,游于艺"?
13. 如何理解孟子的"夫仁亦在乎熟之而已矣"?
14. 为什么要慎独?
15. 为什么要进行目的性思考?
16. 什么是系统性思考?
17. 换位思考对个人道德修养有何帮助?
18. 什么是批判性思考?
19. 为什么说个人道德修养需要学会创造性思考?
20. 为什么说提升表达价值观的能力有利于解决伦理冲突?

案例1 "996工作"的是与非

2019年3月20日，在一个以程序员为主的互联网技术论坛上，一位ID叫"nulun"的用户在一个推广域名的帖子里宣布他注册了一个域名——http://996.icu，在域名下面，他写道：工作996，生病ICU。6天后，在全球最大的代码存放网站和开源社区GitHub上，一个同名项目被创建。996.ICU项目上线之后，迅速引起了中国程序员们的共鸣，仅仅3天，996.ICU项目的加星数（GitHub上的点赞）就突破了10万，成为GitHub有史以来增长最快的项目之一。

所谓"996工作"是指早上9点上班，晚上9点下班，每周工作6天。

我国的《劳动法》规定，国家实行劳动者每日工作时间不超过八小时、平均每周工作时间不超过四十四小时的工时制度。用人单位应当保证劳动者每周至少休息一日。用人单位由于生产经营需要，经与工会和劳动者协商后可以延长工作时间，一般每日不得超过一小时；因特殊原因需要延长工作时间的，在保障劳动者身体健康的条件下延长工作时间每日不得超过三小时，但是每月不得超过三十六小时。

尽管有法律规定，但超时加班的现象并不少见。某公司新员工说，自入职以来，晚上9、10点下班就是自己工作的常态。尽管签订合同时公司曾承诺晚7点就可以下班，但实际参加工作后，下班时间很难得到保障，"大家都不走，你怎么好意思走呢"，另外，担心年终KPI（关键绩效指标考核）无法完成，也是一个原因。曾在多家互联网巨头公司工作过的李先生介绍，是否加班主要还是看公司风格，甚至所处部门的要求。"大部分公司不会强制要求员工'996'，但会为晚下班员工提供一些福利，变相鼓励加班。此外，喜欢加班的老板也会从精神上给大家进行洗脑，动不动讲著名企业的故事，鼓励大家继续工作。至于加班费，反倒是比较少，只有遇到紧急项目才会有。"中国人加班有多疯狂？在滴滴发布的《2016年度加班最"狠"公司排行榜》中，京东以23:16的平均下班时间，成为中国最"狠"公司冠军；在高德地图发布的《2016年度中国主要城市交通分析报告》中，华为每日人均加班时间长达3.96小时，成为中国企业"加班王"。

对"996工作"，有人支持，有人反对。有的认为，"能做996是一种巨大的福气，很多公司、很多人想996都没有机会"；有的认为，"短时间如几个星期甚至几个月这样做可以，若长期如此，无法接受"；有的认为，"工作时间太长对生产力、健康、快乐都不利，因而应禁止996工作制"；有的认为，"任何公司不应该，也不能强制员工996，但是年轻人自己要明白，幸福是奋斗出来的！"

讨论题

1. 公司规定实行"996工作"制是否合乎伦理？为什么？
2. 什么样的加班在伦理上是可以接受的？

案例2 发生在翻译部的事情

某翻译公司的业务体系进行了调整，总经理将翻译这块业务交给市场部经理全权负责。公司翻译人员也发生了调动，翻译部比较资深的一个译员被总经理外派到一家外企做汽车翻译协调员，而在同一家外企调回一个译员张丽。张丽与总经理、市场部经理关系甚好。

笔译工作，在有些情况下无法进行明确分工，需要大家协作完成。张丽很少向大家提供帮助，遇到不懂的问题时，也很少跟大家沟通及向资深译员咨询。当大家就某个问题进行讨论时，她总是固执地坚持自己的看法。当问题很严重时，在翻译小组的会议上进行严肃讨论时，她才肯接受别人的建议。因上述种种问题，曾导致一些翻译项目延期。市场部经理、总经理分别找张丽谈话，最终张丽在工作上有了一点进步。但总体表现只能算一般。在年终表彰大会上，张丽却被市场部经理评为翻译部的优秀员工。

张丽自从被评为优秀员工之后，领导对她的关注度更高了。有时也让她负责一些小项目。因为领导有更重要的事情去经营管理，不可能对大小项目都一一过问。当张丽就项目规划进行任务分配时，会将较容易翻译的部分留给自己，将较难翻译的部分分给她不喜欢的译员，或者将较少的部分分给自己，将大部分分给其他译员。每个部分她都规定了翻译节点，如果某个译员没有按时完成，她首先会报告给市场部经理，然后再让其他译员帮助完成。

翻译部的每个项目，最后均以完整版形式交给市场部经理，因此，市场部经理很难发现具体工作细节。久而久之，张丽在领导眼中成为踏实、肯干、执行能力强的好员工。

在部门会上，译员们对翻译分工提出了意见。张丽向大家道歉，说她可能想问题不够周到，以后做得不对的地方需要大家多多提醒。然后，会议过后，只要有项目让张丽负责，她一如既往。

翻译部的资深译员王老师，对张丽的做法忍无可忍。他找市场部经理详谈，市场部经理很愕然，他说："我认为小张做事很认真啊，她又上进，又积极，又注重沟通。"

王老师采取了反击措施。当张丽找王老师校对很重要的文件时，王老师谎称很忙，没时间。张丽多次找王老师校对文件，王老师均声称很忙。张丽没有办法，再找其他译员帮助校对。王老师的审校结果是最具权威性的。久而久之，张丽负责的稿件多次受到客户的投诉，领导找张丽谈话。张丽回来后就开始统计译员的工作情况，包括具体时间段，汇总之后，直接送达市场部经理手中。几分钟后，市场部经理找王老师谈话。王老师回来后，脸色比较难看，狠狠地看了张丽一眼。

在接下来的每周例会上，总经理说翻译部最近工作进度和工作质量都有所下降，根据工作汇报结果，我们发现大家可能在合作上存在一些问题。在以后合作中，希望大家尽量互相帮助，不要谎称自己很忙，这会耽误我们的工作进度。大家终于明白那天王老师谈话回来，为何非常生气。

此后，张丽接受了更多的项目分配工作。王老师每次分配到的任务均是很棘手、很难译的稿件或翻译质量很差的审校稿件。更多时间里，王老师均需同事帮忙或拖延时间才能完成任务。为此，市场部经理多次找王老师谈话。

张丽即将晋升为翻译部主管，而王老师不知有何打算。翻译部的骨干人员陆续走了好几个，市场部经理想努力留住每个将要离职的人，但收效不大。

讨论题

1. 你认为这个案例中存在哪些问题？
2. 张丽如果想成为一个受人尊重的管理者，应该怎么做？

互联网+

教师服务

感谢您选用清华大学出版社的教材！为了更好地服务教学，我们为授课教师提供本书的教学辅助资源，以及本学科重点教材信息。请您扫码获取。

≫ 教辅获取

本书教辅资源，授课教师扫码获取

≫ 样书赠送

企业管理类重点教材，教师扫码获取样书

清华大学出版社

E-mail: tupfuwu@163.com
电话：010-83470332 / 83470142
地址：北京市海淀区双清路学研大厦B座509

网址：http://www.tup.com.cn/
传真：8610-83470107
邮编：100084